Fabian Hänle

Wirtschaftserwachen

»Es ist leicht, etwas niederzureißen und zu zerstören. Helden sind jene, die Frieden schaffen und aufbauen.«

Nelson Mandela

Wir übernehmen Verantwortung! Ökologisch und sozial!

- Verzicht auf Plastik: kein Einschweißen der Bücher in Folie
- Nachhaltige Produktion: Verwendung von Papier aus nachhaltig bewirtschafteten Wäldern, PEFC-zertifiziert
- Stärkung des Wirtschaftsstandorts Deutschland: Herstellung und Druck in Deutschland

Fabian Hänle

Wirtschafts-erwachen

Chinas Mittelstandswunder – und wie uns neues Wachstum für Deutschland gelingt

Ein Hinweis zu gendergerechter Sprache: Die Entscheidung, in welcher Form alle Geschlechter angesprochen werden, obliegt den jeweiligen Verfassenden. Aus Gründen der besseren Lesbarkeit wird auf eine jederzeit gleiche Verwendung der Sprachformen männlich, weiblich und divers (m/w/d) verzichtet. Sämtliche Personenbezeichnungen gelten selbstverständlich gleichermaßen für alle Geschlechter.

Bibliografische Information der Deutschen Nationalbibliothek

Die Deutsche Nationalbibliothek verzeichnet diese Publikation in der Deutschen Nationalbibliografie; detaillierte bibliografische Daten sind im Internet über http://dnb.d-nb.de abrufbar.

ISBN 978-3-96739-178-7

Lektorat: Susanne von Ahn, Hasloh
Umschlaggestaltung: Guido Klütsch, Köln
Umschlagfoto: Adobe Stock
Autorenfoto: Studio Lengerer, Albstadt-Ebingen
Satz und Layout: Lohse Design, Heppenheim | www.lohse-design.de
Druck und Bindung: Salzland Druck, Staßfurt

Wir drucken in Deutschland.

www.gabal-verlag.de
www.gabal-magazin.de
www.facebook.com/Gabalbuecher
www.twitter.com/gabalbuecher
www.instagram.com/gabalbuecher

PEFC
PEFC/04-31-2251

PEFC zertifiziert
Dieses Produkt stammt aus nachhaltig bewirtschafteten Wäldern und kontrollierten Quellen.
www.pefc.de

Inhalt

Vorwort

In den ersten Jahrzehnten meiner beruflichen Karriere orientierte ich mich primär an der westlichen Welt, vor allem an Amerika sowie an europäischen Business-Schools. Aber schon in den Achtzigerjahren zeigte ein Aufenthalt in Japan prägende Wirkungen bei mir. Später wurden asiatische Länder, insbesondere China, Korea und Japan, für mich zunehmend interessant und wichtig.

Vor diesem Hintergrund war ich sofort hellhörig, als Fabian Hänle mir von seinem Buchprojekt erzählte. Denn dieses Buch rückt einen der wichtigsten, aber bislang wenig bekannten Player unserer globalen Wirtschaft ins Scheinwerferlicht: Chinas Mittelstand.

Wissenschaftlich fundiert und praxisnah zugleich zeigt Fabian Hänle mit seinem Buch nicht nur die enormen Auswirkungen der zunehmenden Internationalisierung und Innovationskraft chinesischer Mittelständler, sondern auch die ungeschminkte Wahrheit über den Zustand und die existenzgefährdenden Risiken der deutschen Wirtschaft. Er ordnet das Thema zielsicher in den großen globalen Kontext ein, baut Vorurteile ab und mehr gegenseitiges Verständnis auf und fördert so als inspirierendes Vorbild eine konstruktive Zusammenarbeit.

Gleichzeitig gibt der Autor mit der Entwicklung einer langfristigen Vision für das große Comeback des Wirtschaftsriesen Deutschland und für eine erfolgreiche Zusammenarbeit mit China neue und dringend benötigte Impulse für unser Land. So behandelt er das Thema Zukunftsbewältigung in diesem Buch aus einer vollkommen neuen Perspektive und leistet damit einen wegweisenden Debattenbeitrag zu einer der bestimmenden Fragen unserer Zeit. Es ist ein gewichtiger Beitrag für Wirtschaft, Politik und Gesellschaft, um das Verständnis von Chinas Globalisierung und von den Risiken und Chancen für unsere Zukunft in Deutschland zu verbessern.

Mich beeindruckt, wie Fabian Hänle die aktuelle wirtschaftliche Realität mit der Zukunftsvision eines kollektiven Erfolges für das ganze Land verbindet, in der soziale und ökologische Aspekte unserer Wirtschaft den für viele Menschen immer wichtiger werdenden Sinn ergeben. So zeigt er, wie wir als Unternehmen und als Gesellschaft eine bessere Zusammenarbeit schaffen und einen positiven Beitrag für unser soziales Umfeld leisten können – zum Wohle der Menschen, der Wirtschaft und unserer Welt.

Als langjähriger und schon in jungen Jahren außergewöhnlich erfolgreicher Geschäftsführer und Berater im deutschen Mittelstand, darunter mehr als acht Jahre in China, besitzt Fabian Hänle äußerst wertvolle Praxiserfahrungen und Netzwerke. Darüber hinaus spricht er fließend Chinesisch und hat durch seine Promotion zu China sowie als weltweit gefragter Dozent und Redner einen für uns in Europa einzigartigen Blick auf das Thema. Und schließlich scheut er sich als kreativer Macher und Vordenker nicht, kritische Themen anzusprechen.

Ich empfehle Ihnen dieses Buch als Orientierung zu einer erfolgreichen Ausrichtung auf die Zukunft, als Inspiration, um neu zu denken, und als spannende Lektüre für unsere wirtschaftliche und persönliche Entwicklung.

Bonn, im Frühjahr 2024

Prof. Dr. Dr. h.c. mult. Hermann Simon

PROLOG

Mit sieben Koffern in Shanghai

2050. »Für die Schule bekommst du nächstes Jahr eine bessere Brille.« Der Vater tastet nach den Ohrbügeln der Virtual-Reality-Brille seiner Tochter und schiebt sie über ihre Ohren, bis die Brille fest am Gesicht sitzt. Die Kleine klettert auf das Sofa und kuschelt sich neben dem älteren Bruder zwischen ihre Eltern.

»Los geht's!« Die Mutter startet das Programm des Autofachhändlers und liest vor: »›2050: Willkommen im neuen Auto-Jahrzehnt‹, steht da auf dem Schild. Und wir gehen für unsere Probefahrt jetzt alle zusammen zu den neuesten Modellen«, leitet sie die Kinder an. »Das ist die Tür ganz rechts.« Alle vier wenden die Köpfe ein wenig nach rechts und bewegen die Hände, als ob sie eine Tür aufstoßen. »Den Tesla da vorne, den liebe ich!«, ruft der Vater, »lass uns den gleich mal ausprobieren!« »Juhu, fahren!«, kreischt die Tochter. Doch die Mutter interveniert: »Schatz, lass uns lieber gleich diesen Wagen testen. Der ist von einem deutschen Hersteller – und hat schon die neue Antriebstechnologie aus China, die ist viel nachhaltiger für unsere Umwelt als die der alten E-Autos.«

Dieses Buch handelt davon, warum wir uns vor dem Aufstieg Chinas als innovative Wirtschaftsmacht nicht fürchten müssen, sondern mit umso größerer Entschlossenheit drei Dinge tun sollten, um den Erfolg der deutschen Wirtschaft zu sichern und eine neue goldene Ära zu schaffen: Deutschland strukturell neu auf Vordermann bringen und zukunftsfähig machen, außerdem die Herausforderungen mit China noch zielführender gestalten und verhandeln, während wir darüber hinaus die sich uns durch China bietenden neuen Chancen erkennen und diese mit neuen Strategien und Erfolgsfaktoren zu unserem Vorteil nutzen.

Manchen Leserinnen und Lesern stellt sich die Frage: Warum ein neues Buch zu China? Deshalb möchte ich Sie gleich vorweg beruhigen: Dies ist kein weiteres theoretisches Werk, das sich auf ein staunendes Beschreiben von China beschränkt. Davon gibt es genug. Hier geht es um die praktischen Konsequenzen für Deutschland – und darum, was wir konkret tun können, um neues Wachstum zu schaffen und auch international langfristig mithalten zu können. Dieses Buch kommt aus der Praxis und meinen erlebten Erfahrungen, unter anderem aus acht Jahren in China, aus zahlreichen Gesprächen mit erfolgreichen chinesischen und deutschen Unternehmern, Mittelständlern und Weltmarktführern, Experten und Entscheidungsträgern wie Hermann Simon, Entdecker der »Hidden Champions« und weltweite Beraterlegende, den Sie im Vorwort schon kennengelernt haben, Staatspräsident Emmanuel Macron, Anja Karliczek, Bundesministerin für Bildung und Forschung im Kabinett Merkel, und aus meiner wissenschaftlichen Vor-Ort-Forschung zu diesem Thema, das uns in Deutschland alle etwas angeht.

Denn in unserer heutigen globalisierten Welt sind wir untrennbar mit China verbunden. Wir leben zusammen auf einem Planeten mit endlichen Ressourcen. Ob in der Wirtschaft, im Umweltschutz oder in der Bewältigung von weiteren großen Herausforderungen der Zukunft wie globale Migration, Ernährungssicherheit und Überwindung der Armut – von einer größeren Warte aus betrachtet schreiben wir die Zukunft unserer Existenz gemeinsam. Als einflussreicher Global Player spielt China dabei eine zentrale Rolle. Für viele in Deutschland ist China jedoch vor allem mit vielen Fragezeichen verbunden. Mir selbst ging es vor meiner Entsendung nach China genauso, und sogar nach ein, zwei Jahren im Land war mir noch vieles rätselhaft. Ich stellte mir Fragen wie: »Wie denken die Chinesen wirklich über uns und eine Zusammenarbeit? Wer sind überhaupt ›die Chinesen‹? Sind es Menschen wie du und ich? Gleichgeschaltete Staatsdiener, Hermès tragende, in Privatfliegern durch die Welt jettende Neureiche – oder schlicht mittelständische Familienunternehmer? Wie sind sie privat? Und was in den Medien stimmt eigentlich über China und was nicht?«

Erst nach acht Jahren im Land, als ich fließend Mandarin sprach, sich mir so ein tieferer Zugang zu den Menschen und ihrer Mentalität eröffnete und ich als Geschäftsführer mit beiden Beinen mitten in der wirtschaftlichen Realität und der täglichen Zusammenarbeit mit Chinas Privat- und Staatswirtschaft stand, begann ich China besser zu verstehen. Und erkannte: Vorurteile und Ängste, Unwissenheit und Ressentiments führen zu einer einseitigen Vogel-Strauß-Mentalität, die uns den Blick auf die Realität verstellt und zu falschen Entscheidungen führt. Deshalb ist es so wichtig, sich mit China und seinen Menschen zu befassen, um sie besser zu verstehen. Denn nur so lassen sich die Chancen und Risiken erkennen, die in der Zusammenarbeit und im Wettbewerb mit chinesischen Unternehmen liegen. Die entscheidende Frage ist also: Wie können wir konstruktiv mit Chinas Aufstieg umgehen, die Chancen für uns nutzen, die Risiken managen und neue wirtschaftliche Lösungen für eine erfolgreiche, nachhaltige Zukunft finden?

Aktuelle Bücher zu China lassen sich grob fünf Feldern zuordnen: politische Themen, geschichtliche Werke, Kunst, der Wirtschaftsboom und die Zukunft Chinas, Technik sowie gesellschaftlich-kulturelle Studien. Bei den Wirtschaftstiteln werden meist die besonderen Phänomene beleuchtet: schillernde Unternehmer-Stars wie Jack Ma von Alibaba, Mega-Citys wie Shenzhen oder bekannte chinesische Großkonzerne. Es steht außer Frage, dass dadurch viele wertvolle Erkenntnisse gewonnen wurden. Aber *ein* entscheidendes Puzzleteil fehlt bisher – und dies ist das Geheimnis für Chinas Erfolg und zugleich eine der größten Herausforderungen und Chancen für Deutschland im 21. Jahrhundert: das innovative Erstarken und die zunehmende Internationalisierung des chinesischen Mittelstands!

Im Schatten von Medienberichten über bekannte chinesische Großkonzerne wie Huawei & Co brummt der Motor der chinesischen Wirtschaft woanders: nämlich durch die innovative Entwicklung und weltweite Expansion des Mittelstands. Auch ich habe dieses wahre Erfolgsgeheimnis der chinesischen Wirtschaft erst in seiner ganzen Tragweite erkannt, als ich selbst mittendrin war. Die tägliche Zusammenarbeit mit Chinas Mittelstand, meine wissenschaftlichen Arbeiten zu dem Thema sowie ein tiefes Eintauchen in die chinesische Kultur und die Denk- und Lebensweise der Menschen ermöglichten mir, zu verstehen, was wir in Deutschland bisher nicht ausreichend erkannt haben. Mehr als 60 Prozent der Wirtschaftsleistung Chinas, 70 Prozent der technologischen Innovationen und – ähnlich wie in Deutschland – etwa zwei Drittel der chinesischen Exporte werden durch den Mittelstand generiert. Und der hat begonnen, die Internationalisierung zu forcieren. Dies hat weitreichende Konsequenzen, gerade für uns in Deutschland: Wir bekommen auf der Weltbühne neuen und unerwartet innovativen Wettbewerb; chinesische Hidden Champions entstehen und drängen in Nischen, von denen wir gewohnt waren, sie aufgrund unserer langen Erfahrung zu »besitzen«. Gleichzeitig bieten sich neue Chancen in der Zusammenarbeit. In Forschung und Entwicklung (F&E) sowie der Wissenschaft können wir in China frühzeitig Trends von morgen erkennen und zu unserem Vorteil nutzen – denn heute beginnen viele Entwicklungen und Innovationen in der Tech-Welt in China und verbreiten sich von dort in alle Welt. Wussten Sie zum Beispiel, dass China in der Forschung in 37 von 44 Schlüssel-Technologiebereichen weltweit führend ist?[1] Ob Hyperschall-Flugzeugantriebe, erneuerbare Energien oder Quantenkommunikation und -sensorik – in entscheidenden Zukunftsbranchen ist uns China voraus, und auch darauf werde ich genau eingehen.

Diese großen Konsequenzen für uns in Deutschland, von denen Sie in den einzelnen Kapiteln noch weitere kennenlernen, werden jedoch gravierend übersehen. Auch deshalb haben wir noch keine ausreichenden Lösungen zu Chinas Aufstieg gefunden. Ich habe mich oft gefragt, warum die Entwicklung von Chinas Mittelstand nicht thematisiert wird und die Folgen noch nicht überall in der Wirtschaft diskutiert werden. Ein Grund ist sicherlich, dass das Scheinwerferlicht der medialen Aufmerksamkeit in den letzten Jahren vor allem auf die polarisierenden chinesischen Akquisitionen (M&As), oft von großen Staatskonzernen, gerichtet war, und private Mittelständler in deren Schatten unbemerkt blieben. Auch mag es daran liegen, dass die Recherche zum Mittelstand in China sehr mühsam ist. Die meisten Firmenchefs der ersten Generation sprechen nur Chinesisch. Und darüber hinaus sind die Mittelständler unbekannter und schwerer zu greifen als weltweit bekannte Global Player. Von vielen Mittelständlern in China findet man nirgends im Internet detaillierte Informationen, wie wir es von deutschen Firmen gewöhnt sind.

Wer sind sie also, die chinesischen Mittelständler? Wie ticken die neuen Hidden Champions und Weltmarktführer von morgen und was wollen sie? Und was hat dies mit unserer Zukunft hier in Deutschland zu tun?

Diese Fragen stellte ich mir noch nicht, als ich an einem Septembermorgen im Jahr 2013 vom Aufsetzen der Lufthansa-Maschine in Shanghai geweckt wurde und mit sieben Koffern im Reich der Mitte ankam: Es ging los! Als China-CEO und erster Pionier des Hidden Champions und Weltmarktführers Blickle mit der Aufgabe betraut, die chinesische Tochtergesellschaft von Grund auf aufzubauen, konnte ich nicht ahnen, welche extremen Erfahrungen, überraschenden Wendungen und Erkenntnisse vor mir liegen sollten. Ich war einfach nur aufgeregt, hochmotiviert, voller Vorfreude und offen für Neues. Aber mit 26 Jahren auch noch sehr jung.

Über das nächste Jahrzehnt sollte ich an einigen Herausforderungen erst scheitern, um sie dann zu meistern, in der Einsamkeit einer Bergstadt nahe einem buddhistischen Kloster Chinesisch lernen, den Wirtschaftsboom in all seinen Facetten erleben, eine der größten Umweltkatastrophen in der Geschichte Chinas am eigenen Leib miterleben, tief in die jahrtausendealte Kultur eintauchen, von der Shaolin-Tradition lernen, das Unternehmen vom Start-up mit 30 m^2 zu einem der Marktführer in China aufbauen, zu China promovieren, eine unerwartete Einladung eines Staatspräsidenten erhalten und eng mit zahlreichen privaten und staatlichen Mittelständlern zusammenarbeiten – mit oft erstaunlichem Ausgang.

All dies war nur möglich durch die Unterstützung von vielen großartigen Menschen, denen ich sehr dankbar bin. Und auch durch das Glück, zur richtigen Zeit am richtigen Ort gewesen zu sein und die Chancen ergriffen zu haben. Wie Sie sehen werden, handelt das Buch auch von den inspirierenden Persönlichkeiten, von denen ich auf dieser Reise lernen durfte.

Einer dieser wichtigen Menschen ist meine Ehefrau Jia Guo, eine erfolgreiche chinesische Selfmade-Unternehmerin. Ich bin dankbar, viele Jahre das heiligste Fest der Chinesen – das Neujahr – im Inneren ihrer Familie erlebt zu haben und der Kultur so tiefgehend begegnen zu dürfen. Verblüffende Geschichten und besonders wertvolle, authentische Einblicke in die Welt der chinesischen Unternehmer erlebte ich daher auch durch ihr großes Netzwerk aus einer seltenen, anderen Perspektive.

Das Buch in Ihren Händen enthält das Herz all dieser Erfahrungen. Dabei geht es nicht um mich, die erzählten Geschichten sind lediglich ein Medium, um das Wichtigste in die Welt zu tragen: die Botschaften dieses Buches.

Wirtschaftserwachen soll einen neuen konstruktiven Zugang zu China eröffnen und Impulse zu der entscheidenden, zukunftsweisenden Frage geben: Was können wir in Deutschland tun, um unseren wirtschaftlichen Erfolg in den kommenden Jahrzehnten nicht nur zu sichern, sondern zum Wohle aller – der Menschen, der Wirtschaft und des Planeten – auszubauen? Wie können wir dabei mit China konstruktiver umgehen, weil es ohnehin Teil unserer Lebensrealität ist und immer mehr werden wird? Mein Szenario der Familie mit der virtuellen Probefahrt im Kapiteleinstieg und dem Kommentar der Mutter ist keine überzogene Fantasie.

Wie Sie im Verlauf des Buches sehen werden, führen diese Überlegungen letztendlich unweigerlich auch zu uns selbst. Denn die Realität im Jahr

2024 ist: Deutschland steht vor dem Fall vom Weltmeister zum Verlierer. Was wir 2022 beim Fußball in Katar erleben mussten, droht uns auch in der Wirtschaft. Nur ist dies kein Spiel, denn wirtschaftlicher Erfolg bedeutet Arbeitsplätze, Wohlstand, soziale Sicherheit – und das geht uns alle an, egal ob Unternehmer, Handwerker, Politikerin, Pflegekraft oder Lehrerin.

Die Rahmenbedingungen der deutschen Wirtschaft – vor allem für unseren Mittelstand – sind in einem besorgniserregenden Zustand, der nur noch kurze Zeit durch die großen Erfolge der vergangenen Jahrzehnte übertüncht werden kann. Dies ist alarmierend, denn wie in China kommt auch der Wohlstand in Deutschland zu einem großen Teil vom Mittelstand – dem Herzen und der großen Stärke unserer Wirtschaft.

Doch anstatt Tacheles zu reden, die Herausforderungen mutig am Schopf zu packen und politisch mit einer neuen *Agenda 2030* beherzt umzusteuern, herrscht in unseren zentralen Ministerien wie auch an den Spitzen der Regierungs- und Oppositionsparteien zu einer umfassenden Reformagenda Stille. Stattdessen treiben wir aus ideologischen Geisteshaltungen heraus teilweise nicht zu Ende gedachte Projekte voran, die Deutschland in den wirtschaftlichen Abstieg führen und zudem tief in die Gesellschaft und Wirtschaft hineinregieren. Verwundert es da wirklich, dass die AfD in Umfragen zu einer der stärksten Kräfte Deutschlands aufgestiegen ist?

Gut 20 Jahre, nachdem *The Economist* das letzte Mal über ihn berichtete, ist er zurück und zierte 2023 wieder das Cover der August-Ausgabe: Deutschland, der kranke Mann Europas – dargestellt mit einem grünen Berliner Ampelmännchen am Tropf.[2] Als einziges europäisches Land der G7 schrumpfte die deutsche Wirtschaft 2023. Durch eine zu große Selbstzufriedenheit, Lethargie und politische Versäumnisse sind wir in vielen Bereichen nicht mehr wettbewerbsfähig oder gar an der Spitze, was etwa die hohen Energiekosten oder die Entwicklung der internationalen Patentanmeldungen pro Land zeigen – Jahr 2003: Nummer eins USA, Nummer zwei Japan, Nummer drei Deutschland versus Jahr 2020: Nummer eins China, Nummer zwei USA, Nummer drei Japan.[3]

Unterstrichen wird dies von Ray Dalio, einem der renommiertesten amerikanischen Hedgefonds-Manager, der den Aufstieg und Fall von Nationen über Jahrhunderte analysierte: Wenn ein Land seinen Höhepunkt erreicht hat, wird es zunehmend dekadent, verliert an Wohlstand und wird von internen und externen Konflikten in Beschlag genommen[4] – Trends, die wir in Deutschland in den letzten Jahren sehen. In Talkshows und

Diskussionen wird sich oft stundenlang darüber ereifert, was China und andere alles falsch machen und von uns abschauen. Was fehlt? Jemand, der sich traut, im Saal aufzustehen und zu hinterfragen: »Was wäre, wenn wir auch einmal überlegen, wo wir selbst vielleicht nicht richtig liegen und was wir von anderen lernen können?«

Denn die deutsche Wirtschaft kann mit den USA und China nur mithalten, wenn unsere Rahmenbedingungen in der Bundesrepublik gesund sind. Immer dann, wenn man also von China als Rivalen spricht, sollten wir uns in Deutschland sofort auch an die eigene Nase fassen und uns fitter machen. Chinas Aufstieg spitzt die Herausforderung für uns zwar weiter zu, ist aber nicht die Ursache unserer zunehmenden Probleme, wie uns manche Politiker und Medien glaubhaft machen wollen à la »Die anderen sind schuld und wir haben recht«. Solch populistische Züge dramatisieren die Lage einseitig, verführen zu einem falschen Weg der Konfrontation und lenken die Aufmerksamkeit von eigenen Versäumnissen ab.

Sicherlich ist China kein einfacher Partner und Wettbewerber und, wie Sie im Buch sehen werden, bin ich in mehreren Punkten kritischer Meinung und mache auf noch unerkannte neue Chancen – aber auch Risiken – im Chinageschäft aufmerksam. Diese Perspektive ist für mich möglich, weil ich als haftender Geschäftsführer in China selbst mehr als acht Jahre sowohl für den Gewinn als auch für die Unternehmenssicherheit verantwortlich war. Ich kenne also beide Seiten und neben der Leitung von internationalen Firmenprojekten ist eines meiner heutigen Beratungsfelder die Global- und Chinastrategie, bei der man alle Aspekte berücksichtigen muss, auch die Gefahren. Auch heute sind die Chancen und insbesondere die Risiken ein Dauerthema, wenn meine Partner und ich Entscheidungsträger in DAX-Konzernen sowie bei zahlreichen Mittelständlern und Weltmarkführern beratend begleiten. Wenn wir die Unternehmen nach der ersten Phase »Analyse der Ausgangssituation« und Phase zwei »Entwicklung einer Strategie zur Zielerreichung« dann über Jahre hinweg in Phase drei »Umsetzung in der Praxis« unterstützen und als verlängerter Arm der Geschäftsleitungen mit anpacken, stelle ich im Hinblick auf China immer wieder fest:

Für deutsche Firmen geht es sowohl um Umsatz- und Ertragssteigerungen, Führungskräfteentwicklung und Wachstum in einem schwieriger werdenden, jedoch enorm großen chinesischen Markt – als auch um die Reduzierung von Abhängigkeiten und, was oft übersehen wird, die Risiken beim Management deutscher Firmen in China. In manchen Fällen brennt es und es gilt, Krisen zu lösen. In den meisten Fällen wollen sich Firmen vorausschauend absichern und in Erfahrung bringen, wo es bei ihnen verborgene Potenziale und Chancen, aber auch Schwachstellen oder Risiken gibt und was man konkret in der Praxis tun kann. Dies ist oft überlebenswichtig für die Firmen und gehört zu einer soliden strategischen Ausrichtung. Denn wir sollten im Umgang mit China nicht naiv oder blind sein. Es gibt Herausforderungen, die wir ernst nehmen müssen. Auch spreche ich mich entschieden gegen zu große Abhängigkeiten in wichtigen Bereichen aus und würde als Regierung in der Sache sogar noch härter, jedoch auf eine andere Art mit China verhandeln.

Doch ich warne auch vor zu großer Einseitigkeit in die andere Richtung, denn dies kann zu schwerwiegenden strategischen Fehlern führen, die nicht so schnell korrigierbar sind. Aktuell droht zum Beispiel die Gefahr, dass wir eine historische Chance und neue Verhandlungspotenziale mit China verpassen sowie den Anschluss zum »Globalen Süden« verlieren, der schon heute den Großteil der weltweiten Wirtschaftsleistung und Bevölkerung stellt und den ich Ihnen im Buch noch genauer vorstellen werde. Viele Jahre wurden die Chinageschäfte in Deutschland über den grünen Klee gelobt. Wir haben sehr davon profitiert, doch es fehlte eine kritische, vorausschauende Sichtweise. Heute ist es umgekehrt: Es wird politisch über die Probleme geredet, aber nicht darüber, was es die deutsche Wirtschaft kosten würde, wenn wir uns von China – unserem weltweit größten Handelspartner der letzten acht Jahre – durch zu viel De-Coupling und De-Risking abwenden würden. Wie bei der Energiewende wird von oben eine Richtung eingeschlagen, ohne die Bevölkerung über die langfristigen Konsequenzen wie zum Beispiel noch höhere Kosten und eine hohe Inflation zu informieren.

Auch folgender Fakt zeigt die in den letzten Jahren zunehmende Differenz zwischen Politik und wirtschaftlicher Realität in Deutschland: Während es aus dem politischen Berlin seit Monaten heißt, lieber in anderen Ländern als in China Fabriken aufzubauen, zeigen die Entscheidungen der Unternehmen und die Zahlen ein anderes Bild. So sind im Jahr 2023 die deutschen Direktinvestitionen in China auf ein Rekordniveau von 11,9 Milliarden Euro gestiegen. »Das ist ein neuer Höchstwert – nach ohnehin schon hohen Werten in den beiden Vorjahren«, so Jürgen Matthes vom Institut der Deutschen Wirtschaft (IW). Allein von 2021 bis 2023 hätten deutsche Firmen damit genauso viel neu in China investiert wie in den Jahren 2015 bis 2020.[5] Darunter sind auch zahlreiche Mittelständler. Allein in der Stadt Taicang nahe Shanghai stieg die Anzahl deutscher Firmen im

Jahr 2023 um 25 auf heute mehr als 500 an.[6] Und diese Unternehmen, viele davon führend auf den Weltmärkten, wägen genau ab und treffen solche Entscheidungen ja nicht ohne Grund.

Wovon wir in Deutschland am meisten profitieren, ist eine differenzierte Sichtweise und kritische Ausgewogenheit in der Betrachtung: beide Seiten der Medaille – die Herausforderungen und die Vorteile in der Zusammenarbeit – im Blick zu haben. Die Risiken mit Weitblick abzusichern und die Chancen für uns zu nutzen. Dazu muss man mit China nicht in allem einer Meinung sein, aber man muss verstehen, mit wem man es zu tun hat.

Hermann Simon wird, wie Sie bereits erfahren haben, weit über Deutschland hinaus als Autorität respektiert. Durch seine Stationen als Professor in den USA (Harvard, Stanford, MIT), Frankreich (INSEAD), England (London Business School) und Japan (Keio-Universität) sowie durch seine langjährige Rolle als CEO im von ihm aufgebauten Weltmarktführer in Preisberatung hat er einen besonders kompetenten Überblick auf unser Weltgeschehen und folgert dementsprechend immens weitreichend: »Das gegenseitige Verständnis zwischen China und Europa oder dem Westen im Allgemeinen ist entscheidend für eine gute Entwicklung der Welt in der Zukunft.«[7]

Neben tiefen Einblicken in Mentalität, Ziele und Visionen des chinesischen Mittelstands werden wir im Verlauf des Buches auch erkennen, warum die meisten Baustellen unserer Zukunft bei uns selbst liegen. Diese brisante Gesamtlage – das beschädigte deutsche Wirtschaftsmodell und der Aufstieg Chinas mit all seinen Risiken und Möglichkeiten – kann aber auch *die* Chance für dringend benötigte Veränderungen in Deutschland sein, wenn wir jetzt aus unserem Dornröschenschlaf erwachen, die richtigen Rückschlüsse ziehen und mutig handeln.

Mein Plädoyer: Wir müssen mit China zielführender umgehen und besser verhandeln als bislang, vor allem aber brauchen wir neue Ansätze *für* die eigene Stärkung und die positive Weiterentwicklung Deutschlands. Eine Vision, mit der wir aus dem kurzfristigen Krisenmodus der letzten Jahre heraustreten, uns selbst reflektieren, unser Land wieder strukturell auf Vordermann bringen und so neues Wachstum ermöglichen.

Denn nur wenn wir wirtschaftlich erfolgreich bleiben, können wir aus der Stärke heraus handeln und – wie im Flugzeug bei einem Notfall – zuerst uns selbst und dann auch anderen effektiv helfen. Nur so werden die großen Player wie China, die USA, Brasilien, die Afrikanische Union oder

Indien uns als geografisch kleinem Land auch in Zukunft noch zuhören. Nur so können wir auch in Nachhaltigkeit und Umweltschutz neue Lösungen entwickeln – nicht aus der Angst heraus oder indem wir mit erhobenem Zeigefinger andere kritisieren, sondern indem wir darin erfolgreich sind, neue Lösungen und Werte sozialverträglich bei uns umzusetzen und sie zu leben. Das ist »Leading by Example« in der Praxis, und damit erreichen wir etwas in der Welt.

Dies liegt mir am Herzen, denn ich liebe Deutschland und die verschiedenen Kulturen und Menschen Europas und ich bin von unserem großen, bei Weitem noch nicht ausgeschöpften Potenzial tief überzeugt.

Meine Vision für Deutschland ist deshalb: Erfolgreich zu sein und zu bleiben, aus der Stärke heraus zu agieren und zu führen, mit einem guten, respektvollen Umgang miteinander – mit uns selbst, mit anderen und mit unserer Erde! Dafür liefert dieses Buch neue Erfolgsfaktoren und Potenziale für die deutsche Wirtschaft – insbesondere für den Mittelstand – mit China.

Die folgenden Kapitel nehmen Sie mit auf eine Reise ins Reich der Mitte und zurück. Anhand praktischer Fälle und erlebter Geschichten zeigen sie, welche Risiken und Chancen vor uns liegen und wie wir damit als Unternehmen, Mitarbeitende und Menschen erfolgreich umgehen können – gerade in Zeiten der Veränderung.

Ich wünsche Ihnen eine interessante, inspirierende Lektüre.

Ilu Fabian Hänle
Frankfurt, im Frühjahr 2024

TEIL I

Der chinesische Mittelstand: Wie sie ticken, was sie vorhaben

Wer die Auswirkungen der chinesischen Globalisierung verstehen will, muss ihre Herkunft kennen. Der folgende Teil beschreibt deshalb zunächst, wer Chinas Mittelständler sind, wie sie denken und was sie vorhaben. Dabei zeigt sich, dass wir in Deutschland bereits weit mehr mit unseren chinesischen Pendants verbunden sind als gedacht. Lehnen Sie sich also zurück für ein Kennenlernen. Sie werden erstaunt sein.

KAPITEL 1

Chinas Erfolgsgeheimnis auf der Spur – ein erstes Porträt

Voll in Fahrt steht er vom Tisch auf und ruft: »Das ist unsere Zukunft!«

41° 48‘ 0“ Nord, 123° 27‘ 0“ Ost
Shenyang, Nordchina
29. Januar 2021

Ich spüre meine Hände nicht mehr. »Minus 26 Grad Celsius«, antwortet unser Vertriebsdirektor Qian grinsend, als ich einen Kommentar zum Wetter mache, während wir die BMW-Werke in Shenyang durchqueren. Wir sind seit Stunden unterwegs, durchschreiten hochmoderne Fertigungshallen und im verschneiten Außenbereich ganze Areale, die an Kleinstädte erinnern. An drei Standorten in Shenyang – Dadong, Tiexi und neuerdings Lydia – fertigt der bayerische Autobauer mit dem Joint-Venture BMW-Brilliance. Das ist der weltweit volumenstärkste Standort.[1] Seit acht Jahren bin ich inzwischen in China, spreche flüssig Mandarin und mit meinem Team haben wir etwas erreicht, was uns angesichts von mehr als 3314 lokalen Wettbewerbern unserer Branche nur wenige in so kurzer Zeit zugetraut hatten: als deutscher Mittelständler zu einem der anerkannten Marktführer in China zu werden.

Heute sind wir wieder eingeladen von der Abteilung für Intralogistik, dem Herzen aller innerbetrieblichen Abläufe vom Materialzufluss bis hin zu Anlagen für Montagelinien, an denen die fertigen Autos später vom Band laufen. Führungskräfte von BMW begleiten uns gemeinsam mit dem technischen Leiter unseres Partners vor Ort – ein lokaler Mittelständler aus Nordchina. Nach der Bestätigung aller wichtigen technischen Parameter, die wir für ein passgenaues Konzept diskutiert haben, geht es weiter zum

Hauptsitz unseres Partners. Der Firmengründer und Seniorchef Wang lädt zur Verhandlung. Wir fahren auf breiten Straßen, an deren Rändern sich die Schneemauern meterhoch auftürmen, durch menschenleere Landschaften. Es ist still in dem dunkelgrauen BMW-Wagen älteren Baujahrs. Während ich über das gigantische Wachstum und die Zukunft des chinesischen Marktes sinniere, kommt der Wagen vor einem unscheinbaren Gebäude in U-Form zum Stehen. Die hohen, aus dunkelroten Backsteinen gemauerten Hallen erinnern mich an Industriebauten aus den deutschen 1970er-Jahren. Vor uns sind die Wände und Dächer jedoch durch den Lauf der Zeit und vom Ruß in der Luft – in Shenyang wird im Winter noch viel mit Kohle geheizt – schwarz gefärbt. Man würde nicht vermuten, hier einen wichtigen Zulieferer für eine der Premium-Automobilmarken der Welt zu finden.

Die Türe im Besprechungsraum springt auf, als wir uns gerade an einer heißen Tasse erdig duftendem *Pu-Erh*-Schwarztee die Hände wärmen, und Seniorchef Wang betritt schwungvoll die Szene. Er begrüßt uns mit einem breiten Lächeln und schüttelt jedem von uns ausgiebig die Hände, und während er geübt zu einer Vorstellung seiner Firma überleitet, mustere ich ihn genau:

Anfang bis Mitte 60, kurze graue Haare und eine kleine, runde und randlose Brille. Dazu ein Anzug in klassisch englischem Schnitt aus anthrazitgrauem Stoff, kombiniert mit Weste und einer braunen Krawatte mit dunkelblauen Punkten. Eindeutig ein Typ Gentleman. Er hat einen warmen, hellwachen Blick und offensichtlich auch einen ebenso wachen Verstand. Wie er erzählt, beginnt er seine Tage pünktlich um fünf Uhr, ist Patriot, der sein Land liebt, und obwohl er nur Chinesisch spricht, scheut er sich trotzdem nicht, in die Welt zu reisen und über den Tellerrand zu schauen.

Als wir dann gemeinsam das Projekt im Detail durchsprechen, während die durch die Fenster scheinende Sonne langsam verschwindet, resümiert Herr Wang: »Lieber Herr Hänle, ich bin sehr froh, dass Sie diesen weiten Weg hierhergekommen sind. Wenn ich bedenke, was ich in den letzten Monaten von meinen Mitarbeitern und Kontakten bei BMW über Ihre Arbeit höre, bei der Sie sich für kein Detail zu schade sind, muss ich sagen: Es ist selten, dass ich einen angestellten Geschäftsführer treffe, der sich so für sein Unternehmen einsetzt und es führt, als wenn es sein eigenes wäre. Für uns beide ist es ein großes Projekt und heute ein wichtiger Fortschritt. Lassen Sie uns auch weiter in die gleiche Richtung gehen.« Da wird mir schlagartig klar, dass hier noch gar nichts entschieden ist und es noch ein langer Abend wird. Denn in dem Kontext unseres Gesprächs heißt dies wirklich: »So kommen wir nicht ins Geschäft.«

Kurz blicke ich aus den Augenwinkeln zu meinem Vertriebsdirektor Qian, er versteht meinen skeptischen Blick und nickt kaum wahrnehmbar. Doch genug für mich, um zu wissen, dass ich die Alarmzeichen richtig deute: Herr Wang schätzt es in der Tat, mit uns zu arbeiten. Implizit bedeutet der letzte Teil seines Satzes im Kontext dieser spezifischen Situation aber, dass er das Gefühl hat, dass wir gerade nicht in die gleiche Richtung gehen.

Während wir es in Deutschland gewohnt sind, direkt und wörtlich zu sagen, was wir meinen, kommuniziert man in China oder Japan eher indirekt und verlässt sich darauf, dass der Empfänger zwischen den Zeilen liest und die Botschaft richtig interpretiert. In einer solchen *High-Context*-Kultur beruht eine angemessene Kommunikation meist auf intuitiven Annahmen, die auf einem gemeinsamen Wissen und Kontext basieren. Sprich, je nach deutscher oder chinesischer Perspektive können wir unter der gleichen Aussage komplett unterschiedliche Dinge verstehen. Während mir dies durch den Kopf geht, frage ich mich, wie oft es wohl solche Missverständnisse in der Wirtschaft und Politik gibt, die zu falschen Reaktionen führen. Denn zum einen gleicht keine Interaktion der anderen und zum anderen gibt es auch Chinesen, die zum Beispiel aufgrund ihrer Erfahrungen im Ausland auf einmal überraschend direkt kommunizieren. Es braucht also für jede Situation das richtige Feingefühl, um zu sondieren, woran man eigentlich ist, und um die Lage stimmig zu interpretieren. Was ich wohl selbst alles übersehen habe, gerade am Anfang meiner Zeit in China, frage ich mich weiter und mir wird fast schwindelig dabei.

Doch heute kann ich auf meine langjährige Erfahrung zurückgreifen und erinnere mich an einen chinesischen Großunternehmer aus Singapur, der mir sagte, dass ich für einen Ausländer viel erspüre und durch meine offene, verbindliche Art Menschen sehr gut erreichen könne. So ermutigt, meiner Intuition zu vertrauen, und entschlossen, das Projekt doch noch zu gewinnen, überlege ich auf Hochtouren: Wo könnte Herr Wang Zweifel haben?

Denn mir ist klar: Viel Zeit bleibt nicht mehr, da die letzte Angebotsrunde an unseren gemeinsamen Endkunden BMW-Brilliance kurz bevorsteht und ich eine Einigung mit Herrn Wang finden muss, da er ansonsten einen anderen Lieferanten wählen wird. Um zu erfahren, woran genau es liegt, schneide ich im weiteren Gespräch nochmals alle Aspekte des Projektes an und bitte ihn, zusammenfassend zu beschreiben, wo er den größten Handlungsbedarf sieht. Die technische Lösung, unsere Beratung sowie die zugesagte Garantie erwähnt er gar nicht – ein gutes Zeichen. Jedoch spricht er über noch schnellere Lieferzeiten und nach kurzem Zögern über das Preislevel des Projektes und aggressive Wettbewerber.

Hier werde ich stutzig, denn ich habe die Erfahrung gemacht, dass es unter Chinesen üblich ist, Themen, die uns Menschen wirklich tief beschäftigen, nicht als Erstes, sondern oft als Letztes in Verhandlungen zu nennen. Über unsere angebotenen Preise an Herrn Wangs Unternehmen haben wir jedoch ausführlich gesprochen. Und natürlich hat er als Inhaber, nachdem Wochen zuvor bereits sein Projekt- und anschließend der Einkaufsleiter mit uns verhandelt haben, nochmals final einen Preisnachlass gefordert. Einen solchen »Chef-Rabatt« haben wir in Voraussicht auch in unserer Kalkulation eingeplant und so denke ich, dass Herr Wang mit unseren finalen Preisen arbeiten könne, insbesondere da er sich mit unserer technischen Lösung und Beratung sehr zufrieden zeigt.

»Lieber Herr Wang«, beginne ich, sehr auf meine chinesischen Worte bedacht, »durch Ihre langjährige Erfahrung und Ihre Kontakte verstehen Sie die Gesamtsituation hier in Shenyang am besten. Können Sie mir bitte helfen, die Preislevel der Mitbewerber noch besser zu verstehen? Vielleicht so, wie Sie es einem Freund erzählen würden, dem daran liegt, Sie zu unterstützen.« Über den hellgrauen Besprechungstisch hinweg schaue ich ihm in die Augen, während ich innerlich hoffe, dass auch er sich öffnet.

Ich beobachte, wie sich die kleine Falte zwischen seinen Augenbrauen knapp über dem Gestell seiner Brille nach und nach glättet und seine Schultern ein paar Millimeter absacken. Er entspannt sich. Dann fängt er an zu erzählen: von den chinesischen Wettbewerbern, die uns mit deutlich günstigeren Lösungen verdrängen wollen, und von sich als einzigem OEM (*Original Equipment Manufacturer*), der darauf setzt, unsere höherwertigen Lösungen in sein Endprodukt zu integrieren. Ich frage weiter nach, was denn hier seine allergrößte Sorge sei, und nun treffen wir den entscheidenden Punkt: Herr Wang erklärt, dass er zwar unsere Preise akzeptieren könne. Jedoch würde sich so ihr Gesamtangebot an den Endkunden deutlich erhöhen. In der letzten Angebotsrunde müsse jeder der OEM-Bewerber zur gleichen Zeit online den finalen Paketpreis abgeben und Herr Wang befürchtet, dass seine Firma so das Geschäft auf Jahre hinaus verlieren könnte.

Eine berechtigte Sorge, denke ich mir, vor allem, wenn man sich in seine Lage versetzt und weiß, dass bei solchen Ausschreibungen oft Anbieter mit dem günstigsten, aber nicht unbedingt leistungsstärksten Angebot gewählt werden. Doch angesichts des sehr niedrigen Preisniveaus antworte ich ihm, dass wir als innovativer Hersteller hier nicht mithalten können und wollen. Jedoch, so fahre ich fort, könnten wir ihm auf andere Weise helfen. Gespannt schaut er mich an und lehnt sich nach vorne auf den Tisch. »Herr Wang, Sie können uns als Lieferant wählen und haben eine realistische Chance, auch mit einem höheren Gesamtpreis zu gewinnen«, sage ich ihm und setze hinzu: »Sie können mir vertrauen, und ich werde Ihnen gleich genau erklären, warum.«

Herr Wang ist sichtlich überrascht von dieser gewagten Aussage, doch sie kommt nicht von ungefähr. Denn durch meinen direkten Kundenkontakt, den ich auch als China-Chef immer pflegte und im ganzen Land zu Besuch bei Endkunden, OEMs und Distributoren war, spüre ich: Wir haben in diesem Projekt die Probleme und Bedürfnisse unseres Endkunden tiefgehend erfasst, darauf basierend technische Lösungen und Services entwickelt, die uns ein Alleinstellungsmerkmal (*Unique Selling Point*) gegenüber dem Wettbewerb verschaffen – und besonders wichtig: Wir haben diese so präsentiert, dass der Endkunde genau verstanden hat, was es ihm an Vorteilen bringt und dass es sich deshalb also lohnen kann, etwas mehr Geld auszugeben und unser Angebot zu wählen.

Diese Vorarbeit und der Fokus auf den Mehrwert für den Kunden, das sogenannte *Value-Selling*, welches wir über Monate bei unserem Endkunden in Shenyang geleistet haben, ist also auch in diesem Fall wieder Gold wert, denke ich erleichtert. Meine Erinnerung geht ein paar Jahre zurück und ich bin froh, diesen Ansatz in meinem Unternehmen systematisch durch alle Vertriebsebenen und Regionen hindurch implementiert, trainiert und verbessert zu haben – denn dies ist einer der wichtigsten Erfolgsfaktoren für deutsche Firmen in China, die technisch hochwertige, erklärungsbedürftige Produkte fertigen. Chinesische Einkäufer stellen nämlich zunehmend kritische Fragen wie: »Nur weil Sie eine deutsche Firma sind, heißt das heutzutage nicht mehr, dass Sie auch das beste Preis-Leistungs-Verhältnis haben. Lokale Lieferanten sind oft schneller und bieten uns sogar die gleiche Garantie. Warum sollten wir also ihr teureres Angebot wählen?« Verweise auf die hohe deutsche Qualität allein reichen hier oft nicht mehr, man muss schon ganz genau aufzeigen, welche Vorteile man dem Kunden konkret liefern kann. Erfolgreiches technisches Value-Selling zeigt sich dann daran, dass man vom Endkunden spezifiziert wird, das heißt, als einer der präferierten Lieferanten vorgeschlagen oder im besten Fall als einziger Lieferant festgelegt wird. Während dies für deutsche Innovationsführer generell wichtig ist, spielt es auf dem preissensitiven chinesischen Markt eine Schlüsselrolle, da hier die Preisunterschiede oft noch größer sind als in anderen Ländern. Die Vertriebsarbeit kann dabei in China komplett anders aussehen als im Rest der Welt. Einer der in China am häufigsten begangenen Fehler, den ich am Anfang meiner Zeit dort selbst machte, ist, von unserem deutschen Denken und von den Vorgehensweisen, Produkten und Strategien auszugehen, von denen wir gewohnt sind, dass sie »weltweit« funktionieren.

Aus bitteren Fehlschlägen lernte ich: In China spielt einfach eine andere Musik und um diese richtig zu deuten, braucht es *eine* entscheidende Erfolgskombination, mit der alles steht und fällt: ein tiefgehendes Verständnis von Mentalität, Kultur und Markt – sowie die Fähigkeit, zwischen Deutschland und China zu vermitteln (dazu im Praxisteil II mehr).

Vor diesem Hintergrund ahne ich, dass ich in dem Projekt preislich standhaft bleiben kann, denn, und das ist meine feste Überzeugung, die ich an mein chinesisches Vertriebsteam übertragen konnte: Verkauf beginnt dann, wenn der Kunde Nein sagt – und eine Firma muss gesunde Margen und Gewinne machen, nur so kann sie auch in Krisenzeiten Verantwortung für ihre Mitarbeitenden und ihre Region tragen, von Banken möglichst unabhängig sein, neue Arbeitsplätze schaffen, in Innovation, Forschung und Nachhaltigkeit investieren und so zukunftsfähig bleiben. Als wir Herrn Wang mehrere solcher Grundsätze und Details unserer Arbeit beim Endkunden preisgeben, beginnt es in ihm zu arbeiten. Denn wir beide spüren genau: Was auf den ersten Blick wie ein Preisproblem erschien, ist in Wahrheit und am Ende des Tages vor allem eine große Vertrauensfrage.

Wenn Herr Wang sich auf meine Aussage verlässt und sie zutrifft, hebt er sich positiv vom Wettbewerb ab und wir können gemeinsam ein großes Projekt auf Jahre hinaus gewinnen. Wenn ich jedoch falsch liege, wird er aller Voraussicht nach das Geschäft und einen seiner wichtigsten Kunden ebenfalls auf Jahre hinaus verlieren. Und so kommt es, dass Herr Wang uns näher kennenlernen möchte und uns zur Fortsetzung unseres Gesprächs zu einem typisch chinesischen Business-Dinner einlädt.

Solch ein geschäftliches Abendessen ist eine Kunst und eine Welt für sich, von der ich zu Beginn meiner Zeit in China nicht wirklich viel verstand. Natürlich hatte ich mich vorbereitet, hatte mehrere Geschäftsreisen in Asien und China hinter mir, interkulturelle Ratgeber gelesen und schon in Deutschland begonnen, die Sprache zu lernen. Die Realität in China war dann aber weitaus komplexer und vor allem nuancenreicher, als ich mir vorstellen konnte oder gelesen hatte. Insbesondere als mein Chinesisch so weit war, dass auch geschäftliche Termine vollständig auf Mandarin stattfinden konnten, eröffnete sich ein vollkommen neuer Zugang. Ich war zutiefst von der Bedeutsamkeit, der Tiefe und den vielen Details, Motiven und Überlegungen in den chinesischen *Guanxi* (关系, Beziehungsnetzwerke) erstaunt, die immer weiter zunehmen und komplizierter werden, je höher die wirtschaftlichen und politischen Sphären reichen. Davon werde ich später noch ausführlicher erzählen, denn die kunstvoll gewobenen sozialen Netzwerke zählen zu den wichtigsten Schlüsseln von Chinas Erfolg.

Als wir abends im Restaurant in der Stadtmitte von Shenyang eintreffen, werden wir zu einem vorab reservierten privaten Raum geführt, was für besondere Anlässe üblich ist. Was man in China vorher oft nicht genau weiß, ist, wer noch an den Essen teilnimmt. Mehrmals wurde ich von weiteren Gästen überrascht, darunter Geschäftspartner oder auch Parteisekretäre. Ich erinnere mich noch gut an ein Abendessen mit dem Bürgermeister einer 5-Millionen-Einwohner-Stadt, bei dem wir im kleinen Kreis mit seiner Familie begannen und später auf einmal Geschäftsleute sowie hochrangige Mitglieder der lokalen Kommunistischen Partei auftauchten. Das Besondere in China ist, dass nicht die Bürgermeister einer Stadt oder die Gouverneure der Provinzen, sondern stets die jeweiligen Parteisekretäre das letzte Wort und damit die Macht haben.

Doch heute, so scheint es, sind wir unter uns. Herr Wang führt mich als seinen Gast zum Ehrenplatz am runden Tisch, gekennzeichnet durch eine Serviette, die kunstvoll in Form eines Pfauenfächers in einem Weinglas drapiert ist. Kurz bin ich mir unsicher: Kann ich diesen Ehrenplatz annehmen? Dann fällt mir aber ein: Aufgrund der chinesischen Gepflogenheiten und gleich mehrerer Faktoren – Alter, Beziehungsstatus, Hierarchie, meine Ziele – ist es hier angemessen, mit viel Dank und betont respektvoll abzulehnen. Es folgt eine längere Verhandlung, bei der es als Teil der Etikette hin und her geht. Wenn hier eine der Parteien sofort akzeptieren und sich auf den Platz setzen würde, wäre dies sehr unhöflich – es sei denn, es gibt zum Beispiel große hierarchische Unterschiede. Letztlich gelingt es, Herrn Wang in seiner Seniorrolle und als Organisator unseres abendlichen Zusammenkommens herauszustellen und, nur leicht an einem kleinen Lächeln in seinem Gesicht erkennbar, setzt er sich zufrieden auf den Ehrenplatz.

Es wird gut gegessen und 53-prozentiger *Maotai* (茅台) serviert.[2] Die aus roter Hirse (Sorghum), Weizen und weiterem Getreide nach jahrtausendealter Tradition destillierte Spirituose gilt als Chinas Staats-Schnaps der gehobenen Klasse. Als eine der beliebtesten *Baijiu*-Marken wird Maotai sowohl bei geschäftlichen, privaten als auch politischen Anlässen als »soziales Bindungsmittel« getrunken. Wie französischer Champagner aus der Champagne kommen muss, darf auch Maotai nur aus einer Gegend kommen: In einem Flusstal im kleinen Städtchen Maotai im südchinesischen Guizhou stellt die *Kweichow Moutai Co., Ltd.* Chinas legendären Schnaps in einem einjährigen Prozess unter Berücksichtigung des chinesischem Mondkalenders her, bei dem traditionell in mit Lehm ausgekleideten Erdlöchern fermentiert, mehrfach mit Dampf destilliert und das finale Destillat für mindestens drei bis vier Jahre in großen Tongefäßen gelagert wird, sodass es bis zu seiner Abfüllung »atmen« kann. In China genießt Maotai Kultstatus.

Wir kommen auf den früheren chinesischen Premierminister und Chefdiplomaten Zhou Enlai zu sprechen, der Maotai als »Wunderelixier der Außenpolitik« bezeichnete. Ich halte mich mit dem Genuss zurück, versuche dafür die gute Stimmung weiter zu fördern, indem ich die von Henry Kissinger überlieferte Anekdote aus den 1970er-Jahren erzähle, als Maotai fast das Weiße Haus abgebrannt hätte. In seiner damaligen Rolle als Nationaler Sicherheitsberater fädelte Kissinger die historische Aussöhnung zwischen den USA und China ein: Zum ersten Mal seit der Gründung im Jahr 1949 besuchte mit Richard Nixon 1972 ein Präsident der Vereinigten Staaten die Volksrepublik. Beim Staatsbankett in der Großen Halle des Volkes in Peking, das Premier Zhou zu Ehren des historischen Besuches der US-Delegation unter Präsident Nixon gab, hatte Zhou die Brennbarkeit von Maotai demonstriert und Nixon zwei Flaschen als Präsent überreicht.

»Nixon wollte nach seiner Heimkehr in Washington seiner Tochter Tricia zeigen, wie hochprozentig der Maotai war«, erzähle ich weiter. »Er goss den Inhalt einer Flasche in eine Schüssel und hielt ein brennendes Streichholz darüber. Mit einem Knall zersprang die Schüssel und der brennende Alkohol floss über den ganzen Tisch. Der Feueralarm im Weißen Haus ging los und nur mit vereinten Kräften gelang es der Familie, den

Brand zu löschen und eine nationale Tragödie zu verhindern. Noch Jahre später wurde über diese Geschichte bei amerikanisch-chinesischen Regierungstreffen gemeinsam gelacht.«[3] Herr Wang und sein Führungsteam lachen nun ebenfalls herzlich, das Eis ist gebrochen und wir kommen uns näher. Nun interessiert mich die Geschichte der Familie Wang. Und so frage ich Herrn Wang, der direkt neben mir sitzt, wie es zur Firmengründung kam und was eigentlich seine Vision für sein Unternehmen und China sei. Auf einmal wird er ruhig, nachdenklich. Alle am Tisch spüren, wie ihn diese Frage berührt.

Nach einem langen Schweigen beginnt er mit leiser Stimme zu erzählen. Von der Zeit früher, als sie fast nichts hatten. Als sie im harten Winter Nordchinas froh sein mussten, wenn sie genug Chinakohl neben ihrem zum Heizen und Kochen überlebenswichtigen Kohlevorrat lagern konnten. Viele Jahre waren geprägt von tiefer Unsicherheit, Armut und Zweifeln. »Ich weiß, das ist für euch im Westen, wo ihr alles habt, schwer zu verstehen«, flüstert er fast, »aber da, wo wir herkommen, wo wir jetzt sind, das ist eine Mentalität, eine Energie, dass wir es auch verdient haben, innovativ und erfolgreich zu sein, einen Platz an der Sonne zu haben. Der Welt wieder zu zeigen, was wir in China als Familienunternehmen beitragen können.«

Nun kommt er in Schwung und ich sehe zwei funkelnde Augen, die sich tief mit Leidenschaft und Energie füllen. Ich nehme seine starke Körperanspannung wahr und denke, gleich springt er auf. Dann fährt er fort: »Hier haben wir unsere Wurzeln, in Shenyang und Changchun. Und darauf bauen wir auf, lieber ruhig als mit Getöse. Vor Kurzem war ich in den USA, wo wir ein R&D-Center und eine Produktion für moderne Fertigungsautomatisierung eröffnet haben.« Auf seinem Huawei-Handy zeigt er mir ein Bild aus den USA von ihm und Cao Dewang, Inhaber von Fuyao Glass, einem der größten Produzenten von Float- und Autoglas der Welt.[4] Voll in Fahrt steht er vom Tisch auf und ruft mit nun lauter Stimme:

»Das ist unsere Vision, unsere Zukunft! Aus der Asche stehen wir auf, immer wieder und wieder, Fuyao ist ein Vorbild und wir gehen jetzt auch global! *Ganbei* (干杯, Cheers) auf unsere Freundschaft! *Ganbei* auf China und Deutschland!«

Mittelständler »Made in China« – das Herz der Wirtschaft

Willkommen in der Welt der chinesischen Mittelständler. Mit dieser Begebenheit, die mich damals tief beeindruckt hat und mit dem Gewinn des Projektes ein gutes Ende fand, werden gleich mehrere Eigenschaften des Mittelstands deutlich: zum Beispiel seine visionäre, aufstrebende Mentalität, eine zunehmend innovative und globale Ausrichtung sowie eine große Bodenhaftung und die bewusste Zurückhaltung bei Statussymbolen. Viele Firmeninhaber, die ich über die Jahre getroffen habe, fahren zum Beispiel absichtlich ältere Wagen und wollen nicht im Scheinwerferlicht stehen, sondern einfach »ihr Ding« machen. Dies steht im grellen Kontrast zu dem Bild von chinesischen Unternehmern und Milliardären, welches wir in Europa teils haben – den Investoren, die in Südfrankreich Weingüter inklusive der dazugehörigen Weinberge kaufen, Fußballclubs ummodeln oder sich wie Geely-Chef Li Shufu mit 10 Prozent am schwäbischen Vorzeigeunternehmen Daimler beteiligen.[5]

In der Tat gibt es diese Fälle. Auf die breite Masse gesehen sind solche extremen Phänomene und Charaktere jedoch eher die Seltenheit. Das Gros der chinesischen Mittelständler finden wir nicht in gläsernen Wolkenkratzern in Shanghai oder in repräsentativen Firmenzentralen wie in Deutschland, sondern in unscheinbaren Gebäuden in noch unscheinbareren, ländlichen Gegenden über ganz China verteilt. Von dort beliefern sie Weltmarktführer und Konzerne, häufig unbemerkt von Medien und Öffentlichkeit.

So wie es in China sehr viele Kontraste gibt, so ist auch der Mittelstand divers. Es gibt den sehr starken, etablierten industriellen Sektor, zu dem wir Herrn Wang als Seniorchef und Firmengründer der ersten Generation als einen typischen Vertreter zählen können. Gleichzeitig gibt es im industriellen Bereich aber auch sehr viele innovative Start-ups[6], insbesondere in neueren Technologien, wie zum Beispiel in Fahrerlosen Transportsystemen (FTS), Drohnentechnik sowie die Zulieferer oder Hersteller von New Energy Vehicles (NEV), wie in China E-Autos genannt werden.[7] Und darüber hinaus spielt die digitale Wirtschaft, insbesondere in hochinnovativen Clustern wie Shenzhen und im Feld der »Consumer Digitalization«, eine weltweit führende Rolle.[8] Im digitalen Bereich geben häufig jüngere Gründer die Impulse und viele Firmen hier unterscheiden sich deshalb von Unternehmen wie denen von Herrn Wang oder Herrn Cao von Fuyao Glass.

So unterschiedlich die chinesischen Mittelständler also einerseits sind, so eint sie ihre Schlüsselrolle für den wirtschaftlichen Erfolg Chinas. Mit ihrem Beitrag von mehr als 50 Prozent zu Chinas Steuereinnahmen, mehr als 60 Prozent des Bruttoinlandsprodukts, mehr als 70 Prozent der technologischen Innovationen und 80 Prozent der Arbeitsplätze tragen sie entscheidend zum Wirtschaftswachstum und zur sozialen Entwicklung bei.[9] [10] [11] [12] Chinesische Experten bezeichnen sie als das Rückgrat ihrer Wirtschaft.[13]

Und wie sieht es aus, wenn wir den Blick auf den Handel mit der Welt richten? Im Jahr 2022 exportierte China Güter im Wert von rund 3,59 Billionen US-Dollar und ist damit mit großem Abstand vor den USA (2,06 Billionen US-Dollar) und Deutschland (1,65 Billionen US-Dollar) Exportweltmeister.[14] Rund zwei Drittel dieser Exporte werden von mittelständischen Unternehmen generiert.[15] [16] Auch hier spielen sie also *die* entscheidende Rolle! Schauen wir sie uns also noch genauer an, um herauszufinden, wie sie ticken. Und da ist zuerst einmal interessant, wer überhaupt alles dazugehört.

Wer zählt eigentlich zum Mittelstand?

Je nach Land und Abgrenzung gibt es eine Vielzahl von Definitionen für den Mittelstand. Greifen wir deshalb zwei besonders wichtige heraus, um ein Gefühl dafür zu bekommen: die engere Abgrenzung der »kleinen und mittleren Unternehmen« (KMU) und die weiter gefasste Definition des »German Mittelstand«. Das Institut für Mittelstandsforschung Bonn definiert KMU als Unternehmen mit weniger als 500 Beschäftigten und bis zu 50 Millionen Euro Jahresumsatz.[17] Die Europäische Kommission verwendet eine Schwelle von 250 Beschäftigten[18] und in den USA klassifiziert die Small Business Administration KMU mit 500 oder weniger Beschäftigten.[19] In China werden industrielle KMU definiert als Unternehmen mit bis zu 2000 Beschäftigten, einem Jahresumsatz von 300 Millionen CNY (ca. 38 Millionen Euro) und einem Gesellschaftsvermögen von nicht mehr als 400 Millionen CNY (ca. 50 Millionen Euro).[20] Während sich die Definitionen im Detail also etwas unterscheiden, umfassen sie im Großen und Ganzen doch Firmen ähnlicher Größe.

Anders sieht es aus, wenn wir uns den »German Mittelstand« anschauen. Hier lesen wir zum Beispiel in der *FAZ* oder dem *Handelsblatt*[21] [22] vom Mittelständler Trumpf, der bei der Bilanzpressekonferenz für das Geschäftsjahr 2022/2023 ein neues Rekordergebnis von 5,3 Milliarden Euro Umsatz vorlegte, das von 18352 Mitarbeitenden an mehr als 70 Standorten weltweit erwirtschaftet wurde.[23] Mehr zu Trumpf und seinen Erfahrungen in China erfahren Sie später noch in einem der *Interviews*, die ich für dieses Buch geführt habe – wobei ich mit Dr. Stephan Mayer, Vorstandsmitglied der Trumpf-Gruppe, ein besonders wertvolles Sparring zu China- und Globalstrategien hatte.

Der Begriff »Mittelstand« stellt also eine Besonderheit im deutschsprachigen Raum dar und wird laut Institut für Mittelstandsforschung Bonn durch die Einheit von Eigentum und Leitung definiert.[24] Für die Entscheidung, ob ein Unternehmen zum Mittelstand zählt, ist also nicht dessen Größe ausschlaggebend, sondern es stehen qualitative Merkmale im Vordergrund.

Wenn ich im Ausland bei Vorträgen an Universitäten oder bei Konferenzen das Phänomen des deutschen Mittelstands erkläre, gehe ich deshalb weniger auf Zahlen zur Erfassung ein, sondern mehr auf die Einstellung und Geisteshaltung, die den Mittelstand in Deutschland einzigartig macht und auszeichnet. Wichtige Merkmale sind hier die Konzernunabhängigkeit oder Familienbesitz und -führung und die gelebte Bereitschaft, mit dem eigenen Portemonnaie Verantwortung für das Unternehmen, die Beschäftigten und für die Region zu übernehmen. Beim Textilhersteller Trigema haftete der ehemalige Inhaber Wolfgang Grupp sogar viele Jahre mit seinem Privatvermögen. So führte er das 1919 gegründete Traditionsunternehmen mit 1200 Beschäftigten bewusst unter der Rechtsform des eingetragenen Kaufmanns (e.K.), um ein Zeichen für eine bessere Wirtschaftsordnung zu setzen – bevor er sich nach 54 Jahren als Inhaber und Geschäftsführer zum 1. Januar 2024 zurückzog und das Unternehmen als Kommanditgesellschaft an seine Kinder übergab.[25]

Im Mittelstand geht es also darum, langfristig zu denken und mit einem »Blick für das Wesentliche« innovativ zu handeln. Denn gerade für die deutsche Industrie, darunter zahlreiche Weltmarktführer in technischen Branchen, ist meist Innovation die Grundlage des Erfolgs. Um die Weltmarktführerschaft zu erlangen, sind herausragende und vor allem kontinuierlich innovative Leistungen erforderlich. Für Chinas breiten Mittelstand sind deutsche Hidden Champions dabei oft ein inspirierendes Vorbild.

Die Erfolgsstrategien der heimlichen Weltmarktführer

Gibt man in Google den Begriff »Hidden Champions« ein, so erscheinen 2,45 Millionen Einträge.[26] Dies liegt an Hermann Simon, dem Namensgeber und Entdecker der Hidden Champions und ihrer Strategien. Wie er mir erzählte, begann alles im Jahr 1987 in Düsseldorf, als ihn der Harvard-Professor Theodore Levitt fragte: »Warum sind deutsche Unternehmen im Export so erfolgreich?« Diese Frage ließ Simon nicht mehr los – und er fand die Antwort in den besonderen Charakteristiken unseres Mittelstands.

Simon definiert Hidden Champions als mittelständische Unternehmen, die mit ihren Produkten zu den drei wichtigsten in der Welt gehören oder die Nummer eins auf ihrem Kontinent sind. Sie haben weniger als fünf Milliarden Euro Jahresumsatz und ihre Bekanntheit in der breiten Öffentlichkeit ist meist gering – daher »Hidden Champions«, also heimliche oder verborgene Weltmarktführer. Das wiederum kommt daher, dass sich der übergroße Anteil dieser Unternehmen nicht mit Konsumprodukten beschäftigt, sondern sich auf Industriegüter konzentriert. Diese Hidden Champions fokussieren sich zudem auf ihre Marktnische, die sie weltweit bedienen, und erreichen in ihrem recht engen Bereich ein überragendes Know-how sowie eine hohe Fertigungstiefe. Sie erarbeiten so einen großen Teil der Exportkraft Deutschlands und damit auch des Wohlstands im Lande. Weltweit hat Simon knapp 4000 Hidden Champions identifiziert – rund 1600 kommen aus Deutschland und kein anderes Land der Welt hat so viele Hidden Champions (USA 350, Japan 283, Österreich 171, Schweiz 171, China 125, Frankreich 111, Italien 102).[27] [28]

Wie Simon aufzeigte, ist das besonders Interessante an dieser »Speerspitze der deutschen Wirtschaft«, dass viele Hidden Champions ähnliche, spezielle Strategien anwenden, die ihren außerordentlichen Erfolg nachhaltig möglich machen. Damit sind sie ein Vorbild für viele Unternehmer und selbst das chinesische Wirtschaftsministerium erkannte den hohen Wert – und startete im Jahr 2021 ein ambitioniertes Programm zur Schaffung von mehr als 1000 neuen chinesischen Hidden Champions, die es unter seinen kleinen und mittelständischen Unternehmen heranzüchten will.[29]

Dies ist auch einer der Gründe, weshalb sich die Forschungen von Simon und mir sehr gut ergänzen. Während er sich mit der Spitze der Hidden Champions befasst, fokussiere ich mich auf den kaum bekannten breiten chinesischen Mittelstand. Metaphorisch gesprochen untersucht Simon also einen ganz bestimmten Schlag an Bäumen, und ich höre in den umliegenden Wald hinein, in dem es Zehntausende noch junger Bäume gibt, die aber oft kräftig wachsen und eine zunehmend gewichtige Rolle spielen.

Erfolgsstorys des deutschen Mittelstands

In der Zukunft ist klar zu erwarten, dass sich aus dem breiten Mittelstand eine größere Zahl von Hidden Champions »Made in China« entwickeln wird, wenngleich dies wohl noch ein oder zwei Jahrzehnte brauchen wird. Denn wie ich auch aus eigener Praxiserfahrung vom Firmenaufbau in China weiß, sind gerade die Prozesse der Internationalisierung oder der globalen Markenbildung nicht nur eine Funktion der investierten Mittel, sondern auch Resultat von Zeit und Erfahrung.[30] Die neu entstehenden Hidden Champions werden dabei oftmals zu Konkurrenten deutscher Firmen in bestehenden Nischen – oder eröffnen als Pioniere ganz neue Branchen, wie es EHang aus Shenzhen vormachte: 2023 schrieb der kleine Mittelständler mit fliegenden Taxi-Drohnen ein neues Kapitel der globalen Mobilität, von dem ich Ihnen später noch genauer erzählen werde.[31] Wie die obigen Ausführungen zeigen, sollten wir also neben den starken, aber zahlenmäßig noch wenigen Hidden Champions (125 in China, Stand 2023) vor allem den breiten Mittelstand nicht unterschätzen – das Erfolgsgeheimnis der chinesischen Wirtschaft. Viele dieser Unternehmer in China haben Hochachtung vor dem deutschen Mittelstand, lernen schnell dazu und wollen selbst ein Global Player wie viele deutsche Familienunternehmen werden.

Zu bekannten Beispielen sehr großer deutscher Mittelständler gehören das erwähnte Familienunternehmen Trumpf um die Eigentümerfamilie Leibinger mit Dr. Nicola Leibinger-Kammüller an der Vorstandsspitze, Miele mit den Familien Zinkann und Miele, der Familienkonzern Würth oder die Unternehmerfamilie B. Braun. Aber auch die zahlreichen über das ganze Land verteilten kleinen sowie mittelgroßen Familienunternehmen spiegeln den außergewöhnlichen Erfolg und die besondere Mentalität des deutschen Mittelstands und seiner Hidden Champions hervorragend wider.

Hier möchte ich Ihnen gleich zu Beginn des Buches von der Blickle-Unternehmensgruppe erzählen, die sowohl ein äußerst erfolgreiches Beispiel für einen mittelständischen deutschen Weltmarktführer ist als auch einen Marktaufbau in China erfolgreich meisterte. Aber Blickle ist noch mehr: mein früherer Arbeitgeber, mit dem ich enorm viele Erfahrungen machen durfte und dem ich dafür sehr dankbar bin. Und aus fünfzehn Jahren Tätigkeit im Unternehmen weiß ich: Das Unternehmen macht viele Dinge richtig, pflegt ein gutes Miteinander und hat mir bei meiner Aufgabe in China stets viel Freiheit und Vertrauen entgegengebracht – was alles zu unserem gemeinsamen Erfolg beigetragen hat. Aus diesem guten Verhältnis heraus können wir jetzt auch auf einer anderen Ebene als sehr gutes Team zusammenarbeiten: nämlich in meiner Rolle als Berater für eine China-Begleitung sowie als Gesamtprojektleiter eines weltweiten strategischen Zukunftsprojektes.

Als typischer Hidden Champion ist Blickle vermutlich nicht allen meinen Lesenden bekannt, aber genau dies zeigt die besondere Wichtigkeit dieser Firmen für den weltweiten Erfolg der deutschen Wirtschaft: Als weltweit führender Hersteller von innovativen Räder- und Rollenlösungen mit einem Umsatz über der 300-Millionen-Euro-Marke, 1300 Beschäftigten, 20 internationalen Tochtergesellschaften in Europa, Nordamerika, Asien und Australien sowie Exporten in mehr als 120 Länder der Erde wurde Blickle im Sonderheft Nr. 1 der Wirtschaftswoche vom 6. November 2023 als einer von »450 heimlichen Weltmarktführern« Deutschlands gewürdigt.[32]

Ein weiteres interessantes Beispiel ist die Fath-Gruppe. 1989 als Start-up in einer Scheune gegründet, ist das Unternehmen durch Kreativität und strategischen Weitblick in kurzer Zeit und mit mittlerweile über 500 Mitarbeitenden an zwölf Standorten zum globalen Player für Produkte und Lösungen für Industrie, Intralogistik-Automatisierung und kundenspezifische Maschinenbaukomponenten avanciert. Der Umsatz der Fath-Gruppe wird 2023 die 100-Millionen-Euro-Marke deutlich überschreiten. Das Ministerium für Wirtschaft, Landesentwicklung und Energie verlieh dem Unternehmen am 8. August 2023 den Preis »Bayerns Best 50« und würdigte Fath als eine der wachstumsstärksten Firmen Bayerns.[33] Auch bei der Fath-Gruppe wird das leichte und gute Miteinander gelebt, kombiniert mit einer äußerst kreativen Herangehensweise und einer strategisch-intuitiven Führung. All das schätze ich als Strategieberater der Fath-Gruppe sehr. Es spielt aus meiner Sicht eine Schlüsselrolle für das rasante Wachstum und den weltweiten Erfolg des Familienunternehmens. Deshalb habe ich auch gerade aus diesen Firmen zwei meiner Interviewpartner für die *Interviews* gewählt – Sie können schon gespannt sein auf überraschende und besonders wertvolle Erkenntnisse.

»Mittelständler zu sein ist eine Geisteshaltung«

Wenn im weiteren Verlauf von »Mittelständlern« die Rede ist, soll dies deshalb unter die weit gefasste Abgrenzung fallen und sowohl KMU als auch die größeren mittelständischen Unternehmen beinhalten, da, wie aufgezeigt, die qualitativen Merkmale entscheidend sind und Größe eine untergeordnete Rolle spielt. Dies liegt auch daran, dass viele Unternehmer dem innovativen Geist des Mittelstands auch dann verpflichtet bleiben, wenn sie bereits weit über die klassischen Mitarbeiter- und Umsatzgrenzen hinausgewachsen und zu Weltfirmen geworden sind.

Ein Zitat von Dr. Eric Schweitzer, Chef und Miteigentümer des Berliner Recyclingunternehmens Alba, unterstreicht dies treffend. Auf die Frage, ob er mit 1,3 Milliarden Euro Umsatz und mehr als 5000 Beschäftigten ein Mittelständler sei, antwortete er: »Ja klar, aus tiefstem Herzen. Mittelständler zu sein ist eine Geisteshaltung.«[34]

Auf der ganzen Welt werden das Phänomen und der großartige Erfolg des »German Mittelstand« bewundert. So schreibt die New York Times: »While companies like BMW and Siemens spring to mind when people think of German business, the Mittelstand is arguably the soul of the German economy, and also reflects many of the values that Germany is known for.«[35]

Auch der ehemalige CEO des europäischen Flugzeugbauers EADS, Louis René Gallois, der heute Staatspräsident Macron berät, erkannte: »Uns fehlt es (in Frankreich) an mittelgroßen Firmen in der Art des deutschen Mittelstands, die in der Lage sind zu Innovation und zu Exporten.«[36]

Und so wie Mittelständler das Herz der deutschen Wirtschaft bilden, so sind sie das Rückgrat der chinesischen. Ich möchte es nochmals wiederholen, denn es ist einfach noch nicht bekannt: Mehr als 60 Prozent der Wirtschaftsleistung Chinas und – ähnlich wie in Deutschland – etwa zwei Drittel aller chinesischen Exporte kommen vom Mittelstand. Selbst in China wissen viele noch nicht, welch wichtige Rolle ihr Mittelstand spielt.

Als ich mich in Taicang, Heimat von 500 deutschen Unternehmen in China, mit Prof. Deng Di, einem der führenden chinesischen Experten für

Hidden Champions, traf, sagte er: »Wenn wir über wirtschaftlichen Erfolg sprechen, denken hier in China die meisten Menschen nur an die großen Technologiekonzerne wie Huawei, Alibaba oder Tencent. Diese Firmen sind natürlich Vorreiter und wichtig, aber letztlich sind es vor allem die sehr erfolgreichen mittelständischen Unternehmungen, die Chinas Erfolg ausmachen.«[37] Bei Betrachtung der Wirtschaftsleistung spielen die chinesischen Mittelständler also in der Tat eine zentrale Rolle. Doch wie sieht es mit den vorhin beschriebenen qualitativen Merkmalen aus? Schauen wir uns dies am Beispiel von Fuyao Glass und deren Gründer Cao an – dem Unternehmen, welches Seniorchef Wang in seiner emotionalen Tischrede als Vorbild bezeichnete und dessen Geschichte charakteristisch für die Entwicklung von China ist.

KAPITEL 2

Vom Tellerwäscher zum Milliardär – die Mentalität

Cao Dewang begann seine Karriere im Alter von zehn Jahren. 1946 im Süden Chinas in einer ärmlichen Familie geboren, musste er die Schule verlassen und sein erstes Geld mit dem Obstverkauf per Fahrrad verdienen. 1976 wurde Cao, der bis dahin Erfahrungen als Koch und im Handel gesammelt hatte, dann Verkaufsleiter in einer kleinen staatlichen Fabrik, die Spezialglas für Wasserzähler herstellte.

Doch ohne einen Mann, der das Schicksal Chinas drastisch verändern würde, wäre diese Geschichte hier wahrscheinlich zu Ende gewesen. Im Jahr 1978 leitete dieser Mann namens Deng Xiaoping folgenreiche wirtschaftliche und politische Reformen ein, die es unternehmerisch tätigen Chinesen ermöglichten, kleine kommunale und selbstständige Unternehmen zu entwickeln. Das war die Chance für Cao Dewang. 1983 erlitt der Betrieb, in dem Cao arbeitete, Verluste, und Cao konnte von den örtlichen Behörden die Erlaubnis erhalten, die Fabrik zu übernehmen. Als er 1985 miterlebte, wie japanische Autohersteller ihre Produktion nach China brachten, stellte er mit Intuition und Weitsicht die Fabrik auf die Fertigung von Autoglas um.

In China begann ein Autoboom und das Werk machte schnell Gewinne. Sich der gewählten Branche sicher, gründete Cao 1987 zusammen mit Partnern die Fuyao Glass Industry Group in Fuzhou und wurde schließlich ihr größter Anteilseigner und Direktor. 1993 erfolgte der Börsengang an der Shanghai Stock Exchange. Das nun folgende Wachstum lässt sich wohl am besten mit dem Wort »atemberaubend« beschreiben:[1] In nur drei Jahrzehnten wuchs Fuyao zu einem der größten Glashersteller der Welt mit 3,6 Milliarden Euro Umsatz, einem Gewinn von 618 Millionen Euro und mehr als 26 000 Beschäftigten.[2] Zu den Kunden zählen unter anderem VW,

Ford, GM oder Bentley.[3] Diese Entwicklung ist umso beeindruckender, wenn wir zum Vergleich die Gründungsjahre der beschriebenen deutschen Mittelständler betrachten: So wurde Trumpf 1923 gegründet, Miele 1899 und B. Braun 1839. Sprich, diese Unternehmen haben eine mehr als 100-jährige Geschichte und Entwicklungszeit. Wenn ich die lange Geschichte der deutschen Unternehmen erwähne, so will ich damit ihre unglaublichen Leistungen natürlich keinesfalls schmälern. Ganz im Gegenteil – auch in China wird die reiche Erfahrung dieser Firmen sehr bewundert, sie werden wertschätzend als »deutsche 100-jährige Unternehmen« bezeichnet (德国百年企业) und viele chinesische Unternehmer versuchen demütig von ihnen zu lernen. Die großen Unterschiede in der Entwicklungszeit sind aber wichtig, denn wie wir in den Kapiteln zur Internationalisierung sehen werden, hat dies weitreichende Folgen.

Im Jahr 2018 übergab Cao Dewang schließlich seinem ältesten Sohn Cao Hui die Geschäftsführung, nachdem dieser seine Qualifikation an mehreren Stationen in der Firma sowie durch den Aufbau eines eigenen Unternehmens in den USA bewiesen hatte. Mit heute 77 Jahren agiert Cao Dewang weiterhin als Vorsitzender. 2009 wurde er von Ernst & Young als »World Entrepreneur of the Year« für sein Lebenswerk ausgezeichnet.[4]

Zhao Qizheng, ehemaliger chinesischer Minister des Informationsbüros des Staatsrates, würdigte ihn umfassend: »Wenn die Leute fragen, ob der chinesische Traum verwirklicht wurde, werde ich ihnen sagen, dass sie über Cao Dewang lesen sollen. Wenn Amerikaner sich Sorgen machen, Arbeitsplätze zu verlieren, weil chinesische Unternehmen kommen, werde ich ihnen sagen, dass sie über Cao Dewang lesen sollen. Wenn Menschen chinesische Unternehmer diffamieren und sie Neureiche nennen, werde ich ihnen sagen, dass sie über Cao Dewang lesen sollen.«[5]

Cao, der, ähnlich wie viele deutsche Unternehmerfamilien, für sein hohes soziales Engagement bekannt ist, zählt auch zu den größten Philanthropen Chinas. So gründete er die Stiftung »Heren Foundation« und spendete 2012 umgerechnet 580 Millionen US-Dollar für soziale Zwecke, was die größte jemals getätigte Spende eines Unternehmens auf dem chinesischen Festland darstellt. Auch unterstützt er aktiv seine Region und seine Heimatstadt Fuqing und verfasste mit »Kind Heart Like Bodhi« ein gesellschaftlich viel beachtetes und wertgeschätztes Buch.[6]

Zusammengefasst sprechen wir also bei Fuyao über ein chinesisches Familienunternehmen, innovativ, global erfolgreich, mit Einheit von Eigentum und Leitung, das zudem eine große Verantwortung für Region und Gesellschaft übernimmt und seine Wurzeln im Unternehmergeist hat – und damit viele wichtige Kriterien der deutschen Definition von »Mittelstand« erfüllt. Und so wie es in Deutschland die Mieles, Leibingers und Brauns gibt, so gibt es in China neben Fuyao viele weitere solcher Erfolgsgeschichten und Firmen, die aber bislang (noch) relativ unbekannt sind. Oder haben Sie, bevor Sie zu diesem Buch gegriffen haben, schon einmal von Cao Dewang oder Fuyao gehört? Bevor Sie mehr zu chinesischen Mittelständlern erfahren, machen wir eine kurze Zeitreise in die Vergangenheit. Denn ein wichtiger Hintergrund, um Chinas Mentalität und die Entstehung seines Mittelstands besser zu verstehen, finden wir in seiner Geschichte.

Wer China verstehen will, muss dessen Geschichte kennen

Als eine der ältesten Hochkulturen der Menschheit reichen die Wurzeln des alten China mehr als 4000 Jahre zurück. Aus den ersten frühen Dynastien zur Bronze- und Eisenzeit (ca. 2200–256 v. Chr.) entwickelten sich die chinesischen Kaiserreiche. Dem Staat Qin war es 221 v. Chr. gelungen, das große Reich erstmals zu einen. Die Qin gingen mit wichtigen Errungenschaften in die Geschichte ein: eine Standardisierung der Gewichtseinheiten, Maße und der Währung. Doch die wahrscheinlich deutlichsten Spuren hinterließ der erste Kaiser Chinas, Qin Shi Huangdi, als er die Schrift vereinheitlichen ließ und die Schutzmauern der nördlichen Staaten zu der legendären Großen Mauer vereinigte. In den folgenden 2000 Jahren wurde die Mauer ausgebaut, befestigt, zerstört und wieder neu aufgebaut. Die Chinesische Mauer sollte das Himmlische Reich von Reiterstämmen wie den Mongolen trennen und die Große Seidenstraße schützen. Während dieser Zeit durchlebte China zahlreiche Wechsel der Kaiserdynastien, zerfiel mehrfach in Teilstaaten und erlebte ein Wechselspiel von Kriegen, Annexionen und Frieden.[7]

Nicht wenige chinesische und westliche Historiker folgern daraus, dass selbst heute noch die Angst der Regierenden vor einer solchen Zersplitterung des großen Landes Politik und Handeln beeinflusst.

Neben Machtkämpfen und Niederlagen erlebte China auch zahlreiche wirtschaftliche und kulturelle Blütephasen. So war China über mehrere Jahrhunderte hinweg der Höhepunkt unserer globalen Zivilisation. Es war nicht nur die größte und bevölkerungsreichste Volkswirtschaft der

Welt, sondern entwickelte in vielerlei Hinsicht auch das fortschrittlichste Gemeinwesen. Das »Reich der Mitte« (中国) steuerte Innovationen wie den Kompass, das Schießpulver, die Papierherstellung und den Druck bei. So gilt beispielsweise das buddhistische »Diamant-Sutra« aus der Tang-Dynastie als weltweit erstes Buch mit einem nachweisbaren Druckdatum aus dem Jahr 868.

Weitere bemerkenswerte Errungenschaften in Architektur, Medizin, Astronomie, Mathematik und Landwirtschaft sind ebenso allgemein anerkannt. China verstand sich selbst als die universelle Zivilisation, beherrscht von einem göttlichen Kaiser, dem »Sohn des Himmels«. In seiner Vorstellung lag China im Zentrum der Welt, umgeben von barbarischen Völkern, die, angezogen von der Leuchtkraft der chinesischen Hochzivilisation, willig Tribut zollten. Interessanterweise führte dieses Selbstbild dazu, dass China – im Gegensatz zu anderen, früheren Hochkulturen – nie groß an Eroberungen oder Kolonialisierungen anderer Länder interessiert war.[8]

Vor diesem Hintergrund wird es verständlicher, warum die Entwicklung ab 1839 bis 1949 als das »Jahrhundert der Demütigung« China umso mehr schmerzte und das eigene Selbstbild ins Wanken brachte.[9] Denn noch bis ins frühe 19. Jahrhundert hinein war China die weltweit größte Wirtschaftsmacht mit begehrten Exportartikeln wie Tee und Seide. Kaufleute aus Europa mussten, sobald sie chinesischen Boden betraten, strenge Regeln akzeptieren und Handel durften sie nur eingeschränkt und zuletzt im südchinesischen Hafen von Kanton abwickeln.[10]

Das Jahrhundert der Demütigung

Die von Großbritannien 1842 im Opiumkrieg (1839–1842) mit Waffengewalt erzwungene Öffnung chinesischer Häfen beendete die chinesische Überlegenheit abrupt: China wurde nach einer militärischen Niederlage gezwungen, seine Märkte zu öffnen und Opium zu importieren – und die sogenannten »ungleichen Verträge« abzuschließen. Diese lösten das Tributsystem ab und setzten knallhart die Wirtschaftsinteressen der westlichen Kolonialmächte durch. So wurde China unter anderem dazu gezwungen, Hongkong an England abzutreten.[11]

Chinas Bevölkerung war arm, musste hungern und litt unter der Ausbeutung durch die Fremdherrscher und unter Naturkatastrophen. So kam es um 1900 schließlich zum sogenannten *Boxeraufstand*. Die Boxer waren eine Geheimgesellschaft, deren erste Mitglieder sich im Kampfsport übten und sich selbst *Yihetuan* oder *Yihequan* (义和拳) nannten – »Fäuste der Gerechtigkeit und Harmonie«. Auf dem Land Verarmte, Enttäuschte und Entwurzelte fanden sich zusammen. Die Wut einte die heterogenen Gruppen, darunter viele mit einfachen Lanzen bewaffnete Bauern, die versprachen, die Europäer zu vertreiben. Die Ereignisse spitzten sich im Juni 1900 zu, als die Boxer auf Peking zustürmten. Als Folge rückte eine von acht imperialistischen Staaten – einschließlich Deutschland – gebildete Armee in China ein und griff an. Es begann eine blutige und grausame Niederschlagung des Aufstandes. Peking, die Hauptstadt des einst so blühenden Kaiserreichs, wurde von den Westmächten geplündert und stand in Flammen.[12]

Auf einmal fand sich China in einer Position der Schwäche. Europa strebte eine Ausweitung der eigenen Position in China an und erzielte in der Heimat seit mehreren Jahren bahnbrechende wissenschaftliche und technologische Fortschritte. Als die europäischen Nationen mit technologischem Vorsprung, zuerst bei Schiffen und Kanonen und dann mit industrieller Überlegenheit – z. B. durch die Erfindung und Weiterentwicklung der Dampfmaschine – die eigenen politischen und wirtschaftlichen Interessen auch mit militärischen Mitteln durchzusetzen wussten, konnte China nichts mehr entgegensetzen.[13]

Zusammenbruch des Kaiserreichs – was wir in Europa daraus lernen können

Den englischen Sinologen Joseph Needham, der 1943 bis 1946 in China zur Wissenschaftsgeschichte forschte, trieb noch lange nach Abschluss seiner berühmten Werke (*Science and Civilisation in China*) die Frage um, warum das Reich nach Jahrhunderten der Blüte in so kurzer Zeit den Anschluss verlor. Während wir bis heute die Ursachen nicht sicher kennen, lautet eine der möglichen Antworten, dass die zentralistische Weltanschauung dazu geführt hat, dass sich China zu selbstgefällig nach innen wandte und dabei nicht bemerkte, dass andere Nationen große wissenschaftliche und technologische Durchbrüche erzielten und in Meilenschritten auf- und überholten.[14]

Eine interessante Argumentation – vor allem, wenn man dies auf die heutige Zeit überträgt und auf Deutschland anwendet. Heute sind es die europäischen Staaten, allen voran der ehemalige Exportweltmeister

Deutschland, die Gefahr laufen, sich zu selbstgefällig auf früheren Erfolgen auszuruhen, nicht über den europäischen Tellerrand hinauszuschauen und so den Anschluss an China und die USA zu verpassen.

Die (frühere) Vorrangstellung unserer alten europäischen Welt ist nicht gottgegeben – wir sind nur ein Teil der Weltgemeinschaft. Da es hilfreich ist, ab und zu die Perspektive zu wechseln, möchte ich hier die Frage von Kishore Mahbubani, ehemaliger Botschafter Singapurs in Malaysien, Kambodscha, den USA und bei den Vereinten Nationen, wiedergeben: »Warum sollte ein Land wie China mit seiner 4000 Jahre alten Kultur sagen: Hey komm, lass uns so werden wie der Westen. Die ganze asiatische Welt fragt sich eher: Was ist da los mit dem Westen? Wie kann eine Minderheit von zwölf Prozent der Weltbevölkerung den Rest der Welt bevormunden wollen?«[15]

Aus meiner Sicht geht es auch gar nicht darum, wer »recht« hat. Wer bin ich schon, dass ich das beurteilen könnte. Ich hatte aber das Glück, neben meiner europäischen Heimat auch Nord- und Südamerika und die Asien-Pazifik-Region kennenzulernen, da ich in den USA studiert und in Frankreich, Kanada und China gearbeitet habe. Auf privaten und geschäftlichen Reisen konnte ich viele weitere ganz unterschiedliche Länder wie Singapur, Ecuador, Thailand oder Japan erfahren. Außerdem habe ich zusammen mit Menschen aus Mexiko, Russland, Kuwait und Indien studiert oder gearbeitet. Und in Reflexion kann ich festhalten: Es gab kein Land, in dem ich keine freundlichen Menschen getroffen habe. Zum einen mag dies daran liegen, dass es so aus dem Wald herausschallt, wie man hineinruft. Zum anderen sind wir Menschen einfach von Herz zu Herz verbunden und haben meist die gleichen Wünsche nach Freundschaft, Frieden und einem guten Zusammenleben. Und so, wie es Licht und Schatten gibt, so gibt es in jedem Land der Welt solche und solche Typen. Was mich die Begegnungen dabei auch gelehrt haben, ist, einen Schritt von meinem eigenen Gedankengut und meiner Weltvorstellung zurückzutreten, mich selbst zu reflektieren, dabei die Perspektive zu wechseln und mich in den oder die andere(n) zu versetzen. Denn nur so habe ich eine Chance, zu erkennen, wo ich selbst vielleicht falsch liege oder wo es trotz Differenzen einen gemeinsamen Nenner geben kann.

Dies erlaubt mir dann, andere wirklich verstehen zu lernen und neue Lösungen zu finden. Immer wieder habe ich in Gesprächen in Europa, Nordamerika und Asien verblüfft festgestellt, dass dasselbe Thema sehr unterschiedlich, manchmal sogar genau gegenteilig wahrgenommen werden kann. Oft schien mir, als ob wir in den verschiedenen Regionen der Welt in jeweils eigenen Blasen leben, in denen es bestimmte vorherrschende Meinungen gibt und viele Konflikte daraus resultieren, dass jede der Blasen meint, dass die ihr verfügbaren Informationen und die daraus resultierenden Sichtweisen die »richtigen« sind, auch hier in Deutschland.

Ein altes Sprichwort besagt, Reisen sei die beste Universität des Lebens. Insofern mag es uns im Westen im Hinblick auf China und die Welt helfen, vor Ort die von Medien teils fraglos übernommene Meinung mit der Realität zu konfrontieren. Mir selbst stand in China oft der Mund vor Staunen offen angesichts der dortigen Motivation, des wirtschaftlichen Tempos, aber auch angesichts der großen Kontraste und der durchaus vorhandenen Probleme, was am Ende, die politische Dimension ausgenommen, dennoch einen beharrlichen Zukunftsglauben versprühte – und ich erkannte: Nur wenn wir sehr bald aus unserem Dornröschenschlaf erwachen, haben wir noch eine Chance, den Fehler zu vermeiden, den China vor mehr als einem Jahrhundert beging. Hier können wir also von Chinas Geschichte lernen.

Chinas Achterbahnfahrt in die Moderne

Die ungleichen Verträge und vor allem die Erkenntnis, dass man den Kolonialmächten deutlich unterlegen war, erschütterten Chinas Selbstverständnis zutiefst: Zwei Systeme waren aufeinandergeprallt und ihres hatte sich als das schwächere erwiesen. Das Land war ein Armenhaus geworden, das sich nicht von der Stelle bewegte und sich gegen die Westmächte nicht behaupten konnte. Aus dem Reich, das alles umfasste, wurde ein Land von vielen. China verabschiedete sich von seinem universellen Anspruch und definierte sich fortan partikular. Es wollte Teil der Welt sein – allerdings bis heute unter dem Vorzeichen der Besonderheit und Einmaligkeit.[16] Zusammenfassend lässt sich deshalb besser verstehen, weshalb die Mentalität der Chinesen – und insbesondere der politischen Klasse in Peking – das heutige Erstarken des Landes als natürliche Korrektur einer kurzen historischen Abweichung wahrnimmt. Um den großen Hunger des Landes zu verstehen, muss man also die Geschichte kennen. Dies ist auch erkennbar an den Worten von Seniorchef Wang während seiner emotionalen Tischrede: »Der Welt wieder zu zeigen, was wir beitragen können.« Oder auf größerer politischer Ebene an Staats- und Parteichef Xi, der seit seinem Amtsantritt 2012 dem chinesischen Volk die Rückkehr zur Größe vergangener Dynastien verspricht. Wie wir jetzt wissen, knüpft er mit diesem Narrativ bewusst an das sehr ausgeprägte Geschichtsbewusstsein der Chinesen an.

Der letzte Kaiser dankt ab

Doch der Weg Chinas zur heutigen Wirtschaftsmacht verlief keineswegs geradlinig. Es entstand eine revolutionäre Bewegung, welche die Monarchie stürzte: 1912 musste der letzte Kaiser abdanken und die Dynastien wurden durch die Ausrufung einer schwachen, weil uneinigen Republik abgelöst. Die 1920er-Jahre waren zudem geprägt durch innerchinesische Kämpfe der *Junfa*, der Warlords. Diese Kriegsherren waren autonome Militärfürsten, die durch die Dezentralisierung der militärischen Macht vom Zentralstaat auf die Provinzen an die Macht gekommen waren.[17] 1921 entstanden beinahe zeitgleich die zwei großen politischen Kräfte, die China in den kommenden Jahrzehnten prägen sollten: Sun Yatsen gründete die Nationalpartei *Guomindang* neu und aus dem linken Flügel der prowestlichen »Neuen Kulturbewegung« von 1919 ging die *Kommunistische Partei Chinas* (KPCh) – die *Gongchandang* – hervor. Zunächst bemühte sich die in Shanghai gegründete KPCh vor allem, die städtische Arbeiterschaft für sich zu gewinnen. Ein Bündnis mit der Guomindang wurde von deren neuem Führer Chiang Kai-shek 1927 jedoch gebrochen. Die Partei musste in den Städten in den Untergrund gehen. Daraufhin richtete sie ihr Bestreben vorrangig auf die Revolutionierung der armen Bauern, in Südchina geführt von Mao Zedong, der mit einem agrarrevolutionären Kurs zunehmend an Profil gewann.[18]

Der lange Marsch, Japans Angriff und ein blutiger Bürgerkrieg

Einer drohenden Umzingelung durch Guomindang-Truppen entzog sich Maos *Rote Armee* 1934/35 durch den legendären *Langen Marsch* nach Nordwestchina, wo sie in Bao'an in der Provinz Shaanxi ihr neues Hauptquartier errichtete. In einem Jahr durchquerten die Truppen elf Provinzen, legten mehr als 10 000 Kilometer zu Fuß zurück, überquerten fünf große Bergrücken und wateten durch zahlreiche Flüsse. Die Verluste waren enorm. Nur 8000 Soldaten überlebten das gewagte und verzweifelte Manöver. Die langfristige Bedeutung liegt jedoch vor allem in der Mythologie und Legitimation. Denn was der Marsch über die Beharrlichkeit der Kommunisten angesichts widrigster Umstände zeigte, wurde als Beweis für die revolutionäre Sache und Überlegenheit des Führers und seiner Politik dargestellt.[19]

In den 1930er-Jahren setzte sich das Leiden Chinas fort, als japanische Truppen bis zum Ende des Zweiten Weltkriegs Teile des Landes besetzten. Die KPCh schloss 1937 deshalb einen Waffenstillstand mit der Guomindang zum gemeinsamen Kampf gegen die Invasion. In dieser Phase wurde sie zur straff organisierten Massenpartei und Mao setzte sich endgültig als Parteiführer durch. Vehemente Bodenkämpfe und Luftangriffe zerstörten unzählige chinesische Städte und die Infrastruktur, forderten Millionen von Menschenleben und zwangen Millionen Chinesen zur Flucht. Allein im Massaker von Nanjing fanden laut Schätzungen 300 000 Chinesen den Tod. Die wenigen Ausländer, darunter der für Siemens in China tätige Deutsche John Rabe (1882–1950), die versuchten, die Bevölkerung zu schützen, berichteten von unvorstellbaren Gräueltaten. Heutige Analysen legen nahe, dass zwischen 80 und 100 Millionen Kriegsflüchtlinge in Bewegung waren, was eine der größten Migrationen der chinesischen Geschichte darstellt. Nach 1945 entflammte der Parteienkampf erneut und Chinas Kommunisten und Nationalisten bekämpften sich in einem blutigen Bürgerkrieg.[20]

Mao siegt – die Gründung der VR China und Exil auf Taiwan

Er endete mit dem Sieg der Gongchandang – der Kommunistischen Partei Chinas (KPCh) unter Mao Zedong. Die nationalchinesische Führung der Guomindang unter Chiang Kai-shek floh auf die Insel Taiwan.

Taiwan stand in seiner Geschichte immer wieder unter dem Einfluss mehrerer Imperien. Im 16. Jahrhundert gaben portugiesische Seefahrer der gebirgigen, klimatisch angenehmen Insel noch den Namen »Ilha Formosa«, die schöne Insel. Anschließend etablierten holländische Handelsleute eine Niederlassung, gefolgt von der Konkurrenz aus Spanien. Ende des 17. Jahrhunderts gewann die chinesische Qing-Dynastie Einfluss und im 19. Jahrhunderts erhielt Taiwan den Status einer chinesischen Provinz.[21] Doch nach der Niederlage im ersten chinesisch-japanischen Krieg musste China Taiwan 1895 an Japan abtreten. Japans Herrschaft endete erst mit der Niederlage im Zweiten Weltkrieg. Taiwan kam wieder unter chinesische

Verwaltung, bevor Chiang Kai-shek mithilfe der USA die Republik China etablierte, wie Taiwan auch heute noch offiziell heißt.[22]

Auf dem Festland rief Mao Zedong am 1. Oktober 1949 die kommunistische Volksrepublik China aus (VR China). Anfangs leistete die Sowjetunion Aufbauhilfe, doch Mao kündigte bald das Bündnis. Wirtschaftliche und ideologische Kampagnen wie 1958 der *große Sprung vorwärts* und die 1966 ausgerufene *Kulturrevolution* endeten im Chaos.

Der große Sprung in die Hungersnot

Der große Sprung vorwärts (大跃进) hatte zwei Ziele: erstens, die Schaffung einer industrialisierten Wirtschaft, um den Westen einzuholen. So war die Verdopplung der Stahlproduktion eine Vorgabe, welche dazu führte, dass jede Familie, jeder Stadtarbeiter und jeder Bauer zur Stahlproduktion mobilisiert wurde. »Hinterhoföfen« im ganzen Land wurden verwendet, um Stahl einzuschmelzen – von alten landwirtschaftlichen Werkzeugen bis hin zu Haushaltsgeräten wie Woks. Das Ziel wurde jedoch verfehlt: Der Stahl kostete doppelt so viel wie aus modernen Öfen und die produzierte Qualität war minderwertig und unbrauchbar. Maos zweites Ziel war, China in eine kollektivistische Gesellschaft zu verwandeln, in der sozialistische Prinzipien, Arbeit und Produktion das Leben der Menschen bestimmten. In Maos Gedanken war die ländliche Kollektivierung das Herzstück: Kollektivierte landwirtschaftliche Betriebe würden die Arbeit der Bauern besser organisieren, Verschwendung und Ineffizienz beseitigen und die Produktion erheblich steigern. Als Folge wurde das meiste Privateigentum beschlagnahmt und Grundstücke, Wirtschaftsgebäude, Werkzeuge und Vieh wurden an die Regierung abgegeben. Wie die Geschichte zeigen sollte, führte all dies jedoch zu sinkenden landwirtschaftlichen Erträgen. Es folgte eine der größten Hungersnöte in der Geschichte der Menschheit. Nahrungsmittelknappheit und Naturkatastrophen verursachten den Tod von unzähligen Millionen.[23]

Die tragischen Folgen der Kulturrevolution

Unter anderem um seine Macht zu sichern, entfesselte Mao 1966 die *große proletarische Kulturrevolution*, bei der Schüler und Studenten gegen das Establishment mobilisiert wurden. Das erklärte Ziel dieser *Roten Garden* war es, den Sozialismus durchzusetzen, indem sie die chinesische

Gesellschaft von kapitalistischen, traditionellen und kulturellen Elementen säuberten. Im ganzen Land kam es zu Gewalt. Schulen und Universitäten wurden geschlossen und Millionen Jugendliche wurden aufgefordert, alte Tempel, Bau- und Kunstwerke zu zerstören und so mit den Autoritäten abzurechnen. Millionen Gebildete und Andersdenkende wurden ermordet, verhaftet oder in Umerziehungslager auf dem Land deportiert.[24] In Ungnade Gefallene wie Präsident Liu Shaoqi oder der Generalsekretär der KPCh, Deng Xiaoping, wurden aus ihren Ämtern entfernt und öffentlich gedemütigt. Die Kulturrevolution resultierte erneut in großen wirtschaftlichen, aber vor allem sozialen Schäden, die sich bis heute auswirken. Als Mao 1976 verstarb, ging eine Ära zu Ende und China war rückständig und arm. Ein Jahr später kehrte Deng Xiaoping nach Jahren im internen Exil an die Macht zurück.

Die berüchtigte *Viererbande* (四人帮), eine Gruppe von radikalen Ultralinken, die sich um Mao versammelt hatte und zu der auch seine Frau gehörte, wurde verhaftet. Dies machte den Weg frei für Deng, der 1978 die historischen Reformen einleitete, die China wieder an die Welt ankoppeln und innerhalb von wenigen Jahrzehnten in die potente Wirtschaftsmacht verwandeln sollten, die es heute ist.[25]

Dabei spielte eine zunächst geheime Zugreise Dengs nach Südchina eine schicksalhafte Rolle.

Eine legendäre Zugreise, die China für immer veränderte

Am frühen Morgen des 19. Januars 1992 erreichte ein Zug die südchinesische Provinzhauptstadt Guangzhou. Zwei Tage zuvor war Deng am Pekinger Hauptbahnhof mit seiner Familie abgefahren. Dengs plötzliche Reise, so glaubten die meisten Politiker, sei bloß ein mehrwöchiger Urlaub: Bestimmt floh der damals weit über 80-jährige Politikrentner, der zwei Jahre zuvor sein letztes wichtiges Amt abgegeben hatte, wieder vor dem harten Winter in Peking, dachte man sich. Doch sie irrten.

In Wirklichkeit reiste Deng in den Süden, um den Widerstand der Partei-Hardliner nach 1989, Tiananmen und dem Ende der Sowjetunion zu brechen und der aus seiner Sicht notwendigen wirtschaftlichen Liberalisierung samt Reformen neuen Schub zu verleihen.[26] Denn nach der Ära Maos war Chinas Industrie wenig erfolgreich und weitgehend in Staatsbesitz. 1978 entfielen 78 Prozent der Industrieproduktion und 76 Prozent aller Industriearbeiter auf Staatsunternehmen.[27] Deng war überzeugt: Eine freiere Wirtschaft mit privaten Unternehmen ist dynamischer, effizienter und letztlich erfolgreicher als die oft ineffizienten und trägen staatlichen Firmenkollektive. Eine Rückkehr zur Planwirtschaft, da war sich Deng sicher, würde das Ende der KPCh bedeuten. Ohne eine wirtschaftliche Öffnung sei eine Revolution nur noch eine Frage der Zeit. Dengs heimliches Reiseziel war deshalb der Aufbau von politischem Druck, um seinen wirtschaftlichen Reformkurs fortzusetzen.

Zuvor versuchte er noch, die politische Spitze durch Argumente für Markt- statt Planwirtschaft, freien Handel und Wachstum zu überzeugen. So wird berichtet, dass er am 3. März 1990 Chinas Führung um Parteichef Jiang Zemin, Premier Li Peng und Staatspräsident Yang Shangkun fragte: »Warum unterstützt uns das Volk?« Ohne eine Reaktion abzuwarten, gab Deng die Antwort selbst: »Weil sich die Wirtschaft entwickelt hat.« Sofort legte er eine zweite Frage nach: »Was aber, wenn das Wachstum plötzlich stagnieren sollte oder die Zuwachsraten jährlich nur bei vier bis fünf Prozent liegen, vielleicht sogar nur bei zwei bis drei Prozent, welche Effekte hätte das?« Und wieder gab Deng die Antwort selbst: »Es wäre nicht nur ein ökonomisches Problem, sondern auch ein politisches!«, rief er.[28]

Doch nichts geschah von politischer Seite. Deshalb sah er sich zu der in China noch heute legendären *Tour in den Süden* gezwungen, wo er 1992 mehrere Städte besuchte, wie die Sonderwirtschaftszonen in Shenzhen, im benachbarten Zhuhai sowie Shanghai.[29] [30]

Auf seiner anfangs geheimen Inspektionsreise betonte Deng immer wieder die Wichtigkeit der wirtschaftlichen Liberalisierung. Schon bald wurden die Medien in Hongkong aufmerksam, Scharen von Journalisten reisten über die Grenze. Aus Guangzhou kamen lokale Medienvertreter. Nach wenigen Tagen wurde Deng von 50 bis 60 Journalisten in Shenzhen begleitet. Die Journalisten berichteten eifrig, protokollierten Dengs Reden über die wirtschaftliche Öffnung Chinas. Das Fernsehen in Hongkong übertrug Sondersendungen, die Millionen Chinesen empfangen konnten. Die Presse in Peking schwieg jedoch beharrlich. Weder die Volkszeitung noch das Staatsfernsehen gingen auf Dengs Reise ein. Eine Order von ganz oben.

Während Deng nach Shanghai weiterzog, diskutierte das Politbüro in Peking über Dengs Medienoffensive und ein brisantes Geheimtreffen mit Militärkadern in Zhuhai. Sitzung auf Sitzung folgte.

Knapp zwei Monate, nachdem Deng in Peking den Zug bestiegen hatte, beschloss das Politbüro am 10. März 1992 das sogenannte Dokument Nummer 2: Deng Xiaopings Kurs der wirtschaftlichen Liberalisierung und Reformen sollte beibehalten werden. Der Politikfuchs konnte so viel politisches Momentum aufbauen, dass er den Machtkampf gewann.[31]

Die Entfesselung des privaten Unternehmertums

Mit Dengs Reformen, in China als *gaige kaifang* (改革开放) und im Westen als *Öffnung Chinas* bekannt, begann eine wirtschaftliche Boomphase, in der Chinas Mittelständler verschiedene Entwicklungsstufen durchliefen. Zwischen 1978 und 1992 wuchsen sie in Anzahl und Umfang, gefördert durch staatliche Unterstützung für die Entwicklung kleiner kommunaler und selbstständiger Unternehmen. Wir erinnern uns an die faszinierende Lebensgeschichte von Cao Dewang mit Fuyao.

Von 1992 bis 2002 lag der Schwerpunkt der chinesischen Wirtschaftspolitik auf der Entwicklung des nichtöffentlichen Sektors durch die Reduzierung der Staatsbeteiligung an mittelständischen Firmen.[32] Als Folge wuchs Chinas Bruttoinlandsprodukt 1992 um 14,2 Prozent, ein Jahr später waren es 13,5 Prozent. Während des gigantischen Booms der 1990er- und 2000er-Jahre fluteten große Geldmengen von staatsnahen Investmentfonds und amerikanischen Großbanken den chinesischen Markt. Lagen die ausländischen Direktinvestitionen 1992 bei vier Milliarden Dollar, steckten ausländische Konzerne nach Dengs Reise im Schnitt mehr als 35 Milliarden Dollar pro Jahr in die chinesische Wirtschaft.[33] 2001 trat China der Welthandelsorganisation (WTO) bei und mit der *Theorie der drei Vertretungen* (三个代表) öffnete sich die Partei ideologisch für das freie Unternehmertum. Noch heute erzählen mir chinesische Unternehmer begeistert von dieser Zeit der Entfesselung, in der eine unglaubliche Energie zu spüren gewesen sei. Jeder wollte Unternehmer werden, von den sich neu bietenden Möglichkeiten profitieren und die Zukunft Chinas mitgestalten. Es folgte eine rasante Entwicklung und Aufwertung des privaten Unternehmertums, die schwindlig machen konnte:[34] Der Gründer des kommunistischen China, Mao Zedong, hatte Unternehmer und Kapitalisten noch enteignet und auf die unterste Stufe der Gesellschaft verbannt. Deng Xiaoping hatte ihnen eine Hand gereicht, indem er das Privateigentum tolerierte.

Und nur eine weitere Generation später lud Parteichef Jiang Zemin mit seiner Rede der drei Vertretungen am 1. Juli 2001 Unternehmer ein, der Partei bei- und so zumindest an den Rand der politischen Macht zu treten.

Die in der Luft liegende Stimmung zu dieser Zeit war geprägt von Optimismus. Die Menschen hatten den Eindruck, dass sich China in eine positive und etwas liberalere Richtung entwickelte. Private Unternehmen wurden für die Modernisierung des Landes unverzichtbar und schufen die meisten neuen Arbeitsplätze und einen Großteil des Wohlstandes.

Kritik der westlichen Presse an der Kommunistischen Partei konnten zu der Zeit viele Unternehmer nicht nachvollziehen. Die vorherrschende Meinung war: »Heute ist besser als gestern, und dieses Jahr ist besser als das vergangene.« Was so viel hieß wie: »Schaut, wo wir herkommen und wie weit wir gekommen sind!« Die Bevölkerung teilte diesen Optimismus und das moderate Zusteuern auf eine erfolgreiche, offenere Gesellschaft. Weitere Zeichen in diese Richtung folgten: 2002 erließ China das erste Mittelstands-Förderungsgesetz. 2004 wurde die Verfassung geändert: Der nichtstaatlichen Wirtschaft wurde offiziell ein Rechtsstatus in der sozialistischen Marktwirtschaft zuerkannt.[35] Heute befindet sich die Mehrheit der chinesischen Mittelständler in Privatbesitz und hat ihre Wurzeln in einem stark ausgeprägten Unternehmergeist.[36]

Doch was bedeutet dies nun für deren Internationalisierung und für uns in Deutschland? Anfang Februar 2018, kurz vor dem chinesischen Neujahrsfest und während einer langen Reise in das winterliche Nordchina, stellte ich mir genau diese Frage.

KAPITEL 3

Im Herzen von Chinas Kultur – ein gelungener Einstieg

»Fahrt vorsichtig«, rief die 94-jährige Großmutter meiner Frau in die Kamera ihres Handys bei unserem Video-Call, den wir mit der in China üblichen App *WeChat* hielten. Im Hintergrund erkannte ich unscharf den lichtdurchströmten Wintergarten der Wohnung im zweiten Stock, auf dem auf einem kleinen, runden hölzernen Tisch eine weibliche *Guanyin*-Buddhafigur aus grüner Jade stand – die Göttin des Mitgefühls – und von dem der Großvater gerade mit einer Zeitung in der Hand aufstand und sich uns näherte. An der Wand links vom Wintergarten stand das gemütliche, breite Sofa, auf dem wir viele Stunden gemeinsam saßen und über dem eine ebenso breite Schwarz-Weiß-Fotografie aus dem Jahr 1955 hing, die in Peking aufgenommen wurde und Führungsmitglieder der damaligen Regierung in ihren Uniformen zeigte. In der Mitte sah man Zhou Enlai und Deng Xiaoping und in einer der sechs Reihen dahinter auch den Bruder des Großvaters. Auf einmal wurde der Bildschirm schwarz. Vielleicht das Signal verloren, dachte ich, doch dann tauchten Großvaters große, buschige Augenbrauen, seine hohe Stirn und die Glatze, die langen Ohrläppchen und die Weisheit ausstrahlenden Augen übergroß vor mir auf dem Bildschirm auf.

»*Yeye*, schön dich zu sehen, wie geht es dir?«, fragte ich. »Jünger werde ich nicht«, lachte er, »aber ich gehe jeden Mittag noch laufen, den kleinen Hügel runter zum Meer und zurück. Kommt bald, das Neujahr naht.« Ich war froh, dass er auch in hohem Alter noch aktiv ist, denn wir haben eine spezielle Verbindung zueinander. Kurz fragte ich mich, was er wohl fühlt, wenn er auf sein 92-jähriges Leben und die Entwicklung Chinas blickt – von den Anfängen der KPCh, den Weltkriegen, der Gründung der VR China 1949, Mao, der Kulturrevolution, die auch seine eigene Familie schmerzlich traf, und zuletzt Chinas unvorstellbarem Aufstieg und Wandel. Wie die Eltern meiner Frau hieß auch er mich als Ausländer stets mit offenen Armen in seiner Familie willkommen. Was ich nie als selbstverständlich erachtete, aber die Erfahrung von mehreren Freunden bestätigte, die mich in China besuchten und alle überrascht waren, wie hilfsbereit und freundlich die Menschen zu ihnen waren und mit wie viel Freude und Wertschätzung sie über Deutschland sprachen.

Das chinesische Neujahrsfest – ein Schlüssel zum Verständnis

Nachdem ich mich nach meiner Ankunft in China zunächst allein zurechtfinden musste, war es Jahre später für meine Frau und mich stets eine Selbstverständlichkeit und große Freude, in der feierlichen Neujahrs-Stimmung aufzubrechen und ihre Familie zu besuchen. Dabei waren wir nicht allein. Das chinesische Neujahr, dessen Zeitpunkt jedes Jahr nach dem Mondkalender berechnet wird, gilt als die größte Völkerwanderung der Welt: Mehr als drei Milliarden Reisen unternehmen Chinesen, um aus allen Winkeln der Erde und Chinas zurück zu ihren Familien und Herkunftsorten zu reisen.[1]

Während nach Anbruch der Feiertage im sonst rasenden China für fast zwei Wochen alles zum Erliegen kommt, geht es vor und innerhalb der Wohnungswände umso bunter zu: Nach und nach treffen alle Familienmitglieder ein, die Enkel tollen um ihre Großeltern, in fiebriger Vorfreude werden auf den Straßen Massen von Chinakrachern gezündet, oft von morgens bis tief in die Nacht, es wird gelacht, gestritten, sich versöhnt und gemeinsam wird die typische Neujahrsdekoration an die Hauseingänge geklebt: rote Papierstreifen, auf denen in chinesischer Kalligraphie sogenannte *chun lian*, glücksbringende Verse, geschrieben wurden.

In den Wohnzimmern werden mit Eifer lautstark traditionelle Brettspiele wie *majiang* gespielt, während sich die Tische mit den verschiedensten, köstlich duftenden Spezialitäten des Landes füllen – von *jiaozi,* kleinen würzigen Teigtäschchen mit Fleisch- oder Gemüsefüllung, über Fischgerichte, die Überfluss symbolisieren, Nudeln, die für ein langes Leben stehen, bis hin zu regionalen Köstlichkeiten, süßen Reiskuchen, Früchten und edlen Destillaten wie Maotai. Oft werden mehr als acht und bei größeren Familien noch mehr verschiedene Gerichte zusammen genossen, denn in

China gilt: Essen ist kulturelle Gemeinschaftssache und deshalb werden auch alle Speisen miteinander geteilt.

A Bite of China

Die Gerichte stehen dabei in der Mitte der oft runden Tische und während sich die Tischplatte langsam dreht, kann sich jeder das nehmen, was ihm schmeckt. Von der riesigen Vielfalt der Zutaten als auch der Zubereitungsarten war ich bei meiner Ankunft in China absolut verblüfft. Kein Wunder, denn das chinesische Essen, das wir in Deutschland und Europa kennen, ist nur ein winzig kleiner Bruchteil der gesamten Palette Chinas, ich würde schätzen, maximal fünf Prozent. Begeistert hat mich deshalb die heute auch international populäre Dokumentation »A Bite of China« (舌尖上的中国, Shéjiān shàng de Zhōngguó). Die chinesische Dokumentarserie erforscht die Geschichte, die Traditionen und die Kultur des chinesischen Essens. Gefilmt an über 60 Orten in ganz China, ist sie ein wahrer Festschmaus für die Sinne.

Das große Zusammengehörigkeitsgefühl der chinesischen Nation

Wenn dann abends um acht Uhr die große Neujahrsgala auf dem chinesischen Hauptsender CCTV 1 live aus Peking übertragen wird, sich Chinas Musik- und Comedy-Stars der Moderne mit Vorführungen jahrtausendealter Künste wie Shaolin-Kung-Fu abwechseln, mehr als eine Milliarde Chinesen zur gleichen Zeit dem Countdown entgegenfiebern, die Kameras feiernde Familien aus Städten und Dörfern ganz Chinas zeigen und der Nachthimmel von einem unglaublichen, nicht mehr aufhören wollenden Feuerwerk hell erleuchtet wird, hatte ich oft Gänsehaut: Ich spürte hautnah das in der Luft liegende tiefe Zusammengehörigkeitsgefühl der chinesischen Nation. Der hohe Stellenwert und stark ausgeprägte Familiensinn werden dabei oft dem kollektivistischen Anteil und den konfuzianischen Einflüssen in Chinas Kultur zugeschrieben. Zum Beispiel folgerte der bekannte niederländische Kulturwissenschaftler Hofstede nach langjährigen Studien, dass in den kollektivistischen Kulturen Asiens und gerade auch Chinas das Wohl der Gemeinschaft in der Regel dem des Individuums übergeordnet werde. Die Integration in Familie und Netzwerke dominiere und ein Wir-Gefühl sei charakteristisch. Im Gegensatz dazu stehen in den eher individualistisch geprägten Kulturen wie den USA, Großbritannien oder Deutschland Selbstbestimmung, Ich-Erfahrung und Eigenverantwortung im Vordergrund.[2]

Auf einer verschneiten Straße nach Nordchina

Anfang Februar 2018 machten meine Frau und ich also eine der drei Milliarden Neujahrsreisen, als wir nach dem WeChat-Call mit den Großeltern aufbrachen. Auf der gut zwölfstündigen Fahrt von Suzhou bei Shanghai ins nördliche und verschneite Shandong, die ruhig und angenehm verlief, da Chinas Autobahnnetz meist exzellent in Schuss ist, dachten wir gemeinsam auch über Chinas Entwicklung und die Unternehmer nach, die wir im Laufe der Jahre getroffen haben. Wir machten eine spannende Beobachtung: Auffallend viele der Inhaber, die kleine und mittelgroße Unternehmen führen, hatten erst kürzlich mit der Internationalisierung begonnen, indem sie mit Entschlossenheit in Europa und Nordamerika investierten. Doch über sie hörte man in den Medien so gut wie nichts. Dies weckte ein elektrisierendes Interesse in mir:

Was passierte hier? Warum investierten sie nicht zuerst in nahegelegene Märkte, sondern gleich direkt in weit entfernte und hoch entwickelte Volkswirtschaften? Was waren ihre Ziele und strategischen Gedanken, um vom vergleichsweise einfacheren Export zu eigenen Tochtergesellschaften überzugehen? Und wie hing dies mit dem Gesamtbild der wirtschaftlichen Entwicklung Chinas und damit seiner Zukunft zusammen?

Es brauchte drei Jahre und mehr als 100 Gespräche mit chinesischen Unternehmensinhabern und globalen Industrieexperten, um diese Fragen mit einer berufsbegleitenden Promotion an der belgischen Universität Antwerpen und der Antwerp Management School zu beantworten. Diese Zeit war – ähnlich wie die ersten Jahre, als ich als Pionier in China ankam, – eine Mischung aus großer Freude an der für mich interessanten Arbeit sowie aus einer extremen persönlichen Herausforderung. Jetzt waren es insbesondere die Fülle an Informationen und Komplexität, die mich zuerst überwältigten. Ich fragte mich, wie ich dies im sowieso schon geschäftigen Tagesablauf unterbringen könnte, sodass ich meiner Familie und meiner Gesundheit, meinem Unternehmen mit den Beschäftigten und der Kundschaft sowie auch dem Doktorat gerecht würde. Gleich vorweg:

Diese neuen Herausforderungen brachten mich an meine Grenzen, denn meine bisherigen Strategien passten nur bedingt zur Lebenssituation in China. Aber ich fand schließlich neue und passende Wege – mit immensem Gewinn für meine persönliche und berufliche Entwicklung wie auch für die Entwicklung meiner sozialen Beziehungen.

Persönliche Wege der Problembewältigung im neuen Land

Konkret äußerten sich die großen Herausforderungen zum Beispiel darin, dass ich nicht mehr richtig abschalten konnte. Gerade weil ich mich mit allen Vorhaben voll identifizierte und mit Freude dabei war, lief mein Unterbewusstsein permanent auf Hochtouren: Unter der Dusche, bei gemeinsamen Abendessen und Momenten mit meiner Familie oder Freunden, am Wochenende – immer wieder rissen mich Gedanken an wichtige »Baustellen« bei der Arbeit oder beim Doktorat aus dem Hier und Jetzt, gefolgt von meinem intensiv nach den Lösungen suchenden und oft auch findenden Geist. Wenn es in besonders herausfordernden Phasen eine Zeit lang so läuft, war und ist dies auch kein Problem. Auch heute kommen mir neue Ideen oft beim Laufen am frühen Morgen oder Abend, an Wochenenden und Feiertagen. Und auf diese Einfälle möchte ich keinesfalls verzichten.

Doch als es damals von Wochen in Monate überging und zum Selbstläufer wurde, der sich zunehmend in meinen Schlaf einschlich, wurde es kritisch. So wachte ich morgens müde auf, nachdem ich nicht so tief und fest geschlafen hatte, wie ich es gewohnt war. Auch blieb kaum mehr Raum für anderes. Sowohl meine Tätigkeiten als auch Gedanken drehten sich fast nur noch um die Arbeit. So fühlte ich mich irgendwann nicht nur körperlich unwohl und unzufrieden, sondern ich verpasste auch schöne und besondere Momente des Lebens, indem ich »woanders war«. Das Paradoxe war, dass ich all dies gar nicht bewusst bemerkte. Erst ein USA-Urlaub mit Freunden in Kalifornien und Arizona brachte mir den nötigen Abstand, Raum und Austausch, um aus meiner eigenen Blindheit aufzuwachen.

Neue Horizonte – inspirierende Gespräche mit Freunden

Als ich an der Küste Santa Barbaras und in den roten Canyons von Sedona lange Gespräche mit meinen amerikanischen Freunden Kelly und Alika sowie Thomas und Elvis führte, beide in leitenden Funktionen bei namhaften deutschen Unternehmen, war ich überrascht:

Sie erzählten mir, dass es ihnen in verschiedenen Phasen ihres Lebens sehr ähnlich erging. Als Thomas' Kommilitonen an der Dualen Hochschule Baden-Württemberg ihren Abschluss feierten, war er bereits in Singapur. Mit 23 Jahren von seiner Firma nach Asien entsandt, musste er sich sofort in einer schwierigen betrieblichen Lage allein zurechtfinden. Heute verantwortet er als Teil der Geschäftsführung den globalen Vertrieb.

Elvis kam mit zwölf Jahren und ohne Deutschkenntnisse als Immigrant aus Serbien-Montenegro nach Nordrhein-Westfalen. In der Schule wurde er ausgegrenzt, weil er niemanden verstand, und doch gab er nicht auf. Heute ist er Mitglied der Führungsmannschaft eines namhaften Unternehmens, das mit 50 Produktions-, Vertriebs- und Entwicklungsstandorten mehr als drei Milliarden Euro Umsatz erzielt. Aktuell ist er für den Turnaround eines Teilbereichs zuständig, den er erfolgreich aus dem Verlust in die schwarzen Zahlen geführt hat. Der Immigrant von damals rettet heute also Beschäftigten einer deutschen Firma den Arbeitsplatz. Neben meiner Überraschung war ich deshalb auch erleichtert zu erfahren, dass selbst so besonders starke und erfolgreiche Menschen ähnlich schwierige Zeiten durchlebten wie ich damals.

Mut zu Zweifeln und Ängsten

Denn ich fragte mich natürlich, ob es nur mir so geht und ob alle anderen stets locker und leicht durch ihr Leben spazieren. Von außen sieht man es ja meist nicht. Im Nachhinein betrachtet waren diese offenen Gespräche für uns immens wertvoll. Denn durch die Offenheit und das Vertrauen haben wir uns die Tür zu einem wichtigen Thema geöffnet, welches wir die kommenden Jahre noch oft gemeinsam reflektieren sollten. Für uns alle ging es vorwärts, wir waren motiviert und das Leben bescherte uns immer neue Herausforderungen und Lerngeschenke – bei denen wir jedoch auch Ängste, Zweifel und Unsicherheiten erlebten. Die hat jeder mal, aber selten gibt jemand sie zu – wie ich in weiteren offenen Gesprächen mit Spitzenkräften aus Wirtschaft und Leistungssport erkennen sollte. Beispielhaft ist die Aussage eines erfolgreichen industriellen Unternehmers: »Fast jeder hat Ängste. Es kommt vor allem darauf an, wie man damit umgeht und dass man sich traut, auch darüber zu sprechen. Das Rollenbild der allzeit starken Frau oder des taffen Mannes hatte in der Nachkriegszeit und dem Aufbau vielleicht seine Berechtigung, hilft uns heute aber nicht mehr.« Diese Beobachtung mag umso relevanter sein, wenn wir uns den

Zustand der Welt anschauen – denn heute stehen andere Themen und Herausforderungen für uns an. Mehr denn je kommt es auf einen guten Umgang mit anderen Menschen und dadurch letztlich auf einen guten, ehrlichen Umgang mit uns selbst an. Denn wenn wir uns selbst nicht verstehen, fühlen und ausdrücken können, wie sollen wir uns dann mit anderen verbinden und empathisch kommunizieren, diskutieren und führen?

Die verborgenen Potenziale unserer Gesellschaft

Je mehr wir diese Bewusstheit erlangen, desto mehr erkennen wir uns selbst und verstehen, welche Gedanken und Gefühle in uns wirken und welche Reaktionen dadurch hervorgerufen werden. Gerade in der heutigen Welt voller Chaos und Probleme wird diese Bewusstheit eines jeden einzelnen Menschen umso wichtiger. Durch Bewusstheit können wir unser Zusammenleben und unsere Gesellschaft verbessern; sie ist also ein zentrales Thema für unsere individuelle und gesellschaftliche Weiterentwicklung.[3]

Und genau hier liegt kollektiv noch ein enorm großes Potenzial verborgen, das uns – bei entsprechender Entfaltung – einen ebenso enormen Leistungs-, Gesundheits- und Erfüllungszuwachs für unser Land bescheren kann. In Teil II komme ich hierauf im Kapitel »Weltmarktführer der Zukunft – neue Potenziale für Deutschland«, noch mal genauer zurück.

Für meine Freunde und mich löst der gemeinsame Austausch zum Beispiel nicht die Probleme an sich. Er hilft uns vor allem, bewusst zu werden, die Situationen, Herausforderungen und damit verbundenen Emotionen leichter einzuordnen, uns selbst zu reflektieren und die für uns richtigen Schlüsse daraus zu ziehen. Wir finden dadurch zu einer positiven Aufwärtsspirale, in der wir uns gegenseitig unterstützen und aus der wir Zuversicht, Klarheit und neue Kräfte schöpfen. Auch habe ich so die Erfahrung machen dürfen, dass sich gerade durch den Einbezug von Mitmenschen – ob Freunde, Familie oder erfahrene Mentoren – neue Lösungen und Wege auftun, auf die ich als Einzelkämpfer nicht gekommen wäre.

Vielleicht hat es sich so entwickelt, dass ich gerne und mit großer Lernfreude mit anderen zusammenarbeite und die zwischenmenschliche Ebene zu einer meiner Stärken wurde. Mir selbst war dies gar nicht so bewusst, bis mehrere Mitmenschen aus verschiedensten Kreisen dazu Kommentare machten. So sagte mir die Prodekanin an der Antwerp Management School: »Ich hätte mir nie vorstellen können, dass du die Gruppe so verbindest und wie du in der Gemeinschaft etwas Besonderes bewirkst.« Darüber war ich total erstaunt, weil es für mich etwas ganz Normales war. Durch ihr Feedback konnte ich in der Folge bewusst darauf achten und diese Fähigkeit noch weiter ausbauen – was mich in allem Weiteren wiederum weitergebracht hat. Bewusstheit ist also in der Tat der erste Schritt zu Veränderung.

Kampfkünste und der 1500 Jahre alte Shaolin-Spirit

Über die Jahre – durch Ausprobieren, Inspiration und Austausch mit Freunden und Mentoren und vor allem durch ein Vertrauen in meine Intuition – fand ich letztlich mehrere für mich stimmige Wege, um mit den damaligen teils extremen Herausforderungen des Lebens umzugehen: von der beschriebenen Verbundenheit mit meinen Mitmenschen, über Sport im Team, Meditation und Selbstreflexion, bis hin zu einer für mich erfüllenden Balance von Ratio und Emotio, also Gefühlsbeachtung. Besonders ist mir dabei mein Start in China in Erinnerung geblieben:

So stand ich 2013 nach Feierabend spätabends allein da, kannte so gut wie niemanden, verstand die Menschen nicht und war gleichzeitig von der Arbeit so müde, dass ich mich erst nicht aufraffen konnte, rauszugehen und Anschluss zu suchen. Doch ich wusste auch genau: Wenn ich dies nicht tat, würde es nur noch schwerer werden. Zudem war mir auch klar: Ich wollte nicht nur die Arbeit genießen, sondern mein ganzes Leben!

Kampfkünste und Respekt

Also gab ich mir einen Schubs und fragte so gut wie jeden, den ich kannte, wo es welche Sportangebote gibt. Denn ich liebte Sport, aber ich wollte nun wirklich nicht jeden Abend allein durch die Straßen Chinas joggen. Von den ersten Kontakten fragte ich mich durch und rief mehr als zehn Leute an, fuhr über Wochen zu verschiedensten Fitnessstudios, Kampfsportschulen, Sportstadien, Yoga-Studios, Golfplätzen und Schwimmbädern, nur um immer wieder enttäuscht festzustellen: Das passt hier nicht. In dem einen Gym fielen fast die Geräte auseinander und das Schwimmbad war so überfüllt, dass ich Wasser-Slalom praktizieren musste. Erst später und durch die Kung-Fu-Künste der chinesischen Shaolin-Mönche inspiriert, fand ich das japanische Kyokushin-Karate, bei dem im Vollkontakt ohne Schutz trainiert wird, was es zu einer der härtesten Karatearten weltweit macht. Da es in meiner Region keinen Shaolin-Tempel gab, bei dem ich regelmäßig hätte trainieren können, ging ich eben mit großer Freude in ein traditionell japanisches Dōjō, in dem von Klein bis Groß alle Altersgruppen in die verschiedenen Gürtelstufen eingeteilt miteinander trainierten. Und ich war positiv überrascht, welch höchst respektvoller Umgang miteinander gepflegt wurde. Auch hier haben sich Vorurteile nicht bestätigt. Ganz im Gegenteil: Egal wo ich auf der Welt trainiert habe – ob in Kalifornien in einem russischen Box-Gym, dem japanischen Karate-Dōjō in China oder in einem deutschen Mixed-Martial-Arts-Studio –, alle begrüßten sich, man half den anderen und es gab klare Regeln und Wertvorstellungen, wie Respekt und Disziplin. Werte, die eigentlich natürlich sind, heutzutage aber nicht mehr überall in der Gesellschaft üblich sind. Auch das kampfsportliche Training begeisterte mich: Denn neben der Ausbildung von Beweglichkeit, Schnelligkeit, Kraft, Ausdauer und Reaktionsfähigkeit wird auch Koordination und eine hohe Präsenz geschult – was mir wiederum als körperliche und mentale Stärkung im herausfordernden beruflichen Alltag sehr zugute kam und mir auch heute noch dienlich ist.

Shaolin-Spirit

In China hat mich besonders die Geschichte der Shaolin-Mönche fasziniert: Die Shaolin-Tradition entstand vor etwa 1500 Jahren im chinesischen Songshan-Shaolin-Tempel am Fuße eines heiligen Gebirges in der Henan-Provinz. Zu Zeiten der Ming-Dynastie (1368–1644) kam die Shaolin-Tradition, die Buddhismus, Daoismus, Konfuzianismus, Qigong, Kung-Fu, chinesische Medizin, Kalligrafie und Feng-Shui umfasst, zur vollen Blüte, und mehr als 3500 Mönche sollen zu der Zeit im Kloster gelebt haben. Im Vordergrund stehen Kampfkunst und Meditation – wodurch Körper und Geist gleichermaßen mit einbezogen werden.[4]

Die Besonderheit der Shaolin-Lehre liegt in der Kombination von körperlicher Ertüchtigung und tiefer innerer Ruhe. Sie ist tief im Buddhismus verwurzelt, und ohne bestimmte buddhistische Lehren, wie die *Vier Edlen Wahrheiten* und den *Achtfachen Pfad* zu praktizieren, lässt sich das Wesen von Kung-Fu und dem oft damit verbundenen Qigong (Lehre von der Regulierung der Atmung) nicht voll erfassen. In den Shaolin- und vielen anderen chinesischen Praktiken wird die Atmung und damit einhergehend das Qi als Lebensenergie betrachtet.[5] Insgesamt besteht das menschliche Energiesystem aus den »drei Schätzen« *Essenz* (精, Jing), *Energie* (氣, Qi) und *Spirit* (神, Shen) und verteilt unsere Lebenskraft im gesamten Körper. Zudem ist unser Körper von einem Energiefeld (der *Aura*) umgeben und von Energiebahnen (den *Meridianen*) durchzogen. Blockaden im Energiesystem verhindern, dass der Körper ausreichend mit Energie versorgt wird, wodurch Krankheiten entstehen können. Wie man seine Energie selbst regulieren und ins Fließen bringen kann, ist ein zentrales Element der Shaolin-Weisheit und der daoistischen Medizin und Lehre (易經, I Ging sowie 修道, Xiu Dao) und erklärt die außerordentliche Vitalität der Shaolin-Meister selbst in hohem Alter. Wie das geht, haben die Shaolin-Mönche von ihren Vorfahren gelernt. Heute erfährt die Shaolin-Tradition großen Anklang in Europa und Menschen sind offen und sehr interessiert an diesem Teil von Chinas Kultur sowie den Shaolin-Werten wie Mitgefühl, Fokus, Selbstbeherrschung, Demut oder Ausdauer. Solche Fähigkeiten scheinen manchen Menschen mehr gegeben zu sein als anderen. Doch jede dieser Qualitäten kann über den eigenen Körper entwickelt werden – dies ist auch die Botschaft von Shi Heng Yi, *Spiegel*-Bestsellerautor und leitender Meister des Shaolin Temple Europe Rheinland-Pfalz.[6]

Wer sich für die Weisheiten der Shaolin und des Daoismus interessiert, dem kann ich die auf Deutsch verfassten Bücher »Shaolin Spirit« von Shi Heng Yi sowie »Lehrbuch der ganzheitlichen Schröpftherapie – altes Heilwissen neu entdeckt« von Dr. Roland G. Heber empfehlen. Sie enthalten konkrete Anleitungen, wie man den Weg und die Übungen der Shaolin und des Daoismus im Einklang mit einem »normalen« Leben gehen kann. Für mich selbst habe ich die Praktiken der Herzens-Meditation und Kampfkunst-Übungen wie Ma Bu, den Reiterstand, in mein Leben integriert, die ich zur Stärkung täglich pflege.

Fantastische Fußballspiele in China

Doch bei meiner Ankunft in China im Jahr 2013 gab es all dies in Taicang für mich noch nicht – aber auch hier machte sich Dranbleiben bezahlt: Nach Monaten und durch die Empfehlung von Freunden hörte ich schließlich von einer neuen chinesischen Fußballmannschaft: dem 1. FC Taicang International. Ich war unglaublich gespannt zu erleben, was Sport und speziell Fußball für Chinesen bedeutet und wie sie hier privat sind.

Wie ich erfuhr, hatte sich ein paar Jahre vor meiner Ankunft im Reich der Mitte in Taicang eine Fußballliga mit 18 Mannschaften formiert. Sponsoren und die Lokalregierung in Taicang, die, um ihrem Ruf als »Heimat der deutschen Firmen in China« gerecht zu werden, sehr auf die Förderung einer guten deutsch-chinesischen Kultur bedacht war, bauten ein kleines, aber feines Stadion mit Tribünen auf einer Seite, Flutlicht und dem neuesten, besten und von einer Firma aus Italien importierten Kunstrasen. Zudem wurden die Spiele per Video aufgezeichnet und bei jedem Spiel standen sogar Linienrichter zur Verfügung.

Dass der Fußball in ganz China auf dem Vormarsch ist und zunehmende Beliebtheit erfährt, sieht man auch daran, dass der FC Bayern München mittlerweile nach Shanghai auch eine offizielle Repräsentanz in Taicang eröffnet hat. Nach einer ersten Trainingseinheit wurde ich dann auch gleich für das erste Saisonspiel nominiert. Voller Vorfreude erschien ich am Sonntagmittag am Spielort – um allein auf weiter Flur dazustehen und dennoch für Jahre begeistertes Mitglied zu bleiben. Denn: Unser Spiel und der Fußball waren absolut fantastisch. Fantastisch humorvoll.

Es fing damit an, dass ich, wie gesagt, erst mal allein dastand und die hellgrünen Kunstgrashalme aus Italien bewunderte. Nach etwas mehr als einer Stunde kamen sie dann: meine Teamkollegen – in Badeschlappen, mit Sonnenbrillen, die Hälfte mit Zigaretten im Mundwinkel, gefolgt von den Schiedsrichtern in gleicher Montur, sowie der gegnerischen Mannschaft und zahlreichen Familien, bei denen mir nicht wirklich klar war, wer eigentlich zu wem gehörte. Auf meinen fragenden, deutschen Blick Richtung Stadionuhr hin – immerhin sollte das Spiel in 30 Minuten beginnen – grinsten sie nur breit und erklärten mit einem Schmunzeln: »Hey, willkommen, deutscher Freund, mach dich locker, es ist Wochenende.«

Was mich angesichts des professionellen Stadions nur umso mehr amüsierte, denn auf und um den Platz war alles ganz anders, als ich es kannte. Während es in Deutschlands Ligen normal ist, sich ein bis zwei Stunden vor Anpfiff zu treffen, koordiniert warm zu machen, Aufstellung und Taktik noch mal zu besprechen und dann geschlossen auf den Platz zu gehen, trudelten hier nach und nach alle Beteiligten am Schauplatz ein, spielten sich ein paar Flugbälle zu, hörten kurz dem Trainer zu, wo sie ungefähr spielen sollten – und schon ging die Gaudi los.

Anpfiff

Und es entstanden Bilder, die sich in unser aller Gedächtnis einbrannten: Die vom Innenverteidiger Ye, der mich in seinem Charakter und mit seinem durch seine große Liebe zum deutschen Bier wohlgeformten Bauch an Obelix erinnerte und der kurz vor Spielende bei einem Eckball urplötzlich seinen Posten als letzter Mann und Absicherung unabgesprochen aufgab, nach vorne rannte, laut rief und wild mit seinen Armen gestikulierte, um den Ball zu bekommen und den heiß begehrten Siegtreffer zu erzielen – um nur Sekunden danach noch wilder zu schreien, als er postwendend das ganze Spielfeld zurück nach hinten sprintete, weil der Ball natürlich abgefangen und wir wunderschön ausgekontert wurden. Und während wir drei deutschen Spieler im Team erschrocken waren aus Angst, das Spiel zu verlieren, und ich verzweifelt auf unsere Bank und die Tribüne dahinter schaute, erkannte ich eine Menschenmasse, die sich mit Tränen in den Augen vor Lachen kaum noch halten konnte und sich köstlich über Ye, aber wahrscheinlich noch mehr über uns Deutsche amüsierte, die selbst in ihrer Freizeit immer ernst gewinnen wollten.

In diesem kurzen Moment, in dem sich die Blicke der Spieler, Gegner und Zuschauer begegneten und ich mehr denn je realisierte, dass ich auf der anderen Seite der Erde, in einer komplett anderen Kultur und in einem zutiefst fremden Land war, stellte ich für mich zum ersten Mal – und mit einer kleinen Träne der Rührung – fest:

Letztlich sind wir Menschen doch überall gleich. Wir sehen vielleicht anders aus, sprechen, ticken und verhalten uns anders. Aber im Grunde und am Ende des Tages haben wir alle die gleichen Bedürfnisse, Wünsche und Träume von Verbundenheit, Familie, Freundschaft, gemeinsamem Lachen, Zusammenhalt und die Hoffnung auf ein erfülltes glückliches Leben und respekt- und liebevolles Miteinander.

Ye war es auch, der mitten im Spiel einen stets jammernden und schwalbenden gegnerischen Stürmer einfach von hinten umarmte, packte, in die Luft hob und so vom Spielfeld trug – während der Gegner lautstark und unter dem Gejohle der Zuschauer erfolglos gegen diese neue Art der Manndeckung und Problembewältigung protestierte und der Stürmer beim Weggetragen-Werden wie ein Maikäfer auf dem Rücken hilflos mit seinen Armen herumfuchtelte.

Und dann war da Mittelfeldmotor Yang. »Han Le«, rief er meinen chinesischen Namen quer über den Platz, »Abschuss droht.« Ich konnte mir ein spontanes Lachen, über das sich mein gegnerischer Manndecker wunderte, nicht verkneifen. Das war unser Codewort, dass bald ein unerwarteter, scharfer Steilpass oder eine Flanke auf mich als Stürmer kommen würde. Denn nachdem ich den Sinn des Fußballs in Taicang als reinen Spaß an der Freude und Gesellschaft verstanden und mich auch als Deutscher locker gemacht hatte, sagte ich jeden Sonntag mit einem Augenzwinkern kurz vor dem Spiel in der drei-minütigen Taktikbesprechung: »Männer, unser Plan ist einfach, ich halte die Stellung im Sechzehner und ihr schießt mich wieder so an, dass der Ball ins Tor prallt.« Zur Überraschung aller funktionierte diese ausgefeilte Strategie sehr gut und wir lieferten uns mit zwei weiteren Teams viele Jahre heiße Kämpfe um die Meisterschaft, bei denen es durchaus auch rote Karten gab. Es ging meist langsam los, aber wenn die Chinesen dann gereizt waren und ein gewisses Maß überschritten war, ging es richtig zur Sache: Bodychecks kurz vor der Bande, für alle Beteiligten gewagte Kung-Fu-Sprünge in bester Oliver-Kahn-Manier und zahlreiche zerrissene Trikots zeugten davon, dass es in China durchaus auch hochemotional zugehen kann. Und manchmal war ich selbst auch nicht ganz unschuldig daran.

Beflügelt durch soziale Beziehungen

Bei allem hat aber immer der Spaß überwogen und wir haben viel zusammen gelacht, meist über uns selbst. So lernte ich die Chinesen aus einer ganz anderen, persönlichen Erfahrung kennen und stellte überrascht fest: Sie sind ja viel witziger, als wir in Europa denken! Vor meiner Entsendung hatte ich Bilder im Kopf von asiatisch aussehenden Menschen mit steifer Miene, die nie lachen. Wie falsch ich lag! Heute sage ich: Chinesen sind eine der humorvollsten Volksgruppen, denen ich auf meinen Reisen in Nord- und Südamerika, Europa und Asien begegnet bin, mit einem besonders ausgeprägten Sinn für Selbstironie – wie es auch der bedeutende chinesische Schriftsteller Lin Yutang in »Mein Land und mein Volk« beschrieb.[7]

Im Rückblick waren diese sozialen Kontakte schöne und sehr wichtige Erfahrungen, die mir auch weit über die Spiele hinaus gutgetan haben. Nach einem solchen Nachmittag fühlte ich mich noch tagelang froh und unbeschwert – was wiederum sehr geholfen hat, auch die widrigsten Probleme – und davon kann es beim Unternehmensaufbau in China einige geben – mit einer positiven, lösungsorientierten Einstellung anzupacken und mich allgemein entspannter zu fühlen.

Meine eigenen Erfahrungen decken sich mit der weltweit größten Studie zum Thema Glücklichsein und Wohlbefinden. In der Langzeitstudie »Harvard Study of Adult Development« begleiten Forschende der Harvard-Universität in den USA seit 1938 bis heute knapp 2000 Menschen aus drei Generationen auf ihren Lebenswegen. Dabei beobachten sie das Leben der Probanden mit all ihren Erfolgen und Misserfolgen im beruflichen wie privaten Bereich. »Wenn wir alle vierundachtzig Jahre der Harvard-Studie nehmen und sie zu einem einzigen Lebensprinzip zusammenfassen, wäre es dieses: Gute Beziehungen machen uns gesünder und glücklicher«, fassen die Studienleiter Robert Waldinger und Marc Schulz zusammen.[8] Es mag überraschend sein, doch unabhängig von äußeren Faktoren wie der Kultur, der sozialen Schicht und sogar der derzeitigen Lebensphase oder dem Gesundheitszustand seien gute Beziehungen der Schlüssel zu mehr Glück, Gesundheit, Wohlbefinden und auch für ein langes Leben.

Auf diese Harvard-Studie wurde ich aufmerksam durch das Buch »Freunde machen gesund – Die Nummer 1 für ein langes Leben: deine Sozialkontakte« von der Berliner Diplom-Psychologin Ulrike Scheuermann, in welchem sie ihre Erfahrungen und die neuesten wissenschaftlichen Erkenntnisse aus aller Welt hierzu spannend und erfrischend verständlich deutschen Leserinnen und Lesern präsentiert – und ich beim Lesen verblüfft war, wie viele Dimensionen von sozialen Beziehungen es gibt und wie vielfältig sie unser Leben beeinflussen.[9]

Auch bei der Suche nach einem für mich passenden Sport und einer Gemeinschaft hat mir also wieder geholfen, was mir schon immer am meisten geholfen hat: nämlich im Kontakt mit anderen zu sein, mich durchzufragen, um Unterstützung zu bitten und sie zugleich zu geben – und vor allem zu wissen: Man muss und kann nicht alles allein schaffen. Durch soziale Beziehungen beflügelt und nachdem ich so für mich passende Wege zur Bewältigung der persönlichen Herausforderungen im mehr als 7200 km von meiner Heimat entfernten Reich der Mitte gefunden hatte, konnten meine Forschungen zu Chinas Mittelstand Fahrt aufnehmen.

Was wir gerade von schwierigen Zeiten lernen können

Für die Promotion ging es fortan dann drei Mal pro Jahr mit dem Nachtflug von Shanghai nach Amsterdam und von dort mit dem morgendlichen Thalys-Schnellzug weiter ins belgische Antwerpen – unter anderem das weltweit größte Handelszentrum für Diamanten. Trotz der langen Anreise freute ich mich und reiste stets motiviert mit einer klaren Mission für die verlängerten Wochenenden an: die Teilnahme an den Modulen des *PhD Program for Executives* an der Antwerp Management School (AMS) und Universität Antwerpen.[10]

Während die Management School die passenden Rahmenbedingungen lieferte, wurde allen Teilnehmenden schnell klar: Der Erfolg hängt davon ab, »es durchzuziehen«, also von Ausdauer und Disziplin, aber auch von Kreativität und der Fähigkeit zur Teamarbeit mit Kommilitonen, Experten und Professoren. In der Praxis habe ich es dann so umgesetzt: Um Punkt fünf Uhr klingelte der Wecker, dann folgten 15 Minuten Meditation, 15 Minuten Yoga und fünf Minuten Reflexion über meine wichtigsten Ziele. Innerlich so gestärkt und mit klarem Fokus konnte ich dann in Ruhe an der Forschung arbeiten, von kurz nach sechs Uhr bis 8.30 Uhr, als der Geschäftstag in China offiziell begann und Beschäftigte, Besucherinnen und Besucher sowie Anrufer bis abends Schlange standen.

Zusammengenommen mit einer 6-Tage-Woche und der Nutzung von Urlaub und Feiertagen kam ich so auf die notwendige Quantität. Während sich dies mit Disziplin erfüllen ließ, war die schwierigere Frage, wie ich mit einem hohen Pensum frisch und kreativ sein konnte, um eine gute Qualität zu erreichen und die Reise auch zu genießen. Auch deshalb habe ich mich – neben einem hohen persönlichen Interesse – intensiv mit den Bereichen Gesundheit und Hochleistung in Sport, Wissenschaft und Wirtschaft beschäftigt und mehr als ein Jahrzehnt mit mehreren Weltklasse-Trainern, Energiemedizinern und Coaches zusammengearbeitet. Dies führte dazu, dass ich seit vielen Jahren wieder tief und fest schlafe, mich fit und vital fühle und das Leben und die Arbeit in vollen Zügen genieße. Durch diese Erfahrungen habe ich viel gelernt, was mir in meiner heutigen Coaching-Praxis und bei meinem eigenen Ansatz hilft, denn das Eigene wirkt immer am stärksten. Zudem konnte ich mir in der mentalen, emotionalen und physischen Dimension Strategien aneignen, die mir helfen, auch mit einem hohen Pensum, Stress und den herausfordernden Zeiten des Lebens leichter zurechtzukommen, die jeder mal hat – und die mir gerade zum Beispiel beim parallelen Schreiben dieses Buches wieder sehr helfen. Denn wie bereits erwähnt erlebte ich selbst immer wieder auch schwierige Phasen, was zur Dualität des Lebens dazugehört. Zum Beispiel kam es in jungen Jahren zu einem Sturz, als Folge musste ich eine längere Zeit im Krankenhaus verbringen, was weder eine leichte noch schöne Erfahrung war. Wie vergänglich und kostbar unser Leben ist – und wie dankbar wir sein können, wenn wir am Morgen gesund und in Sicherheit aufwachen und das Beste aus unserer Zeit hier auf Erden machen können –, wurde mir so schon früh bewusst. Und auch bei meiner Ankunft in China im Jahr 2013 war ich anfangs als erster Mitarbeiter oft allein, habe mich nicht immer gut gefühlt und war mit vielem überfordert. Auch heute und morgen kann es also Probleme geben – so wie es Licht und Schatten, Sonne und Regen und ohne Tiefen keine Höhen gibt.

Zudem glaube ich, dass große Erfolge nur durch Teamarbeit entstehen und oft auch ein Stück Glück dazugehört, wie zur richtigen Zeit am richtigen Ort zu sein. Deshalb stehe ich den Motivations- und Erfolgsbüchern, die versprechen, dass »alles möglich sei«, kritisch gegenüber. Vieles passt auch einfach nicht zu unseren Fähigkeiten, Veranlagungen und Möglichkeiten – ich werde, glaube ich, zum Beispiel kein Formel-1-Weltmeister mehr. Und manche Dinge können wir selbst beeinflussen, manche Ausgänge liegen jedoch nicht in unserer Hand.

Aber aus den erlebten schwierigen Zeiten weiß ich auch, dass viel mehr möglich ist, als wir oft denken – und vor allem, dass wir selbst entscheiden und direkt beeinflussen können, *wie* wir mit Geschehnissen umgehen. Das ist unsere eigene Macht, die uns niemand nehmen kann. Hier hilft mir das folgende Mindset sehr: »Es ist, wie es ist. Und es wird, was ich daraus mache.«

Und auch heute arbeite ich noch selbst mit Mentoren und Coaches zusammen – denn ich bin überzeugt: Die eigene Entwicklung hört nie auf, es gibt noch viel, was ich lernen kann, und jeder von uns hat seine blinden Flecken. Mit meinen Geschichten möchte ich zum Nachdenken anregen, ein paar Impulse geben und darauf vertrauen, dass jeder auf seine eigenen Lösungen kommt. Wie einem dies mit dem Einsatz der eigenen strategischen Intuition leichter gelingt und wie dies große neue Potenziale für die Steigerung der Leistungsfähigkeit unserer deutschen Wirtschaft liefern kann, werden wir im letzten Kapitel des Buches noch genauer erfahren.

KAPITEL 4

Die Internationalisierung von Chinas Mittelstand – ein Überblick

Mit dem *PhD Program for Executives* an der AMS hatte ich damals also das ideale Umfeld gefunden, um meine Forschungen in der Praxis umzusetzen. Als ich mich jedoch zu Beginn dem Thema wissenschaftlich annäherte, stellte ich fest: Es gab nur wenig, fragmentierte Forschung dazu. Aus diesem Grund begann ich im ersten Schritt, einen Gesamtüberblick zu gewinnen, um die folgende Frage zu beantworten: Was weiß die Wissenschaft Stand heute über die Internationalisierung von Chinas Mittelstand und welche wichtigen Bereiche sind noch unerforscht?

5791 wissenschaftliche Studien – auf den Punkt gebracht

Um Klarheit zu schaffen, machte ich mich an die zu diesem Thema weltweit erste *Systematic Literature Review* – eine strenge wissenschaftliche Methode zur Erfassung, Analyse und kritischen Bewertung aller verfügbaren verlässlichen Forschungsergebnissen zu einem Thema. Fügt man die Ergebnisse zusammen, entsteht ein Bild mit hoher Aussagekraft. Ein großes Vorhaben für die erste von drei Teilstudien der Dissertation: Ich identifizierte 5791 wissenschaftliche Fachartikel *(peer-reviewed journal articles)* als potenziell relevant. Nach Durchsicht qualifizierten sich final 107 Studien für die Detailanalyse und Synthese, da sie sowohl das Thema treffen als auch eine robuste, nachvollziehbare Methodik anwenden – und so als verlässlich gelten können.Was kam heraus? Die Ergebnisse, die im internationalen wissenschaftlichen Fachjournal *Journal of Entrepreneurship in Emerging Economies* veröffentlicht wurden, zeigen u. a.:[1]

- Die Forschung steckt im Vergleich zu westlichen Firmen noch in den Kinderschuhen, erfährt aber ein stark zunehmendes Interesse: In der 20-jährigen Periode von 1990 bis 2010 wurden nur 19 Fachartikel veröffentlicht. Im Kontrast dazu stieg die Anzahl in der 10-jährigen Periode von 2010 bis 2020 auf 88 Artikel an.
- Die Mehrheit von Chinas Mittelstand ist in Privatbesitz und unterscheidet sich von Chinas großen Multinationals und Staatsfirmen in der Eigentümerstruktur, Strategien und durch weniger Ressourcen.[2] [3] Der Mittelstand stützt seine internationale Expansion eher auf eigene Fähigkeiten als auf die Förderung durch die Regierung.[4]
- Aufgrund ihrer kurzen Entwicklungszeit besitzen Chinas Mittelständler beim Eintritt in globale Märkte oft limitierte Erfahrungen, Kenntnisse über ausländische Märkte und Managementfähigkeiten[5] [6], was ihrem Wachstum Grenzen setzt.[7] [8]
- Sie lernen jedoch schnell und ihre sozialen Netzwerke spielen hierbei eine wichtige Rolle. Unternehmer setzen *Guanxi* gezielt als Mechanismus ein, um die eigenen Schwächen und Kenntnisse zu ergänzen.[9] Der Einfluss der Netzwerke ist im Vergleich zu deutschen Firmen stärker und multidimensionaler.[10]
- Chinas Mittelständler sehen sich mit fünf institutionellen Hindernissen konfrontiert: unfairer Wettbewerb gegen Staatsfirmen, mangelnder Zugang zu Finanzierungen, eine ungleiche Durchsetzung von Rechten des geistigen Eigentums, unterschiedliche Standards der Provinzen sowie unvorhersehbare regulatorische Rahmenbedingungen.[11]
- Es treten spannende, neue Phänomene auf: Während ein Teil der Mittelständler klassische wirtschaftliche Motive verfolgt, berichten chinesische Wissenschaftler auch vom *Escape*-Phänomen.[12] Aufgrund der institutionellen Schwierigkeiten investieren Firmen in Übersee, um dort *institutional arbitrage* zu betreiben, das heißt die Rahmenbedingungen zu nutzen, die sie in ihrer Heimat vermissen.[13] Gleichzeitig gibt es die *Fostering*-Sichtweise, die eine aktive Unterstützung des chinesischen Staates folgert.
- Ein weiterer spannender Kontrast: Es gibt umfangreiche Forschungen zur Internationalisierung westlicher Firmen, die bis in die 1950er-Jahre zurückreicht.[14] [15] [16] Chinas Internationalisierung begann jedoch erst mit der »Go Global«-Politik im Jahr 1999.[17]
- Dies zeigt sich in der Praxis anhand von Zahlen: Der Deutschen Industrie- und Handelskammer zufolge sind 5200 deutsche Firmen

in China tätig, die insgesamt mehr als 110 Milliarden Euro investiert und 1,1 Millionen Arbeitsplätze geschaffen haben.[18] Von chinesischer Seite wird sogar von 8500 deutschen Firmen gesprochen.[19] [20]

- Die deutschen Unternehmen betreiben über 2000 Fabriken in China, die sie in den meisten Fällen auf der grünen Wiese neu aufgebaut haben (Greenfield-Projekte).[21]
- Im Vergleich: In Deutschland sind rund 4000 chinesische Firmen aktiv, meistens jedoch mit kleineren Verkaufs- oder Servicebüros,[22] die insgesamt 6 Milliarden Euro investiert haben.[23] Dies entspricht 5,5 Prozent der deutschen Investitionen in China.
- Die chinesischen Unternehmen betreiben weniger als 10 Greenfield-Fabriken in Deutschland.[24] Von 2006 bis 2022 sind 468 chinesische Firmenübernahmen oder -beteiligungen in Deutschland zu verzeichnen.[25] Die Zahl sank seit dem Höhepunkt 2016 kontinuierlich und lag 2022 auf dem niedrigsten Niveau des letzten Jahrzehnts.
- Mehr als 2100 deutsche Unternehmen sind Mitglied bei der Deutschen Auslandshandelskammer (AHK) in China.[26] Dagegen sind nur 350 chinesische Unternehmen in Deutschland Mitglied bei der Chinesischen Handelskammer in Deutschland (CHKD).[27]
- *Wir erleben gerade also erst die frühe Anfangsphase der Internationalisierung von Chinas Mittelstand* – was sehr wichtig ist, wenn es später in Teil II um die Zukunft der deutschen Wirtschaft geht.

China befindet sich also noch in einem frühen Stadium der Globalisierung. Meine Prognose ist, dass sich Chinas Expansion von Firmenübernahmen hin zu mehr eigenen Unternehmensgründungen (Greenfield-Projekten) im Ausland verlagern wird. Gerade mittelständische Familienunternehmen können oder wollen es sich oft nicht leisten, für Hunderte von Millionen M&A zu betreiben. Ich erwarte daher eher eine ähnliche Entwicklung wie bei der Internationalisierung des deutschen Mittelstands – einen schrittweisen, langfristigen Aufbau von eigenen Tochtergesellschaften. Für Chinas Wirtschaft erscheint der Weg der Firmenneugründungen auf der grünen Wiese zunehmend gangbarer als polarisierende Akquisitionen. Hier kann man aus deutscher Sicht wenig sagen, denn genau dies ist das Erfolgsmodell, welches die deutsche Wirtschaft auf der ganzen Welt seit Jahrzehnten selbst betreibt und dabei immer weitere Märkte erschließt. Warum neben dieser strategischen Komponente chinesische Mittelständler, um zu überleben, in vielen Fällen aufgrund externer Faktoren sogar regelrecht dazu gezwungen sind, international zu expandieren, erfahren Sie in einem späteren Kapitel, in dem wir uns mit der brisanten »Middle-Income-Trap« befassen.

Chinas neue Seeflotte – grüne Autos per Superfrachter: Hallo, Europa!

Nach Jahrzehnten des Aufstiegs und einer boomenden Wirtschaft erlebt China heute ganz neue Herausforderungen: Immobilienkrise, Jugendarbeitslosigkeit und Vertrauenskrise stellen das Land, die Wirtschaft und die Bevölkerung vor große Probleme, die ganze Generationen zum ersten Mal erleben. Wie unser Blick in die Geschichte zu Beginn des Buches jedoch gezeigt hat, hat sich China immer wieder neu erfunden und vor allem dann Stärke gezeigt, wenn es sich in einer großen Krise befand. Deshalb ist auch hier zu erwarten, dass China mit seiner Beharrlichkeit, Flexibilität und Weitsicht Lösungen findet – auch wenn es an der einen oder anderen Stelle durchaus rumpeln kann und wird. Die Gesamtentwicklung betrachtend wage ich daher die Prognose: China wird auch in Zukunft weiter wachsen und seine wirtschaftliche und politische Führungsrolle global ausbauen – doch müssen wir uns von der Vorstellung verabschieden, dass wir die Wachstumsraten der Vergangenheit auch in der Zukunft sehen werden. Chinas Wirtschaft wird unter anderem durch die Internationalisierung seiner Global Player und des Mittelstands weiter expandieren, jedoch in einer mittelfristig zu erwartenden Abflachung der Wachstumskurve.

Dies liegt auch an Peking selbst. Wie Jörg Wuttke, der ehemalige Präsident der EU-Handelskammer in China, beobachtete, »muss man dem Präsidenten zugutehalten, dass er das sagt, was er denkt, und das durchführt, was er sagt«.[28] Was sagt Xi also? In seiner Rede vor dem letzten Volkskongress erwähnte er »Marx« dreißig Mal und »Markt« fünfzehn Mal. Dies bedeutet, dass Xi zu einem gewissen Grad durchaus berechenbar ist – aber eben auch, dass er gewillt ist, für die Umsetzung seiner Ideologie ein niedrigeres Wirtschaftswachstum in Kauf zu nehmen.[29] Die Philosophie Deng Xiaopings, die China lange prägte und in der Wirtschaft über alles ging, gilt nicht mehr.

Zum besseren Verständnis kann man sich China auch als Kontinent vorstellen: Während die Wirtschaftslage im Westen und Nordosten zuletzt schwieriger ist, boomt die Provinz Guangdong im Süden[30] – die mit

126 Millionen Einwohnern mehr als die Wirtschaftsleistung Spaniens erbringt.[31] [32] Allein die südchinesische Mega-City Shenzhen stemmt das BIP von ganz Südafrika.[33] Ein weiterer Lichtblick in der Wirtschaft ist ein zu erwartender Exportboom im Automobilsektor: Denn in den letzten Jahren sind in China Kapazitäten für die Fertigung von 50 Millionen Verbrenner- und Elektroautos pro Jahr entstanden. Die Nachfrage in China nimmt dabei etwa 23 Millionen Autos pro Jahr auf. Dies bedeutet, es bestehen aktuell Überkapazitäten von etwa 27 Millionen Autos pro Jahr – die natürlich prädestiniert sind für den weltweiten Export.[34] Bislang hatte China jedoch zwei große Hindernisse:

Zum einen hatte sich vor allem das schlechte Abschneiden der ersten chinesischen Autoexporte bei Crashtests in den Jahren 2006 und 2007 im Gedächtnis deutscher und europäischer Kunden festgesetzt. Erst heute, gute 15 Jahre später, wird in Europa und der Welt durch zunehmende Siege chinesischer Autos in Vergleichstests mehr und mehr erkannt: Chinesische Automobile sind im Jahr 2024 nicht nur sicher geworden, sondern bieten mit einer guten Qualität sowie einer enorm hohen Innovativität und günstigen Preisen oft ein attraktives Gesamtpaket.

Ein zweiter Grund, weshalb wir in Zukunft mit mehr chinesischen Autos in Europa rechnen können, finden wir nicht auf den Straßen, sondern in Kürze auf den Weltmeeren: Bislang haben China die riesigen Autofrachter für den Transport per Seeweg gefehlt, die bisher größtenteils in der Hand von ausländischen Reedereien standen. Normal werden pro Jahr auf der ganzen Welt vier bis sechs solcher Superfrachter gebaut, die 4500 bis 8000 Autos transportieren können. Allein im Jahr 2023 hat China nun gleich 60 dieser Riesen beauftragt und im Jahr 2024 sollen nochmals 60 weitere dazukommen.[35] Chinas Autoriese BYD, Abkürzung für »Build Your Dreams«, hat sich sogar für den Bau und die Inbetriebnahme einer eigenen Flotte entschieden.[36]

Sobald diese neue Seeflotte Chinas ab 2025 einsatzbereit ist, können wir mit einem neuen Exportboom grüner E-Autos rechnen. Wie wir damit in Europa und vor allem in Deutschland umgehen, wird eine spannende Frage angesichts der Subventionen von Chinas Herstellern. Dabei haben wir ein Dilemma: Wollen wir Schutzmauern gegen grüne Technologien errichten, obwohl wir eigentlich beschlossen haben, Verbrennungsmotoren ab 2035 zu verbannen?[37] Jörg Wuttke gab hier zu bedenken: »Wollen wir jedes chinesische E-Auto mit Steuern von mindestens 10000 Euro belegen? Zudem sind es ja nicht nur chinesische Autos, die aus der Volksrepublik exportiert werden. BMW und Renault-Dacia produzieren in China und exportieren in den Rest der Welt, ebenso Tesla. (…) Das ist im Grunde die einzige Lösung, die ich sehe. Dass wir die Chinesen zu uns holen und sie uns helfen, unsere Lieferketten aufzubauen. Wir müssen einen Transfer von Know-how verlangen, denn sie sind uns in Bereichen wie Batterien um Jahre voraus. (…) Diese Jobs in Europa zu halten, ist meines Erachtens nur mit der Hilfe der chinesischen Unternehmen möglich. Und natürlich muss China seinen Markt viel weiter öffnen für europäische Gesellschaften.«[38]

Eine interessante Perspektive, denn so kann Chinas Seeflotte mit grünen E-Autos große Auswirkungen auf die Internationalisierung des chinesischen Mittelstands haben. Sobald sich mehr chinesische Auto- und Batteriehersteller mit einer Fertigung in Europa und Deutschland ansiedeln, werden voraussichtlich kleine und mittelgroße Zulieferer nachziehen – Gleiches ließ sich bei der Expansion der deutschen Autoriesen nach China beobachten, die der Pionier VW in China im Jahr 1984 begann, und viele deutsche Zulieferer folgten, um im Geschäft zu bleiben und mitzuwachsen.

Wie wir anhand dieser Entwicklung, bei der Chinas Staat strategisch mit federführend ist, sowie anhand der Ergebnisse meiner systematischen Studie des Doktorats erkennen können, haben die institutionellen Rahmenbedingungen in China einen großen Einfluss auf private Unternehmen. Deshalb ist es nun Zeit, einen weiteren wichtigen Player kennenzulernen, der im direkten Umfeld der Mittelständler operiert: Chinas Staatsfirmen!

Projekt »Gigafactory Berlin«

52° 24‘ 0“ Nord, 13° 48‘ 0“ Ost
Berlin, Deutschland
22. März 2022

Die Sonne scheint, blauer Himmel über Berlin. Elon Musk schreitet beherzt mit Bundeskanzler Olaf Scholz auf dem hellgrauen, glänzenden Epoxidharzboden der brandneuen Produktionshalle von Tesla Deutschland voran. Medienvertreter folgen, die Kameras klicken. Der Chef des US-Autobauers Tesla lobt: »Wir haben die neue Gigafactory im Herzen Deutschlands in Rekordzeit errichtet.« Und in der Tat feierten am Tag der offenen Tür, der offiziellen Eröffnung des neuen Tesla-Werkes in Grünheide bei Berlin, begeisterte Fans der Elektrovehikel ein neues Kapitel in der amerikanischen und deutschen Automobilgeschichte.[39 40] Was jedoch nur wenige wissen, ist, dass die Rekordzeit nur durch einen der Welt völlig unbekannten staatlichen Mittelständler aus der nordchinesischen Bohai-Zone, eine 78 000 km^2 umfassende Gegend um Dalian, Peking, Tianjin bis nach Yantai, realisiert werden konnte. Circa 100 km von Peking gelegen, dauerte es mit dem in China stets pünktlichen Schnellzug nur gute fünf Stunden für die mehr als 1400 km lange Zugstrecke von Shanghai, als ich 2015 zum ersten Mal den Hauptsitz des Staatsunternehmens besuchte. Und von der Professionalität, Effizienz und Modernität überrascht wurde.

Als ich mich dem Firmengelände näherte, stachen mir gläserne Hochhäuser ins Auge. Nach der Anmeldung am Eingang, die zügig verlief – wohl, weil internationale Besucher hier üblicher waren –, ging ich auf den ersten Glasturm zu und betrat ihn. In einem modernen, hellen Foyer wurde Besuchern wie mir anhand einer Galerie die beeindruckende Entwicklung des Unternehmens vorgestellt. In den 1960er-Jahren gegründet, verfügt das Unternehmen heute über knapp 5000 Beschäftigte, darunter 3000 Ingenieure und Techniker. Als Maschinenbauer liegt der Fokus in den Bereichen Fördertechnik, Lackieranlagen, Rohbau und Endmontage. Unter den ausgestellten Kunden findet sich das »Who is Who« der globalen Autoindustrie. Ich war erstaunt, denn anders als in Deutschland, wo man sich in der Regel mit Kundenreferenzen eher bedeckt hält, erkannte ich hier vor mir sämtliche wichtigen Projekte der letzten Jahre. Im Detail wurden unter »Global Success Stories« aufgeführt: Projektjahr, Land, Stadt, der Name des Endkunden sowie die Kernleistungen des Unternehmens. Als ich so Meter um Meter der Galerie ablief, wunderte es mich nicht mehr, dass sich das Unternehmen mit einem Umsatz von mehreren Milliarden Euro zu einem ernsten Mitbewerber der Dürr AG entwickelt hat. Dies ist beachtlich, denn das Familienunternehmen Dürr aus Stuttgart zählt als einer der weltweit führenden Maschinen- und Anlagenbauer.

Das Innenleben eines staatlichen Top-Maschinenbauers

Wie dieser staatliche Maschinenbauer jedoch genau strukturiert war und funktionierte, blieb mir lange ein Rätsel. Erst durch viele weitere Besuche lernten wir das Geflecht klarer zu durchschauen: Wie viele andere staatliche Maschinenbauer gehört auch diese Firma zum staatlichen Koloss *China National Machinery Industry Corporation*, kurz *Sinomach*. Sinomach, früher das First Ministry of Machinery Industry, wird direkt von der Zentralregierung verwaltet. So ist der Hauptsitz auch im *Zhongguancun*-Viertel in Peking, dem neben der Verbotenen Stadt gelegenen Epizentrum der chinesischen Macht, wo viele Führer der Kommunistischen Partei leben. Mit einem Umsatz von 42,6 Milliarden USD belegte Sinomach auf der Fortune-Global-500-Liste der umsatzstärksten Unternehmen der Welt im Jahr 2018 den Rang 256. Weltweit gehören 180 000 Beschäftigte in 170 Ländern zu Sinomach, das zu den größten chinesischen Herstellern der Maschinenindustrie zählt.[41]

Innerhalb des staatlichen Maschinenbauers lernte ich neben den *buzhang* (部长), also denjenigen, die als Abteilungsleiter die Unternehmensfunktionen wie Einkauf, Technik, Marketing etc. führen, auch die Besonderheit in Form eines der *yuanzhang* (院长) kennen. In Deutschland wäre diese Rolle am ehesten mit der eines Divisionsleiters zu vergleichen, wobei sie in China noch wichtiger ist und darüber hinausreicht. In China ist ein yuanzhang generell mit der Leitung einer Institution betraut, deren Namen mit *yuan* (院) endet. Dies sind unter anderem die Präsidenten der sehr wichtigen Forschungsinstitute oder auch Universitäten. Wie viele Maschinenbauer des Sinomach-Konzerns wurde auch das Unternehmen in der Bohai-Zone in seiner heutigen Form durch den Zusammenschluss zweier Design- und Forschungsinstitute der chinesischen Maschinenindustrie (China Machinery Industry) gegründet.

Besonders interessant war zu beobachten, dass diese staatliche Organisation mittelstandsähnliche Strukturen und Prozesse nutzt. Auch wenn sie zu Sinomach gehört, agiert sie vom Mutterhaus relativ unabhängig und selbstständig und so sehr schnell und flexibel. Im Innenleben zeichnet sich das Handeln insbesondere der Führungskräfte durch hohes persönliches Verantwortungsbewusstsein, innovatives und langfristiges Denken sowie eine zupackende Arbeitsweise aus.

Ein Anruf mit Folgen

Weshalb mich die Leistungsfähigkeit des Staatsunternehmens in der Praxis nicht überraschte. Als wir Ende 2020 einen Anruf erhielten, ging alles Schlag auf Schlag: Die Firma sei in intensiven Gesprächen mit Tesla, es gehe um die Planung und Ausstattung der neuen Gigafactory in Berlin. Aufgrund der Dringlichkeit und des großen Prestige des Projektes habe sich sogar Elon Musk selbst eingebracht.

Wir waren unter zeitlichem und auch inhaltlichem Druck, denn wir wussten genau: Wir müssen schnell sein, denn sonst schaffen wir die von Musk gesetzten Deadlines nicht. Gleichzeitig würden Fehler jedoch die Antriebsräder und damit die ganze Berliner Gigafactory zum Stillstand bringen können.

Hier machten sich besonders die über Jahre hinweg geleistete »Vermittlungs- und Erklärarbeit« und das so ausgebildete gegenseitige Verständnis zwischen der chinesischen Denkweise bei unserem Partner und unserem deutschen Headquarter bezahlt. Denn hier trafen zwei Welten aufeinander: Während ich immer wieder erlebe, dass die deutsche und die chinesische Kultur in vielen Bereichen sehr kompatibel sind, gibt es auch ein paar große Unterschiede. Diese Unterschiede zu kennen ist für die deutsche Wirtschaft, die Politik und Bildungseinrichtungen enorm wichtig, denn: Nur so können wir sicherstellen, dass wir überhaupt verstehen, was chinesische Partner uns wirklich mitteilen möchten – und andersherum, wie wir unsere Kommunikation so gestalten müssen, dass unsere Botschaften unsere Partner in China auch so erreichen, wie wir es beabsichtigen. Dies ist in unserer internationalen Zusammenarbeit eine der größten und am meisten übersehenen Stolperfallen.

Genau dazu unterhielt ich mich mit Simone Pohl, mehrjährige Chefin der weltweit größten deutschen Auslandshandelskammer (AHK) in China, die heute die deutsche AHK für das südliche Afrika leitet. Am Rande eines deutsch-chinesischen Meetings in Taicang sagte sie: »Es ist interessant, wie oft es vorkommt, dass wir in Deutschland und unsere Partner in China unter den gleichen Begriffen oder Sätzen etwas anderes verstehen und es anders interpretieren. Und das kann überall geschehen, mit der Regierung, aber auch wenn der deutsche Vorstand mit seinen chinesischen Führungskräften diskutiert. Bei ›Öffnung der chinesischen Wirtschaft‹ denken wir in Deutschland zum Beispiel sofort an den Abbau von Regularien oder Joint-Venture-Zwängen. Unsere chinesischen Partner denken aber vielleicht zuerst daran, dass die chinesischen Unternehmen ins Ausland gehen und sich internationalisieren.«[42] Sprich, es besteht die latente Gefahr, dass man aneinander vorbeiredet und es gar nicht bemerkt. Sehr hilfreich kann hierzu sein, beim Gegenüber öfters nachzufragen und sich auch selbst immer wieder zu hinterfragen, ob man wirklich die gleiche gemeinsame Auffassung hat.

Gefahr: Missverständnisse und Kontrollverlust in China

Denn häufig zeigen sich solche Missverständnisse erst später und äußern sich in Konflikten, Stagnation oder Enttäuschungen. Dies ist ein brisantes, hochaktuelles Thema, denn seit ein paar Jahren – schon vor Covid, aber beschleunigt durch Covid – gibt es bei deutschen Firmen in China den Trend hin zu einer größeren Lokalisierung der mittleren und oberen Führungskräfte. Während die Managementteams zuvor oft mit chinesischen Kräften und mehreren deutschen Expatriats besetzt waren, finden sich mehr und mehr Unternehmensspitzen, in denen sehr wenige oder keine deutschen Manager mehr vor Ort sind.

Auf den ersten Blick hört sich dies wie eine nachvollziehbare Entwicklung an – die Geschichte der deutschen Manager und Techniker, die nach China kamen, um den Aufbau zu leiten, ihr Wissen weiterzugeben und nach erledigter Arbeit in ihre Heimat zurückzukehren und die Firma in die Hände lokaler Mitarbeiterinnen und Mitarbeiter zu geben. Das ist auch alles wunderbar und keine Frage der Fähigkeiten der chinesischen Manager, hier gibt es exzellente und hochmotivierte Köpfe. Doch ein Problem wird hierbei übersehen:

Wenn es niemanden mehr in China gibt, der die »gleiche Sprache« wie das deutsche Mutterhaus spricht, drohen Kontrollverlust, schleichende, unbemerkte Missverständnisse sowie offene oder unterschwellige Konflikte – und dadurch geht Effektivität verloren und es kann zu Reibungs- und Motivationsverlusten auf beiden Seiten kommen. Nicht weil dies von deutschen oder chinesischen Führungskräften beabsichtigt wäre, sondern weil zum Beispiel einfach unter einem Begriff vollkommen verschiedene Dinge verstanden werden.

Deshalb ist es für die deutsche Wirtschaft und Politik so wichtig, Sprache, Mindset und Kontext unserer chinesischen Gegenüber zu verstehen, indem diese Kompetenzen in der eigenen Organisation aufgebaut werden oder man sich begleitende Unterstützung holt.

Argumentieren in chinesischen Denkbahnen

In der Geschichte von Herrn Wang zu Beginn des Buches haben wir bereits einen Unterschied kennengelernt: die chinesische, eher indirekte *high-context*-Kommunikation und unsere deutsche, direkte *low-context*-Mitteilungsart. Daneben gibt es noch einen weiteren, oft übersehenen Faktor, der mir erst nach mehreren Jahren in China und zahlreichen Verhandlungen, Besprechungen und Diskussionen mit chinesischen Partnern so klar wurde, dass ich ihn erklären kann: So argumentieren wir in Deutschland eher in deduktiver Weise, das heißt, wir leiten aus Beobachtungen und Erfahrungen logische Schlüsse ab. Unser deduktives Denken geht vom Allgemeinen hin zum Einzelfall. In China wird jedoch eher induktiv gedacht – die logische Schlussfolgerung von etwas Konkretem auf das Allgemeine. Hier werden Erfahrungen auf ähnliche Situationen angewandt. Deshalb stehen in China die Best Practice und nachweisbare »Success Stories« *chenggong anli* (成功案例) im Vordergrund – nach dem pragmatischen Ansatz »Wenn es dort funktionierte, wird es das hier auch«.

Die folgenden Beispiele veranschaulichen dies: Im deutschen eher deduktiven Denken wären die Denkschritte: a) Fische leben im Wasser. b) Unser Goldfisch Felix ist ein Fisch. c) Auch Felix lebt im Wasser. Im chinesischen eher induktiven Denken wäre es: a) Felix lebt im Wasser. b) Felix ist ein Fisch. c) Alle Fische leben im Wasser. Dieses andere Denken zu verstehen, ist besonders wichtig für uns, denn nur so können wir chinesische Partner noch besser einschätzen lernen, erfolgreicher miteinander kommunizieren und dadurch nachhaltig kooperieren.

An dem folgenden praktischen Beispiel des Tesla-Projektes wird noch deutlicher, wie sich die Unterschiede im Denken auswirken.

Mit unserem deutschen Mindset argumentierte unsere Technik: a) Ausführliche Tests ergaben, dass ein Polyurethan-Antriebsrad mit 92° Shore A Laufbelagshärte, Durchmesser 200 mm und Belagsbreite 50 mm unter der Geschwindigkeit von 8 km/h auf ebenem Stahlboden X Tonnen Last trägt. b) Die Anwendung, die der Maschinenbauer für Tesla konstruiert, liegt innerhalb dieser Parameter. c) Folglich ist unser Antriebsrad »X« geeignet.

Diese Vorgehensweise erfordert also die genaue Prüfung der Konstruktion des Maschinenbauers und der Einsatzbedingungen bei Tesla (Schritt b), um schlussfolgern zu können, ob und welches Rad die Anforderungen erfüllt. In der Realität eines unter Zeitdruck stehenden Projektes kann dies jedoch zu erheblichen Schwierigkeiten und auch Konflikten führen. Denn die chinesische Seite versteht oft nicht, warum wir Deutschen im Vorfeld so viele Details analysieren und es lange dauert, bis wir »zu Potte« kommen. In ihrer eher induktiven Denkweise planen sie: a) Es geht um eine Fördertechnik-Anlage für Autokarosserien in einer Tesla-Fertigung. b) In einer ähnlichen Tesla-Anlage wurde das Blickle-Antriebsrad »X« eingesetzt und funktioniert. c) Für die neue Tesla-Fabrik in Berlin sollte das gleiche Antriebsrad »X« also auch funktionieren. Die in China gewohnte und oft bevorzugte Art ist deshalb, nach einer ersten Prüfung schnell Optionen anzubieten, wohlwissend, dass diese eventuell noch nicht perfekt sind, und sie dann in weiteren Schritten bis zum Endergebnis anzupassen. Während ein solches Vorgehen oft Folge- und Anpassungsarbeit nach sich zieht, hat es den Vorteil, dass man sehr schnell vorwärtskommt und flexibel anpasst, wenn man auf Mauern stößt. Dies ist insofern auch für China passend, da sich das Land so schnell ändert und entwickelt, dass eine zu vorausschauende Planung oft bereits »morgen« überfällig ist, da sich die Situation geändert hat.

In Deutschland sind wir hingegen gewohnt, alle Aspekte eines Vorhabens zuerst genau zu prüfen und bis ins zukünftige Detail zu diskutieren – um dann eine verlässliche Aussage und Entscheidung zu treffen, die wir in der Regel nicht mehr ändern müssen. Was hier »besser« ist, vermag ich nicht zu beurteilen. Vielmehr habe ich den Eindruck, dass sich unsere unterschiedlichen Kulturen in diesem Aspekt gegenseitig befruchten können.

Aufbau von China-Kompetenz – einer der Schlüssel zum Erfolg

Um mit chinesischen Partnern erfolgreich zu kommunizieren, ist es hilfreich, diesen Unterschied in der Denk-, Argumentations- und damit auch der Arbeitsweise zu kennen. Insbesondere für Abteilungen wie den internationalen Vertrieb, das globale Marketing oder die Forschung und Entwicklung (R&D) bei deutschen Mittelständlern stellt dies – oft unbewusst – eine der größten Herausforderungen in der deutsch-chinesischen Zusammenarbeit dar. In China trifft man dabei auch verschiedene Abstufungen dieser induktiven Denkweise an. Wenn man als deutscher Mittelständler mit Partnern in China zusammenarbeitet, die bereits internationale Erfahrung oder heimgekehrte chinesische Expats *(Returnee Entrepreneurs)* in ihren Reihen haben, mögen diese unsere Arbeitsweise etwas besser verstehen und damit leichter akzeptieren können. Je traditioneller und lokaler die Partner jedoch werden, und dazu zählen viele staatliche Firmen, desto mehr habe ich die Erfahrung gemacht, dass sie in einem stärkeren Ausmaß gemäß ihren ursprünglichen Gedankenmustern agieren (das Gleiche gilt auch für deutsche Firmen).

Genau aus diesem Grund wünschen sich im Rahmen einer langfristigen Begleitung viele unserer Kunden ein Teilprojekt, in dem wir die China-Kompetenz im Unternehmen in einer strukturierten und nachhaltigen Weise aufbauen. Konkret setzen wir dies nach Absprache mit den Geschäftsführungen zum Beispiel so um: Basierend auf meinen Praxiserfahrungen in China, den speziellen Branchen sowie einer Evaluierung der Ausgangslage und der beteiligten Stakeholder entwickle ich einen auf das jeweilige Unternehmen maßgeschneiderten Plan für die ganzheitliche Entwicklung von China-Kompetenz im Unternehmen, inklusive Umsetzungsschritten, Milestones sowie individueller Coachings für Schlüsselpersonen. Die Erfahrung zeigt dabei: Je gründlicher man diesen erfolgsentscheidenden Faktor abteilungsübergreifend aufbaut, desto erfolgreicher sind die Unternehmen in China.

Ein Big Point für den deutschen Mittelstand

Der Ausgang des Tesla-Projektes bestätigte diese über Jahre erlangte Auffassung erneut: Unser Vertrieb und R&D, grundsätzlich schon sehr fit und durch jahrelangen Einbezug und Kommunikation zusätzlich auf die Besonderheiten und den hohen »China-Speed« getrimmt, leisteten hervorragende Arbeit. In nur wenigen Tagen wurden die geforderten Typen neu entworfen und bestehende weiterentwickelt – alles maßgeschneidert anhand des Anforderungsprofils des Maschinenbauers. Und auch unsere Ansprechpartner in China leisteten exzellente Arbeit: Feedback kam schnell und präzise, die gemeinsamen Diskussionen verliefen effizient und zielgerichtet und wichtige Entscheidungen wurden zügig getroffen, umgesetzt und dabei langfristige Folgen bedacht.

Was mir besonders in Erinnerung geblieben ist, sind das Commitment und die persönliche Identifikation der Entscheider bei dem Staatsunternehmen. Mehrmals wurde betont, wie wichtig ihnen persönlich ein guter Verlauf sei und dass es vor allem langfristig funktionieren müsse. Ich konnte spüren und beobachten, dass sie die »Extrameile« gingen, was im Gegensatz zu dem stand, was ich bis dato oft über Chinas Staatsfirmen gelesen hatte: ineffizient, träge und keiner möchte verantwortlich sein. Letztlich setzten sie sich gegen mehrere namhafte internationale und chinesische Wettbewerber durch und erteilten uns den begehrten Großauftrag. Auch wenn nicht alle Projekte mit Staatsfirmen so gut liefen: Das war ein Paradebeispiel für erfolgreiche deutsch-chinesische Kooperation.

Ein Blick auf das große Ganze

Ein paar Monate später wurde ich in einem Interview gefragt, was dieser Fall mit dem Blick auf das große Ganze bedeute. Ich empfand dies als eine sehr gute Frage, denn in der Tat war es eine neue Konstellation: Ein deutscher Mittelständler, der durch seine chinesische Tochtergesellschaft den Großauftrag eines staatlichen chinesischen Anlagenbauers gewinnen konnte, der wiederum seine Anlagen an einen US-Autobauer liefert, welcher in Europa eine neue Fertigung aufbaut. Meine Schlussfolgerung war, dass dieser Fall zeige, wie wichtig es für deutsche Familienunternehmen und Weltmarktführer ist, in allen bedeutenden internationalen Märkten wie China präsent und erfolgreich zu sein. Denn wenn wir dort nicht vor Ort sind oder den Anschluss verlieren, wirkt sich dies durch die heutigen verknüpften Projekte oft weltweit negativ aus. Und umgekehrt betrachtet – wenn wir vor Ort präsent und erfolgreich sind, wirkt sich dies auch über die lokalen Auslandsmärkte hinaus positiv für das Gesamtunternehmen aus.

Diese Erfahrungen führten noch zu einer zweiten wichtigen Erkenntnis: Staatsfirmen sind nicht gleich Staatsfirmen. Denn wie das obige Beispiel zeigt, handelt es sich hier um eine staatliche *und* topfitte, agile Organisation, die als ein führender Maschinenbauer innovativ und weltweit wettbewerbsfähig ist. Bedeutet dies, dass wir in Deutschland bislang ein völlig falsches Bild von Chinas Staatskonzernen hatten? Nein, doch wir müssen genauer hinschauen und differenzieren – wie der folgende Kundenbesuch bei einem staatlichen Tunnelbau-Champion zeigt.

KAPITEL 5

Der Staat spielt mit – Chinas geheime Supraplanung

Von Peking per *Gaotie* (Schnellzug) im westlichen Inland Chinas angekommen, ging es direkt mit dem Taxi weiter. Als wir, Vertriebsleiter Qian und ich, unserem Ziel näherkamen, fielen uns große chinesische Staatsflaggen auf. Bevor wir auf das Firmengelände durften, mussten wir uns an einer Pforte anmelden. Und wurden überrascht: Laptops und Handys mussten abgegeben werden, genauso wie mein deutscher Reisepass. Nach dem Besuch bekämen wir alles wieder. Das gefiel mir weniger, ist aber in sensiblen Industrien durchaus üblich. So soll Industriespionage verhindert werden. Damals konnten wir nach längerem Verhandeln Laptop und Handy, die Kameras abgeklebt, doch mitnehmen, um in den anstehenden Meetings Lösungen zu präsentieren. Der Vorgang, bei dem die Wachleute aufgeregt per Funkgerät mit ihrem Chef diskutierten, steigerte mein Interesse und meine Neugier noch mehr. Wie es schien, war ich einer der wenigen Ausländer, die das Unternehmen jemals besucht hatten. Um wen handelte es sich hier? Und was war so geheim?

Im Hauptquartier von CREG, staatlicher Tunnelbau-Champion

CREG – *die China Railway Engineering Equipment Group Co. Ltd.* – ist ein führender Hersteller von Tunnelbohrmaschinen (TBM). Wie das deutsche Magazin *MaschinenMarkt* schreibt, sind TBM »eine Königsdisziplin des Maschinenbaus, Gradmesser für das Niveau der Fertigungsindustrie einer Nation.«[1] Und so ist die staatliche Mission von CREG die »Wiederbelebung der nationalen Industrie und des Aufbaus einer Weltmarke«. Die

TBM »Made in China« werden in 30 Länder exportiert. In Frankreich zum Beispiel brach eine von CREG gelieferte TBM im Bahnhof Aulnay für das U-Bahn-Tunnelprojekt des Grand Paris Express Los 2 durch. (Der Grand Paris Express ist Teil des 2007 angekündigten Grand-Paris-Projekts, mit dem der Großraum Paris zu einer nachhaltigen Metropolregion entwickelt werden soll.)[2]

CREG untersteht CREC, einer direkt vom mächtigen Staatsrat (State Council) und dessen Aufsichtsbehörde für Staatsfirmen (SASAC) kontrollierten Holding mit Sitz in Peking.[3] Denn 1989 – und dies zeigt eine weitere Besonderheit Chinas – entschied das Ministerium für Eisenbahnwesen, zwei staatliche Konkurrenten zu schaffen: CREG sowie die China Railway Construction Group, die beide von der in Peking ansässigen CREC kontrolliert werden. CREC wiederum ist einer der 500 größten Unternehmen der Welt.

In Deutschland kennen wir die badische Herrenknecht AG aus Schwanau (Ortenaukreis) als bekanntesten Vertreter der TBM-Branche. Der 1977 von Martin Herrenknecht als Ein-Mann-Garagenbetrieb gegründete und von ihm bis heute geführte Spezialist entwickelte sich zum Weltmarktführer mit 1,2 Milliarden Euro Umsatz 2022 und 5000 Beschäftigten. Als Technologieführer operiert Herrenknecht unter den schwierigsten Bedingungen – sei es unter dem Gotthardmassiv, dem Jangtse-Fluss in China oder durch das komplexe Leitungsnetz in New York.[4] In China betreibt Herrenknecht neun Standorte. Der Markt mit vielen Bauvorhaben ist wichtig für das Unternehmen, auch, da sich die VR China in den letzten Jahren in vielen Branchen zum Innovationstreiber entwickelt hat.[5] Und auch China hat Interesse an Herrenknecht: Zwei Milliarden Euro wurden für eine Übernahme geboten. Doch Martin Herrenknecht lehnte ab und ließ seine Firma in eine Familienstiftung umwandeln, durch die er die Herrenknecht AG steuerfrei an seinen Sohn übergeben könnte. Darüber sprach er offen in einer Folge des ZDF-Magazins »Die Wahrheit übers Erben«, wie BW24 berichtete.[6] Dies ist übrigens allgemein eine große Gefahr für den Erhalt unseres deutschen Mittelstands: Denn wenn eine Firma zum Beispiel durch den Tod der Inhaber auf die Kinder übertragen wird, fallen aufgrund der großen Werte der Unternehmen oft kurzfristig so hohe Erbschaftssteuern an, dass die Erben diese gar nicht sofort aufbringen können und ihre Firmen deshalb an Investoren oder finanzstarke größere Konzerne verkaufen müssen. Das ist nicht nur sehr schade, sondern vor allem auch schlecht für die deutsche Wirtschaft – denn der Mittelstand lebt, wie im ersten Kapitel dargelegt, von der langfristigen Denkweise der Familien, die dahinterstecken. Und am Beispiel von Frankreich sieht man, wie gefährlich das für die Existenz der Familienunternehmen sein kann – denn dort wurde jahrzehntelang zu sehr auf die Großindustrie gesetzt und durch hohe Erbschaftssteuern wurden viele Mittelständler gezwungen, ihre Firmen beim Generationswechsel zu verkaufen. Als Ergebnis kann man in Frankreich heute eine zunehmende Deindustrialisierung beobachten, die Präsident Macron sehr zu schaffen macht. Hier sollte die Politik also dringend etwas ändern, um den deutschen Mittelstand generationsübergreifend zu schützen.

An den Wänden leuchten der Hammer und die Sichel

Ein paar dieser Hintergründe gingen mir durch den Kopf, als wir endlich Zutritt zum Firmengelände und Hauptquartier von CREG gewährt bekamen. Im Eingangsbereich hingen an weißen Wänden eingerahmte Bilder. Sie zeigten diszipliniert aufgereihte Beschäftigte beim für Staatsfirmen oft üblichen traditionellen Morgenapell im Freien, Auszüge aus wichtigen Schriften der Partei und immer wieder Chinas Präsidenten Xi.

In der Fertigung wurden uns die Tunnelbohrer im Bau gezeigt. Während wir parallel technische Probleme diskutierten, fielen mir die Arbeiter auf, die alle einheitlich in roten Overalls gekleidet waren. An den Wänden, die sehr hoch waren, da die Tunnelbohrer selbst teils Durchmesser von mehr als zehn Metern haben, hingen in jeder Halle mehrere von der Decke bis zum Boden reichende Banner – mit dem Bild von Präsident Xi, was mich an frühere Bilder Maos erinnerte. Als wir zurück im Hauptgebäude und im offenen Bürotrakt ankamen, hatte ich vollends das Gefühl, in Chinas Vergangenheit einzutauchen. Reihen um Reihen saßen Mitarbeitende vor ihren Computern, alle in einheitlichen dunklen Overalls und Mützen. Dahinter offensichtlich ranghöhere Kräfte in weißen Hemden. Als ich meinen Blick weiterschweifen ließ, sah ich an der zentralen Stelle im Raum ein großes Symbol in leuchtend roten Farben an der Wand: Hammer und Sichel – das Zeichen der Kommunistischen Partei Chinas.

Während ich an den Reihen vorbeilief, herrschte Ruhe im Raum. Ich spürte, wie die Blicke mir folgten. Die Meetings waren dann ebenfalls eine neue Erfahrung. Teils ohne Vorstellung kamen verschiedenste Mitarbeitende diverser Abteilungen vorbei, setzten sich, hörten eine Weile der Diskussion zu, um dann wieder zu gehen. Die geplante Agenda der zu besprechenden Themen wurde so gleich zu Beginn hinfällig, doch ich wusste, dass wir hier flexibel sein mussten. Teilweise war ich mit bis zu 20 Chinesen im Overall beschäftigt. Während wir also Fragen zu komplett unterschiedlichen Themen sortierten und beantworteten, betrat ein Neuankömmling den Raum. Da ich sah, dass sich sofort einer der Anwesenden erhob und ihm seinen Platz anbot, war ich gespannt. Nach und nach leerte sich der Raum, bis ich mit ihm allein war. Der Herr reichte mir ohne viele Worte seine Visitenkarte. Es war einer der obersten Einkaufschefs. Anhand seiner Fragen, seiner Art und genauen Beobachtung meiner Reaktionen spürte ich, dass er versuchte, mich einzuschätzen; einzuordnen, wie wir als Unternehmen ticken, wofür wir als möglicher Partner gut wären, welche Vorteile wir bieten könnten. Wir diskutierten lange, aber unsere Ansätze waren einfach zu unterschiedlich und dieses Geschäft wurde leider nichts für uns. Ich schätze, dass es zum Vertrauensaufbau in einer solchen Kultur mehrere Jahre der Pflege von persönlichen Beziehungen zu den vielen einzelnen Entscheidungsträgern gebraucht hätte, inklusive zahl- und Maotai-reicher Dinner. Auch erscheinen mir im Rückblick die Beziehungsgeflechte in der Organisation als sehr komplex und unsere Arbeitsweisen als zu unterschiedlich, um gemeinsam vorankommen zu können. Aber auch hier gilt: Ich vermag nicht zu sagen, was besser ist; es ist einfach unterschiedlich. Denn in seinem Umfeld ist CREG erfolgreich – wie seine Projekte in Paris & Co beweisen.

Zusammengefasst zeigt der Kontrast zwischen dem Maschinenbauer der Bohai-Zone und CREG aber, dass es innerhalb von Chinas Staatsfirmen große Unterschiede gibt und wir im Westen oft ein falsches Bild haben. Für die deutsche Wirtschaft und Politik bedeutet dies, dass wir die Leistungsfähigkeit chinesischer Staatsunternehmen nicht unterschätzen, sondern ernst nehmen und genauer differenzieren sollten.

Und Peking sprach: »An die Kandare!«

Diese Erkenntnis wird umso wichtiger, da ein neuer politischer Wind durch das Land weht: Chinas Staat nimmt die Privatwirtschaft wieder an die Kandare und zieht die Zügel an. So hörte man zum Beispiel 2021 in Medien auf der ganzen Welt von neuen regulatorischen Beschränkungen für Chinas private Unternehmen. Besonders die Immobilienindustrie, aber auch Chinas

Tech-Giganten wie Alipay oder Didi wurden öffentlich in ihre Schranken gewiesen. Doch wann begann dieser Drang zu größerer Kontrolle in China und warum bekamen wir im Westen davon lange nichts mit?

Viele Jahre vor den Blicken der meisten Beobachter verborgen, drehte sich der Wind in Peking weitaus früher, als wir im Westen denken. Während in den 2000er-Jahren die Welt über den Boom in China staunte und von einer weiteren wirtschaftlichen Öffnung und »Wandel durch Handel« ausging, zeigten sich tief im Innersten der Kommunistischen Partei und ihrer Spitze bereits 2008/2009 die ersten Anzeichen für eine Kursänderung.

Ich erinnere mich gut an das Meinungsbild dieser Zeit, da ich 2008 an der University of California in den USA studierte. An der Westküste traf ich zufällig Michael Phelps, der als frischgebackener Rekord-Olympiasieger mit acht Goldmedaillen von den Spielen aus China zurück war. In leuchtenden Farben beschrieb er seine Erfahrungen in Peking. Und nicht nur er, das ganze US-Team und auch Präsident Bush seien vor Ort begeistert gewesen von der Entwicklung des Landes. Diese Eindrücke deckten sich mit dem Bild, das große US-Zeitungen zu der Zeit zeichneten. Die Wirtschaftsteile der *New York Times* oder der *Financial Times* waren voll von Berichten über Investmentchancen in China, die schrittweise Öffnung und die hohen Wachstumsraten der Wirtschaft.

Während die gigantische Eröffnungszeremonie der Olympischen Spiele über Millionen TVs auf der ganzen Welt flimmerte, drehte sich der politische Wind in Peking jedoch schon wieder – zuerst ganz subtil und nur für sehr, sehr wenige wahrnehmbar. Als Erstes waren es die ganz großen Unternehmer, die spürten, dass der Staat die Kontrolle erhöht. Sie waren der politischen Elite am nächsten, denn außergewöhnlicher Erfolg ist in China nur möglich, wenn man die richtigen Netzwerke *(Guanxi)* bis ganz nach oben aufbaut. Auf einmal wurden sie systematisch angewiesen, Parteikomitees in ihren Unternehmen einzurichten. Zwar hatten viele Firmen Mitglieder der KPCh in ihren Reihen, aber ein Komitee bedeutete eine ungleich größere Einflussnahme und einen Einschnitt.

Aufgeschreckt durch liberale Tendenzen vieler Unternehmer ging die KPCh ab Mitte der 2000er-Jahre wieder verstärkt dazu über, Chinas Gesellschaft ideologisch und wirtschaftlich zu kontrollieren. Diese Veränderungen beschleunigten sich 2008. Einer der Auslöser war die globale Finanzkrise: Die große Rezession, die die US-Wirtschaft erschütterte, bestätigte innerhalb der Partei die Überzeugung, dass Chinas politisches und wirtschaftliches System dem des Westens überlegen ist. Die chinesische Regierung setzte ein massives Konjunkturprogramm um, das weitaus effektiver war als alles, was im Westen unternommen wurde. Die Schwierigkeiten der kapitalistischen Länder, vor allem der USA, bestärkten Pekings Hardliner in ihrer Auffassung, dass eine friedliche Entwicklung hin zu einer offeneren Gesellschaft und Wirtschaft in eine Katastrophe für die Partei und China münden würde.

Als neue Richtung wurde *guojin mintui* (国进民退) vorgegeben – was so viel bedeutet wie: »Staatsfirmen rücken vor, private Firmen zurück.« Staatliche Unternehmen wurden gezielt gefördert, erhielten bevorzugt öffentliche Zuschläge und begannen mit privaten Firmen zu fusionieren.[7] Hinter vorgehaltener Hand rieten sich Chinas Unternehmer zunehmend von langfristigen Geschäftsmodellen ab. Weiser sei es, etwas aufzubauen, schnell zu verkaufen, einen Teil des Geldes zur Seite zu bringen und einen kleinen Teil wieder zu investieren. Denn wenn man alles behalte, sei die Wahrscheinlichkeit groß, dass man alles verliere. Dies ist einer der Hintergründe der extremen Kapitalabflüsse zu dieser Zeit aus China. Die verängstigten Unternehmer brachten Milliarden ihrer Vermögen ins Ausland, bevor auch dies vom Staat verboten wurde.

Deshalb liegen wir bei Chinas Einschätzung oft falsch

Diese frühen Tendenzen zu mehr Staatskontrolle 2008/2009 haben wir in Europa und den USA jedoch nicht ausreichend wahrgenommen. Lange haben wir im Westen den Kurs Chinas nicht richtig gedeutet, um »auf einmal« von der neuen Staatsmacht unter Präsident Xi überrascht zu werden.

Dieses Beispiel beweist, dass wir in der wirtschaftlichen und politischen Deutung von China teilweise überraschend falsch liegen. Denn wie obige Darstellung zeigt, die ich durch auf Chinesisch geführte, vertrauliche Gespräche mit zwei Großunternehmern mit äußerst weitreichenden wirtschaftlichen und politischen Verbindungen in der Hauptstadt gewinnen konnte, hat sich ein Kurswechsel durch Xi nochmals beschleunigt, angebahnt hat er sich jedoch schon lange vor dessen Amtsantritt.

Ein weiteres Beispiel, von dem mir die beiden chinesischen Selfmade-Milliardäre erzählten und das zeigt, wie leicht es ist, Entwicklungen in China zu missdeuten, waren die großen US-Investitionen in den 2000er-

Jahren. Wir im Westen gingen davon aus, dass viele der Kapitalflüsse in chinesischen Staatsfirmen einen Wandel und Modernität erzeugen würden, indem mehr Transparenz, Strukturen und Offenheit Einzug halten. Eine Chance, marode Staatsfirmen für den – aus westlicher Perspektive – positiven Wandel zu nutzen. Wie sah wohl eher die Wahrheit aus? Was wäre, wenn die KPCh die Beteiligten gewähren lassen und sich im Stillen gefreut hat, weil die Ausländer ihre erfolglosen Betriebe über Wasser hielten, aber niemand daran dachte, die Firmen wirklich zu ändern oder freier agieren zu lassen? Aufgrund dieser Fehldeutung wurden laut Einschätzung meiner Gesprächspartner Milliarden verbrannt.

Die große Herausforderung für uns in Europa und Deutschland ist, dass Chinas Politik und Wirtschaft – der *chinesische Staatskapitalismus* – unheimlich komplex ist und wir von der Praxis in China oft zu weit weg sind.

Erstens können wir das Land meist nur von außen aus der Ferne betrachten und sind vom Innenleben weit entfernt. Denn Chinas politische Weichenstellungen zeichnen sich in der Regel durch eine größtmögliche Intransparenz aus. Was hinter den Pforten des streng abgeriegelten Pekinger Regierungsviertels *Zhongnanhai* verhandelt wird, weiß nur ein harter Kern von Eingeweihten. Leicht zeitversetzt bekommen dann lediglich diejenigen Player der chinesischen Wirtschaft, die über am meisten *Guanxi* verfügen, eine Ahnung, in welche Richtung der Wind weht. Zweitens nutzen wir oft westliche Methoden zur Analyse Chinas. Und drittens erfassen und deuten wir Chinas Entscheidungen und Entwicklungen durch unsere Brille und unsere eigene Ideologie.

Für den Freiburger Sinologen Harro von Senger ist genau dies der Kern des Problems. Er folgert, dass wir den eigenen »kodierten Blick« zurückstellen müssen: »Nur wenige westliche Menschen haben die chinesische Sprachschranke überwunden. Zu Aussagen von Chinesen in chinesischsprachigen Texten oder Gesprächen und dabei zutage tretenden authentisch-chinesischen Denkbahnen haben Menschen im Abendland in der Regel keinen Zugang. Sie bleiben bei der Begegnung mit dem Reich der Mitte gestützt auf westlichsprachige Quellen meist in europäischen Vorstellungen verhaftet.«[8] Daraus schlussfolgert von Senger, dass wir im Westen erst durch das Überwinden der sprachlichen und der ideologischen Barriere Zugang zu den authentisch-chinesischen Denkstrukturen und Quellen gewinnen können.[9]

Eine der spirituellen Quellen, aus denen chinesische Führer schöpfen, ist die chinesische Kunst der Zukunftsgestaltung »Moulüe«.

Moulüe – Chinas geheime Supraplanung über Jahrhunderte

In Europa ist nur ein bruchstückhaftes, schemenhaftes Wissen über Moulüe vorhanden, das zudem oft mit den 36 Strategemen gleichgesetzt wird. Die dem antiken Militärdenken entsprungene Kunst der List kommt in einer sehr komprimierten Form in den 36 Strategemen zum Ausdruck.[10] Das geheime Buch der Kriegskunst – *Sanshiliu Ji* (Miben Bingfa) – stammt aus der Zeit um 1500 n. Chr. und fällt in eine Periode, in der China innerlich von vielen Kämpfen zerrissen war und es im wahrsten Sinne des Wortes oft um Leben oder Tod ging. Nichtsdestoweniger haben die zeitlosen Strategeme aber auch heute noch ihre Relevanz. Als eine Quintessenz der chinesischen Listenkunde sind die 36 Strategeme jedoch einzuordnen in die chinesische Gesamtkunst der Supraplanung, die *Moulüe* genannt wird. Moulüe geht also noch weit über die Strategeme hinaus – und wir in der westlichen Welt wissen im Jahr 2024 überraschenderweise eigentlich so gut wie nichts darüber.[11]

Bekannte europäische Strategen wie zum Beispiel Carl von Clausewitz definierten: »Strategie ist die Lehre vom Gebrauch der Gefechte zum Zwecke des Krieges, die Taktik (ist) die Lehre vom Gebrauch der Streitkräfte im Gefecht.« Demgegenüber definierte von Senger »Moulüe« erstmals wie folgt: »Moulüe ist die Lehre vom Gebrauch unlistiger und listiger Strategien und Taktiken zum Zwecke des Sieges, optimalerweise unter Vermeidung eines Krieges und daher ohne den Gebrauch der Streitkräfte.«[12]

Wie sieht diese Lehre nun in der Praxis aus? Blicken wir hierzu in ein Moulüe-Lehrbuch für chinesische Funktionäre: Das Buch *Moulüe Zhi Dao* – Moulüe Wegführungen/Leitfaden – erschien 2015 in Chinas »Reihe von Lehrmaterialien zur landesweiten Unterweisung von Führungskadern in traditionell chinesischer Gelehrsamkeit« und enthält vier Kapitel.[13] Im ersten Kapitel, der wirtschaftlichen Moulüe, sind 16 Anleitungen enthalten, darunter:[14]

»*Zhiguo zhi dao, bi xian fu min* – auf dem Weg zu einem geordneten Staatswesen muss man als Erstes das Volk wohlhabend machen.« Im zweiten Kapitel, der politischen Moulüe sind ebenfalls 16 Anleitungen aufgeführt, darunter: »*Cang qiao shou zhuo, taoguang yanghui* – seine Fertigkeiten verbergen und sich dumm stellen, die eigenen Lichtstrahlen abdunkeln und sich im Verborgenen aufbauen.« Im dritten Kapitel, der militärischen Moulüe, sind 23 Anleitungen dargelegt, so auch: »*Bu zhan er qu ren zhi bing* – ohne einen Waffengang die Streitmacht der Männer der Gegenseite gefügig machen.« Im letzten Kapitel, der diplomatischen Moulüe, sind elf Anleitungen empfohlen, wie zum Beispiel: »*Yuan jiao jin gong* – sich mit dem fernen Feind verbünden, um den nahen Feind anzugreifen.« Wie erkenntlich wird, gehören einzelne Moulüe zum hellen Yang-Bereich, wohingegen andere im dunklen Yin-Bereich angesiedelt sind (sich mit dem fernen Feind verbünden).[15]

Nun ist es nicht so, dass Chinesen im Privat- oder Geschäftsleben jeden Tag ausschließlich in den Kategorien der Moulüe und der Strategeme denken. Auch habe ich als Geschäftsführer in China nicht die Erfahrung gemacht, dass mich chinesische Partner stets mit List »hereinzulegen« versuchten. Vielmehr habe ich erlebt, dass auch hier jeder weiß, dass man so etwas nur einmal mit einem mündigen Partner machen würde – vorausgesetzt, er kennt sich in China aus und erkennt, »was wirklich läuft«.

Die Moulüe-Supraplanung ist deshalb vielmehr relevant, um den großen Kurs von China zu erforschen und zu deuten. Hier beobachtet von Senger jedoch: »Insgesamt gesehen ist die deutschsprachige wie die englischsprachige China-Berichterstattung weitgehend als listenblind einzustufen.«[16] Unsere westliche Unkenntnis fällt umso schwerer ins Gewicht, als die zeitlosen Strategeme und Moulüe auch heute auf den höchsten Ebenen relevant sind – wie ein Blick in Xi Jinpings Bücherregal zeigt. Am Vorabend des Jahres 2018 hielt der chinesische Präsident eine Neujahrsansprache in seinem Büro. Im Hintergrund erkennbar: eine Spezialausgabe des circa 500 Jahre alten Traktats *Die 36 Strategeme*.[17] Und dies auf derselben Stufe wie die seitlich platzierten *Gespräche*, das wichtigste Werk des Konfuzianismus, und das *Daodejing*, das grundlegende Werk des Daoismus.

Auch die Langfristigkeit von Chinas Supraplanung ist sehr bemerkenswert. In seiner Rede vom 19. Januar 1985 sagte Hu Yaobang, der damalige Generalsekretär der KPCh: »Wir hoffen, nach Ablauf von 100 Jahren seit der Gründung der Volksrepublik China, also bis zum Jahr 2049, die höchstentwickelten kapitalistischen Länder in ökonomischer Sicht eingeholt zu haben. (…) Bis unser Land reich und stark wird, müssen wir nach der Jahrhundertwende noch etwa 30 bis 50 Jahre lang eifrig kämpfen.«[18] Wenn man sich vor Augen führt, in welch rückständigem und armem Zustand sich China 1985 befand, ist dies umso beeindruckender.

Für das von mir vorgeschlagene Verständnis Chinas von innen heraus empfehle ich deshalb, dass wir durch das Überwinden der sprachlichen und ideologischen Barriere noch tiefere Zugänge zu den authentisch-chinesischen Denkbahnen gewinnen. Nicht um dann damit übereinzustimmen – sondern um noch besser zu verstehen, mit wem wir es zu tun haben und wie China wirklich denkt, plant und langfristig handelt. Ergänzend zu der aktuellen China-Forschung, die bereits viel leistet, kann uns dies noch eine weitere, sehr wichtige Perspektive liefern. Ein tieferes Verständnis von Chinas Moulüe kann hier einer der Ansatzpunkte sein, die weiteres Licht in das Dunkel bringen. Eine grundlegende Bewusstheit über diese uns fremde Kunst zu erlangen, kann hier schon viel helfen. Gleichzeitig müssen wir aber nicht in Angst verfallen. Entgegen manchen Stimmen bin ich nicht der Meinung, dass unsere Strategiekompetenz in Deutschland »unterlegen« ist. Wir sollten aber definitiv längerfristiger denken und Chinas Moulüe besser verstehen, um dann selbst die richtigen Rückschlüsse ziehen zu können.

Wie wir anhand der Fallbeispiele des Maschinenbauers aus der Bohai-Zone und des Tunnelbau-Champions CREG gesehen haben, gehört zu einem tieferen Verständnis auch, sich mit den in China speziellen Rahmenbedingungen und Trends wie den Staatsfirmen zu befassen. Während sie uns als deutsche Unternehmen auch berühren, haben sie unerwartete und äußerst große Auswirkungen auf die Herausforderungen und Strategien von Chinas privatem Mittelstand – wie die zweite Studie meiner Promotion zeigte. Ich fragte in anonymisierten Interviews direkt bei Chinas Unternehmern nach: *Was sind die Ziele Ihrer Internationalisierung nach Deutschland und welche Rolle spielen dabei die institutionellen Rahmenbedingungen in China?*

KAPITEL 6

Chinas Mittelstand als Weltmarke – Ziele und Visionen

Die Ziele: Globaler Absatz, Weltmarke, Ressourcen, Effizienz

Schauen wir uns an, wie meine Interviewpartner antworteten, um noch tiefer in die Denkweise und Motive chinesischer Unternehmer einzutauchen. Die folgenden Original-Zitate von Firmeninhabern aus Chinas Mittelstand, veröffentlicht in meinem wissenschaftlichen Artikel im internationalen Fachjournal *Multinational Business Review*[1], zeigen Erstaunliches.

Ziel Effizienzsteigerung

So sagte mir ein Firmenchef der zweiten Generation, dessen Eltern in den 2000er-Jahren in Shanghai begannen, industrielle Luftkompressoren zu fertigen, und heute etwa 100 Mitarbeitende beschäftigen: »Für einige unserer Schlüsselkomponenten wie Motoren haben wir europäische Lieferanten wie Siemens. Eine eigene Firma in Deutschland kann effizienter in der Koordination sein und hilft uns bei der Entwicklung.« Ein Jahr später und mitten in der Covid-Zeit rief ich ihn noch mal per WeChat-Video-Call an und fragte zur Effizienz genauer nach. Er erklärte: »Es ist für uns schwierig, miteinander zu kommunizieren oder nahe zu sein. Wir planen, unsere deutsche Tochtergesellschaft als Qualitätszentrum zu nutzen, das die Zusammenarbeit mit unseren europäischen Lieferanten steuert, um die Koordinationskosten zu senken, die Effizienz zu steigern und um gemeinsam Produkte zu entwickeln.« Zum Beispiel hatte er Bedarf, bestimmte Motortypen für den chinesischen Markt zu modifizieren. Dabei wollte er deutsche Lieferanten einsetzen, um sich in China im Vergleich zum Wettbewerb zu differenzieren und argumentieren zu können, dass man für die Schlüsselkomponenten hochwertige Lieferanten nutzt. Aus der Ferne gelang es ihm jedoch nur schwer und mit viel Aufwand, dies mit seinen Lieferanten umzusetzen.

Das hier identifizierte übergeordnete Ziel der Effizienzsteigerung war im Jahr 2022 durch die Veröffentlichung meines Artikels in der *Multinational Business Review* eine neue Erkenntnis zum besseren Verständnis der chinesischen Internationalisierung. Denn zuvor wurde in der Wissenschaft implizit angenommen, dass Ziele der Effizienzsteigerung nur in der anderen Richtung vorkommen – also, wenn westliche Unternehmen nach China kommen, um dort günstig einzukaufen oder zu fertigen.

Für unseren Mittelstand in Deutschland bedeutet dies als neue Chance, dass sich durch die Nähe und Zusammenarbeit mit den deutschen Tochtergesellschaften von Chinas Unternehmen neue Umsatzquellen erschließen lassen, die das bestehende China-Geschäft ergänzen können. Der Luftkompressor-Hersteller aus Shanghai konnte bislang zum Beispiel nicht bei allen Produkten deutsche Lieferanten einsetzen. Durch die Zusammenarbeit mit der deutschen Zentrale und durch das so vertiefte gegenseitige Verständnis kann er die Komponenten so modifizieren, dass es einen Einsatz über alle Baugruppen hinweg möglich macht.

Ziel globale Märkte

36 Jahre jung, weltgewandt, Unternehmenschefin der dritten Generation, Master in Global Marketing von einer UK-Universität und mit ihrer Heimat in Ningbo südlich von Shanghai verbunden. So würde ich Cecilia in Kurzform beschreiben, die ich im Jahr 2017 kennenlernte. Als der Ehemann von Cecilia das von seinem Großvater gegründete Unternehmen nicht leiten wollte, sprang sie ein und baute es mit Tatkraft, Weitsicht und einer Forcierung der Internationalisierung weiter erfolgreich aus. Heute beschäftigt das Unternehmen etwa 1000 Mitarbeitende und betreibt eigene Tochtergesellschaften in Großbritannien, Luxemburg, Hongkong und den USA – mit der Vision, auch in Deutschland eine Firma zu gründen.

»Unser Ziel ist es, den internationalen Absatz zu steigern, da die Margen und damit die Gewinne höher sind als beim Verkauf auf dem hart umkämpften chinesischen Niedrigpreis-Markt.« So antwortete mir Cecilia, als wir uns im Jahr 2021 während meiner Promotion und danach 2023 wieder sprachen. Sie führte weiter aus: »Wir sind hauptsächlich außerhalb Chinas tätig. Wir produzieren hier, aber 92 Prozent unseres Umsatzes gehen heute ins Ausland, vor allem in die hoch entwickelten Industrieländer, darunter Deutschland, Frankreich, das Vereinigte Königreich und die USA. Bei unseren Produkten sind wir heute einer der Weltmarktführer.«

In Erinnerung geblieben ist mir auch eine Anekdote, die sie mir erzählt hat: Als das damals noch kleine Unternehmen stetig wuchs und es auf dem Land immer schwieriger war, ausreichend qualifizierte Beschäftigte zu finden, entschloss sich der Großvater ihres Mannes zu einer damals sehr ungewöhnlichen Maßnahme und Investition – er gründete kurzerhand eine eigene Schule auf dem Firmengelände. Und in der Tat fällt bei der Anfahrt neben den Büros und Produktionshallen ein kleiner Hügel am Rande auf. Die großen, gusseisernen Tore schwingen auf und auf einmal steht man mitten in einer kleinen Stadt und im sozialen Mittelpunkt der Beschäftigten. Hier gehen ihre Kinder zur Schule, hier werden sie in Kantinen verpflegt und hier können die Familien zusammen in für sie eingerichteten Wohnungen gegen ein kleines Entgelt leben. Gerade für die Arbeiter in der Produktion ist dies ein großer Vorteil, da ihre Kinder so versorgt und ausgebildet werden, Talente in der Region gehalten werden und niemand wegziehen muss, um seine Kinder zur Schule zu bringen.

Ziel Weltmarke

»Wir wollen unseren Kunden einen neuen Blick auf *Made in China* geben. Das ist unsere Philosophie. Sie sollen völlig andere, qualitativ hochwertige chinesische Produkte sehen.« Dies sagte mir der Deutschland-Geschäftsführer eines ambitionierten chinesischen Herstellers von Bio-Lebensmitteln, dessen Erfolgsfaktor neben einer hohen Produktqualität heute auch in der idealen industriellen Verarbeitung liegt. Das Unternehmen, das circa 1300 Beschäftigte zählt, hat in der Vergangenheit ganz auf Export gesetzt, nun aber eine eigene Tochtergesellschaft in Japan und 2019 auch in Deutschland gegründet. Mit dem Umstieg vom vergleichsweise einfacheren Export zu eigenen Tochtergesellschaften sollte eine größere Nähe zu den Märkten und mehr Verständnis für die Kunden aufgebaut werden, die Wertschöpfungstiefe durch die eigene Weiterverarbeitung der Produkte vor Ort erhöht, und eine eigene, globale Marke aufgebaut werden.

Im obigen Abschnitt haben wir bereits den Shanghaier Luftkompressor-Hersteller kennengelernt. Der geschäftsführende Gesellschafter legte mir seine Probleme und Ziele wie folgt offen: »In unserer Branche sind alle chinesischen Marken gleich und unbekannt, mit Ausnahme der Weltmarktführer aus den USA. Wenn man von Luftkompressor-Herstellern spricht, wird niemand an einen bestimmten chinesischen Markennamen denken, wie zum Beispiel bei Kühlschränken an die chinaweit bekannte Marke Haier. Wir hoffen, dass wir eine globale Marke werden können.« »Welche Rolle spielt dabei Deutschland«?, fragte ich ihn zurück, woraufhin er ergänzte: »Wir investieren in eine neue Tochtergesellschaft in Deutschland, um eine neue Marke mit deutschem Image zu schaffen. Wir haben die Vision, uns von der Konkurrenz durch eine globale Marke und innovativere Produkte zu unterscheiden. Wir planen, unsere Produkte in Deutschland, auf anderen europäischen Märkten, in Südostasien und auf unserem Heimatmarkt in China zu verkaufen. Man kann sagen, dass wir unter anderem in Deutschland investieren, um auch in China mehr zu verkaufen.«[2]

Aufgefallen ist mir bei beiden Unternehmen, dass die Inhaber sehr positiv über die weltweite Strahlkraft deutscher Marken aus dem Mittelstand sprachen. Auch viele andere Unternehmer, die ich über die Jahre in China traf, bewundern deutsche Firmen für ihre lange Geschichte, ihren hohen Grad der Internationalisierung und ihre eigenständigen Marken, mit denen sie sich effektiv von der Konkurrenz abheben. Dies ist umso bedeutender, wenn man sich vor Augen führt, dass auch heute noch das Gros der chinesischen Mittelständler als OEM ohne eigene Marke und mit eher niedrigen Gewinnmargen im Auftrag westlicher Firmen fertigt. Hier ist also zu erwarten, dass ein Teil der chinesischen Mittelständler seine Vision der »eigenen globalen Marke« umsetzt und damit auch näher an die Endkunden in den jeweiligen Auslandsmärkten heranrückt – so wie wir es als deutsche Unternehmen mit unseren zahlreichen Auslandsgesellschaften seit vielen Jahren mit Erfolg vorleben. Der deutsche Mittelstand ist China hier also noch voraus und wenngleich die Umsetzungsgeschwindigkeit und Tatkraft in China sehr hoch liegen, wird es aus meiner Sicht noch dauern, bis Chinas Mittelstand hier aufgeholt hat. Denn wie bereits angemerkt sind die Prozesse der Internationalisierung und der globalen Markenbildung nicht nur eine Funktion der investierten Mittel, sondern auch von Erfahrung bzw. Zeit.

Ziel Ressourcengewinnung

Die Suche nach Ressourcen (*Resource-Seeking*) und strategischen Vermögenswerten (*Strategic-Asset-Seeking*) sind weitere Motive der Internationalisierung von Chinas Mittelstand. Dabei erkennen die Unternehmen die in vielen Industriebereichen führende Rolle Deutschlands neidlos an. Ein chinesischer Industrieexperte meinte genau dazu: »Ich denke, dass Chinas Unternehmer vor allem ständig nach Möglichkeiten suchen, zu wachsen. (...) Besonders im Bereich der B2B-Fertigung ist Deutschland die erste Adresse für chinesische Investoren.« Der Europa-Chef eines chinesischen Spezialisten für Turbomaschinen wie Zentrifugalgebläse oder Axialkompressoren sagte mir in unserem Gespräch zum Beispiel: »Wir begannen mit der Herstellung von Hardware, stiegen aber in verschiedene Bereiche umliegender oder angrenzender Geschäftsfelder ein, zum Beispiel in die Ingenieurtechnik upstream und downstream. Durch ausländische Direktinvestitionen expandieren wir also in einen anderen Bereich der Wertschöpfungskette.«[3] Wie wir im nächsten Abschnitt sehen werden, stellt diese Strategie des Aufstiegs in der Wertschöpfungskette den für viele chinesische Mittelständler überlebenswichtigen nächsten Schritt in ihrer Entwicklung dar.

Dabei kann die Gründung von eigenen Tochtergesellschaften in Europa eine wichtige Rolle spielen. Denn wie der Europa-Chef weiter ausführte: »Um mehr Technologie in kommerzielle Zwecke umzuwandeln, haben wir ein F&E-Zentrum in Deutschland gegründet. Wir streben eine engere Zusammenarbeit mit deutschen Unternehmen, mit Zulieferern, Technologielieferanten, mit institutionellen Partnern wie zum Beispiel Ingenieurbüros und Universitäten an. Diese Art von gemeinsamen F&E-Ergebnissen können wir zusammen mit unseren Partnern in China, auf dem chinesischen Markt oder in Übersee weltweit vermarkten.«[3]

Wie diese Original-Zitate zeigen, spielt der Aufbau von eigenen Firmen in hoch entwickelten Industrieländern wie Deutschland eine zunehmend wichtige Rolle für Chinas Unternehmer. Doch warum sind Chinas Mittelständler auf einmal so daran interessiert, ihre Internationalisierung mit eigenen Tochtergesellschaften – wie vom deutschen Mittelstand vorgemacht – voranzutreiben, wenn sie doch über Jahrzehnte mit ihrem vergleichsweise einfacheren und risikoärmeren Exportgeschäft hocherfolgreich waren?

Um diese noch tiefer liegenden Beweggründe von Chinas Unternehmern umfassend zu verstehen, müssen wir die obigen Zitate der Firmeninhaber in den großen Zusammenhang von Chinas Entwicklung einordnen.

Vom Tyrannosaurus zum Innovations-Phönix

»Es besteht eine ernste Gefahr am Horizont. (...) Die traditionellen Unternehmen, die KMU, (...) sie stehen unter Druck. Es ist nur eine Frage der Zeit, bis sie aussterben werden.«[4] So antwortete mir ein chinesischer Industrieexperte mit nachdenklichem Blick, als wir uns zur Zukunft von Chinas Wirtschaft im großen globalen Kontext austauschten. Bedeutsame Worte und Beobachtungen einer historischen chinesischen Zeitenwende.

Denn von einer höheren Warte aus und langfristig betrachtet neigen sich Chinas Tage als Werkbank der Welt dem Ende entgegen. Viele einfache Massengüter wie Spielzeuge, Stahlprodukte und Elektronikartikel wurden und werden zwar noch immer in China günstig produziert und in die ganze Welt exportiert. Bewusst gefördert wurde dies zum Beispiel auch von den USA und der westlichen Welt, da wir als Konsumenten von den günstigen Preisen profitieren und so einen hohen Lebensstandard aufbauen konnten. Während dieser Jahre war China bereit, Umweltverschmutzung und Raubbau an natürlichen Ressourcen als Preis für eine ungehemmte wirtschaftliche Entwicklung zu akzeptieren. Doch die Jahrzehnte des hohen Wirtschaftswachstums, angetrieben von rasanter Industrialisierung und billiger Kohlekraft, haben in China große ökologische Opfer gefordert. Die Metropolen des Landes lagen jahrelang unter dichtem Smog, der Großteil der Flussläufe ist hoch belastet, Teile der Böden sind verseucht.[5] Auf das Thema Umwelt und Nachhaltigkeit werde ich im späterem Kapitel »Auch in China ist nicht alles Gold, was glänzt« zurückkommen. Jedoch wird dieses Kapitel auch zeigen, warum sich hier in den letzten Jahren sehr viel zum Positiven hin bewegt hat – auch durch Druck aus der Bevölkerung.

Doch mit Chinas steigendem Erfolg und Wohlstand sowie den in den letzten Jahren verschärften Umwelt- und Arbeitnehmerschutzmaßnahmen steigen auch Chinas Kosten. Bedeutsam ist dabei vor allem, dass die Kosten im Vergleich zu anderen asiatischen Ländern wie Vietnam, Thailand oder Malaysien überdurchschnittlich gestiegen sind. Im Detail betrachtet gibt es in China noch größere Unterschiede zwischen den weiterentwickelten Regionen zum Beispiel an der wirtschaftlich starken Ostküste (Peking, Shanghai, Shenzhen) und westlichen (Anhui, Chongqing), südlichen (Guangdong, Fujian) und nördlichen Regionen (Shenyang, Liaoning), in denen das Kostenniveau noch deutlich niedriger liegt. Auch hat China das wahrscheinlich weltweit stärkste Produktionsnetzwerk mit einer eingespielten Supply-Chain-Maschinerie, weshalb China, was Kosten, Qualität und den effektiven Output seiner Produktion anbelangt, auch in den kommenden Jahrzehnten äußerst wettbewerbsfähig sein wird.

Langfristig betrachtet ist jedoch ein folgenschwerer Trend erkennbar: Da die Kosten mit dem Wohlstand zunehmen und die Wachstumsimpulse durch die arbeitsintensive Industrie und den Infrastrukturausbau abnehmen, muss Chinas Wirtschaft den Übergang zu einem von technologischem Fortschritt getriebenen Wirtschaftsmodell bewältigen. Diese Transformation zur Innovationswirtschaft ist längst in vollem Gange und trägt Früchte – wie erwähnt, lag China im Jahr 2003, was die internationalen Patentanmeldungen pro Land anbelangt, auf Platz drei, und wurde im Jahr 2020 die Nummer eins der Welt vor den USA, Japan, Korea und Deutschland.

Dennoch ist der chinesischen Führung klar, dass ihr Land trotz aller Erfolge noch einen weiten Weg zurücklegen muss, bis es zu den wohlhabenden Industrienationen voll aufschließen kann. Auch das hat Präsident Xi Jinping gemeint, als er im Herbst 2022 davon sprach, dass das chinesische Volk nicht locker lassen solle angesichts der kommenden großen herausfordernden Zeiten. Denn hier droht eine weitere Gefahr, die viele Länder an dieser Schwelle erfahren haben: die sogenannte Middle-Income-Trap.[6]

Dieses in den Wirtschaftswissenschaften als »Falle der mittleren Einkommen« bezeichnete Phänomen beschreibt folgende Herausforderung: Viele Schwellenländer erreichten nach Phasen von beschleunigtem Wachstum ein steigendes Lohn- und Versorgungsniveau, was natürlich wünschenswert ist. Jedoch stagnierte oder sank damit sogar ihre Wettbewerbsfähigkeit gegenüber den anderen Billiglohnländern. Auf der anderen Seite erreichten ihre organisatorischen und technologischen Innovationskräfte und Prozesse noch nicht das Niveau und die hohe Produktivität der bereits hochentwickelten Industrie- und Dienstleistungswirtschaften, um erfolgreich mit diesen bei höherwertigen Produkten in Wettbewerb treten zu können.[7]

Die Middle-Income-Trap – Aufstieg in der Smile-Kurve

Durch diese Entwicklungen verlieren viele Mittelständler in China an Wettbewerbsfähigkeit und Vorteilen auf dem Weltmarkt. Das viele Jahre hocherfolgreiche Business-Modell als günstiger Exporteur wird in Zukunft also schwieriger werden. Die für China entscheidende Frage der Zukunft ist deshalb: Wie kann die Transformation von der Niedriglohnproduktion zu einer von Hochtechnologie und Produktivitätssteigerungen angetriebenen Wirtschaft gelingen? Und wo sind die künftigen Wachstumstreiber zu finden?

Um greifbar zu machen, wie weitreichend China denkt und wie die Zukunftsbranchen heißen, mit denen es sich auch für die deutsche Wirtschaft besonders lohnt, als Kooperationspartner oder Lieferant ins Geschäft zu kommen, ist es wertvoll, die *Made-in-China-2025*-Strategie kurz zu betrachten. Die 2015 von der chinesischen Regierung gestartete Initiative hat zehn Sektoren definiert, in denen China nach weltweit führenden Rollen strebt: 1. Luft- und Raumfahrttechnik, 2. Werkzeugmaschinensysteme, Automatisierung und Robotik, 3. Meerestechnik und Hightech-Schiffe, 4. Land- und forstwirtschaftliche Maschinen, 5. Informations- und Kommunikationstechnologie der neuen Generation, 6. neue Werkstoffe und Materialien (Smart Materials), 7. Biomedizin und Medizingeräte, 8. moderner Schienenverkehr, 9. Fahrzeugtechnik mit neuen Energiequellen, 10. Energieerzeugung.[8]

Besonders interessant ist auch hier, wie weitreichend China denkt und plant. Neben obigen Schlüsselindustrien sind gerade die langfristigen Ziele aufschlussreich: Schritt eins (2015–2025): Weiterentwicklung der Industrialisierung sowie intelligenter und ökologischer Fertigung; Schritt zwei (2025–2035): Optimierung der Industrialisierung, führende Position in der Tier-2-Fertigung (Lieferanten der zweiten Ebene) mit solider einheimischer F&E, weitere Durchbrüche in Schlüsselsektoren; Schritt drei (2035–2049): führende Position in der Tier-1-Fertigung mit fortgeschrittener Technologie und einem progressiven, nachhaltigen Industriesystem.[9] [10] Im Sinne von Chinas Moulüe also genau das Ziel, das Hu Yaobang in seiner Rede 1985 ankündigte.

Wie sich diese Strategie bislang in der Praxis bewährt hat, wo China überraschenderweise schon heute überall Weltspitze ist und wo es aber auch noch klemmt, werden wir uns in Teil II des Buches genauer anschauen.

Chinas Innovations-Doppelantrieb

Spannend ist natürlich auch, wie sich Chinas Wirtschaftspolitik auf den deutschen Mittelstand auswirkt. Der Verband Deutscher Maschinen- und Anlagenbau (VDMA) wollte genau dies in Erfahrung bringen. Im Juli 2021 fragte der VDMA seine Mitglieder, wie sich Chinas wirtschaftspolitische Maßnahmen auf die deutschen Unternehmen in China auswirken. Die Umfrage im Rahmen der Studie »Markt China im Wandel – wie bleibt der Maschinenbau im Wettbewerb erfolgreich?« ergab: 42 Prozent der VDMA-Befragten profitieren von einer gesteigerten Nachfrage nach Automatisierung und Industrie-4.0.-Lösungen vor Ort in China. 31 Prozent gaben an, von einer eigenen Teilnahme an staatlichen Förderprojekten für Automatisierung zu profitieren. Auf der anderen Seite ist in Zukunft mit einer größeren chinesischen Konkurrenz zu rechnen: 81 Prozent der VDMA-Befragten in China erwarteten bis 2025 eine erhebliche Steigerung der Wettbewerbsfähigkeit der chinesischen Mitbewerber – und dies nicht nur in China, sondern auch auf den Drittmärkten.[11] Genau dies bestätigte sich in einer erneuten VDMA-Umfrage im Jahr 2023: »Wir beobachten eine deutliche Zunahme der Wettbewerbsfähigkeit von lokalen Unternehmen aufgrund einer erhöhten Qualität und Technologie der Produkte, aber auch verstärkte industriepolitische Eingriffe des Staates.«[12] Der Umfrage zufolge hat dennoch eine große Mehrheit von 86 Prozent der in Deutschland und China befragten VDMA-Mitgliedsfirmen Zuversicht für den chinesischen Markt.[13]

Zu erwarten ist, dass mit einer höheren Qualität langfristig auch die Kosten Chinas steigen werden. Aufpassen müssen wir in Deutschland deshalb auch, dass China nicht auf einmal noch innovativer wird und noch bessere Maschinen baut als wir. Deshalb ist es so wichtig, sich mit den Ursprüngen von chinesischer Innovation zu befassen. Hierzu haben wir in Deutschland bislang noch kein ausreichendes Bild. Eine Analyse der Bundeszentrale für politische Bildung geht zum Beispiel vom »Staat als Antriebskraft« für Innovation aus: »Auf Grundlage der offiziellen Technologie-Fahrpläne verteilen die Zentralregierung, Provinzen und Städte großzügig Fördergelder an Unternehmen und Forschungseinrichtungen. Die Kanalisierung dieser Mittel, die deutlich über die wissenschaftliche Förderung hinausgehen, dient dem Zweck, wettbewerbsfähige Industrien und Unternehmen aufzubauen. Chinas Regierung will sogenannte nationale Champions hochziehen, große Unternehmen, die den heimischen Markt dominieren und im internationalen Wettbewerb neben den etablierten ausländischen Konzernen bestehen können.«[14]

Das stimmt und erklärt einen wichtigen Teil von Chinas Erfolg. Aber eben nur einen Teil. Erst nachdem ich selbst mehr als acht Jahre als Geschäftsführer mit beiden Beinen mitten in der Realität und der täglichen Zusammenarbeit mit Chinas Privat- und Staatswirtschaft stand und im Rahmen einer Promotion wissenschaftlich dazu forschte, wurde mir klar: Sich auf Chinas Staat als *die* Antriebskraft für Innovationen festzulegen, greift zu kurz. Denn was dabei übersehen wird, ist, dass die Impulse vieler Innovationen auch in China aus der Privatwirtschaft – nämlich aus dem Mittelstand – kommen. Wir erinnern uns an die eingangs erwähnten Zahlen: Mit ihrem Beitrag von mehr als 50 Prozent zu Chinas Steuereinnahmen, mehr als 60 Prozent des Bruttoinlandsprodukts, mehr als 70 Prozent der technologischen Innovationen und 80 Prozent der Arbeitsplätze spielen Mittelständler eine Schlüsselrolle für die Innovationskraft und den wirtschaftlichen Erfolg Chinas.

Überraschungen im Staatskapitalismus

Der Großteil von Chinas industriellem Mittelstand ist in Privatbesitz und besteht aus Zehntausenden von kleinen und mittelgroßen Firmen, die über das ganze Land verteilt sind. Oftmals sind diese Unternehmen zu weit weg von Peking und zu klein für die Aufmerksamkeit regionaler Parteichefs, um staatlichen Direktiven oder Förderungen zu unterliegen. Es kann natürlich sein, dass kleinere Unternehmen indirekt von staatlicher Förderung profitieren, zum Beispiel, wenn sie an ein größeres Unternehmen liefern, welches wiederum Subventionen erhält, da es zu einer der besonders geförderten Schlüsseltechnologien zählt. Auch bin ich bei meiner Forschung chinesischen Mittelständlern begegnet, die im Zuge ihrer Internationalisierung staatliche Unterstützung in überschaubarem Maß erhielten. So berichtete mir der Deutschland-Chef einer 1600-Mitarbeiter-Firma aus Nordchina: »Es gibt eine Reihe von unterstützenden Maßnahmen. Ich weiß es auch nur, weil ich alle Kosten für die Internationalisierung zurückmelden muss. Sie werden teilweise von der Provinzregierung erstattet, zum Beispiel die Teilnahme an Messen.«

Das Gros der Mittelständler, deren Inhaber ich über die Jahre kennengelernt habe, erhielt jedoch keine staatlichen Förderungen. Beispielhaft im Folgenden die Antwort eines Unternehmers aus Jiangsu, heute ein Zentrum der Hightech-Industrie Chinas: »Wir wissen, dass es zwar eine Politik zur Unterstützung der Internationalisierung gibt. Es scheint aber, dass unsere Firma zu klein ist. Die Regierung nimmt uns nicht zur Kenntnis.« Er fügte hinzu: »Unsere Regierung spricht davon, kleinen und mittelständischen Unternehmen zu helfen, und das ist auch der richtige Weg – aber an der Basis, in der Provinz, in den lokalen Städten, werden diese Ideen nicht immer umgesetzt.«

Dies überrascht angesichts von Chinas Staatskapitalismus. In den Politikwissenschaften, die Teil meiner Promotion und heutiger Lehraufträge als Gastprofessor sind, wird dieses Paradox teilweise mit dem sogenannten »fragmentierten Autoritarismus« erklärt. Dieser Ansatz besagt, dass aufgrund des fragmentierten bürokratischen Systems Chinas die politischen Ergebnisse teils wenig Ähnlichkeit mit den ursprünglichen Absichten der politischen Entscheidungsträger haben, da verschiedene Interessen und bürokratische Akteure von Peking über die Provinzen bis hin zu den lokalen Gemeinden ineinandergreifen.[15] Ob sich dies für ganz China verallgemeinern lässt, ist schwierig zu beurteilen. In der Praxis sind mir jedoch mehrere Fälle begegnet, bei denen man in der Tat verschiedene Interessen (national versus lokal) beobachten konnte, was angesichts der riesigen Größe des Landes bis heute eine große Herausforderung für die Machthaber ist.

»So nahe am Feuer, dass es uns noch wärmt, aber auch nicht so nahe, dass es uns verbrennt«

Wie wir gesehen haben, ist die Vorstellung von Chinas Staat als einziger Antriebskraft für Innovation nicht vollständig, da sie den privaten Mittelstand als wichtige Innovationsquelle übersieht. In China ist es nicht eine Frage des »Entweder-oder«, sondern vielmehr des »Sowohl-als-auch«. Ob die Transformation Chinas von der Werkbank zur Innovationswirtschaft also final gelingt, hängt zu einem großen und entscheidenden Teil auch von der weiteren Entwicklung von Chinas privatem Mittelstand ab – was wieder zeigt, welch wichtige globale Rolle diese Unternehmen am Ende des Tages spielen.

Ein großer Teil des Mittelstandes ist – im Gegensatz zu den riesigen chinesischen Staatskonzernen und Multinationals wie Huawei & Co – so weit weg von Peking, dass sie diesen Entwicklungsschritt zumeist in Eigenverantwortung schaffen müssen. Zudem wollen viele der Unternehmer auch gar keine allzu große Nähe zum Staat. Dazu sagte mir ein Firmeninhaber einmal: »Wir als Privatwirtschaft müssen eine gesunde Nähe pflegen. Wir müssen so nahe am Feuer sein, dass es uns noch wärmt, aber auch nicht so nahe, dass es uns verbrennt.« Zudem berichten chinesische Wissenschaftler wie erwähnt auch vom *Escape-Phänomen*: Während Chinas Mittelständler zum großen Teil klassische wirtschaftliche Motive in der globalen Expansion verfolgen, spielen auch institutionelle Hürden in der VR China eine Rolle. Unfairer Wettbewerb gegen die bevorteilten Staatsfirmen, mangelnder Zugang zu Finanzierungen, eine ungleiche Durchsetzung von Rechten des geistigen Eigentums, unterschiedliche Arbeits- und Umweltschutzstandards der Provinzen sowie unvorhersehbare regulatorische Rahmenbedingungen können dazu führen, dass Chinas Mittelständler im Ausland investieren, um dort die Rahmenbedingungen komplementär zu nutzen, die sie in ihrer Heimat vermissen (*Institutional Arbitrage*).[16] Für die Mittelständler stellen sich also die zukunftsweisenden Fragen: Wie kann ihnen die Transformation von einer Niedriglohnproduktion hin zu einem von Innovation und Produktivitätssteigerungen angetriebenem Unternehmen gelingen? Und wo können sie die besten Bedingungen dafür finden? Eine Antwort finden wir mithilfe der Smile-Kurve der Wertschöpfungskette.

Aufstieg in der Smile-Kurve

Das Konzept der Smile-Kurve stammt von Stan Shih, dem Gründer von Acer, einem Technologieunternehmen mit Sitz in Taiwan. Shih beobachtete am Beispiel der Elektronikindustrie, dass die beiden Enden der Wertschöpfungskette eine höhere Wertschöpfung für das Produkt aufweisen als der mittlere Teil. Stellt man dieses Phänomen in einem Diagramm mit einer Y-Achse für die Wertschöpfung und einer X-Achse für die Wertschöpfungskette dar, so ergibt sich eine Kurve in Form eines Lächelns:[17]

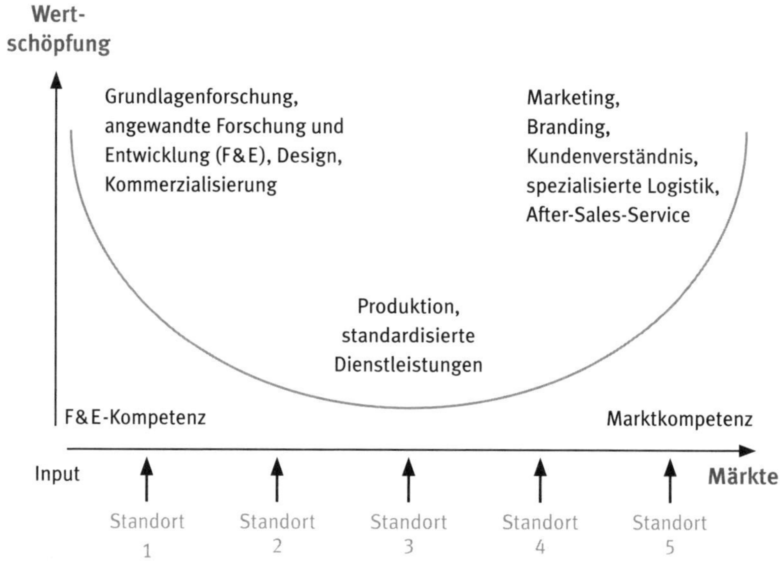

Aufschlüsselung globale Wertschöpfungskette (nach Mudambi, 2008)

Die Smile-Kurve

Wie wir anhand der Original-Zitate der Firmeninhaber gesehen haben, sind viele von Chinas Mittelständlern mit der Herstellung von einfacheren Gütern noch immer am mittleren Tiefpunkt der globalen Wertschöpfungskette angesiedelt. Dies ergibt auch eine quantitative Studie von chinesischen Wissenschaftlerinnen und Wissenschaftlern aus dem Jahr 2020, welche die Smile-Kurven auf Länder- und Industrielevel mit Daten der Realwirtschaft (World Industry Output Data) eines 16-jährigen Zeitraums untersuchte. Im Bereich des Exports von Informations- und Kommunikationstechnologie (KIT) zeigte sich klar: Chinas KIT, also auch mehrere damit verbundene Industrien (z. B. Zulieferer), liegt am unteren Ende der Smile-Kurve, während die USA, Taiwan, Korea, Japan und Deutschland am oberen Ende der Kurve liegen.[18] Dies muss nicht per se ein Problem sein, doch wie wir gesehen haben, nehmen Chinas Kosten mit dem Wohlstand zu. Damit drohen die Middle-Income-Trap und der Verlust der altbewährten Wettbewerbsfähigkeit auf den Weltmärkten. Um diese »Gefahr des Aussterbens« zu überwinden und in der globalen Wertschöpfung aufzusteigen, setzen Chinas Mittelständler zunehmend auf eigene Innovation und Internationalisierung.

Mit dem Steigeisen der Internationalisierung zum Innovationschampion

Verschiedene Standorte auf der Welt können unterschiedlichen und höheren Aufgaben in der Wertschöpfungskette dienen. Zudem kann ein Unternehmen – ebenfalls sehr wichtig – von den verschiedenen Standorten neue Impulse, Ideen und Innovationen erhalten. Dies kann zum Beispiel in Form von Grundlagenforschung, angewandter F&E, Design und Produktkommerzialisierung geschehen – wie typischerweise auf der linken oberen Seite der Smile-Kurve dargestellt. Genau dies entspricht den in meiner Promotion identifizierten Zielen von Chinas Mittelständlern der »Ressourcengewinnung«, »Steigerung der Effizienz« und »Kooperation mit innovativen Lieferanten«. Auf der rechten oberen Seite der Smile-Kurve finden wir die weiteren wichtigen Motive »Weltmarke« und »Globaler Vertrieb« – denn hier kann ein Unternehmen durch weitere, internationale Standorte im Bereich des Marketings, der Werbung, des Brand-Managements, spezialisierter Logistik sowie im After-Sales-Service neue Impulse setzen. Dies zeigt den engen Zusammenhang zwischen der Überwindung der Middle-Income-Trap und Chinas Globalisierung. Denn die Tätigkeiten am oberen Ende der Smile-Kurve – zum Beispiel Produktdesign, Branding, Vertrieb oder Service – sind oft die schwierigsten, aber auch die lohnendsten.[19]

Wie Präsident Xi seinen Mittelstand fördert – die neue Elite der SRDI-KMU

Offensichtlich hat die chinesische Regierung den Beitrag und die Bedeutung ihrer kleinen und mittleren Marktführer in den Nischen des verarbeitenden Gewerbes für Chinas globale Wettbewerbsfähigkeit erkannt. Ein starkes Signal dafür ist, dass China in den letzten Jahren nur selten die Tatsache herausgestellt hat, dass es im Jahr 2020 die USA überholt hat und heute die größte Anzahl von Fortune-500-Unternehmen in der Welt beherbergt.[20] [21] Stattdessen haben Chinas Ministerien in den letzten Jahren zunehmend die sogenannten *SRDI-KMU* hervorgehoben.[22] [23] SRDI bedeutet *Spezialisierung, Verfeinerung, Differenzierung und Innovation* oder 专精特新 auf Chinesisch und *specialized, refined, distinctive, innovational* auf Englisch. Landesweit laufen heute Initiativen, die, wie die Regierung der Stadt Suzhou anvisiert, »kleinen und mittleren Unternehmen helfen sollen, sich zu SRDI und sogar zu ›Little Giants‹ zu entwickeln, den marktführenden SRDI-Unternehmen«.[24] In China gibt es sogar einen landesweiten Katalog, der diese Elite der SRDI-KMU und »kleinen Riesen« (小巨人) systematisch identifiziert: Gegenwärtig sind mehr als 4762 der kleinen Riesen auf staatlicher Ebene verzeichnet.[25] Bis 2025 will das Land eine Million innovative KMU, 100 000 auf Nischensektoren spezialisierte KMU und 10 000 marktführende Little Giants unter seinen SRDI entwickeln.[26]

Wie wir gesehen haben, dient Internationalisierung Chinas Mittelstand als ein »Steigeisen«, um an der Smile-Kurve der globalen Wertschöpfung »hinaufzuklettern«. Auch dies hat Chinas Führung erkannt, wovon gleich eine ganze Reihe von Initiativen zeugen, welche die Unterstützung des Mittelstands zum Ziel haben: So sichert ein 2017 aktualisiertes »KMU-Förderungsgesetz« zum Beispiel Unterstützung beim Devisenwechsel und bei der Ein- und Ausreise von Personal zu.[27]

Zudem wurde die Börse NEEQ ins Leben gerufen, die als spezialisierter Handelsplatz KMUs und Start-ups mit neuen Finanzierungsmöglichkeiten unterstützt, die nicht in der Lage sind, die Notierungsstandards der zwei großen Börsen in Shanghai und Shenzhen zu erfüllen. Bis Ende 2020 waren an der NEEQ fast 6000 Unternehmen, vor allem Mittelständler, gelistet. Und seit 2021 besitzt China neben Shanghai und Shenzhen einen dritten Börsenplatz: Die Beijing Stock Exchange soll insbesondere innovativen, technologieintensiven kleineren Betrieben, wie den SRDI-KMU, den Zugang zu Kapital ermöglichen und sie so in ihrem Wachstum unterstützen.[28]

Denn die Finanzierung ist für viele von Chinas Mittelständlern eine große Herausforderung. Ein Unternehmer erklärte mir dies so: »Ein großes Problem für uns sind die Beschränkungen des Kapitalzugangs für KMU. (...) Gerade für kleine Unternehmen oder Start-ups sind die Finanzierungskosten extrem hoch. Es gibt verschiedene Kanäle: Man kann sich bei Freunden oder über nicht staatliche Kanäle Geld leihen. Aber dort ist der Zinssatz um ein Vielfaches höher als bei den Banken, zum Beispiel 15 bis 30 Prozent.«[29]

Deshalb sehen heutzutage in China viele lokale, insbesondere technologieorientierte Unternehmen den Börsengang mit einem IPO (Initial Public Offering) als eine der wichtigsten und auch häufigsten Finanzierungsformen. Mit der neuen Börse in Peking versucht der Staat zudem, IPOs von chinesischen technologie- und zukunftsorientierten Unternehmen im Land zu halten. Dies steht natürlich im großen Kontrast zum deutschen Mittelstand, der meist die Finanzierung aus eigenem Cash-Flow bevorzugt. Den damit verbundenen Vorteilen einer hohen Eigenständigkeit und Unabhängigkeit stehen die großen Kapitalsummen gegenüber, die Chinas Unternehmen durch die relativ frühen Börsengänge aufnehmen können. Was hier letztlich besser ist, mag nicht pauschal zu beantworten sein, erklärt jedoch zu einem Teil die hohen Wachstumsraten von Chinas Unternehmen.

Neben den Finanzierungsinstrumenten haben Chinas Ministerien (MOFCOM, MIIT) ein vielfältiges Unterstützungsnetzwerk für Unternehmen im In- und Ausland aufgebaut. In Deutschland wurde dies zum Beispiel durch die Gründung von CIIPA Deutschland (China International Investment Promotion Agency) in Frankfurt institutionalisiert, eine Agentur, die die Zusammenarbeit zwischen Unternehmen in China und Europa fördert.[30] Wie mir der Deutschland-Chef Frank Xu bei einer Veranstaltung am Abend der Hannover-Messe im Herbst 2022 erzählte, wurde CIIPA mit dem damaligen chinesischen Handelsminister, Hucheng Gao, und dem deutschen Vizekanzler und Wirtschaftsminister, Sigmar Gabriel, als Gastgeber eröffnet und nimmt eine ähnliche Rolle wie die deutschen Auslandshandelskammern ein.

Während Chinas Wirtschaft also auch vor großen und teils ganz neuen Herausforderungen steht und nicht alle Fördermaßnahmen greifen, hat die Regierung die Wichtigkeit des Mittelstands klar erkannt, unterstützt bewusst seine Entwicklung und bildet mit den SRDI systematisch eigene Elite-KMU. Dies haben die obigen Ausführungen gezeigt.

TEIL II

Konsequenzen für Deutschland

Nachdem wir nun die Herkunft der chinesischen Globalisierung und ihre Player kennen, können wir jetzt ihre vollen Auswirkungen verstehen. Der zweite Teil deckt deshalb auf, was die Entwicklungen in China für uns in Deutschland bedeuten. Es zeigt sich, dass Chinas Aufstieg die Herausforderung für uns verstärkt, jedoch nicht die Ursache unserer Probleme ist. Die Wahrheit ist: Wir sind mitten in einer der größten Krisen seit Gründung der Bundesrepublik Deutschland. Deshalb befasst sich der zweite Teil auch über China hinaus mit der zukunftsweisenden Frage: Wie kann es uns als geografisch kleinem Land mit Fachkräftemangel gelingen, neues Wachstum zu schaffen und international langfristig mitzuhalten? Welche innovativen Wege helfen uns, verborgene Potenziale zu erschließen? Lassen Sie uns den Antworten mit einer Fahrt nach Shanghai näherkommen.

KAPITEL 7

Vom Weltmeister zum Verlierer? – Ein Weckruf

Scharfschützen in Shanghai – die Präsidenteneinladung

41° 48' 0" Nord, 123° 27' 0" Ost
Shanghai, Ostchina
4. November 2019

Die schwarze Limousine gleitet auf ihr Ziel zu. In den dunkel getönten Scheiben reflektieren die Lichter der 24-Millionen-Einwohner-Metropole, die sich bei Anbruch der Nacht in ein funkelndes Meer aus Neonreklamen, Wolkenkratzern und Highways verwandelt. Im schallgedämpften Inneren des Wagens erklingen die ersten Takte von Janáčeks *Sinfonietta*. Janáček komponierte die kleine Sinfonie 1926.[1] In einem Tschechien, das nach Ende des Ersten Weltkrieges und von der langen Herrschaft der Habsburger Dynastie befreit, voller Hoffnung aufblühte.

Der Musik von Janáček andächtig folgend, nur wenige Wochen bevor in einer 690 km von Shanghai fernen Stadt namens Wuhan SARS-CoV-2 identifiziert werden würde, ziehe ich, nichts ahnend, was bald kommen würde, meine Bahn. Die Passage der ersten Straßensperren verläuft problemfrei, denke ich mir zufrieden, während der Bläsersatz der Sinfonietta wie eine festliche Hintergrundmusik erklingt.

Die schwarze Limousine gleitet weiter. Die Hochhäuser werden immer höher, die Lichter noch funkelnder. Das Ziel kommt näher, als auf einmal zwei Polizeimotorräder auftauchen und mich einholen. Durch Handzeichen deuten sie zu verlangsamen. Nicht grundlos, ahne ich, als ich nach einer langgezogenen Kurve eine weitere Straßensperre entdecke. Doch dieses Mal wird es ernster, denn hier steht das Militär zusammen mit einer

Polizei-Spezialeinheit in schwarzen Uniformen (特警). Zwei Uniformierte kommen stürmisch auf mich zu. Durch das heruntergelassene Fenster höre ich ihre Schreie, was ich hier heute Abend mache und dass ich sofort umdrehen solle. Mir ist etwas mulmig zumute. Die erneuten Kontrollen fallen streng aus: Neben den Ausweispapieren werden Führerschein, Wagendokumente und die spezielle »Einladung« eingezogen, mit der Fahrgestellnummer abgeglichen und in einem auf der vierspurigen Hochstraße aufgestellten Zelt geprüft. Ich werde wohl an alles gedacht haben und die Anweisungen der Uniformierten in Sicherheitsphase eins der ersten Sperre korrekt befolgt haben, hoffe ich.

Ich schließe meine Augen und konzentriere mich auf die Musik. Ich weiß nichts über Janáček als Person, aber bin mir ziemlich sicher, dass er sich im Tschechien von 1926 nie vorstellen konnte, dass jemand im Jahr 2019 seine Komposition in einer schwarzen Audi-A6L-Limousine auf dem ansonsten verstopften, doch heute Abend völlig leer gefegten Yan'an-Expressway in Shanghai hören würde, kontrolliert von Spezialeinheiten der chinesischen Polizei und Armee.

»Mister, Sie können weiterfahren.« Mit diesen knappen Worten gibt der schwarz Uniformierte, mit einem Akzent, der eine Herkunft aus dem Norden, wahrscheinlich Peking, verrät, den Weg frei. Erleichtert steuere ich den Wagen durch die Lücke in der Sperre. Janáček ist noch immer zu hören. Gedämpfte Streicher treten in den Vordergrund, als wollten sie meine Erregung besänftigen.

Plötzlich taucht meine Ausfahrt auf, die ich zügig hinabfahre, um sofort wieder abzubiegen, eine kleine Gasse anzusteuern und den Motor meines Wagens neben einem kleinen DimSum-Lokal abzustellen, als Janáček endet und die Zuhörer in Applaus ausbrechen. Eine Live-Aufnahme. Aber damit beschäftige ich mich nicht weiter, denn heute muss ich meine Mission erfüllen und das Ziel unbedingt pünktlich erreichen.

Die Gasse vor mir ist behangen von Wäsche, zum Trocknen auf Leinen gehängt, ein TV mit den abendlichen CCTV1-Nachrichten plärrt im Hintergrund, Düfte von frisch Gebratenem ziehen vorbei und, nur unscharf, aber doch klar erkennbar, zeichnet sich im Hintergrund die Skyline von Pudong ab – das in meinen Kindertagen nichts mehr als ein kleines Fischerdorf war. Mit diesen Gedanken steige ich aus dem Wagen, schließe die Fahrertür hinter mir und gehe die letzten Meter zu Fuß ans Ende der kleinen Gasse, um dann abzubiegen und durch die bewachte Bund-Uferpromenade auf mein Ziel zuzusteuern: das 5-Sterne-Hotel *Hyatt on the Bund*.

High Noon am Bund

Der 2,6 km lange Bund, in China *Wàitān* genannt, ist eine der schillerndsten Uferpromenaden der Welt, mitten in Shanghai am westlichen Ufer des Huangpu-Flusses gelegen und eine der Top-Attraktionen der Stadt: Die ältere Puxi-Seite westlich des Flusses ist gesäumt von historischen Gebäuden und Marmor-Bauten der Kolonialmächte im französischen oder englischen Stil, wie zum Beispiel das ehemalige britische Konsulat, das älteste Gebäude entlang des Bundes, 1873 erbaut.[2] Sehr berühmt ist aber auch das *Fairmont Peace Hotel* (和平饭店, Hépíng Fàndiàn) in der Nanjing East Road, dessen Hallen Geschichte erlebt haben. Damals noch als Palace Hotel bekannt, tagte 1909 dort die 1. Internationale Opium-Kommission, 1927 hielten Chiang Kai-shek und Soong Mei-ling in der Palace Hall des Hotels ihre Verlobungszeremonie und während der Kulturrevolution wurde es von der »Vierer-Bande« als Shanghai-Hauptquartier genutzt.[3]

Von der Puxi-Seite des Bund blickt man auf das andere Ufer des Huangpu-Flusses, der Pudong-Seite, und auf eine der beeindruckendsten Skylines der Welt: Erst 1990 wurde mit dem Aufbau begonnen, doch gilt Pudong heute als der neue Wirtschafts-, Finanz- und Hightech-Bezirk Shanghais – mit einem Meer aus Wolkenkratzern wie dem 468 Meter hohen *Oriental Pearl Tower* oder dem *Shanghai Tower* –, mit 632 Metern das höchste Gebäude Shanghais.[4]

Und genau hier – am Bund im *Fairmont Peace Hotel* – luden an diesem Abend Chinas Präsident Xi Jinping und seine Ehefrau Peng Liyuan Frankreichs Staatspräsident Emmanuel Macron mit seiner Ehefrau Brigitte zum Staatsdinner ein. Was auch der Grund für eine enorme Sicherheitsblase in Shanghai war. Die Gullideckel in den Straßen um den Bund herum waren gesichert und verschweißt worden, und als ich mich umblickte, während ich auf das Hotel zuging, erkannte ich auf den umliegenden Dächern die Silhouetten mehrerer Scharfschützen. Natürlich nur diejenigen, die man sehen soll, dachte ich mir, als ich mir noch mal den Hintergrund und die bedeutungsvollen Events dieser Woche vor Augen führte: die Eröffnung der Handelsmesse *China International Import Expo* (CIEE) in Shanghai Hongqiao durch Präsident Xi, französisch-chinesische Regierungsgespräche auf höchster Ebene sowie heute Abend ein französisch-deutscher CEO-Roundtable mit Präsident Macron, der erst mit Unternehmern und am Folgetag dann mit Chinas Spitze über die Chancen und Probleme in China diskutieren möchte – allerdings nicht in einer »Megafon-Diplomatie«, sondern »in einem von Respekt und Offenheit geprägten Gesprächsrahmen«, in dem man auch »ohne Tabu« kritische Themen anspreche, wie man aus dem Elysée vor der Abreise von Macron hörte.

Ich dachte zurück an jenen Freitagnachmittag, als eine E-Mail mit der Einladung zu dem Abend kam. Die deutsche Gästeliste wurde von der Deutschen Botschaft und der Deutschen Auslandshandelskammer in Shanghai vorgeschlagen. Unter mehr als 5000 deutschen Unternehmen in China habe ich mich sehr über die Einladung als einer von 20 deutschen Vertretern gefreut und mich im Anschluss bei den Verantwortlichen bedankt, dass sie auch den Mittelstand eingeladen und ihm eine Stimme gegeben haben. Nach meiner Bestätigung erfolgten dann Background-Checks direkt durch die französische Regierung in Paris – und mit offensichtlich positivem Ergebnis, kam sie: die unerwartete persönliche Einladung im Namen von Staatspräsident Emmanuel Macron.

Der Seestern und die Spinne

Als ich am Hotel eintraf, überraschte mich ein großes weißes Zelt, das über dem Eingang aufgespannt war. Wohl zu dem Zweck, dass von Weitem nicht erkennbar war, wo genau die ankommenden gepanzerten Limousinen anhielten und wer ein- und ausstieg. Nach den erneuten Sicherheitskontrollen am Eingang wartete ich vor dem kleinen Konferenzsaal zusammen mit den weiteren Gästen, viele davon extra für den Abend nach China geflogen – wie der *Spiegel* danach in dem Artikel »So muss Europa China begegnen« berichten sollte: »hochrangige Vertreter deutscher und französischer Unternehmen, Vorstandsvorsitzende und Aufsichtsratsmitglieder von BASF, Siemens, L'Oréal und des Luxuswarenkonzerns Louis Vuitton, viele Männer in dunkelblauen Anzügen. Außerdem Mittelständler aus beiden Ländern.«[5]

Um bei seiner China-Reise den gemeinsamen Ansatz der Europäischen Union gegenüber China hervorzuheben, unternahm der Präsident den ungewöhnlichen Schritt, sich nicht nur von französischen, sondern auch von deutschen Wirtschaftsvertretern begleiten zu lassen. Macron war mit großer Delegation angereist, allein fünf Minister begleiteten ihn, weshalb ich im Vorfeld kurz zu der Regierung und allen wichtigen Teilnehmern recherchiert hatte. Als wir in den Saal eingelassen wurden und zu unseren Plätzen gingen, erkannte ich Außenminister Jean-Yves Le Drian und Finanzminister Bruno Le Maire in der ersten Reihe direkt links vor mir.

Als die französischen und chinesischen Personenschützer uns baten, Platz zu nehmen, da der Präsident auf dem Weg vom Peace Hotel hierher sei, lernte ich meinen Nebensitzer Freddy Geeraerds kennen, im globalen Vorstand von Webasto für die Region China verantwortlich.[6] Webasto zählt als deutsches Familienunternehmen zu den 100 führenden Automobilzulieferern der Welt und ist unter anderem auf Dachmodule für Cabrios spezialisiert. Angeregt unterhielten wir uns über neue Strategien der Organisationsentwicklung im Mittelstand – denn auch Webasto trieb die Frage um, wie man sich global am besten aufstellen solle und welche Rolle China dabei spiele. Geeraerds erzählte mir von einem Buch, das ihn sehr inspiriert habe: *Der Seestern und die Spinne*.[7] Wenn man einer Spinne den Kopf abreißt, dann sterbe sie. Aber wenn man einem Seestern ein Bein abschneide, dann wachse ihm ein neues. Und das andere Bein kann zu einem komplett neuen Seestern heranwachsen. Herkömmliche Organisationen, die auf Hierarchien fußten, seien wie Spinnen. Aber nun begännen Seesternorganisationen, das Gesicht der Wirtschaft und der Welt zu verändern, so führte er aus. Deshalb könne es sinnvoll sein, Organisationen wie Seesterne – also mit mehreren relativ selbstständigen Einheiten – zu bilden. Dies zeige sich zuletzt im größeren Mittelstand mit der Entstehung von »Regional Headquarters« auf mehreren Kontinenten verteilt. Wenn ich heute an dieses Gespräch zurückdenke, erscheinen die Worte Geeraerds' wie eine Art Vorhersehung, nur wenige Wochen bevor Corona die Welt und unsere globalen Lieferketten auf den Kopf stellen und einen Trend zu einer höheren Regionalisierung auslösen sollte.

Der Präsident kam, sah und sprach Klartext

Plötzlich ging ein Raunen durch den Saal, das unser Gespräch unterbrach: Es war so weit, der Präsident kam! Als ich mich zum Eingang umdrehte, erblickte ich ein Meer von Fotografen-Teams aus aller Welt, durch das Präsident Macron gemeinsam mit Bundesministerin Karliczek hereinschritt, gefolgt vom damaligen EU-Kommissar für Handel, Phil Hogan.

Nach einer offiziellen Begrüßung durch Macron auf Französisch und Englisch ging es gleich ans Eingemachte – auf Augenhöhe und nur ein paar Meter vor uns Gästen sitzend, hörte sich der französische Staatschef Kritik und Wünsche der Unternehmer an.

Als klarer Wunsch der Manager wurde geäußert, dass die EU mit China im kommenden Jahr 2020 ein weitreichendes Investitionsabkommen schließen solle. Neben der Sorge, von Chinas teils hochsubventionierten Staatskonzernen an die Wand gedrückt zu werden, machten die Unternehmensvertreter auch klar, dass sie Angst hätten, Europa werde auch bei Innovationen abgehängt.

Macron zeigte sich lebhaft und aufmerksam, antwortete direkt und auf den Punkt auf Kommentare, immer wieder machte er sich Notizen. In jenem Teil seines Statements, den die anwesenden Reporter – darunter *FAZ, Spiegel, Handelsblatt, NZZ* – zitieren durften, sprach sich Macron dafür aus, dass die EU mit China nicht nur bei Wirtschaft und Klimaschutz, sondern auch »technologisch« zusammenarbeiten solle.[8] Dies sei bisher »tabu«, das dürfe aber nicht sein. Natürlich, so differenzierte er weiter, müsse man schauen, in welchen Bereichen, und zum Beispiel bei 5G als EU sehr vorsichtig agieren. Auf jeden Fall müssten die Europäer in den »aktuellen Zeiten von Spannungen« in der Welt zusammenstehen und mit einer Stimme gegenüber China sprechen.[9]

Nach offiziellem Ende und langem Applaus der Unternehmer kamen Macron und seine Minister zusammen und im Saal bildeten sich Gruppen, in denen lebhaft weiter diskutiert wurde – denn jeder spürte: Heute ging es um Themen, die uns noch lange beschäftigen würden.

Zu meiner Überraschung verschwand Präsident Macron nicht gleich auf seinem Zimmer, sondern hielt ein paar Mal an, um sich mit den Gästen auszutauschen. Auf einmal trafen sich unsere Blicke und er kam auf mich zu. Wahrscheinlich war ich ihm aufgefallen, da ich, Jahrgang 1987, zusammen mit Frédéric Arnault heute Abend der jüngste Manager im Saal war. Frédéric Arnault, Jahrgang 1994, ist der Sohn von Bernard Arnault, dem reichsten Menschen der Welt und Erschaffer des Luxuskonzerns Louis Vuitton, Moët & Chandon und Hennessy (LVMH).[10] In Shanghai führte Frédéric die französische LVMH-Delegation an – das mit heute 75 Luxusmarken wertvollste börsennotierte Unternehmen Europas[11] – und begleitete Macron am nächsten Tag bei der Importmesse.

Macrons Forderung: mehr eigene Souveränität

Nach einer kurzen Vorstellung und Small Talk wollte ich die Chance nutzen, um inhaltlich tiefer zu gehen, und so fragte ich Präsident Macron, was aus seiner Sicht die allergrößten Herausforderungen seien, um mit China erfolgreich zusammenzuarbeiten sowie unsere Interessen zu verhandeln. Seine Antwort fand ich spannend – denn anstatt auf Subventionen, die große Wirtschaftsmacht oder andere innerchinesische Themen zu verweisen, sagte er sehr klar: »Es liegt an uns. Wir haben viel in unserer eigenen Hand, wenn wir endlich geschlossener handeln. Was wir brauchen, ist eine gemeinsame europäische Strategie, um etwas zu erreichen. Wir müssen eine Agenda vorgeben und dann auch hart verhandeln. Je präziser und klarer wir sind, desto größer sind auch die Chancen, dass wir in China zu Resultaten kommen.« Und weiter: »Es geht um sehr viel, unter anderem auch darum, mit China größere Fortschritte in der Klimapolitik zu erreichen, sonst kann es, wie vorhin gesagt, sein, dass wir das entscheidende Momentum verpassen. Wir müssen unsere Position klar kommunizieren und mit China smart verhandeln, aber wir dürfen uns auch nicht spalten oder vor den Karren von anderen spannen lassen.«

Präzisieren würde Macron diese Gedanken drei Jahre später im Frühjahr 2023 dann nochmals öffentlich, als er eine unabhängigere Rolle Europas auch gegenüber den USA forderte. Europa müsse »aufwachen«, so Macron. »Unsere Priorität kann es nicht sein, uns der Agenda von anderen in allen Weltregionen anzupassen.« Europa riskiere »zu Vasallen zu werden, während wir der dritte Pol sein können, wenn wir ein paar Jahre Zeit haben, ihn aufzubauen«.

Im Umgang mit China solle Europa kein Vasall der USA werden. »Ein Verbündeter zu sein heißt nicht, ein Vasall zu sein«. Frankreich habe »das Recht, für uns selbst zu denken.«[12] Für diese Aussagen wurde er in Deutschland kritisiert. Ich finde, man kann über den Zeitpunkt während seiner China-Reise 2023 diskutieren, am Inhalt finde ich nichts falsch – ganz im Gegenteil: Endlich traute sich ein europäischer Regierungschef, sich an erster Stelle für die eigenen europäischen Interessen stark zu machen.

Am Abend des 4. November 2019 fragte ich Präsident Macron noch weiter, mit einem freundlichen Augenzwinkern und dem Kommentar versehen, dass er es sagen sollte, wenn es zu intim würde, es mich aber einfach interessiere, wie er vor diesem Hintergrund die Beteiligung und

Rolle Deutschlands sehe. Er musste lachen, um dann ebenfalls mit einem Augenzwinkern zu kommentieren, dass er gedacht habe, der härteste Teil des Abends sei schon vorbei. Dann wurde er fokussiert, überlegte kurz und meinte, dass er diesen Kurs nun seit Frühjahr 2019 verfolge und sowohl Bundeskanzlerin Merkel als auch EU-Kommissionspräsident Juncker seiner Einladung nach Paris gefolgt seien, um sich dort gemeinsam mit Präsident Xi bei seiner Frankreich-Reise im März 2019 zu treffen. Dies sei ein klares Signal gewesen, das man fortführen sollte, aber…« – damit beendete er seine Antwort, mit einem Blick, an dem ich nur kurz, aber deutlich eine gewisse Frustration ablesen konnte.

Die uneinige Europäische Union – ein Plädoyer für Modernisierung

Im Rückblick frage ich mich, ob er schon damals ahnte oder sogar wusste, dass von dem gemeinsamen europäischen außenpolitischen Ansatz bald nicht mehr viel übrig bleiben sollte. Denn nur drei Jahre später, im Herbst 2022, würde Kanzler Scholz diplomatischen Quellen zufolge ein Angebot Macrons ausschlagen, gemeinsam nach Peking zu fliegen. Während die Reise von Herrn Scholz gerade aufgrund der Meinungsverschiedenheiten mit China richtig und wichtig war – denn ein Dialog ist immer besser, als übereinander zu reden –, verdeutlichte sie jedoch auch, dass wir im EU-Auftreten nicht wirklich geschlossen sind. Und genau hier zeigt sich schon ein größeres Problem. Denn wenn wir die Zukunft Deutschlands betrachten, müssen wir auch beachten, dass wir in die Europäische Union eingebettet und somit auch von ihr und dem Euro abhängig sind.

Auch wenn die ursprüngliche Idee der EU sinnvoll erscheint und gerade in ihren ersten Jahrzehnten Wachstum im Binnenmarkt erleichterte, zeigt die Realität im Jahr 2024 nüchtern betrachtet: Zu unterschiedlich sind die jeweiligen Ausgangssituationen und Interessen der einzelnen Mitgliedsstaaten, um außenpolitisch wirklich an einem Strang zu ziehen – wie es vor allem gegenüber den USA und China, aber auch bei Brasilien, Afrika und Indien eigentlich sinnvoll und notwendig wäre.

Die EU mag als europäisches Friedensprojekt teils erfolgreich gewesen sein, in den letzten zwei Jahrzehnten hat sie es jedoch nicht geschafft, ihre eigenen Ziele zu erreichen: Sie hat versagt bei ihren zentralen Versprechen der Schaffung von Wohlstand und bei der Sicherung der Außengrenzen, es gab eine deutliche Vergrößerung der Unterschiede zwischen den Mitgliedsstaaten seit Corona und das 2000 in Lissabon gesetzte Ziel, die EU zum »wettbewerbsfähigsten und dynamischsten wissensgestützten Wirtschaftsraum der Welt« zu machen, wurde genauso wenig erreicht wie die Folgestrategie »Europa 2020«.[13] Hier sollten zum Beispiel die Forschungsausgaben EU-weit über drei Prozent des BIP erreichen, tatsächlich lagen sie bei 2,07 Prozent, und nur Schweden, Österreich, Dänemark und Deutschland lagen darüber.[14]

Das deutsche Dilemma

Wir in Deutschland stecken dabei in einem großen Dilemma: Wir treten ein in eine Schulden- und Transferunion, die weder die Probleme der EU löst noch gerecht ist. Obwohl Bürgerinnen und Bürgern jahrelang versprochen wurde, es käme zu keiner Schulden- und Transferunion zwischen den Mitgliedsländern, wurde beim EU-Gipfel 2020 nämlich genau das beschlossen. Die EU ist somit letztendlich eine gigantische Umverteilungsmaschinerie geworden – mit Deutschland als größtem Zahler. Im Sommer 2020 in das Lager der Befürworter größerer Budgets gewechselt, bleibt für Deutschland wie meist die größte Rechnung: Der Anteil Deutschlands am EU-Budget liegt bei circa 24 Prozent.[15]

Natürlich bietet die EU Vorteile für die beteiligten Staaten: Die entscheidenden Wohlstandstreiber sind der Binnenmarkt, die Zollunion und der Schengenraum, die für gut 90 Prozent der Wohlstandsgewinne stehen. Für die meisten Staaten lohnt es sich deshalb, an der EU festzuhalten. Wie der Ökonom Dr. Daniel Stelter konstatiert, ist der Nutzen für Deutschland per saldo positiv, fällt jedoch relativ zu den meisten Staaten deutlich geringer aus.[16] Zieht man dazu jedoch die Vorteile eines kooperativen Europas und das gemeinsame außenpolitische Gewicht (das wir aktuell aber viel zu wenig nutzen) hinzu, spricht schon einiges für die EU – allerdings in einer weiterentwickelten, modernisierten Form. Sie müsste so reformiert werden, dass sie den Bürgerinnen und Bürgern aller Mitgliedsstaaten dient, ohne einzelne Staaten – wie Deutschland – dauerhaft zu überfordern.

Brüsseler Mysterien

Die Hoffnung auf eine solche reformierte EU, die mehr dem Mittelstand dient, erscheint derzeit unrealistisch. Dies zeigt sich allein schon, wenn man sich im Detail den EU-Haushalt für den Zeitraum der Jahre 2021 bis 2027 anschaut[17] – und schnell erkennt, wie sehr die EU auf Umverteilung und Wahrung baut, anstatt auf Investitionen und die Schaffung von zukünftigem Wohlstand. Während mit 35 Prozent der größte Anteil für »Unterstützung ärmerer Regionen« geplant ist, sollen nur drei Prozent des Budgets eines der wahrscheinlich schwierigsten Themen, nämlich »Grenzsicherung und Migrationssteuerung« (Asyl, Migration, Schutz der Grenzen), lösen? Oder nur knapp acht Prozent sollen helfen, den Rückstand bei Digitalisierung und Innovation aufzuholen? Auch die Tatsache, dass mit Polen und anderen osteuropäischen Staaten jene relativ zum BIP am meisten Geld im 750-Milliarden-schweren »Sondertopf Wiederaufbaufonds« bekommen, die mit am wenigsten von Corona betroffen waren, zählt zu den fragwürdigen Mysterien der EU. Die 52 Milliarden netto, die Deutschland hier an die anderen Staaten überweist, hätten als Unterstützung für kleine und mittelgroße Firmen wichtige Hilfe bei uns in Deutschland leisten können.[18] Zudem führen diese Umverteilungen aus meiner Sicht eher zur gefährlichen Illusion der Empfängerländer, auf die eigenständige Leistung und Erarbeitung der Mittel nicht mehr selbst angewiesen zu sein.

Liebe EU, wie können wir mehr Verständnis für den Wohlstandstreiber Mittelstand entwickeln?

Mit Sicherheit arbeiten Tausende schlaue Köpfe in der EU, die es gut meinen. Ich weiß deshalb nicht, ob es eine Frage von Führung und Strategie ist oder woran es liegt: Doch auch im Hinblick auf die Bürokratie überbietet sich die EU immer wieder selbst durch Praxisferne und Mittelstandsfeindlichkeit – wie sie erst kürzlich im Sommer 2023 beim EU-Lieferkettengesetz erneut unter Beweis stellte. Während das Ziel, die Umwelt und die Menschenrechte zu schützen, richtig ist, wird die Umsetzung deutlich kritisiert. Die deutsche Wirtschaft wurde mit einem Gesetzentwurf überfahren, dem es der Deutschen Industrie- und Handelskammer (DIHK) zufolge an Praxistauglichkeit, Verhältnismäßigkeit und Rechtssicherheit fehle: »Das Lieferkettengesetz bürdet den Unternehmen ein neues und unkalkulierbares Haftungsrisiko auf: Von ihnen wird eine Kontrolle erwartet, die außerhalb ihrer eigenen Einflussmöglichkeiten liegt«, so der DIHK-Präsident Peter Adrian. Lieferketten bestünden heutzutage oft aus mehreren hundert, teils sogar mehreren tausend Firmen. Oft seien einem Betrieb aber nur die direkten Zulieferer bekannt. Kleine und mittlere Unternehmen würden »komplett überfordert« mit den geplanten Richtlinien.[19] Ich war selbst vor meiner Aufgabe als Geschäftsführer in China für die Region Asien-Pazifik zuständig, weshalb ich mehrere Jahre lang immer wieder für den Marktaufbau in Indien auf Geschäftsreisen, Kunden- und Messebesuchen war. Wenn ich mir vorstelle, wie Mittelständler hier Klein-Lieferanten am Ende der Kette identifizieren, auditieren oder prüfen sollen, kann ich nur verwundert die Augen reiben – wer einmal nach Indien gereist ist, wird wissen, was ich meine: Die Umweltverschmutzung und die Armut sind in vielen Industriezentren unvorstellbar und übersteigt die in China bei Weitem, viele Kleinfirmen haben gar keine elektronische Unternehmenssoftware (ERP) oder Buchhaltung und wissen selbst oft nicht, woher ihr Lieferant seine Materialien eigentlich bekommt. Wie soll dies nun in der Praxis laufen? Soll man, wenn man nicht alle Lieferanten findet, den Handel mit Indien einstellen?

Das deutsche Lieferkettensorgfaltspflichtengesetz, kurz »Lieferkettengesetz«, verpflichtet Unternehmen mit Hauptsitz in Deutschland dazu, menschenrechtliche Standards in ihren globalen Lieferketten einzuhalten. Das Gesetz gilt seit 2023 für Unternehmen mit mehr als 3000 Mitarbeitenden, seit 2024 auch für Unternehmen mit mehr als 1000 Beschäftigten.[20] Auf EU-Ebene sieht es hier jedoch noch mal anders aus: Am 1. Juni 2023 stimmten die Abgeordneten im EU-Parlament mehrheitlich für eine Verschärfung des ursprünglichen Gesetzvorschlags: So sollen die Vorgaben schon für Firmen in der EU mit mehr als 250 Mitarbeitenden und einem weltweiten Umsatz von über 40 Millionen Euro gelten.[21]

Der Unternehmer und Seniorchef Reinhold Blickle, der sein mittelständisches Familienunternehmen über 45 Jahre hinweg von einem kleinen Player zum heutigen Weltmarktführer mit 1300 Beschäftigten, 20 internationalen Tochtergesellschaften und einem Umsatz von mehr als 300 Millionen Euro aufbaute, sagte mir im Interview zu diesem Buch dazu: »Die Folge wird sein, dass wir immer weniger Mittelstand haben werden, weil die administrativen Auflagen, Lieferkettengesetz und viele andere Dinge kleine Firmen immer mehr überfordern. Eigentlich kann man all dies nur noch ab einer gewissen Größe managen und damit ist vieles mittelstandsfeindlich. Mein Mitgeschäftsführer, Herr Walter Wager, der diese Bereiche verantwortet und sich deshalb gut auskennt, sagt schon lange: ›Es wird immer weniger Mittelstand geben, denn wie soll eine kleine Firma mit 200 Leuten das noch alles machen?‹«[22]

Auch Prof. Dr. h.c. Roland Berger, Gründer eines der weltweit fünf größten Beratungsunternehmen und Mitglied zahlreicher Regierungskommissionen für die Bundesregierungen unter Helmut Kohl und Gerhard Schröder, nahm in einem Interview am 24. Februar 2023 die EU in die Pflicht, die sich aus seiner Sicht in zu viele Angelegenheiten hierzulande einmische.[23] Meine Meinung ist klar – diese Beispiele mit großen Auswirkungen, besonders auf den Mittelstand, zeigen: Die EU ist neben gewissen Vorteilen auch zu einem bürokratischen Kontrollapparat geworden, bei dem wir Deutschen die größte Rechnung zahlen und uns zudem mit dem erstmaligen Eintritt in die Schulden- und Transferunion auf äußerst unsicheres Pflaster begeben. Zudem ist Brüssel oft zu weit von der Realität des Mittelstands entfernt, zu konzentriert auf Großunternehmen mit zu viel Playground für die internationalen und großen Lobbyisten. Ein Mittelstand aus Italien, Deutschland oder Österreich hat keine Lobby in Brüssel wie Großkonzerne.

Was würde den Bürgern und dem Mittelstand helfen? Ein neues System für die Menschen

Man darf deshalb schon mal die Frage stellen: Überwiegen die Vorteile der EU für uns in Deutschland – in Realität und Praxis, nicht in theoretischen Idealszenarien – wirklich noch die Nachteile? Es besteht die große Gefahr, dass die Leistungsfähigkeit der deutschen Volkswirtschaft, die es gerade schon schwer genug hat, nicht ausreichen wird, um auch noch die Europäische Union mit unseren Beiträgen zu stabilisieren. Neben der unbedingt notwendigen Modernisierung der EU wirft dies die Frage auf, was uns, den Bürgerinnen und Bürgern und dem Mittelstand, wirklich helfen würde.

Hier sehe ich die Entstehung und Weiterentwicklung einer neuen Art von Politik, eines neuen Systems *für* die Menschen. Unter der Mit-Leitung von Menschen aus den unterschiedlichen Schichten und Berufen unserer Gesellschaft als jeweilige Experten auf ihrem Gebiet – die somit realistischer die Gesamtbevölkerung repräsentieren. Mit einer Kultur, in der die verschiedenen Parteien mehr miteinander sprechen als vor den Medien übereinander, in der Meetings kurz gehalten und deren Vorgaben schnell umgesetzt werden. Und insofern auch eine Form, in welcher politisch aufgeblähte Apparate wie die EU auf ein gesundes Normal- beziehungsweise Mindestmaß schrumpfen werden. Bei der Vorteile wie der Binnenmarkt erhalten bleiben, die Gesellschaft aber insgesamt viel mehr direktes Mitspracherecht ausübt. Ich bin deshalb für eine EU in einer modernisierten Form, in der wir staatlichen Dirigismus reduzieren und wieder mehr auf die Stärken unserer Demokratie und Gesellschaft setzen: Kreativität, Freiheit und Ideenreichtum.

Was bedeutet das für uns in Deutschland?

Am Abend des 4. November 2019 bewies Präsident Macron zuletzt auf jeden Fall Humor, als ich ihn um ein gemeinsames Foto bat und wir mit meinem Handy in der Hand unter den vielen Scheinwerferlichtern wie zwei Boxer hin und her tauchten, um den Schatten auszuweichen und ein schönes Bild zu machen. Was dann selbst seine sehr angespannten Personenschützer zu einem Lächeln bewegte, während er sich, kurz vor Mitternacht, mit einem letzten Handschlag verabschiedete.

Zuletzt trommelte ich dann noch die anwesenden Deutschen, unter anderem Bundesministerin Anja Karliczek und BASF-Chef Martin Brudermüller als »Team Germany« zu einem Gruppenbild zusammen, bevor wir in kleineren Runden lebhaft weiter diskutierten. Als ich mit Stephan Wöllenstein, CEO der Volkswagen-Gruppe China, und Bundesministerin Karliczek gerade über Innovation in China und Deutschland sprach, trat Webasto-Vorstand Freddy Geeraerds zu uns in den Kreis. Als Frau Karliczek von ihm hörte, dass ich genau zu diesem Thema – der Innovationskraft und Internationalisierung des chinesischen Mittelstands – promoviere, stellte mir die Bundesministerin eine zukunftsweisende Frage: »Was bedeutet das alles für uns in Deutschland?«

Überraschende Konsequenzen für Deutschland

»Neue Herausforderungen, aber auch neue Chancen«, antwortete ich und erklärte: »Von denen wir aber noch nicht alle erkennen. Wir unterschätzen China in vielen Bereichen noch immer, während wir die Chancen nicht konsequent genug nutzen.« Wieso ich so denke, wurde ich gefragt. »Zum Beispiel glauben wir noch immer, dass wir mit großem Vorsprung die besten Autobauer der Welt sind. Im Bereich der NEV, wie die E-Autos in China genannt werden, sind chinesische Hersteller wie BYD im Kommen, erst auf dem chinesischen Markt, aber im nächsten Schritt natürlich auch global.«

»Wenn China aber zunehmend innovativ wird, wo sollen dann Chancen für uns sein?«, kam sofort die nächste Frage. Woraufhin ich erwiderte: »Die meisten Fehler werden im Erfolg gemacht. Zuallererst müssen wir unsere Einstellung ändern. Solange wie wir nicht klar erkennen, wo wir auch von China lernen können und dass ein vermeintlich einfaches Wegschauen oder Abschotten nur kurzfristig hilft, langfristig in einer globalisierten Welt aber hoch gefährlich ist für das Exportland Deutschland, so lange werden wir auch nicht aufwachen. Sobald wir dies aber erkennen, können wir das Erstarken von China auch für uns nutzen.«

Und weiter: »Nach all dem, was ich in China erlebe, ist meine Botschaft klar: So brisant, wie es in der Automobilindustrie läuft, muss es nicht auch in anderen Branchen laufen, wenn wir jetzt aufwachen – dies geschieht gerade in der Wirtschaft, ist aber genauso wichtig in der Politik und der breiten Gesellschaft in Deutschland. Wir haben unsere Stärken. Weder müssen wir vor der Potenz Chinas ohnmächtig wie das Kaninchen vor der Schlange sitzen, noch sollten wir in eine vermeintlich mögliche Abschottungshaltung gehen oder den Kopf in den Sand stecken und wegsehen – dazu ist die Welt viel zu globalisiert. Wir können China, der aktuell zweitgrößten Volkswirtschaft der Erde, nicht ausweichen. Und wenn wir uns in Deutschland oder Europa abschotten, was ist dann auf den Drittmärkten? Dort werden wir wieder auf China treffen. Nur sind wir dann unvorbereitet und können uns nicht mehr behaupten. Und eines Tages sind sie dann vor unserer Haustür hier in Deutschland mit innovativen Produkten, die wir gar nicht oder erst viel zu spät wahrnehmen. Wir müssen uns der Herausforderung und dem Wettbewerb viel früher und aktiver stellen – nämlich vor Ort in China! China ist das Brennglas, das viele unserer Stärken und Schwächen offenbart und uns zeigt, wo wir uns weiterentwickeln müssen. Dafür müssen wir nicht mit China in allen Punkten einer Meinung sein, aber wir müssen in der Breite und Tiefe verstehen, mit wem wir es zu tun haben.«

Haben wir überhaupt noch eine Chance?

Genau darum ging es auch bei Vorträgen, die ich ein paar Jahre später bei der Belgisch-Chinesischen Handelskammer in Brüssel (2022) sowie bei den Wirtschaftstagen der Stadt Balingen (Baden-Württemberg, 2023) hielt. »Wie kann man von China lernen? Wie kann man das in China konkret umsetzen? Und haben wir langfristig überhaupt noch eine Chance?«, kamen hier die Fragen aus der Unternehmerrunde, darunter die Geschäftsführer mittelständischer Weltmarktführer aus Süddeutschland sowie beim Vortrag an der Handelskammer in Belgien Wissenschaftler und Politiker aus Brüssel. Hier sagte ich: »Es gibt grundsätzlich zwei Arten von Problemen – Erkenntnisprobleme und Umsetzungsprobleme. Wir lösen das erste, wenn uns die Themen zu China und die Konsequenzen für Deutschland, über die wir gerade gesprochen haben, bewusst werden. Zur praktischen Umsetzung gibt es verschiedene Wege, da die Ausgangslage der Unternehmen stets individuell ist und es deshalb bei mir auch keine Konzepte von der Stange geben wird, sondern immer maßgeschneiderte Lösungen erstellt werden.«

Zum Beispiel habe ich einem Unternehmer aus dem Mittelstand in seiner rasant wachsenden und sich rasch verändernden Branche, der Logistik-Automatisierung, in der China mit führend ist, geraten, ein Innovation-Scouting-Team in China zu installieren. Das Team hat seine Hauptaufgabe im Vertrieb, parallel aber muss der Geschäftsführer jedes halbe Jahr mindestens drei neue Innovation oder Trends aus China an die Geschäftsführung in Deutschland melden. Der Unternehmer war erst verblüfft, heute ist er begeistert, da er erkannte: Dies bietet enorme Chancen für neue Partnerschaften, Ideen und Weiterentwicklungen, dient zeitgleich aber auch der Risikoabsicherung. Denn so sinkt die Gefahr, dass man neue Trends verschläft und überrascht wird, wenn die Chinesen auf einmal mit einem innovativeren Produkt bei uns in Deutschland vor der Haustüre stehen. Denn heute ist China die Quelle vieler Innovationen im Tech-Bereich, die sich von dort dann in die Welt ausbreiten. Natürlich müssen wir im

Hinblick auf eine Risikoabsicherung aufpassen, wo und wie wir kooperieren – das betrifft zum Beispiel die Infrastruktur. Ich spreche deshalb jetzt nicht für Universitäten oder Regierungsbereiche. Für Unternehmen bedeutet es: sich vorausschauend absichern, sich mit den Risiken und dem Wettbewerb frühzeitig auseinanderzusetzen.

Automobiler Weckruf

Meine Meinung und besonders das Beispiel der Autoindustrie waren natürlich nicht ganz angenehm für alle in der Shanghaier Runde, damals im November 2019. Im Nachhinein meldeten sich aber dennoch mehrere der Teilnehmer und meinten, dass meine Bedenken zutreffend seien und ich es klar auf den Punkt gebracht hätte. Ich würde ja gerne etwas anderes sagen, aber es hilft uns nicht, um den heißen Brei herum und Situationen schönzureden. Denn wie sich schon im Jahr 2023 bei einer der größten Automessen der Welt, der Auto Shanghai, zeigen sollte, traf meine kritische Prognose durchaus einen wunden Punkt. Noch nie zuvor sollte die deutsche Autoindustrie in China so ernüchtert werden wie bei diesem Event: Insgesamt präsentierten auf der Auto Shanghai 85 Automarken 750 Automodelle. Was schätzen Sie, wie viele davon aus China kamen? Mich hat es fast aus den Socken gehauen, als ich die Zahlen las: 60 chinesische Automarken mit 600 Modellen![22] Darunter natürlich viele Start-ups, und in den kommenden Jahren ist auch in dieser Branche in China eine Marktbereinigung und Konsolidierung zu erwarten. Dennoch war diese Messe ein Weckruf. Das Handelsblatt berichtete am 20. April 2023:[23]

»Shanghai. China ist längst der größte Automarkt der Welt und steht deshalb besonders im Fokus der PS-Branche: Während Motorshows im Rest der Welt zunehmend in die Bedeutungslosigkeit abdriften, zündet die Industrie bei der ›Auto Shanghai‹ (18. bis 27. April) ein gewaltiges Premieren-Feuerwerk. Zwar steuern dazu im Jahr eins nach dem Corona-Lockdown auch die vielen ausländischen Aussteller einiges bei. Doch haben die chinesischen Anbieter die Pandemie-Pause genutzt und sind zu ungeahnter Stärke gekommen. Waren sie früher vor allem für dreiste Kopien oder krude Karikaturen auf Rädern bekannt und allenfalls als Lieferanten solider Alltagsmodelle zu gebrauchen, stehen ihre Premieren denen aus dem Westen heute in nichts mehr nach. (...) Was heute noch in Shanghai steht, fährt morgen schon durch Stuttgart oder Salzgitter.«

NIO, HiPhi & Co. – Chinas neue Autoelite

Verblüfft war ich zum Beispiel, als ich im April 2023 in Shanghai in die neusten HiPhi stieg[24] – Autos, von denen ich noch nie davor gehört hatte. Sowohl das Design als auch die Qualität sind sehr ansprechend und überzeugend. Kein Wunder, sagte mir doch ein bekannter Geschäftsführer, dass einer seiner Freunde, Designer bei Ferrari, vor ein paar Jahren zu HiPhi gewechselt sei. Sein Gehalt sei gar nicht mal viel höher, vielmehr habe ihn der große Gestaltungsfreiraum gereizt und überzeugt. Die Nobelmarke HiPhi, die zum chinesischen Start-up Human Horizon gehört, hat in China mit ihrem Model X in dem Segment der Luxus-E-SUV sogar zeitweise die Verkaufscharts angeführt. Im neuen Modell Z erleichtert der HiPhi-Bot, eine künstliche Intelligenz, den Insassen das Leben. Er steuert neben der Beleuchtung unter anderem das Meridian-Audiosystem mit seinen 23 Lautsprechern sowie die Beduftungs-Anlage. Maßstäbe will HiPhi aber nicht in puncto Performance setzen, sondern bei der Technologie. So enthält die Außenhaut des Z einen selbst programmierbaren Lichtvorhang, der zur Kommunikation mit der Umgebung dient. 24 weitere Sensoren plus eine Lidar-Einheit überwachen nähere und weitere Bereiche rund ums Auto und speisen die Assistenzsysteme mit Informationen. Die Türen verfügen über eine Ultra-Breitband-Verbindung.

Während all die neuen Modelle und Innovationen Chinas weltweit zu Recht Anerkennung erhalten, stimme ich in den oft damit einhergehenden Abgesang auf die deutsche Autoindustrie jedoch nicht mit ein. Wir hatten auf der Auto Shanghai auch sehr gute Modelle vor Ort und mit dem ID7 von VW, dem kernigen i7 M70xDrive von BMW, dem neuen Porsche Cayenne oder dem 7-Sitzer EQB von Daimler beeindruckende Weltpremieren. Und wie Sie im Prolog dieses Buches lasen, bin ich davon überzeugt, dass deutsche Automobilhersteller auch im Jahr 2050 führend sein werden, weil sie so viel Kompetenz besitzen und auch weil wir hier in Deutschland mit dem Mittelstand zahlreiche Spitzen-Zulieferer haben, die Weltmarktführer auf ihrem Gebiet sind. Und dies nicht nur in der Automobilindustrie, sondern in vielen Branchen.

China-Speed

Aber klar, man muss auch ehrlich und realistisch anerkennen: China ist heute auch innovativ und es wird schwieriger für uns. Ein Grund dafür ist die beschriebene Innovationskraft Chinas, die zwar noch nicht alle Industrien durchdrungen hat, in der Automobilindustrie aber immer klarer zum Vorschein tritt. Ein weiterer Grund für das Erstarken Chinas liegt in dem extrem hohen Tempo, dem »China-Speed«. Aus den Schuhen hat es mich in Shanghai fast gehauen, als mir der HiPhi-Repräsentant vor Ort berichtete, dass es das Unternehmen erst seit 2017 gebe. Neben den günstigen Fahrzeugpreisen bieten die chinesischen Hersteller eine innovative Ausstattung und enorm schnelle Entwicklungszeiten. China sei wie »ein Brennglas der Transformation der Branche«. In der E-Mobilität sei die deutsche Automobilindustrie in einem Aufholprozess, so Automobilexperte Stefan Bratzel.[25]

Die Schwachstelle der Deutschen: zu lange Entwicklungszeiten. Die Deutschen liegen bei 48 Monaten und länger. Die besten Chinesen kommen auf unter 30 Monate, können also viel schneller auf neue Trends reagieren. Aus meiner Sicht ist die Qualität der deutschen Autos noch besser, aber das Problem ist: Der chinesische Kunde will das gar nicht bezahlen und merkt es im Zweifel nicht einmal. Wichtiger sind für Chinesen Digitalisierung und Vernetzung. Im Premiumbereich werden die Chinesen zudem stärker: Der neue EL7 von NIO zeige eine »erstaunliche Reife und Qualität optisch und technisch«, so Autobild.[26] Wenn es den deutschen Herstellern nicht gelingt, die Entwicklungszeiten zu verkürzen und sich dem Geschmack der Kunden anzupassen, kommen sie in China nicht mehr ins Spiel.

Denn der chinesische Durchschnitts-Fahrzeugkäufer ist deutlich jünger als der deutsche. Passend dazu nennt Premium-Hersteller NIO seine Kunden »User«, fertigt in China und betreibt in München, UK und Kalifornien Entwicklungszentren. »München ist die erste Location für Automotive Designer, bietet den besten Zugang zur Zulieferindustrie«, so der NIO-Europa-Geschäftsführer Zhang. Das Elektroauto ist für viele in der Volksrepublik inzwischen ein Lifestyle-Produkt, ein erweitertes Zuhause, ein Ort für Video-Konferenzen. NIO-Gründer Li Bin, den ich 2014 in einer WeChat-Gruppe in Peking kennenlernte, sagte erst vor Kurzem selbstbewusst: »Ich denke, wir haben einen Industriestandard in Sachen Intelligenz gesetzt.«[27]

Wer ist Weltmarktführer in grünen Autos?

Doch sind solche Aussagen und die Erfahrungen von der Auto Shanghai 2023 nur Zeichen eines neuen Selbstverständnisses Chinas oder spiegeln sie sich auch in der harten Währung der Autobranche, den Absatzzahlen, wider? Dabei ist erst einmal wichtig, welche Zahlen wir uns anschauen. Denn in Deutschland hören wir oft nur von den Zulassungszahlen der Elektroautos hierzulande oder in Europa. Um das Gesamtbild aber realistisch zu erfassen, müssen wir uns die weltweiten Absatzzahlen anschauen. Natürlich ist China davon ein großer Markt, aber es soll hier auch nicht darum gehen, das letzte Prozent zu analysieren, sondern vielmehr darum, den übergeordneten Trend zu erfassen. Im ersten Halbjahr 2023 sieht es hier wie folgt aus – in der Plug-in-Kategorie, die batteriebetriebene Elektroautos (BEV) und Plug-in-Hybridautos (PHEV) umfasst, sind die Top Fünf:[28]

Nummer eins BYD (1 248 168), Nummer zwei Tesla (888 879), Nummer drei Volkswagen (425 761), Nummer vier Geely-Volvo (359 543) und Nummer fünf SAIC (322 921). Zusammen sind diese Top Fünf für fast 56 Prozent aller Plug-in-Elektroautos verantwortlich, die in der ersten Hälfte des Jahres 2023 weltweit verkauft wurden. Auffällig ist dabei nicht nur, dass mit BYD ein chinesischer Hersteller klar an der Spitze steht, sondern dass mit BYD, Geely-Volvo und SAIC (inklusive SAIC-GM-Wuling) gleich drei der Top Fünf in chinesischem Besitz sind. Das E-Auto-Ranking in China wird übrigens auch sehr deutlich von BYD angeführt: Im ersten Quartal des Vorjahres hatte BYD gut 25 Prozent Marktanteil, gefolgt von Tesla mit 15 Prozent. VW lag hier mit einem Marktanteil von unter zwei Prozent nicht einmal unter den ersten zehn. Das oft zitierte Argument, man käme in China halt nicht gegen die subventionierten lokalen Hersteller an, gilt also nicht mehr ganz, wenn man sich vor Augen führt, dass es der US-Autobauer Tesla unter die Top Drei in China schafft. Anstatt sich also wie die EU auf Protektionismus zu konzentrieren, sollten wir lieber daran arbeiten, unsere eigene Wettbewerbsfähigkeit wieder zu erhöhen.

Was passiert, wenn wir China unterschätzen?

Es gibt einen entscheidenden Grund, weshalb ich die brisante Entwicklung in der Automobilindustrie hier schildere: Sie zeigt, was passieren kann, wenn wir China unterschätzen. Sie zeigt, was die Konsequenzen von Chinas Erstarken für Deutschland sein können, wenn wir zu spät reagieren. Denn über Jahrzehnte hat die deutsche Autoindustrie von sich als Weltspitze gesprochen, zu Recht. Im Rückblick betrachtet hat sie aber den Wettbewerb unterschätzt und sich nicht frühzeitig genug mit den Trends, Innovationen und den sich schnell ändernden Kundenbedürfnissen in China befasst. Heute brennt es in Wolfsburg: Bei einer Brandrede vor rund 2000 Führungskräften des Konzerns referierte VW-Markenchef Thomas Schäfer über die Bedrohlichkeit der aktuellen Lage. Dabei nahm er kein Blatt vor den Mund und sagte im englischen Meeting: »The roof is on fire.«[29]

So muss es uns jedoch nicht in allen Branchen gehen! Ich sehe diese Entwicklung deshalb als Warnung, sich frühzeitig und aktiv mit China zu befassen. Sicherlich kann und wird China nicht einen so starken Fokus auf alle Industrien und Branchen legen wie auf die Automobilindustrie. Dennoch gilt es, hoch wachsam zu sein und sich mit allem, was in China geschieht, nah zu befassen. Den Finger am Puls zu haben, Trends zu erkennen, sowohl bei Kunden als auch bei Wettbewerbern sowie Up- und Downstream in der Wertschöpfungskette. Sich im Haifischbecken des chinesischen Marktes zu behaupten und fit zu machen, davon zu lernen, wo möglich, und diese Weiterentwicklungen und Zugewinne dann weltweit zum eigenen Vorteil einzusetzen. Wie man dies in der Praxis umsetzen kann und welche Firmen dies schon mit Erfolg praktizieren, werde ich in Kapitel 10 genau vorstellen (»Neue Erfolgsstrategien der deutschen Wirtschaft in China«).

Doch bei all den Erfolgen und Zukunftsvisionen Chinas gibt es auch im Reich der Mitte große Herausforderungen. Während China auf der einen Seite (wieder) große Stärken entwickelt, ist auch dort nicht alles Gold, was glänzt. Und so wie wir unsere Probleme in Deutschland und Europa haben, so hat China seine ganz eigenen Herausforderungen – wie wir im nächsten Kapitel sehen werden.

Interview: Reinhold Blickle, CEO Blickle-Firmengruppe

ZUR PERSON

Ein Mann, ein Ziel, ein beeindruckendes Lebenswerk: Als Reinhold Blickle (geboren 1948), Sohn des Firmengründers und heutiger CEO/President, im Jahr 1977 in das Unternehmen eintrat, war Blickle einer der kleinsten Hersteller seiner Branche. Entgegen allen großen Wettbewerbern entschied er sich klar für eine Strategie »Made in Germany« mit hohen Investitionen in modernste Fertigungsanlagen und für den Standort Deutschland. Mit Weitsicht, unermüdlichem Einsatz und Mut zum tatkräftigen Ausbau der Internationalisierung führte Reinhold Blickle das Unternehmen in 45 Jahren zur Weltspitze seiner Branche.

ZUM UNTERNEHMEN

Vom kleinen Handwerksbetrieb im Jahr 1953 entwickelte sich das Familienunternehmen Blickle zum weltweit führenden Hersteller von innovativen Räder- und Rollenlösungen. Der Umsatz wird im Jahr 2023 wie bereits im Vorjahr über der 300-Millionen-Euro-Marke liegen. Heute beschäftigt die international agierende Blickle-Gruppe 1300 Mitarbeiter, davon 900 am Stammsitz in Rosenfeld. Darüber hinaus unterhält Blickle 20 internationale Vertriebsgesellschaften in Europa, Nordamerika, Asien und Australien, in zahlreichen Ländern Exklusivvertretungen und exportiert in über 120 Länder der Erde. Im Sonderheft Nr. 1 der Wirtschaftswoche vom 6. November 2023 wurde Blickle als einer von »450 heimlichen Weltmarktführern« Deutschlands gewürdigt.

▶ **Ihr Unternehmen Blickle ist seit dem Jahr 2013 in China. Wie fassen Sie Ihre Praxiserfahrungen zusammen?**

Für uns war das eine Erfolgsgeschichte von Anfang an. Wir haben schnell, das heißt bereits im zweiten Jahr, in China Gewinne gemacht. Ich weiß nicht, ob das typisch war, denn wir haben die Firma über zehn Jahre ja mit Ihnen, Herr Dr. Hänle, aufgebaut

Was außergewöhnlich ist: Wir haben eine sehr erfolgreiche Entwicklung in China, obwohl wir nicht in China produzieren. Unsere chinesische Tochtergesellschaft ist eine reine Vertriebsfirma für Produkte »Made in Germany«. Wir haben uns gedacht: Wenn wir in China produzieren, sind wir einer von denen. Unsere Strategie war, das »Made in Germany« nach China zu tragen. Wir sind viel teurer dort und wir haben trotz unseres deutlichen Preisunterschieds, der bei vielen Produkten bis zu 50 Prozent und mehr beträgt, eine sehr gute Entwicklung in China gehabt.

Und wir haben ja nicht ein Produkt, das so Hightech ist, dass wir es mit Patenten schützen können. Deshalb muss man im Nachhinein sagen, dass es uns wirklich gut gelungen ist: lösungsorientiert verkaufen, technische Probleme lösen, neue Modelle und Produkte kreieren, die uns abheben vom 08/15-Markt, und da können wir dann auch höhere Preise verlangen.

Was sind auf internationaler Bühne die größten Herausforderungen für den deutschen Mittelstand in den nächsten 10 bis 20 Jahren?

Ich denke, ein Wirtschaftserwachen in Deutschland ist dringend notwendig. Viele Mittelständler haben es begriffen. Wichtig ist, dass es die Bevölkerung in der Breite und auch Regierung und Gewerkschaften begreifen, denn im Global Village wird es für uns zunehmend schwieriger, international so erfolgreich zu bleiben. Es kommt jetzt natürlich ein ganz neuer Wettbewerb aus China und das ist eine große Herausforderung.

Wir sind in Deutschland nicht mehr so effizient, wie wir waren. Das war unser großer Vorsprung. Wir haben nicht mehr die Leute. Und ich meine nicht nur den Fachkräftemangel, sondern eher die Einstellung, auch die der zukünftigen Führungskräfte. Der deutsche Mittelstand hat noch Know-how-Vorsprung durch seine Belegschaft, die natürlich noch viel Historienwissen besitzt, und gutes R&D-Personal, aber das R&D-Personal und das Historienwissen werden weniger werden, weil die Zeit immer schneller wird. Und zweitens: Das R&D-Personal in Deutschland ist so teuer und Deutschland ist überhaupt so teuer, doch vor allen Dingen geht es um die Einstellung.

Eine der größten Herausforderungen für Deutschland ist die Generation Z mit ihrer Einstellung zur Work-Life-Balance. Wer will heute noch Führungsverantwortung übernehmen? Oder in die weite Welt reisen? Viele wollen lieber weniger arbeiten und viele Goodies, unter anderem arbeiten bis um fünf und Work-Life-Balance. Das muss man sich aber leisten können als Land. Wenn wir es nur mit Franzosen oder Italienern zu tun hätten. Die Herausforderung heißt aber China, sie heißt Korea.

Zudem ist unser Bildungssystem heute international nicht mehr an der Spitze. In Baden-Württemberg war es ursprünglich eines der besten in Deutschland. Heute fallen wir in jeder PISA-Studie immer weiter hinunter, alle anderen holen auf.

Was ist in Bezug auf China?

Wir haben unsere Stärken, aber in obigen Faktoren sind wir dem chinesischen Wettbewerb unterlegen. Und China hat natürlich einen eigenen riesigen Markt, der noch wächst. In Europa sind wir im Schatten von Russland und verteidigungspolitisch abhängig von Amerika. Wenn Mr. Trump die Wahl gewinnt, dann gilt wieder »America First«. Was ist dann mit Europa? Wir sind viel zu schwach und zu zersplittert.

Zudem stellt sich die Frage: Wie wird sich China entwickeln? Je weniger liberal sich China verhält, desto weniger attraktiv ist China und desto weniger wird in China investiert werden. Umgekehrt gilt, je liberaler China wird, desto stärker wird es.

Wo sehen Sie in Bezug auf China (neue) Chancen für den deutschen Mittelstand?

Die richtige Strategie ist essenziell, denn über den Preis können wir mit den Chinesen nicht mithalten. Sie werden immer den Vorteil der niedrigeren Kosten haben, von den Materialpreisen wie zum Beispiel dem Stahlpreis angefangen, und natürlich bei der Economy of Scale. Deshalb müssen wir unser Geschäft lösungsorientiert entwickeln, schnell neue Produkte kreieren für bestimmte Anwendungen. Deshalb haben wir bei Blickle einen hohen technischen Anteil mit überproportional vielen Ingenieuren in Rosenfeld.

Ich denke, man kann in China mit einer Qualitätsstrategie erfolgreich sein, muss aber stark vor Ort präsent sein: um schnell liefern zu können und um die technische Kompetenz umzusetzen. Die technische Kompetenz allein nützt dabei nichts. Man braucht vor allem Leute, die das rüber- und an den Kunden bringen können.

Was ist Ihre Vision für die wirtschaftliche Zusammenarbeit im Mittelstand zwischen China und Deutschland?

China wird einer der größten, wenn nicht der größte industrielle Markt der Welt bleiben bzw. dort werden, wo es das noch nicht ist. Mein Ziel wäre natürlich, auch im größten industriellen Markt der Welt noch stärker zu werden. Gleichzeitig ist China auch weiterhin ein sehr wichtiger Einkaufsmarkt für uns, zum Beispiel bei Stahlkomponenten wie Drehteilen oder Kugellagern, die für unsere eigene Wettbewerbsfähigkeit weltweit wichtig sind. Auch hier wollen wir uns noch mehr mit China befassen und das Erstarken der chinesischen Wirtschaft für uns nutzen.

Was wünschen Sie sich als deutscher Mittelstand von unserer Außen- und Wirtschaftspolitik gegenüber China und dem gesamten globalen Süden?

Ich denke, der Hebel Deutschlands auf China ist gering. China wird sich genau wie die USA von niemandem etwas vorschreiben lassen, dazu ist das Land zu groß, hat sein Eigenleben, andere Strukturen – die wir auch respektieren sollten. Die EU hätte vielleicht die Möglichkeit, im Dialog einzuwirken, da Amerika immer mehr auf Konfrontation mit China geht, weil China die Weltmachtstellung der Amerikaner herausfordert.

Europa sollte sich viel mehr als Vermittler präsentieren, als eigenständigere Partei. Natürlich sind wir vom politischen und wirtschaftlichen System her den USA näher, aber jeden Blödsinn der Amerikaner mitmachen von Leuten wie zum Beispiel Trump und Co, das sollten wir nicht. Wir in Europa sind auch von Amerika zu abhängig, was die Verteidigung anbelangt. Da die USA und China auf Konfrontation sind, bräuchten wir eine eigene europäische Außen-, Wirtschafts- und Verteidigungspolitik, um glaubhaft eine europäische Position vertreten zu können.

Mein Wunsch wäre es deshalb, dass sich Europa und Deutschland mehr als Vermittler zwischen China und den USA engagieren und dass diese beiden Weltmächte einen Schulterschluss schaffen – so, wie wir es zwischen Deutschland und Frankreich geschafft haben, nachdem wir uns lange bekämpft haben. Adenauer und de Gaulle waren weise, sind aus der Spirale von Krieg und Revanche ausgestiegen und haben die Basis für die deutsch-französische Freundschaft gelegt.

Was brauchen Sie als Mittelständler (von der Politik / der Gesellschaft / an Rahmenbedingungen), um auch in Zukunft mit dem Wirtschaftsstandort Deutschland global erfolgreich sein zu können?

Die Energie ist viel zu teuer, Deutschland ist eines der teuersten Länder. Energieintensive Produktionen kann man in Deutschland gar nicht mehr wettbewerbsfähig aufrechterhalten. Wir machen seit Jahren eine unrealistische Energiepolitik, zum Beispiel mit dem kompletten Ausstieg aus der Atomenergie als einziges großes Industrieland, und müssen unsere Energie heute aus Ländern wie Frankreich und Tschechien kaufen, die Atomstrom produzieren.

Der Staat sollte sich mehr heraushalten und nicht mit Milliarden Industrieansiedelungen wie Intel und TSMC subventionieren. Das Geld sollte man besser in wettbewerbsfähige Rahmenbedingungen für die deutsche Wirtschaft investieren wie Steuersenkungen, verbesserte Infrastruktur und in die Digitalisierung der öffentlichen Hand. Subventionen verzerren den Markt und erhalten damit Strukturen aufrecht, die nicht lebensfähig und wirtschaftlich sind.

Wir haben für unsere großen Investitionen in Rosenfeld nie einen Cent Subventionen bekommen. Seit 70 Jahren bezahlen wir pünktlich unsere Steuern und finanzieren unsere Investitionen selbst. Dagegen baut Intel seine Fabrik in Deutschland mit Milliarden unserer Steuergelder. Diese baut es doch nur, wenn es wirtschaftlich Sinn macht, die Subventionen nimmt man als »Nice to have« noch mit. Deshalb finde ich: Die zwölf Milliarden wären für den deutschen Mittelstand besser angelegt gewesen, zum Beispiel durch Steuer- und Abgabensenkungen und eine Verschlankung unserer Bürokratie. Denn die Tausende von deutschen Mittelständlern bringen in der Breite sehr viel mehr Arbeitsplätze als die zwei- oder dreitausend, die Intel schafft.

Auch brauchen wir eine grundsätzliche Änderung der Einstellung. Die Wohlfahrtsstaat-Mentalität »Uns kann nichts passieren, wir können sozusagen tun, was wir wollen« funktioniert auf lange Sicht nicht bei einem globalen Wettbewerb. Hier kann uns Frankreich eine Warnung sein: Dort wurde jahrzehntelang zu sehr auf die Großindustrie gesetzt, die Arbeitszeit auf 35 Stunden reduziert und durch hohe Erbschaftssteuern wurden viele Mittelständler gezwungen, ihre Firmen beim Generationswechsel zu verkaufen. Als Ergebnis kann man in Frankreich eine zunehmende Deindustrialisierung beobachten.

Anstatt unseren Mittelstand mit immer neuen bürokratischen Vorgaben, Steuern und Abgaben zu belasten, müssen wir den Mittelstand in Deutschland fördern und stärken. Denn je stärker der Mittelstand in einem Land ist, desto wohlhabender ist das Land. Das kann man zum Beispiel an der Schweiz, an Österreich, Norditalien, aber auch an Baden-Württemberg und Bayern sehen.

KAPITEL 8

Auch in China ist nicht alles Gold, was glänzt

Umweltschutz und Nachhaltigkeit – ein Drahtseilakt

Es ist Nacht in China. Der Wecker zeigt 4.47 Uhr. Ich bin allein im 17. Stockwerk in meiner Apartment-Wohnung in Taicang Daqing nahe Shanghai. Und ich bekomme keine Luft mehr. Ich versuche zu atmen, aber es kommt nichts. Meine Atemwege sind zu. Panik steigt in mir auf. Ich versuche mich zu beruhigen und auf meine innere Stimme zu hören, die sagt: »Bleibe ruhig, das ist das Einzige, was jetzt hilft.« Und so beruhige ich mich innerlich, um dann wieder ganz sacht in kleinen Zügen zu atmen. Noch eine Weile bleibe ich im Bett liegen, um sicherzugehen, dass alles wieder gut geht. Als ich dann aufstehe und durch die Fenster im Bad auf eine weiße Wand – die Mischung aus Nebel und Smog, die die Gegend um Shanghai seit Wochen in ihrem Würgegriff hält – und im Spiegel vor mir in ein kreideweißes Gesicht blicke, frage ich mich an diesem frühen Morgen im Dezember 2013, nur Wochen nachdem ich meine Wohnung in Deutschland aufgelöst habe und nach China gezogen bin: »Oh mein Gott, wohin bin ich hier geraten?«

Kurz darauf berichten internationale Medien. Die Welt schreibt: »Smog-Alarm in Shanghai. So schlimm war es noch nie. Shanghai hat Alarm ausgerufen und Notmaßnahmen ergriffen.«[1] Die Zeit berichtet: »Sicht in Shanghai beträgt nur noch wenige Meter. Behörden warnen davor, sich im Freien aufzuhalten«.[2] Und CNN: »Smog zwingt Chinas Piloten zu Blindlandungen«.[3]

Fast blind war ich die Tage davor auch mit dem Auto unterwegs. Ich erinnere mich noch, wie ich auf der Rückfahrt von der Arbeit eine Vollbremsung machen musste, da ich eine rote Ampel erst sah, als sie schon direkt über mir war. So war die Lage im Winter 2013, die Luft roch je nach Empfinden seltsam rauchig oder metallisch und der PM-2.5-Wert, welcher die Luftbelastung mit gefährlichen Feinstaubpartikeln misst, die kleiner als 2,5 Mikrometer sind, schoss so durch die Decke, dass die offizielle Skala, die bis 500 geht, gar nicht mehr ausreichte. Laut offiziellen Angaben erreichte Shanghai zwischenzeitlich den Spitzenwert von 602 Mikrogramm. Die Belastung betrug damit mehr als das 24-Fache der von der Weltgesundheitsorganisation als unbedenklich tolerierten Werte. Kurz danach erreichten Messungen in der Hauptstadt Peking Werte über 700, in manchen Stadtteilen sogar über 800.[4] Zum Vergleich und zur Einordnung: In vielen europäischen Großstädten wird Feinstaubalarm ausgelöst, wenn die Skala 50 übersteigt.

»Es ist wie in einem Katastrophenfilm«

Wie ich damals dann schnell mitbekam, ging es nicht nur mir so. Selbst staatliche Medien berichteten, dass die Zahl der Menschen mit Atemwegserkrankungen in Krankenhäusern in Shanghai rapide anstieg. Kindergärten und Schulen wurden geschlossen. Der Flughafen war von Smog eingehüllt. Flüge wurden gestrichen, Maschinen auf dem Rollfeld verschwanden im Dunst. »So etwas habe ich noch nicht gesehen«, sagte ein Fluggast, als er seinen Koffer holte.

Gasmasken gingen durch die sozialen Medien. In den *Weibo* genannten chinesischen Microblogs, die dem Kurznachrichtendienst Twitter ähneln, äußerten viele Shanghaier ihre Empörung. »Ich traue mich kaum noch zu atmen«, schrieb eine Nutzerin, »Es ist wie in einem Katastrophenfilm«, ein anderer.[5] Doch für mich und viele Millionen Chinesen war es die Realität – und im Rückblick betrachtet der Höhepunkt einer sich über Jahre langsam zuspitzenden Umweltkatastrophe.

Denn in den Wintermonaten war die Smog-Belastung in Chinas Großstädten durch den massiven Einsatz von Kohle besonders hoch. Mehr als drei Viertel des Stroms wurden in Kohlekraftwerken produziert. In erster Linie waren der große Energiehunger des Landes und die starke Abhängigkeit von Kohlekraftwerken Ursache des Smogs. Laut dem chinesischen Umweltministerium litten die Regionen um Guangzhou, Shanghai und Peking-Tianjin zu der Zeit unter 100 Tagen Smog im Jahr. Dazu kam im Winter 2013, dass die die verpestete Luft durch eine besondere Wetterlage nicht so schnell wie gewöhnlich aus Shanghai weggeweht wurde.[6]

Ein Wendepunkt zum Guten

All dies war zu viel und im Rückblick ein Wendepunkt mit großen positiven Auswirkungen für die Erde. Wie konnte es dazu kommen? Für die Regierung hatte lange die Entwicklung des Landes Vorrang vor den Umweltproblemen gehabt und sie hatte die Wirtschaft angetrieben. Doch durch die extreme Zuspitzung 2013 konnte sie das Problem nicht länger ignorieren, die Umweltverschmutzung und ihre Auswirkungen verursachten zunehmend soziale Unruhen. Im November hat die Regierung in Peking dann rasch reagiert und Maßnahmen gegen die Luftverschmutzung vorgestellt. Dazu zählte neben schärferen Umweltauflagen für die Industrie auch ein verminderter Einsatz von Kohle.

Erstaunlich offen sagte der damalige Vizeminister Xie Zhenhua von der obersten Wirtschaftslenkungsbehörde, der Entwicklungs- und Reformkommission NDRC, laut Xinhua: »Der Smog geht zum großen Teil auf unser gegenwärtiges Entwicklungsmodell zurück«, Fabriken dächten nur an das Wachstum ihrer Produktion und ignorierten den Umweltschutz. »Wir müssen damit beginnen, die Luftqualität zu verbessern und das PM-2,5-Problem zu lösen«, sagte Zhao Hualin vom Umweltschutzministerium dann öffentlich im Dezember.[7]

Wie man an diesen Erfahrungen erkennen kann, kümmert sich Chinas Regierung also durchaus um die Meinung der Bevölkerung, die insofern nicht so stimmlos ist, wie man vielleicht im Westen manchmal denken mag. Besonders 2013 hatte ich den Eindruck, dass der Aufschrei umso größer war, da es auch sehr viele Kinder betraf – und wenn es um die Familie geht, dann ist mit Chinesen nicht zu spaßen. Auch Xi Jinping sagte kurze Zeit später öffentlich, dass man sich um das Problem kümmern müsse – womit er auch mit dem Kurs der Vergangenheit brach und die Stimmungen in der Gesellschaft aufnahm.

Dies war auch dringend nötig. Denn schon damals fragte ich mich: Was passiert, wenn der Smog weggeweht wird? Dann ist doch auch nicht alles gut, denn wohin geht er? Er löst sich ja nicht auf einmal auf – sondern wird spätestens beim nächsten Regen in die Felder, Flüsse, Seen und das Meer gespült. Drei Jahre später berichteten dann auch chinesische Medien genau über dieses Problem: Mehr als 80 Prozent des Wassers aus unterirdischen Brunnen, die von landwirtschaftlichen Betrieben, Fabriken und Haushalten in den dicht besiedelten Ebenen Chinas genutzt wurden, waren aufgrund von Verunreinigungen durch Industrie und Landwirtschaft zum Trinken oder Baden ungeeignet. Diese Statistiken führten zu einer erneuten großen Diskussion in der chinesischen Gesellschaft.[8] Und waren einer der Gründe, warum in den letzten Jahren Lebensmittel von Bio-Bauernhöfen in China auf dem Vormarsch sind. Auch wenn sich das vorerst nur wenige Chinesen leisten können, zeigt der Trend doch eine neue Richtung und ein verändertes Bewusstsein an.

Chinas Naturlandschaften – ein UNESCO-Welterbe

Geografisch liegen die Umweltprobleme hauptsächlich in Regionen mit viel Kohlekraft sowie in den dicht besiedelten, wirtschaftlich hochindustrialisierten Regionen. Das ist deshalb wichtig zu wissen, da es in China im Vergleich zu Deutschland, in dem wir ja in der Breite ähnliche Verhältnisse haben, enorme Unterschiede gibt. Ein Großteil des riesigen Chinas ist nämlich nicht industrialisiert und man kann dort auch heute wunderschöne, natürliche Landschaften bereisen – mehrere der faszinierendsten Landschaften der Erde liegen in der Volksrepublik China. Stand 2023 gehören zum Welterbe Chinas 57 UNESCO-Welterbestätten, darunter 39 Stätten des Weltkulturerbes, 14 Stätten des Weltnaturerbes und vier gemischte Kultur- und Naturerbstätten – insgesamt die zweitmeisten der Welt.[9]

Und um ein Gefühl für die Größe zu bekommen: China ist mit einer Gesamtfläche von 9,6 Millionen km^2 etwa so groß wie die USA (9,8 Millionen km^2), mehr als doppelt so groß wie die Europäische Union (4,5 Millionen km^2) und 27 Mal größer als Deutschland (0,35 Millionen km^2).[10]

In ihrem Reisebericht schrieb eine Kolumnistin der New York Times, die sehr dankbar war für die spontane Hilfe, die sie von vielen Chinesen auf ihrer Reise erhalten hatte: »In Chinas Land der Buddhas (…) überwiegt die Freundlichkeit. Gansu, ein herrlicher Wüstenstreifen zwischen Bergen, war einst Chinas Wilder Westen. Hier befinden sich die westlichsten Strukturen der Großen Mauer sowie legendäre Schreine, die zur Verbreitung des Buddhismus in die Felsen gegraben wurden.«[11] Simon Winchester, ebenfalls von der New York Times, zeigte sich hellauf begeistert von seiner China-Reise: »Die Landschaft in Wulingyuan ist so gewaltig und beeindruckend und gleichzeitig geologisch so zerbrechlich, dass sie geradezu danach zu verlangen scheint, gepflegt zu werden. Die riesigen Säulenwälder heben sich deutlich von den blauen Hügeln in der Ferne ab und verkünden, dass sie genau die Schätze sind, für die sie von der UNESCO erklärt wurden.«[12] Das Wulingyuan-Areal ist nur eines von vielen schönen Beispielen – und war übrigens auch Inspiration für die mystischen Landschaften in »Avatar – Aufbruch nach Pandora«, dem erfolgreichsten Kinofilm aller Zeiten.[13]

Von der NASA und Chinas Entwicklung zum »Green Player«

Für die Menschen in China sind ihre Umwelt und die Natur ein sehr wichtiges Thema. Und wie Sie sich sicher vorstellen können, hat mich dies besonders bei meiner Ankunft 2013, aber auch die Jahre danach sehr beschäftigt – denn die Lage in Sachen Umweltschutz und Nachhaltigkeit war einfach überhaupt nicht gut und ich habe die Schattenseiten nicht aus Geschichten oder Medien, sondern am eigenen Leib erfahren. Gleichzeitig sage ich heute aber auch, dass die Entwicklung, die seitdem eingesetzt hat, sehr zum Wohle der Menschen und der Umwelt ist – wenngleich der Weg noch nicht zu Ende ist und China hier unbedingt weiter dranbleiben sollte. Was ist also passiert, dass sich mein Bild so gewandelt hat? Eine im Februar 2019 veröffentlichte Studie der NASA, der US-amerikanischen Raumfahrtbehörde, zeigt Erstaunliches: »Die Welt ist im wahrsten Sinne des Wortes grüner als noch vor 20 Jahren und die Daten von NASA-Satelliten haben eine kontraintuitive Quelle für einen Großteil der neuen Belaubung der Erde offenbart: China und Indien.«[14] Gemessen an der durchschnittlichen Blattfläche von Pflanzen und Bäumen pro Jahr, zeigen die Daten von NASA-Satelliten, dass China und Indien bei der zunehmenden Begrünung im Land führend sind. Dieser Effekt ist vor allem auf die ehrgeizigen Baumpflanzungsprogramme in China und die intensive Landwirtschaft in beiden Ländern zurückzuführen. Insgesamt entspricht die Begrünung des Planeten in den letzten zwei Jahrzehnten einer Zunahme der Blattfläche von Pflanzen und Bäumen, die die Fläche des gesamten Amazonas-Regenwaldes einnimmt. Mindestens 25 Prozent dieses Zuwachses entfielen auf China. Insgesamt wird ein Drittel der bewachsenen Flächen der Erde grüner, während fünf Prozent brauner werden.[15]

Die NASA-Forscher weisen aber auch darauf hin, dass der weltweite Zuwachs an Grün, der wie beschrieben vor allem in China zu beobachten ist, die Schäden durch den Verlust der natürlichen Vegetation in tropischen Regionen wie Brasilien und Indonesien nicht ausgleicht. Die aktuell negativen Folgen für die Nachhaltigkeit und die Artenvielfalt in diesen

Ökosystemen bleiben bestehen. Insgesamt sieht Rama Nemani, Co-Autor der Studie, in den neuen Erkenntnissen dennoch eine positive Botschaft. »Sobald die Menschen erkennen, dass es ein Problem gibt, neigen sie dazu, es zu lösen«, sagt er. »Der Mensch ist unglaublich widerstandsfähig. Das sehen wir in den Satellitendaten.«[16] Und ich sah es an der Luft in China, die zwar auch heute noch in gewissen Teilen des Landes und an manchen Tagen versmogt ist, insgesamt seit 2014 bis heute aber Jahr für Jahr klarer und besser wurde.

Chinas »Grüne Mauer«

Wenn wir uns nun China genauer anschauen, stellen wir fest: Chinas überproportionaler Beitrag zum globalen »Greening Trend« stammt mit 42 Prozent zu einem großen Teil aus Programmen zur Erhaltung und Erweiterung der Wälder. Diese wurden in dem Bemühen entwickelt, die Auswirkungen von Bodenerosion, Luftverschmutzung und Klimawandel zu verringern. Weitere 32 Prozent der Begrünung stammen aus dem intensivierten Anbau von Nahrungsmittelpflanzen (im Vergleich stammen 85 Prozent der Begrünung Indiens aus der Landwirtschaft).[17]

Beeindruckend ist, in welchen Dimensionen und welcher Langfristigkeit China auch hier denkt. Zum Beispiel wurde mit der »Grünen Mauer« ein weltweit einzigartiges Umweltprojekt gestartet, um die Desertifikation, also die Verwüstung, aufzuhalten, von der besonders Chinas trockener Norden betroffen ist – und die sich unter anderem durch die immer wieder selbst bis nach Peking ziehenden Sandstürme bemerkbar macht. Der offizielle Name des Projekts lautet *Sānběi Fánghùlín Gōngchéng* (三北防护林工程), auf Englisch *North Shelterbelt Development Program.* Das »Norden-Schutzwald-Projekt« ist ein groß angelegtes Aufforstungsprojekt, das sich über 4,069 Millionen Quadratkilometer in den nordöstlichen, nördlichen und nordwestlichen Regionen Chinas erstreckt, was fast der Hälfte der Fläche des Landes entspricht und das größte Projekt zur Aufforstung und Bekämpfung der Wüstenbildung der Erde ist. Es wurde 1978 in Angriff genommen und soll im Jahr 2050 abgeschlossen sein.[18] Bis Ende 2020 erreichte die Bewaldung 4,39 Millionen Hektar.[19] China hat mit seiner »Grünen Mauer« also Wälder aufgeforstet, welche größer sind als das Bundesland Nordrhein-Westfalen (3,41 Millionen Hektar)[20] – eine Leistung, die man im Sinne des globalen Umweltschutzes ehrlich anerkennen darf.

Umweltschutz in der Wirtschaft

Und wie sieht es in der Wirtschaft aus? Meine Erfahrungen zeigen auch hier klar: Es tut sich was. Zum einen wurden die Umweltvorschriften für Unternehmen massiv angezogen, für neue Fertigungsplanungen erfolgt vor der Freigabe zum Produktionsstart eine Prüfung durch die Umweltschutzbehörde. Und aus eigener Erfahrung kann ich berichten: Dabei wird alles angeschaut – Produkte, Fertigungstiefe und -prozesse, potenzielle Risiken für Beschäftigte sowie die Auswirkungen auf die Umwelt. Der CEO eines bekannten deutschen Unternehmens aus der Gegend um Shanghai erzählte mir von seinen Erfahrungen: »Die Vorschriften sind mittlerweile sehr, sehr streng – wir mussten zum Beispiel neue Luft- und Abwasserfilteranlagen einbauen, sonst hätten wir nicht mehr produzieren dürfen. Man kann sagen: Die Luft, die heute aus unserer chinesischen Fabrik kommt, ist sauberer als die Luft, die aus unserer Produktion in Deutschland kommt.«

Während diese Entwicklung also positiv ist und in die richtige Richtung geht, muss ich an dieser Stelle jedoch auch an Chinas Regierung für mehr Chancengleichheit plädieren. Denn was sich in der Praxis auch beobachten lässt: Die sinnvollen Vorschriften werden sehr strikt für alle ausländischen Unternehmen wie auch für chinesische Firmen in den hochindustrialisierten und entwickelten Regionen angewandt. In weniger entwickelten Regionen in Nord-, Süd- oder Westchina habe ich jedoch schon von mehreren Fällen gehört, wo Umweltstandards nicht im gleichen Maße eingehalten werden. Hier gibt es innerhalb Chinas also noch ein Gefälle. Mein Wunsch an die Regierung ist deshalb der folgende: Sorge dafür zu tragen, dass die Vorschriften – die absolut richtig und wichtig sind – konsequent sowohl für ausländische als auch lokale Unternehmen in allen Regionen Chinas gleichermaßen angewandt werden. Das ist ein Teil der für uns so wichtigen Chancengleichheit, denn wenn man zum Beispiel Filter einbaut, bedeutet dies ja automatisch auch höhere Kosten. Interessanterweise berichten aber nicht nur ausländische Firmen von diesem Problem – ich habe mit mehreren Inhabern chinesischer Mittelständler gesprochen, denen es ähnlich geht: Sie produzieren zum Beispiel in Suzhou, einer weit entwickelten Stadt an der chinesischen Ostküste, werden dort streng kontrolliert und haben alle Maßnahmen zum Schutz der Umwelt gerne umgesetzt – lokale Wettbewerber aus südlichen Regionen Chinas würden jedoch zu weit niedrigeren Standards fertigen, hätten so geringere Kosten und würden ihnen nun Schwierigkeiten machen.

Quo vadis, China?

Wenn wir beachten, aus welcher Armut China kommt und wie groß die Umweltprobleme durch das enorme Wirtschaftswachstum wurden, hat das Land in diesem Bereich in den letzten Jahren große Fortschritte gemacht. Dennoch ist China einerseits nach wie vor der weltgrößte CO_2-Emittent und zum anderen dauert es leider lange, bis die Verschmutzung in der Erde und den Gewässern gereinigt ist.

Hier zeigt China durchaus Bereitschaft, globale Verantwortung zu übernehmen, natürlich auch mit einem großen Eigeninteresse: Das Land ist in vielen Teilen wasserarm, Sandstürme ziehen durch Nordchina und Luft-, Boden- und Wasserverunreinigungen gibt es auch heute noch in mehreren Teilen des Landes. Laut Präsident Xi soll China bis 2060 klimaneutral sein.[21] Dieses Ziel verkündete er auf der Vollversammlung der *Vereinten Nationen* (UN) im September 2020 und erklärte somit Klimaschutz zur Chefsache. Dabei ist sich Chinas Spitze bewusst: Der Weg dahin ist weit und schließt Umwege, wie einen kurzfristigen weiteren Anstieg der Kohlekraft, mit ein – die Richtung ist aber klar.

Nicht zuletzt hat China – früher als viele der globalen Mitbewerber – die immensen Gewinnchancen erkannt, die im weltweit notwendigen Umbau der Wirtschaft zu mehr Nachhaltigkeit liegen. Was dies auch an Chancen für die deutsche Wirtschaft und unseren Mittelstand bedeuten kann, erfahren wir später noch in Kapitel 12 »Weltmarktführer der Zukunft – neue Potenziale für Deutschland«.

Denn um die Klimaschutzziele zu erreichen, muss China gewaltig investieren und innovieren. Die Nichtregierungsorganisation RMI und die Investment Association of China haben in einer Studie vom Februar 2021 die folgenden sieben Investitionsbereiche identifiziert:[22] Ressourcen-Recycling, Energieeffizienz, »End-use«-Elektrifizierung, CO_2-neutraler Energieeinsatz, Energiespeicherung, Wasserstoff und Digitalisierung. Fachleute schätzen die Marktgröße dieser sieben Bereiche im Jahr 2050 auf rund 2,3 Billionen US-Dollar. Die China International Capital Corp. schätzt den gesamten Klimaschutzfinanzierungsbedarf Chinas auf die unglaubliche Summe von rund 21,3 Billionen US-Dollar über die nächsten 40 Jahre, wie *Forbes* im April 2023 berichtete. Das ist einerseits für den Erhalt unserer Erde eine gute Nachricht, denn als zweitgrößte Volkswirtschaft stellt China einen großen Hebel dar. Auf der anderen Seite schafft Chinas massive Unterstützung bei der Transformation seiner Wirtschaft hin zur Klimaneutralität einen großen Markt, führt jedoch durch die damit verbundenen Subventionen inländisch wie auch global zu verzerrten Wettbewerbsverhältnissen. Im Ergebnis schaffen es chinesische Anbieter im Solar- und Windkraftbereich, in der Batterieherstellung und der Wasserstoffwirtschaft leichter an die Weltspitze.[23]

Westliche Kritik an China – eine offene Diskussion mit chinesischen Freunden

Einerseits ist China der größte CO_2-Emmitent der Welt und baut weiter neue Kohlekraftwerke. Das nach Indien bevölkerungsreichste Land der Erde unterhält außerdem ein ambitioniertes Atomprogramm. Auf der anderen Seite ist China aber auch die weltweit führende Nation, wenn es um den Ausbau erneuerbarer Energien geht, wie aktuelle Zahlen der International Energy Agency (IEA) zeigen.[24]

Allein in der Photovoltaik verzeichnete China im Jahr 2023 einen Rekordzubau von 216,88 Gigawatt, was in etwa der Hälfte aller weltweit zugebauten Kapazität in regenerativer Energie entspricht. Insgesamt kommt China auf eine Nennleistung von über 1400 Gigawatt (mehr als 35 Prozent) der weltweit installierten Leistung in erneuerbaren Energien. Zum Vergleich: Deutschlands Solar-, Wind- und sonstige erneuerbaren Kapazitäten kommen zusammengenommen auf rund 150 Gigawatt. 2023 kamen etwa 14,2 Gigawatt Photovoltaik neu ans Netz.[25]

Die Photovoltaik-Leistung im Ländervergleich: China 609 Gigawatt, USA 161 Gigawatt, Deutschland 81 Gigawatt, Indien 73 Gigawatt.[26] Und auch in einer weiteren Zukunftstechnologie – dem grünen Wasserstoff – hat China Europa und die USA weit hinter sich gelassen. Wasserstoff wird dann als »grün« bezeichnet, wenn zu seiner Herstellung ausschließlich erneuerbare Energien und Wasser verwendet werden. In China sind Elektrolyseure mit einer Leistung von 610 Megawatt am Netz, mehr als 50 Prozent der weltweiten Kapazitäten.[27]

Es geht hier also einiges in die richtige Richtung – und dennoch gibt es in westlichen Medien und seitens der Politik auch hier teils große Kritik. Grund genug, dachte ich mir dazu, dies einmal ganz offen mit chinesischen Freunden zu diskutieren, um deren Sicht kennenzulernen. Gedacht, getan – und so verabredete ich mich bei einer Geschäftsreise im Sommer 2023 mit Freunden aus Shanghai zu einem Bier. Als ich sie dann zu den Kritiken fragte, wurden sie nachdenklich und meinten schließlich: »Weißt du, das kommt auch stark auf die Perspektive an, die man einnimmt. Wenn man nur schaut: ›Ah, China ist der weltgrößte CO_2-Emittent. Ah, in China gibt es Smog. Ah, in China gibt es geringe Produktionsstandards‹ – ja, dann stimme ich zu, dann ergibt dies kein gutes Bild. Und all das ist auch nicht gut. Aber das Bild ist so doch nicht vollständig.«

»Was meint ihr damit?«, fragte ich zurück. »Fragt ihr euch denn nicht, wo ein Großteil der vielen günstigen Produkte bei euch herkommt? Und dass, wenn ihr dies alles bei euch machen würdet, oder wir auf einen Schlag die ganze Industrie modernisieren würden, ihr eine Inflation von mehr als 30 oder 40 Prozent hättet? Der Wohlstand der westlichen Welt basiert zu einem Teil ja darauf, China und Asien lange als Werkbank genutzt zu haben. Klar, wir profitieren ja auch davon, vor allem unser Export. Aber ohne die günstigen Artikel, die eben auch günstig sind, weil die Umweltstandards nicht so hoch waren wie bei euch, hätten gerade die Amerikaner niemals einen so hohen Wohlstand erreicht.« Ein interessanter Aspekt, dachte ich, bevor sie fortfuhren:

»Und schau mal, wenn man die energiebedingten CO_2-Emissionen nicht pro Land, sondern pro Kopf vergleicht, ergibt sich ein anderes Bild – hier liegt China hinter Ländern wie den USA, Kanada, Russland, Japan und Deutschland. Wir haben halt mehr als 1,4 Milliarden Einwohner. Und die muss man alle ernähren. Unser Land hat in den letzten 40 Jahren rund 800 Millionen Menschen aus der extremen Armut geholt, das muss man erst mal schultern. Aber ja, man muss auch klar sagen: Die Bekämpfung der Armut und das Wirtschaftswachstum hatten Priorität und die Umwelt hat darunter gelitten; du hast es ja in deiner Zeit hier in China selbst erlebt.« Bevor ich etwas sagen konnte, fuhren sie fort. Ich spürte, wie sie das Thema bewegte: »Klar, wenn es anders gegangen wäre, wäre es natürlich besser für alle. Aber wie sahen denn bei euch in Europa die Flüsse während eurer Zeit der Industrialisierung aus? Ich sah mal Bilder von der Themse in London, da war alles schwarz – der Fluss, die Luft, die Gebäude.«

Ein guter Punkt, dachte ich mir. Nach einem kurzen Moment der Stille nahm einer der Freunde das Wort noch mal auf: »Weißt du, ich glaube, wir müssen bei dem Thema einfach alle noch mehr zusammen an einem Strang ziehen – von China über Asien, Europa und Amerika bis hin zu Afrika und auch Südamerika mit dem Amazonas.« Abgeschlossen haben wir die Diskussion an der Stelle dann, indem wir neues Bier bestellt und genau darauf miteinander angestoßen haben.

Jugendarbeitslosigkeit, Demografie und Immobilienkrise – neue Herausforderungen

Während das Wohlstandsversprechen zwischen Bevölkerung und Staat die chinesische Führung über die Pandemiejahre gebracht hat und China im Dezember 2022 seine strengen Corona-Beschränkungen auch aufgrund zunehmender Unzufriedenheit des Volkes aufhob, blieb die Erholung erst mal hinter den Erwartungen zurück. Die Wirtschaft und das Vertrauen hatten stark unter den Lockdowns gelitten. Dies zeigen auch die Konjunkturzahlen: Das Bruttoinlandsprodukt wuchs von April bis Juni 2023 nur noch um 0,8 Prozent im Vergleich zum Vorquartal. Der US-Präsident sprach von China als »tickender Zeitbombe« – was natürlich zu drastisch war und strategisch lediglich darauf abzielte, das öffentliche Vertrauen in China zu schwächen.[28] Denn mit einem Wachstum von 4,9 Prozent im dritten Quartal 2023 hat sich die zweitgrößte Volkswirtschaft der Welt stabilisiert und die Erwartungen übertroffen. Zusammengerechnet wuchs die chinesische Volkswirtschaft von Januar bis Ende September um 5,2 Prozent. Das Wachstumsziel der chinesischen Regierung für das Gesamtjahr liegt bei fünf Prozent.[29]

Doch auch angesichts dieser leichten Erholung steht China heute neben den Herausforderungen im Umweltschutz gleich mehreren ernst zu nehmenden Problemen in der Wirtschaft gegenüber: Eines davon ist die Überwindung der Middle-Income-Trap, die wir bereits analysiert haben und die in den kommenden Jahrzehnten ein laufendes Thema für China sein wird. Wie wir betrachtet haben, bedeutet ein Gefangensein in der »Falle der mittleren Einkommen«, dass man weder preislich mit Billiglohnländern mithalten noch vom Produkt her qualitativ zu den hochentwickelten Ländern aufschließen kann. Um jedoch als Land – nicht nur in der Spitze, sondern auch in der Breite – in die Liga der hohen Einkommen aufzusteigen, braucht man Hochtechnologie, die für Innovationen und Produktion mit hoher Differenzierung und Mehrwert eingesetzt wird. China arbeitet hieran, erzielt große Fortschritte – hat aber noch einen weiten Weg vor sich.

Chinas Immobilienkrise – schneller, höher, weiter

Chinas Immobilienkrise schlägt deshalb so große Wellen, weil der gesamte Immobilienmarkt mit rund einem Viertel einen signifikanten Teil der chinesischen Wirtschaft ausmacht. In China wurde seit den 1990er-Jahren in atemberaubender Geschwindigkeit gebaut. Gleichzeitig stiegen die Preise für Immobilien enorm an. In vielen Großstädten haben sich die Preise für Wohnimmobilien innerhalb weniger Jahre vervielfacht. Chinesische Freundinnen aus Shanghai erzählten mir von Steigerungen, die das Dreifache betrugen. Der Immobiliensektor, zu dem neben Bauherren und Vermietern auch Spekulanten gehören, wurde so zu einer wichtigen Stütze der chinesischen Wirtschaft – und man muss klar sagen: Es wurden zu viele Wohnungen gebaut, die heute leer stehen. Weil viele Bauprojekte in der Corona-Krise monatelang nicht vorankamen und die Preise für Immobilien drastisch sanken, steckt die Branche seit rund zwei Jahren in der Krise. 2021 hatten die Schieflagen von China Evergrande und Sunac China weltweit Schlagzeilen gemacht. Und im Sommer 2023 wurde bekannt, dass auch Country Garden, einer der größten Immobilienentwickler des Landes, in einer Finanzklemme steckt. Dazu kommt der riesige Schuldenberg von Evergrande.[30] Darüber sind viele Chinesen besorgt, denn in China ist es üblich, dass man lange vor dem Bau von Wohnanlagen Vorschüsse an die Immobilienentwickler zahlt – wenn die Bauten aber nicht mehr durchgeführt werden, haben die Menschen verständlicherweise Sorgen um ihr investiertes Geld.

Die Chips der Zukunft

Auch leidet die chinesische Industrie unter dem angespannten Verhältnis zwischen den USA und China. Im Wettlauf um die Entwicklung künstlicher Intelligenz verschärfte Washington jüngst seine Restriktionen für Chiplieferungen nach China. Im Januar 2023 berichtete das deutsche Magazin *Capital*: »Die USA eskalieren den Chip-Krieg mit China. Die USA holen Japan und die Niederlande ins Boot, um China von den globalen Chip-Lieferketten abzuschneiden. (…). Für viele mag sich das auf den ersten Blick wie eine kleine Branchenmeldung lesen, der Schritt hat jedoch globale Tragweite. Analysten sprechen bereits von einem ›Kalten Technologie-Krieg‹. Im Zentrum steht dabei der Zugang zu Spitzenchips. (…). Die neuen Restriktionen sollen offenbar den Ausbau der chinesischen Halbleiter-Industrie lähmen – und die dortige Eigenproduktion von Spitzenchips verhindern. Bisher ist China dabei von internationalen Zulieferern abhängig.«[31] Die Aktion traf die chinesische Halbleiter-Industrie ins Mark, denn eine Umschiffung der Sperre erscheint zumindest auf absehbare Zeit unwahrscheinlich. Der Bau von neuen Fabriken oder die Erweiterung von bestehenden Kapazitäten für Chips mit einer Auflösung von 14 Nanometern oder kleiner sei ohne DUV-Maschinen undenkbar. Diese Art von Chips werden zum Beispiel in den neuesten Elektronikgeräten, KI-Anwendungen und smarten Autos verbaut. »China wird nicht in der Lage sein, diese Maschinen kurz- oder mittelfristig selbst zu entwickeln«, sagt die Chip-Expertin Hess. Der Technologievorsprung sei einfach zu groß.[32]

Kurzfristig bereitet dies China gerade in Zukunftstechnologien Probleme – wie es sich allerdings langfristig auswirken mag, steht auf einem anderen Blatt. Denn es gibt zunehmend Stimmen, die davon ausgehen, dass diese Aktion ein Schock für China war, der auf lange Sicht dazu führen werde, dass China dem Thema der Unabhängigkeit und Eigenkompetenz absolute Top-Priorität einräume – und so final, nicht morgen, aber übermorgen davon profitiere.

Jugendarbeitslosigkeit und Demografie

Zudem stehen viele Chinesen vor einem Problem, das ihnen aufgrund des rasanten Aufschwungs Chinas seit den 1980er-Jahren bislang unbekannt war: Arbeitslosigkeit. Im Juni 2023 erreichte die Arbeitslosenquote junger Chinesen einen Rekordwert von 21,3 Prozent, da Millionen Schul- und Uni-Absolventen nur noch ein begrenztes Angebot an Jobs zur Verfügung steht.[33]

Langfristig gesehen denke ich jedoch eher, dass die demografische Entwicklung die größere Herausforderung für China wird.[34] Denn in China wurden noch nie so wenige Kinder geboren wie im Jahr 2022. Die Geburtenrate des Landes sank auf 1,09 und zählt neben Südkorea und Singapur bereits zu den niedrigsten der Welt. Besorgt über Chinas ersten Bevölkerungsrückgang seit sechs Jahrzehnten und die rasch alternde Bevölkerung, versucht die Regierung in Peking gegenzusteuern. Die Politik hat einige Maßnahmen ergriffen, um die Geburtenrate zu erhöhen – darunter finanzielle Anreize und verbesserte Kinderbetreuung. Hohe Kosten für die Kinderbetreuung und der Zwang, oft die Karriere aufgeben zu müssen, halten viele Frauen jedoch davon ab, mehrere Kinder oder überhaupt welche zu bekommen. Zudem ist eine konservative Erwartungshaltung Frauen gegenüber immer noch weit verbreitet. Die Behörden appellieren zwar verstärkt, die Kindererziehung unter beiden Eltern aufzuteilen. Doch in den meisten Provinzen ist zum Beispiel der Vaterschaftsurlaub immer noch begrenzt.[35] Langfristig führt all dies dazu, dass China älter wird – was sich auch bei Betrachtung der folgenden Tendenz zeigt: Im Jahr 2015 betrug in China der Anteil der über 65-Jährigen je 100 Personen (im erwerbsfähigen Alter von 20 bis 64 Jahren) lediglich 14 Prozent (USA 25 Prozent, Deutschland 35 Prozent, Japan 47 Prozent). Wie der *Spiegel* am 2. September 2023 berichtete, prognostiziert das deutsche Bundesamt für Statistik (Destatis) für das Jahr 2050 für China einen Anteil von 51 Prozent (USA 41 Prozent, Deutschland 64 Prozent, Japan 77 Prozent).[36]

Die verunsicherte Bevölkerung

Die Unsicherheit über die Beschäftigung und die Haushaltseinkommen stellen Risiken für einen nachhaltigen Aufschwung dar. So lagen die Spareinlagen der chinesischen Bevölkerung 2023 auf einem neuen Rekordniveau von 35 Prozent. Die Vertrauenskrise der Verbraucher ist in China auch angesichts des kürzlichen Aufschwungs und des Lichts am Ende des Tunnels noch nicht überwunden.[37] Dennoch wäre ich vorsichtig, China vorschnell abzuschreiben. Die Zukunft wird anders und die Kurve des Wachstums wird sich abflachen, das ist aus meiner Sicht der natürliche Lauf der Entwicklung.

Auch verändert sich Chinas Umgang mit den Herausforderungen – denn trotz vieler Rufe nach staatlichen Hilfspaketen halte sich China bewusst zurück, glaubt Max Zenglein, Chefökonom beim China-Institut Merics im Berlin. »Das chinesische Wirtschaftsmodell befindet sich in einer Umstellungsphase, in der die Regierung bewusst ein geringeres BIP-Wachstum in Kauf nimmt«, argumentiert er.[38] Die Regierung ziele darauf ab, dass Chinas zukünftiges Wachstum von Bereichen vorangetrieben werde, die im Einklang mit nationalen strategischen Zielen stünden. Dazu gehören mehr Hightech und weniger Immobilien. »Diese Umstellung verläuft nicht reibungslos, aber Chinas Wirtschaft befindet sich nicht im Krisenmodus«, sagte Zenglein im Oktober 2023 dazu.[39] Ich teile diese Ansicht, denn Chinas Regierung steuert um: Es geht ihr primär nicht mehr nur um das allergrößte Wirtschaftswachstum, sondern darum, die notwendige Transformation zu vollziehen, die unausweichlich vor dem Land liegt.

Chinas Generation Z – was will die Jugend?

»Die Jugend liebt heutzutage den Luxus. Sie hat schlechte Manieren, verachtet die Autorität. Sie widerspricht ihren Eltern, legt die Beine übereinander und schwatzt, wo sie arbeiten sollte.« Aussagen dieser Art hört und liest man immer wieder. Interessant mag hier jedoch sein, dass das obige Zitat nicht aus einer Boulevardzeitung des Jahres 2024 stammt, sondern von Sokrates, der im antiken Griechenland 449 bis 399 vor Christus lebte. Ebenfalls ist folgendes Zitat bemerkenswert: »Fehlende Disziplin, mangelnde Leistungsbereitschaft, geringe Belastbarkeit – die Azubis machen unseren Unternehmen Sorgen.«[40] Würde das schon eher zu unserer Generation Z passen? Auch schwierig. Denn dies sagte Hans Heinrich Driftmann als Präsident des Deutschen Industrie- und Handelskammertages (DIHK) im Jahr 2011 – als die Generation Z teils noch gar nicht geboren war. Vielleicht hat er damit mich gemeint, die Generation Y, die »Millennials« der Jahrgänge 1980 bis 1995? Da sich, wie Felix Beilharz in seinem Buch »Manual Generation Z« pointiert beschreibt[41], unsere Welt aber seit und auch trotz obiger Statements weitergedreht hat und nicht untergegangen ist, kann die Jugend ja nicht alles falsch gemacht haben. Vielmehr drängen sich Fragen auf: Was hat es denn auf sich mit der Generation Z? Ist sie vielleicht gar nicht so undiszipliniert oder faul, sondern auch leistungsbereit, aber eben »anders«? Verklären wir »Älteren« uns im Nachhinein vielleicht ein wenig, nach dem Motto »Früher war alles besser«? Wo drohen aber vielleicht auch Wünsche nach weniger Arbeit in Leistungslöcher auszuufern? Was können wir tun, um die Jugend besser zu verstehen, denn wir müssen ja ein erfolgreiches Miteinander und Zusammenarbeit finden – gerade im neuen »Arbeitnehmer-Zeitalter«. Und für Sie als weltinteressierter Mensch, was Sie mit Sicherheit sind, denn sonst würden Sie dieses Buch ja nicht lesen: Wie tickt eigentlich Chinas Generation Z?

Der Mondschein-Clan

China hat mit 15 Prozent der Bevölkerung den größten Anteil der Generation Z weltweit. Sie bezeichnet sich selbst als »Mondschein-Clan«, der es fertig bekommt, aufgrund hoher Kosten in den Städten sein gesamtes (weniges) monatliches Geld mit Ablauf eines Mondzyklus auszugeben.[42] Aber wie das Konfuzius-Institut Leipzig deutlich macht, wäre es nicht fair, sie darauf zu reduzieren.[43] Geboren zwischen 1997 und 2010 gelten sie als Digital Natives, die durch das Internet global vernetzt sind, soziale Medien per Smartphone nutzen und sich weltoffen, reisefreudig (zwei Drittel aller Chinesen, die einen Reisepass haben, sind unter 36 Jahre alt, davon viele Generation-Zler) und selbstbewusst angesichts des Aufstiegs von China geben – und dabei, relativ neu für China, vermehrt auch vieles hinterfragen. Denn mehr als alle anderen Generationen vor ihnen sucht Gen Z nach Individualität, probiert andere Lebensmodelle aus und ist in ökologischen Bewegungen aktiv. Status und Hierarchien am Arbeitsplatz beeindrucken sie nicht.

Dabei ist diese junge Generation die erste in der modernen Geschichte Chinas, die sich in großen Teilen keine Gedanken über existenzielle Fragen machen muss. Stattdessen fragt sie sich: »Was möchte ich für mich selbst? Für meine Familie? Für mein Land?« Es ist die Identitätsgeneration, die erste Generation, die in der Lage sein wird, eine Antwort auf die Frage zu geben, was es bedeutet, in der modernen Welt Chinese zu sein. Es ist dabei zu erwarten, dass es in den kommenden Jahrzehnten auch in China Bewegungen und Trends wie »Fridays for Future« geben wird und die jungen Menschen für Anliegen, die ihnen für ihre Zukunft wichtig sind, auf die physischen oder virtuellen Straßen gehen werden. Denn die junge Generation Chinas hat ein größeres gesellschaftliches und umweltliches Bewusstsein entwickelt.[44]

Tang Ping – China legt sich flach

Dazu gehört auch, Lebensmodelle zu hinterfragen: So ging in der Volksrepublik der Trend des *Tang Ping* (躺平) viral – zu Deutsch: »flachliegen«. Was nicht bedeutet, dass nun reihenweise Chinesen in China rumliegen, sondern vielmehr ein Ausbruch sein soll aus dem (westlichen) Streben, das China längst erreicht hat: »höher – schneller – weiter«. Ein Teil der jungen Chinesen legt jetzt jedoch einen größer werdenden Fokus auf Freiheit und Glück statt ausschließlich auf Karriere und Konsum.[45] Dabei spielt auch die Geschichte eine Rolle. Nach Mao stand China vor einer ähnlichen Situation wie Deutschland nach dem Zweiten Weltkrieg: Es war arm und hungrig. Die Folgegenerationen leisteten enorme Arbeit und bauten das Land mit unglaublichem Fleiß und Einsatz zu dem Wohlstand und der potenten Wirtschaftskraft auf, die es heute besitzt. Und genau in diesem Umfeld wuchs die Generation Z auf – im »China-Speed«. Das heißt, ihre Umgebung veränderte sich rasant und viel schneller als im Rest der Welt. Wachstumsexplosion ist für sie die »normale«, persönliche Erfahrung. Heute beklagen sich viele Millennials und Generation-Zler der *Global Times* zufolge, dass Belastungen wie Arbeitsstress, Familienstreitigkeiten und finanzielle Lasten sie »an die Wand gedrückt haben«[46]. Stattdessen wollen sie lieber etwas aufgeben, »als in einem endlosen Wettbewerb mit Gleichaltrigen gefangen zu sein«. Das Leben der Generation Z ist in China nämlich auch durch extremen Konkurrenzdruck gekennzeichnet. Von klein auf wird die Jugend zum Beispiel geistig, musikalisch und sportlich gedrillt, um die *Gao-Kao*-Aufnahmeprüfung für Universitäten zu bestehen. Denn nur wer eine gute Universität besucht, hat in der Regel Chancen auf einen gut bezahlten Job. Die *Global Times* nannte einen Maßstab für Erfolg beim Englischlernen: Ein Kind, das im Alter von sechs Jahren Harry Potter im Original lesen könne, gelte als schlau und talentiert.[47]

Oft wird dies zum Leidwesen der Kinder jedoch übertrieben. Die Eltern sorgen sich wiederum, dass ihre Kinder sozial abrutschen. Denn wer es nicht auf die Universität schafft, findet zwar auch Arbeit. »Aber diese Jobs würden sich nicht von denen unterscheiden, die andere junge Leute von außerhalb der Stadt finden können«, weiß Herr Li, Professor für Finanzen und Wirtschaft an der renommierten Zhejiang-Universität. Es wäre äußerst schwierig, in einer Stadt zu leben, eine Wohnung oder ein Haus zu kaufen, ein Auto zu besitzen oder eine Familie zu gründen, wenn man auf das magere Einkommen solcher Jobs angewiesen sei. Ein weiteres Problem sei zudem, dass die frühere Karriere vom Bauern oder Arbeiter zur wohlhabenden Familie immer härter wird. Er war noch der Erste aus seiner Gemeinde, der es an eine Universität schaffte. »In den nächsten 20 Jahren wurde ich Zeuge einer Ära des rasanten Fortschritts in der chinesischen Gesellschaft, aber die soziale Mobilität wurde viel schwieriger als zuvor.«[48]

»996« und die negativen Folgen des »China-Speed«

Im Arbeitsleben werden die jungen Chinesen dann oft weiter geschlaucht. Um sich im Haifischbecken des chinesischen Marktes zu behaupten und die hohe Geschwindigkeit der Wirtschaft mitgehen zu können, heißt in vielen chinesischen Firmen der Arbeitsalltag »996« – von neun Uhr morgens bis neun Uhr abends, sechs Tage die Woche.[49] Dies entspricht circa 70 Wochenarbeitsstunden als Standard, zudem wird in China erwartet, dass man auch rund um die Uhr mobil erreichbar ist. Nicht alle fühlen sich diesem Leben gewachsen – und selbst die, die mit einem solchen Pensum erfolgreich leben können, fragen sich immer öfters: Wofür eigentlich?

Eine 39-jährige Freundin aus Shanghai sagte mir dazu: »Für mich ist es normal, so viel zu arbeiten, ich komme aus einem kleinen Dorf im Nordwesten Chinas, von dort habe ich mich all die Jahre bis zur Geschäftsführerin hochgearbeitet, um meiner Familie und mir ein gutes Leben zu ermöglichen. Die junge Generation sieht dies anders – die fragen sich: Warum sollten wir so viel arbeiten, dass wir uns immer mehr kaufen können, aber immer weniger Zeit für unsere Familie, Freunde und uns selbst haben? Ist der Sinn des Lebens wirklich ein ›Immer mehr und mehr und mehr‹? Wir sind unseren Eltern sehr dankbar, was sie alles für den Aufbau getan haben – aber heißt das automatisch, dass auch wir unser Leben so gestalten müssen? Natürlich wollen wir auch arbeiten und unseren Teil beitragen, aber es kommt in Zukunft viel mehr auf das ›Wie‹ an. Aktuell betreiben wir doch Raubbau sowohl an uns selbst als auch an unserer Erde.«

Sie sehen: Auch junge Chinesen beschäftigen ähnliche Themen, wie wir sie von der Generation Z in Deutschland hören. Und das bedeutet nicht, dass sich jetzt ein großer Teil der jungen Chinesen auf die faule Haut legen wird. Der Trend des *Tang Ping* umfasst nur einen sehr kleinen Teil der Generation Z und ist sozusagen ein Sub-Phänomen, welches gewisse Probleme und den Drang zum Hinterfragen junger Chinesen aufzeigt. Generell ist Chinas Generation Z nämlich sehr konsumfreudig. In einer internationalen Vergleichsstudie zum Kaufverhalten stellt das Beratungsunternehmen McKinsey fest, dass fast die Hälfte der chinesischen Generation Z zu Impulskäufen neigt, deutlich mehr als ihre Altersgenossen in anderen Ländern der Welt. Auch entwickeln sie zunehmend ein Bewusstsein für die Umwelt, was eine Ähnlichkeit zur deutschen Generation Z aufweist.[50] Denn in Deutschland sind trotz gewisser Widersprüchlichkeiten (zum

Beispiel eine Schwäche für Marken wie Apple & Co) Nachhaltigkeit und Umweltbewusstsein ein wichtiges Anliegen für große Teile der Generation Z (für 64 Prozent eines der wichtigsten Kaufkriterien).[51]

Junge Chinesen sind sich auch der Tatsache bewusst, dass ihre Regierung alles andere als vollkommen ist, aber sie sind stolz auf die Leistungen ihres Landes in den letzten Jahrzehnten. Modernisierung bedeutet für sie dabei nicht (mehr) eine Verwestlichung. Die Begeisterung für den Westen ist in den letzten Jahren in der Generation Z nämlich abgekühlt – auch aufgrund der empfundenen fehlenden Bereitschaft, bei uns selbst ähnlich strenge Maßstäbe anzulegen wie bei ihrem Land.[52]

Das junge China denkt also in vielen Bereichen anders und neuer als das China, das wir im Westen oft vor Augen haben. Insofern zeichnet es sich ab, dass es mittel- bis langfristig, etwas zeitversetzt und später als bei uns in Europa, auch in China zu einem größeren Um- und Neudenken kommen wird. Und deshalb wird der Erfolg der Wirtschaft und der Gesellschaft sowohl in China als auch in Deutschland in den kommenden Jahrzehnten zu einem nicht unwesentlichen Teil davon abhängen, ob und wie die älteren mit den jüngeren Generationen gemeinsam Lösungen finden.

KAPITEL 9

Geostrategische und technologische Zusammenhänge

Um die geostrategischen und technologischen Zusammenhänge leichter einordnen zu können, ist es unerlässlich, sich mit der globalen Innovationsentwicklung zu befassen. Denn wie wir gesehen haben, ist besonders für die deutsche Wirtschaft, darunter zahlreiche Hidden Champions und Weltmarktführer in technischen Branchen, meist Innovation die Grundlage des Erfolgs – und somit auch die Grundlage der Wirtschaftskraft und des Wohlstands in unserem Land. Ähnliches gilt für die USA und zunehmend auch für China. Aus einer geostrategischen Vogelperspektive bedeutet dies: Das Innovations-Rennen wird das globale Ringen der beiden Großmächte China und USA um die Vormachstellung im 21. Jahrhundert entscheidend prägen. Eine der wesentlichen Fragen für unsere Zukunft lautet deshalb: Wo liegen wir im globalen Tech-Rennen mit China und den USA im Jahr 2024?

Science-Fiction in China: Fliegende Personen-Drohnen und Robo-Taxen

Wer China bereist und Unternehmen verschiedener Branchen und Regionen besucht, wird früher oder später feststellen: China ist ein Land der Extreme und der mannigfaltigsten Facetten. Deshalb ist immer Obacht geboten, wenn man mit China zu tun hat: Es ist nahezu unmöglich, von ein paar Eindrücken, seien es Besuche, Reportagen oder Begegnungen, auf das ganze Land zu schließen. Dies gilt natürlich für jedes Land und jede Kultur – für China aber umso mehr, da die Facetten so zahlreich und kontrastreich sind. Am folgenden Beispiel aus der Wirtschaft kann man dies schnell erkennen.

Hier gibt es die hochinnovativen Cluster in futuristischen Mega-Metropolen wie Shenzhen, digitale Pioniere und mit den ersten Personen-Drohnen in der Luft (EHang) und selbstfahrenden Robo-Taxen auf den Straßen (Baidu) ist China dabei, die USA und Europa beim autonomen Fliegen und Fahren abzuhängen. Ja, Sie haben richtig gelesen: In China fliegen E-Drohnen, die Personen befördern – ohne Pilot.

Das erste fliegende Taxi der Welt

So berichtete das renommierte Magazin *The Economist* am 25. Oktober 2023: »China approves the world's first flying taxi.«[1] Möglich hat dies ein Mittelständler aus Shenzhen gemacht, der heute an der NASDAQ-Börse in den USA gelistet ist: Guangzhou EHang Intelligent Technology Co. Ltd., ein südchinesischer Hersteller von Unmanned Aerial Vehicles (UAVs). Am 13. Oktober 2023 hat die von EHang entwickelte erste Personen-E-Drohne der Welt ohne Pilot ihre Alltagslizenz in China erhalten. Das Modell EH-216-S wird fortan im der südchinesischen Innovationsmetropole Shenzhen eingesetzt. Als erster Hersteller weltweit hat EHang eine Typ-Zertifizierung für ein sogenanntes eVTOL-Flugzeug erhalten. Dies bedeutet: »Electric Vertical Take-off and Landing«. EHang hat die Zertifizierung nur neun Jahre nach seiner Gründung im Jahr 2014 erhalten. Nach Prüfung der Civil Aviation Administration of China (CAAC) und mehr als 40 000 Testflügen kann EHang nun in den Alltagsbetrieb gehen.[2] Damit ist EHang weltweit führend in der Urban Air Mobility (UAM) – und ein weiterer chinesischer Mittelständler ist in die globale Spitzenliga aufgestiegen.

Heute werden die Drohnen von EHang in Shenzhen (17,6 Millionen Einwohner) im Bao'an Distrikt eingesetzt (4,5 Millionen Einwohner, größer als Berlin mit 3,7 Millionen). Die Stadt möchte mehr als 50 Routen mit 100 Landeplattformen aufbauen. Der Antrieb des futuristischen Zweisitzers erfolgt über 16 kleine Rotoren, die an den Spitzen von acht Armen angebracht sind, die sich bei Nichtgebrauch einklappen lassen, sodass das Fahrzeug auch auf engem Raum geparkt werden kann. So gilt »das erste fliegende Taxi« der Welt als sehr sicher, einfach autonom zu steuern und im Vergleich zu Hubschraubern leise. Mit Batterien kann EH-216-S bei einer Spitzengeschwindigkeit von 130 km/h in einem Umkreis von 30 Kilometern fliegen, also ideal für den Einsatz in Mega-Citys.[3] Wie die World Intellectual Property Organization in ihrem Online-Artikel »EHang: The Sky's the Limit« aufzählt, hat EHang zum Schutz des Know-hows 318 Patente in China und 43 ausländische Patente angemeldet sowie 76 internationale Patentanmeldungen eingereicht.[4]

Green Aviation Industry – ein Ausblick in die Zukunft der Mobilität

Gleichzeitig, wie die *South China Morning Post* am 11. Oktober 2023 berichtete, arbeitet Peking bereits an den Rahmenbedingungen für eine »Green Aviation Industry«, die bis 2035 aufgebaut werden soll.[5] Peking will auch hier Vorreiter sein, denn die Regierung hat ein großes Interesse daran, einen Teil des Straßenverkehrs in die Luft zu verlegen, um so die größten Städte zu entlasten. Kurzfristig wird dies aus meiner Sicht erst den Eliten vorbehalten sein, die es sich leisten können. Langfristig denke ich aber, dass wir hier die ersten Schritte in ein neues Zeitalter sehen, in dem sich in Städten dreidimensional fortbewegt wird – sprich, am Boden und in der Luft. Auch kann es natürlich eine lebensrettende Innovation sein, wenn man zum Beispiel an Notfall-Transporte denkt, gerade in den verstopften Mega-Citys der Welt. Mit Volocopter haben wir in Deutschland sogar wettbewerbsfähige Produkte. Doch während sich Volocopter noch in der europäischen Regulierungsmühle dreht[6], schreibt China mit EHang ein neues Kapitel der globalen Mobilität.

Consumer Digitalization – sprechende Roboter im Aufzug

Auch in der »Consumer Digitalization« spielt China weltweit an der Spitze. Schon bei meiner Ankunft im Jahr 2013 war ich verblüfft, was ich mit der App »WeChat«, die von mehr als einer Milliarde Menschen genutzt wird, alles machen kann: vom einfachen Messenger, über Video-Konferenzen und Online-Shopping, bis hin zum Buchen von Hotels, Zug- und Flugtickets oder dem Bezahlen der Restaurant- sowie Strom,- Wasser- und Gasrechnung meines Apartments. 2019 waren dann wiederum Freunde von mir verblüfft, als sie mich in Shanghai besuchten und mir von ihrem Hotelzimmer schrieben, wo sie jetzt noch etwas zu trinken und vor allem Handy-Ladegeräte herbekommen könnten. Ein paar Touches auf meinem iPhone genügten – und nur ein paar Minuten später klingelte es an der Zimmertür meiner Freunde und ein, wie sie mir berichteten, freundlicher Roboter grüßte sie und lieferte eine Auswahl an Säften und passenden

Ladegeräten. Amüsant wurde es, als wir diesen Service am Sonntagmorgen noch mal gemeinsam testeten, der Roboter wieder weg- und in den Aufzug fahren wollte. Denn dort begegnete er einer älteren chinesischen Dame, für die es offensichtlich der »Erstkontakt« mit einem fahrenden und sprechenden Roboter war. Sie versuchte tatkräftig und emotional, ihn mit Handgesten, und als auch dies nicht half, in kräftigem Shanghai-Chinesisch schimpfend anzuweisen, er solle doch draußen warten. Der Roboter, pflichtbewusst, wie er war, ließ sich aber natürlich nicht von seiner Mission abbringen, und so führten die beiden zur Bewunderung einer immer größer werdenden Menschentraube eine lebhafte Diskussion auf Chinesisch, um sich final dann doch anzufreunden und filmreif gemeinsam im Aufzug die Bühne zu verlassen. Vor zehn Jahren hätte ich noch geglaubt, dass solche Dialoge genauso wie die fliegenden Personen-Drohnen nur Szenen aus einem Science-Fiction-Film sind.

Neben solchen Innovationen in technologischen Spitzenbereichen gibt es in China aber auch Millionen älterer Fabriken, die über das ganze Land verteilt und meist noch nicht automatisiert sind. Dort gibt es viel Handarbeit; sie erinnern an das »frühere China«. Oft werden dort einfachere OEM-Tätigkeiten für westliche Firmen erledigt. Wie im Kapitel vom »Tyrannosaurus« beschrieben, steht China durch steigende Kosten genau hier vor der Herausforderung, eine drohende »Middle-Income-Trap« zu vermeiden. Auch droht China mit einer alternden Bevölkerung und weniger Erwerbstätigen ein ähnliches demografisches Problem wie bei uns in Deutschland. Die weitere Entwicklung der Innovationkraft spielt also für China eine, wenn nicht gar die entscheidende Rolle im 21. Jahrhundert – und damit haben wir eine weitere Gemeinsamkeit mit Deutschland. Wo stehen wir also im Jahr 2024 im Vergleich zu den beiden großen Wirtschaftsnationen China und USA?

Dazu ist es hilfreich, die verschiedenen Phasen zu betrachten, in denen Forschung und Innovation auf Landesebene betrieben werden. Dies kann man vereinfacht unterteilen in Grundlagenforschung (erste Phase), die in konkrete Ideen, neue Innovationen und Patente münden kann (zweite Phase), die sich dann final in physischer Form als Produkte in der Welt manifestieren (dritte Phase). Innovationen beziehen sich dabei keineswegs nur auf Technologien und Produkte, sondern können alle Stufen der Wertschöpfungskette und alle Aspekte des Kundennutzens umfassen, also auch Prozesse, Systeme, Kosten, Marketing und Dienstleistungen. Um die Weltmarktführerschaft zu erlangen und zu erhalten, sind herausragende und kontinuierlich innovative Leistungen erforderlich.[7]

Innovation kann inkrementell vonstattengehen, also mit der Verbesserung von existierenden Services oder Produkten, wie es sich in der japanischen *Kaizen-Philosophie* – stetig inkrementelle, kleine Verbesserungen – schön zeigt. Daneben gibt es die disruptiven Innovationen, auch Durchbruchsinnovationen genannt, die einen Sprung auf komplett neue Lösungen beschreiben. Per se kann man hier nicht sagen, was besser ist. Auch wenn oft über die disruptiven Innovationen gesprochen wird, sollte man den Wert der kontinuierlichen, täglichen Verbesserungen auf keinen Fall unterschätzen. Auch wenn viele deutsche Mittelständler und Hidden Champions durch völlig neue Problemlösungen, also durch disruptive Innovationen, entstanden sind, ist für diese Unternehmen heute die inkrementelle Innovation oft der Schlüssel zum Erfolg. Denn sie passt gut zu eher reifen Märkten, in denen man mit der kontinuierlichen Spezialisierung und Verbesserung über Jahrzehnte hinweg langfristig die Marktführerschaft erobern und halten kann. Ich kenne zahlreiche Hidden Champions, die ihre ohnehin schon sehr guten Produkte mit einem »Blick auf das Wesentliche« und durch ein permanentes, tägliches Tüfteln und Optimieren im Detail immer weiter verbessern – wenn man all diese vermeintlich kleinen »Upgrades« kumuliert auf einen längeren Zeitraum betrachtet, sind es auf einmal »Big Wins« und Alleinstellungsmerkmale.

Natürlich wird es immer Genies, individuelle Ausnahmeerscheinungen und Geistesblitze geben. Dies lässt sich nicht planen. Auch muss man aufpassen, denn ein zu starker Fokus auf die inkrementellen Verbesserungen hat auch Risiken. Zum einen kann man durch disruptive Innovationen, die man zu spät auf dem Schirm hat, verdrängt werden. Und zum anderen besteht die Gefahr des abnehmenden Grenznutzens: Denn mit jeder Annäherung an den Stand der Perfektion erhöht sich der Aufwand für Innovationen, während sich der zusätzliche Nutzen verringert. Irgendwann kann der Punkt erreicht werden, bei dem ein Sprung auf eine neue Technologie unausweichlich wird.[8]

Aus einer Vogelperspektive können wir die oben beschriebenen Innovationsphasen (Grundlagenforschung – neue Ideen, Innovationen, Patente – konkrete Produkte und Services) aber durchaus unter die Lupe nehmen und auch vergleichen.

»China führt in 37 von 44 Technologien«

In dem Projekt »Critical Technology Tracker« analysierte das Australian Strategic Policy Institute (ASPI) mehr als 2,2 Millionen wissenschaftliche Forschungsartikel, um Innovationskraft im globalen Vergleich pro Land aufzuschlüsseln.[9] Diese Studie kann man also am ehesten auf die Phase der Grundlagenforschung beziehen. Es ist nicht davon auszugehen, dass die Autoren besonders chinafreundlich sind, denn mitfinanziert wurde die Studie vom US-Außenministerium. Das überraschende Ergebnis – ein Weckruf für den Westen – nachfolgend als aus dem Englischen übersetztes Original-Zitat: »Chinas globaler Vorsprung erstreckt sich auf 37 von 44 Technologien, die ASPI derzeit verfolgt, und deckt eine Reihe wichtiger Technologiebereiche ab, die Verteidigung, Raumfahrt, Robotik, Energie, Umwelt, Biotechnologie, Künstliche Intelligenz (KI), fortschrittliche Werkstoffe und Schlüsselbereiche der Quantentechnologie umfassen. Der Critical Technology Tracker zeigt, dass bei einigen Technologien alle zehn weltweit führenden Forschungseinrichtungen ihren Sitz in China haben und gemeinsam neunmal mehr hochwirksame Forschungsarbeiten verfassen als das zweitplatzierte Land (meist die USA).«[10]

In mehreren Forschungsbereichen wie in der Raumfahrttechnologie, fortschrittlichen Flugzeugtriebwerken (inklusive Hyperschall), nanoskaligen Funktionsmaterialien oder Intelligenten Werkstoffen (Smart Materials) führt China schon heute. Um dieses Level auszubauen, brauchen immer weniger Chinesen eine Weiterbildung im Westen. Früher war es oft normal, dass talentierte Chinesen erst in den Westen gehen. Wie ASPI zeigt, wird nur noch ein Fünftel der High-Impact-Publikationen von Forscherinnen und Entwicklern erarbeitet, die in den »Five-Eyes-Countries« trainiert wurden, also in den USA, Großbritannien, Kanada, Australien und Neuseeland. Wenn man bei den Forschern für fortschrittliche Flugzeugtriebwerke die EU und China vergleicht, kommt man laut ASPI auf folgendes Ergebnis: Bei den top 25 Prozent der Studierenden mit Bachelor-Abschluss ist der Anteil der Chinesen mit 37,9 Prozent im Vergleich zur EU mehr als doppelt so hoch. Der Trend ist deutlich: China baut seine Innovationskraft in rasantem Tempo aus[11] – und dies zunehmend in Eigenregie.

»Wir befassen uns mit den neuesten Technologien, nicht von heute, sondern von übermorgen«

Und China geht dabei schlau und sehr, sehr weitsichtig vor – wie mir erst vor Kurzem bei einer Vorlesung wieder klar wurde, die ich an der Mannheim Business School für Gäste der Pekinger Elite-Universität Tsinghua hielt, die zusammen mit der Peking University (Beida) zur Spitze Chinas zählt. Die Gastkohorte der Tsinghua setzte sich aus chinesischen Executive-MBA-Teilnehmern zusammen, ein Großteil davon in Führungspositionen in Chinas Privat- und Staatswirtschaft. Mit ihnen diskutierte ich über genau diese Themen und sie bestätigten meine Beobachtung: Wenn China in einem Bereich nicht spitze ist, zum Beispiel in der Sensortechnik, wo Deutschland aktuell Weltklasse ist, dann versucht China einen oder gleich zwei Schritte weiterzuschauen und den Fokus darauf zu richten: Was ist die Folgetechnologie? Ein Teilnehmer, der in einer chinesischen Staatsfirma eine leitende Funktion ausübt, sagte dazu: »Unser Hauptgeschäft liegt in der klassischen Industrie, hier arbeiten wir eher konservativ. Wir gründen jedoch immer wieder Spin-Offs, denen wir viel Autonomie gewähren und die sich nicht mit den neuesten Technologien von heute befassen, sondern mit denen von morgen oder besser übermorgen.«

Globale Co-Kreation: Wer mitmacht, gewinnt

Deshalb ist mein Szenario aus dem Prolog mit dem Kommentar der Mutter keine überzogene Fantasie, sondern liegt durchaus im Bereich des Möglichen (»Schatz, lass uns doch lieber gleich den Wagen testen. Der ist von einem deutschen Hersteller – und hat schon die neue Antriebstechnologie aus China, die ist viel nachhaltiger für unsere Umwelt als die der alten E-Autos«). Was auch zeigt, dass es hier in Zukunft nicht immer ein

Nullsummenspiel im Sinne von »Entweder die Chinesen oder wir« geben wird – in vielen Bereichen werden wir noch mehr kooperieren und in die Co-Kreation gehen. Dies zeigen weitere Tendenzen in diese Richtung, wie zum Beispiel Volkswagen mit seiner Software-Tochter Carriad, die im Jahr 2023 ein neues Joint-Venture mit Horizon Robotics in China gegründet hat. Die Zwei-Milliarden-Investition soll VW bei Chips und Software für das autonome Fahren voranbringen. Sie gilt in Fachkreisen als eine zukunftsweisende Entscheidung, die zwei Realitäten anerkennt: Erstens, dass Software für Automobile immer wichtiger wird, und zweitens, dass VW in diesem Bereich von China lernen kann. Deshalb spricht VW-China-Chef Ralf Brandstätter davon, dass er stärker »in dieses innovative Ökosystem Chinas« integriert sein will.[12] Oder Mercedes, wo man durch eine Technologiepartnerschaft mit Chinas Batteriezellen-Riesen CATL von dessen Innovationen profitieren möchte. Wie das *manager magazin* am 17. August 2023 berichtete, hat CATL eine neue Hochleistungsbatterie entwickelt, die mit nur zehn Minuten Ladezeit eine Reichweite von 400 Kilometern ermöglicht.[13]

Jens Hildebrandt, amtierender Chef der Deutschen Auslandshandelskammer (AHK) in Peking, sagte mir bei einem Austausch im Mai 2023 in Chinas Hauptstadt zur neuen Ausrichtung von VW: »Da entsteht natürlich im politischen Berlin der Eindruck, dass Volkswagen damit das Unternehmensrisiko in China noch mal erhöht. Aber was wäre denn die Alternative? Wenn Volkswagen hier nicht voll einsteigt und von der Technologieentwicklung in China lernt und profitiert, dann wird die starke chinesische Konkurrenz noch schneller Marktanteile übernehmen. Und dann haben wir noch schneller attraktive chinesische Marken in den europäischen Märkten.«[14]

Quantentechnologie, Hyperschallflugzeuge und ein neues Rennen im All

Die ASPI-Studie weiter vertiefend, stellt man fest, dass aktuell die USA noch im Bereich der Quanten-Computing-Forschung führend sind, China aber bereits auf der nächsten Ebene, wie der Post-Quanten-Kryptographie, die Führung übernimmt. Die Verschlüsselungstechnologie befasst sich mit kryptographischen Primitiven, die erstmals selbst von Quantencomputern nicht entschlüsselbar sind. Sie gelten als einer der zentralen Bausteine der Quanten-Kommunikation. Auch im wichtigen Forschungsbereich der Quanten-Sensorik-Forschung, der nächsten Stufe der Sensorik, führt China: Mit Quanten-Sensoren lassen sich z.B. Beschleunigung, Druck, elektromagnetische Felder oder 3-D-Positionen mit einer entscheidend höheren Präzision messen als mit klassischer Sensorik. Zudem führt China in der Energie- und Umwelttechnologie, bei der früher wir in Deutschland an der Spitze waren, aber, wie bereits erwähnt, auch bei Drohnen, autonomem Fahren und Fliegen sowie bei Hyperschallantrieben, 6G und High-End-Beschichtungen.[15]

Anmerken kann man zur ASPI-Studie, dass von chinesischen Forschenden selbstkritisch von einem »Clubbing-Effekt« bei Chinas sprunghaftem Anstieg von Forschungszitaten berichtet wird.[16] »Clubbing« beschreibt Situationen in der Forschung, in denen sich Eliteautoren übermäßig gegenseitig zitieren. Dies zeigt, dass man auch hier im Detail differenzieren muss. Dennoch halte ich es für unrealistisch, dass die ASPI-Resultate in wesentlichem Maße dadurch entstanden sind und es das gleiche Problem überhaupt nicht in anderen Ländern gibt – weshalb das Australian Strategic Policy Institute eine wirklich innovative Arbeit geleistet hat.

Neben der Forschung kommt China auch in der Weltraumtechnologie überraschend schnell voran: Seit Anfang 2023 betreibt China seine erste dauerhafte Weltraumstation *Tiangong* (Himmelspalast).[17] Besonders interessant: Entstanden ist der neue Wettbewerb im Weltall zwischen den USA und China deshalb, weil die Amerikaner 2011 durchgesetzt hatten, China nicht bei der ISS, der Internationalen Raumstation, partizipieren zu lassen. Sechzehn Nationen sind beteiligt, nun scheint es, dass die Entscheidung der Isolierung Chinas wie ein Bumerang auf die Amerikaner zurückkommt: Die Zukunft der ISS steht in den Sternen und China wurde zu einem Rivalen, der es jetzt selbst wissen will. Schon in den 2030er-Jahren, so chinesische Staatsmedien und National Geographic (Ausgabe 9/2022), sollen permanente chinesische Kolonien auf dem Mond und dem Mars entstehen – das neue Rennen ins All ist eröffnet.[18]

Bemerkenswert ist das Fazit der ASPI-Studien-Autoren: Sie sprechen sich nämlich explizit nicht für Sanktionen gegenüber China aus. Denn, so die Autoren, der beste Weg, die Wettbewerbsfähigkeit zu stärken, bestehe darin, selbst besser zu werden, anstatt den Wettbewerber zu schwächen.[19]

Die Podiumsplätze der internationalen Patentanmeldungen

Wie wir anhand der ASPI-Studie gesehen haben, ist China heute in der Grundlagenforschung in 37 von 44 der abgedeckten Technologiebereiche weltweit führend. Die Ergebnisse der ASPI-Studie mögen für viele überraschend sein, da man in Europa und den USA teilweise noch Bilder von »billigen China-Produkten« im Kopf hat – die heutige Realität ist aber eine andere: China ist mit den USA und Deutschland einer der innovativen Spitzenreiter der Welt. Es gibt die Billiganbieter noch und es werden noch Kopien gemacht, doch der Bereich »Innovation aus eigener Kraft« wächst, wie gezeigt, stark.

In der zweiten und dritten Phase von Innovationsentwicklung ist es dann entscheidend, wie viele der Grundlagenerkenntnisse tatsächlich in konkrete Ideen, neue Innovationen und Patente münden und wie sich diese in physischer Form in der Welt durchsetzen. Diese Dimension kann man anhand verschiedener Indikatoren messen, wie der F&E-Intensität, also dem Anteil der Forschungskosten an den Gesamtkosten oder Umsätzen eines Unternehmens, den Gewinnen oder Umsätzen aus neuen Produkten, aber auch der Anzahl der Patente. Patente selbst spielen je nach Branche unterschiedlich große Rollen und es gibt natürlich bedeutsamere und weniger bedeutsamere Patente. Häufig nehmen sie die größte Rolle in technischen Bereichen ein, also dort, wo viele der deutschen und chinesischen Mittelständler und Hidden Champions tätig sind. Insofern haben sie für viele deutsche und zunehmend auch chinesische Unternehmen eine hohe Bedeutung und stellen, wie auch Hermann Simon betont, eine valide Messgröße für Innovationsfähigkeit dar.[20] Während Indikatoren wie die F&E-Intensität in der Regel Indikatoren auf Firmenlevel sind, kann man die Anzahl und vor allem die Entwicklung der Patente auf Landesebene messen – und so auch wieder einen interessanten internationalen Vergleich anstellen.

Wagen wir anhand der offiziellen Statistik der »World Intellectual Property Organization« (WIPO) einen langfristigen Vergleich »Vor 20 Jahren versus heute«. Im Jahr 2003 belegten die vordersten drei Podiumsplätze der internationalen Patentanmeldungen: Nummer eins USA (41 839), Nummer zwei Japan (18 378) und Nummer drei Deutschland (14 843). China war zu dem Zeitpunkt nicht mal in den Top Ten. Im Jahr 2022 hat sich das Bild stark gewandelt, hier sah es wie folgt aus: Nummer eins

China (70 009), Nummer zwei USA (58 807), Nummer drei Japan (50 353), Nummer vier Korea (22 025) und Nummer fünf Deutschland (17 494).[21]

Nun sei angemerkt, dass Masse nicht unbedingt Klasse bedeutet und China bei den Erträgen aus geistigem Eigentum (Kommerzialisierung) noch hinterher ist. Auch sind wie erwähnt viele deutsche Mittelständler und Hidden Champions in eher reiferen Branchen, in denen es nicht so häufig zu Disruptionen und neuen patentwürdigen Ideen kommt. Die skizzierte Entwicklung mit diesem Einwand jedoch einfach abzutun, wäre aber nicht ratsam. Vielmehr sollten wir sie ernst nehmen, denn meine obigen, erklärenden Argumente »für« die deutsche Situation galten auch schon im Jahr 2003. Und seitdem sind wir vom Podiumsplatz drei auf Rang fünf abgerutscht – während China auch hier an die Weltspitze avanciert ist.

Geostrategische und technologische Zusammenhänge

Ich weiß nicht, wie es Ihnen geht: Mir gibt die Entwicklung der Grundlagenforschung (ASPI-Studie) und der internationalen Patentanmeldungen zu denken – nicht unbedingt so sehr, was den aktuellen Status oder kurzfristig die nächsten paar Jahre anbelangt. Zwar hat China in vielen Tech-Bereichen in den letzten Jahren gewaltig aufgeholt und ist in manchen Branchen sogar in Führung gegangen, dennoch sind wir in Deutschland in vielen Bereichen weltweit (noch) führend und gut aufgestellt. Was mir zu denken gibt, ist die langfristige, übergeordnete Entwicklung – denn auf zwei, drei Jahrzehnte hin gesehen bedeutet Chinas Forschungsführung von heute, dass es eben nicht nur in den gegenwärtigen Forschungsbereichen spitze wird, sondern auch in Zukunftstechnologien, die es jetzt noch gar nicht gibt. Was nochmals die geostrategischen und technologischen Zusammenhänge verdeutlicht und meine Botschaft bestärkt: China ist ein ernst zu nehmender Wettbewerber und wir sollten unsere technologische Führung und Souveränität so gut wie möglich wahren und ausbauen – genau dazu müssen wir aber an manchen Stellen auch die Chance nutzen, von und mit China zu lernen. Denn ein Abschotten oder Wegsehen vermag maximal kurzfristig zu helfen – langfristig hätte das weitreichende Konsequenzen und würde wie ein Bumerang auf uns zurückkommen, weil wir dann weder wissen, was eigentlich in China passiert, noch an der Entwicklung und am Wachstum partizipieren. Wir als Exportland sind aber besonders auf die weltweiten Drittmärkte angewiesen und spätestens dort würden wir China dann wieder begegnen, nur, wie bereits erwähnt, dann eben unvorbereitet. Und wenn wir uns zum Ende dieses Kapitels nun noch mal vor Augen führen, dass in China mehr als zwei Drittel aller Exporte und mehr als 70 Prozent der technologischen Innovationen vom Mittelstand stammen, wird noch klarer, weshalb ich im Prolog schrieb: »Doch ein entscheidendes Puzzleteil fehlt bisher – und dies ist das Geheimnis und der wahre Grund für Chinas Erfolg und zugleich eine der größten Herausforderungen und Chancen für Deutschland im 21. Jahrhundert: das innovative Erstarken und die zunehmende Internationalisierung des chinesischen Mittelstands!«

Die Formierung des »Globalen Südens« – unsere Weltordnung verändert sich

Der *Tagesspiegel* titelte am 19. September 2023: »Alternative zum Westen? Wie der Globale Süden eine neue Weltordnung vorantreibt. Die Bedeutung des Globalen Südens wächst und damit auch der Anspruch der Staaten, mitzugestalten.«[22] Der globale Süden wird also wichtiger, man hört immer häufiger davon. Doch wer oder was genau ist der »Globale Süden«? Und was bedeutet dies für uns in Deutschland und Europa?

Die Friedrich-Ebert-Stiftung beschreibt ihn unter der bereits vielsagenden Kategorie »Themen zur Zeitenwende« so: »Der Begriff Globaler Süden beschreibt ein Konzept zur geopolitischen Einteilung von Ländern in der Welt. Es handelt sich dabei um ein relationales Konzept, das Beziehungen und Ungleichheiten abbildet und sich nicht auf geografische Verortungen beschränkt – trotz des begrifflich enthaltenen Südens. Die Bezeichnung ist ein vergleichsweise neuer Begriff, der mit zunehmender Häufigkeit von Akteuren in Politik und Forschung genutzt wird. Er dient dazu, als überholt und wertend angesehene Begriffe wie Erste und Dritte Welt, Entwicklungsland und Schwellenland durch neutralere Formen zu ersetzen. Als Länder des sogenannten Globalen Südens gelten gemeinhin Staaten, die im gesellschaftlichen, wirtschaftlichen und politischen Kontext im Vergleich zu anderen Ländern benachteiligt sind.«[23] Große Teile dieser Länder befinden sich in Afrika (z. B. Libyen, Somalia, Kongo, Südafrika oder Mali), Amerika (z. B. Haiti, Costa Rica oder Kolumbien) und Asien (z. B. Irak, Kasachstan oder Vietnam). Aber auch europäische Länder wie beispielsweise Albanien werden teilweise zum globalen Süden gezählt.

Als logisches Pendant zum »Globalen Süden« wird, wenn auch seltener, der Begriff »Globaler Norden« verwendet. Dieser umfasst Länder, die zuvor als Industrieländer bezeichnet wurden. Nach dieser Kategorisierung unterscheiden sich »Globaler Norden« und Süden beispielsweise im Hinblick auf die folgenden Kriterien: Wohlstand, Technologiestandard, Produktivität, Bildungsniveau, politische Freiheit.

Natürlich kann man die Begriffe »Globaler Süden« und »Globaler Norden« kritisch sehen. Denn die Einteilung der Welt in zwei Hälften – den unterprivilegierten, armen Süden und den fortschrittlichen, reichen Norden – ist im Detail betrachtet eine eher undifferenzierte Sichtweise, da beide Gruppen keineswegs homogen sind. Probleme in den Bereichen Wirtschaft, Bildung und politische Freiheit treten auch im globalen Norden auf. Dennoch – da die einzelnen Stimmen der Länder des globalen Südens auf der Weltbühne oft nicht gehört werden, ist für sie die Zusammenarbeit eine vielversprechende Zukunftslösung. Das Konzept des globalen Südens hilft auch uns in Europa, besser zu verstehen, was sich auf der Welt gerade im Großen verändert und worüber die Menschheit in ein paar Jahrhunderten rückblickend sagen wird: »Dieses Phänomen hat unser 21. Jahrhundert und die Weltordnung verändert.«

BRICS plus – der Club des globalen Südens wächst

Die Länder des globalen Südens formieren sich zunehmend um die starken BRICS-Länder – und so entstehen auf der Weltbühne neue geopolitische Schwergewichte und Alternativen zu den »alten« Großmächten der G7. BRICS wiederum ist eine Vereinigung der Staaten Brasilien, Russland, Indien, China und Südafrika, wobei die Abkürzung BRICS für die Anfangsbuchstaben der Mitglieder steht. Zu den BRICS sagte Ian Lesser, Vizepräsident des German Marshal Funds: »Diese Gruppe hat jedoch ihren Schwung beibehalten und wurde gerade um sechs weitere Mitglieder bereichert. Sie ist jetzt viel vielfältiger geworden, nicht nur geografisch, sondern auch politisch und in vielerlei anderer Hinsicht. Sie repräsentiert wirklich im weitesten Sinne den globalen Süden«.[24] Es kam in der Tat für viele überraschend: Auf ihrem 15. Gipfel im südafrikanischen Johannesburg hat die BRICS-Gruppe im August 2023 beschlossen, gleich sechs neue Mitglieder aufzunehmen. Zum 1. Januar 2024 werden Saudi-Arabien, der Iran, die Vereinigten Arabischen Emirate, Argentinien, Ägypten und Äthiopien beitreten. Das Bündnis wird dann unter dem neuen Namen *BRICS plus* agieren.[25] Dabei existieren wirtschaftlich und politisch teils starke Unterschiede zwischen den Mitgliedern. Auch gibt es kritische Stimmen, welche BRICS mehr auf dem Papier als in der Realität sehen und neben Absichtserklärungen bisher keine nennenswerte Zusammenarbeit beobachten können. Dennoch eint diese Länder das gemeinsame Interesse, die aus ihrer Sicht vorhandene Dominanz des Westens zu hinterfragen.

Die BRICS-Erweiterung geht als historisches Ereignis in die Geschichtsbücher ein auf dem Weg zu mehr Mitbestimmung in unserer Weltordnung. Im 19. und 20. Jahrhundert war der kleinere Westen mit den Europäern, gefolgt von den Amerikanern, mächtig genug, dem Großteil der Erde seine Vorstellungen einer Weltordnung vorzuschreiben. Mit dem BRICS-Gipfel in Südafrika zeichnet sich ein Ende dieser Epoche ab – auch da die BRICS-Nationen schon zuvor größer als die etablierten G7-Länder waren.[26] In den BRICS-plus-Ländern leben heute nicht nur viermal so viele Menschen (3,6 Milliarden) wie in den G7-Ländern (775 Millionen) – sie haben mit 34 Prozent auch einen sehr hohen Anteil an der globalen Wirtschaftsleistung. Mit der Erweiterung um die sechs neuen Mitglieder kamen mit 415 Millionen fast so viele Menschen dazu, wie in der EU leben (448 Millionen).[27] [28] Die neue Elfer-Gruppe werde bis zu 37 Prozent des globalen GDP zu Kaufkraftparitäten erwirtschaften – und vor allem 46 Prozent der Weltbevölkerung repräsentieren, so Brasiliens Präsident Luiz Inácio Lula da Silva.[29]

»Diese Mitgliedererweiterung ist historisch«, betonte dann auch Xi Jinping. »Es zeigt die Entschlossenheit dieser Länder zur Einheit und Zusammenarbeit mit den größeren Entwicklungsländern.« Antonio Guterres, der Generalsekretär der Vereinigten Nationen, pflichtete ihm bei, da »die heutigen globalen Governance-Strukturen die Welt von gestern widerspiegeln«. Sie entstanden nach dem Zweiten Weltkrieg, als viele afrikanische Länder noch von Kolonialmächten regiert wurden und noch nicht einmal mit am Tisch waren, so Guterres weiter.[30]

Historischer G20-Gipfel in Neu Delhi

Der G20-Gipfel im September 2023 im indischen Neu Delhi hat die globale Machtbalance kurz darauf noch weiter verschoben.[31] Auch hier ging es um mehr Mitbestimmung in der globalen Weltordnung – in den G20, aber auch bei Reformen der globalen Institutionen und Systeme. Da Mehrheitsentscheidungen zentral im westlichen Wertekanon sind, ist diese Denkweise durchaus konsensfähig.[32] Die offensichtlichste Folge der Machtverschiebung: Die 55 Länder der Afrikanischen Union (AU) werden als Vollmitglied auf Augenhöhe mit der EU in die G20 aufgenommen. Es war ein Meisterstück des indischen Gastgebers und Premierministers Modri, denn es gab Zweifler, die ihm keine Einigung zutrauten und vom Graben zwischen China und Indien sprachen. Dafür gab es keinen Beleg – im Gegenteil: Auch wenn Xi nicht in Neu Delhi war, hat Modri augenscheinlich auch im Einklang mit den Zielen Chinas gehandelt[33], kurz nachdem er sich mit Xi, Brasiliens Präsident Lula da Silva, Russlands Außenminister Lawrow und Südafrikas Präsident Ramaphosa beim obig erwähnten 15. BRICS-Gipfel in Südafrika getroffen hatte.

Die große Emanzipation

Der Begriff des globalen Südens beschreibt eine Emanzipation und verweist auf wichtige Bruchlinien der internationalen Geopolitik. Eine Mehrheit von Staaten ist nicht mehr bereit, die in westlichen Hauptstädten erdachten Ordnungen und Prinzipien einfach mitzutragen. Und in BRICS plus schließen sich nun also die wichtigsten Aufsteigerländer mit dem führenden Aufsteiger China zusammen. Gemeinsam haben sie ein einfaches Ziel: die »international basierte Regelordnung«, auf die sich der Westen bezieht, neu zu gestalten. Denn die Aufsteiger fragen: »Warum sollten wir uns an eine Ordnung halten, an deren Erschaffung wir nicht beteiligt waren und die zum Vorteil der westlichen Länder ist?« Daher ist nicht überraschend, dass viele Länder des globalen Südens der westlichen Dominanz kritisch gegenüberstehen und an einem neuen, multipolaren Modell und Alternativen interessiert sind.[34]

Die Gefahr des Eurozentrismus

Multipolarität wiederum bedeutet eine Welt mit verschiedenen Machtzentren, was uns im Westen manchmal verunsichert, denn wir waren viele Jahrzehnte die eigene Vormachtstellung gewohnt. Je nach Interesse und Angeboten entstehen in Zukunft neue, ungewohnte Konstellationen und auch rein funktionelle Partnerschaften. Im globalen Süden ist die multipolare Welt nichts Neues – man lebt längst in ihr. Freundschaftliche Beziehungen zu Russland, den USA und China sind für Länder wie Südafrika oder Indien kein Widerspruch, sondern außenpolitischer Pragmatismus. Man lässt sich nicht erklären, wen man sich zum Feind machen und mit wem man Partnerschaft pflegen soll. Dabei bleibt der Westen für viele Länder des globalen Südens ein attraktiver und wichtiger Partner. Aber einer, der eben auch zunehmend im Wettbewerb mit anderen steht.[35]

Das muss für uns in Europa nicht unbedingt schlecht sein – denn es bedeutet auch, dass es auf globaler Ebene sowohl für die USA als auch für China schwieriger wird, ihre Interessen im Alleingang durchzusetzen. Denn wir sollten nicht naiv sein mit China, aber auch nicht mit den USA – beide verfolgen ihre eigene Agenda, die auch bei den USA nicht immer deckungsgleich mit unseren deutschen Interessen ist. Was auch heißt: Der Aufbau von Partnerschaften in einem multipolaren Wettbewerb wird aufwendiger und braucht bessere Angebote. Auch kann es mit neuen Akteuren zu neuen, hilfreichen Ideen kommen.[36]

Um andere Länder von uns zu überzeugen, müssen wir aber offener in unserem Denken sein, die eigene Ideologie und »Eurozentrismus« ablegen. »Eurozentrismus beschreibt einen Blick auf die Welt, der durch eine europäische Perspektive, europäische Werte, Vorstellungen und die Folgen des Kolonialismus geprägt ist. Die Werte, Normen und Forschung europäischer und anderer Industriestaaten werden häufig auf andere Regionen und Länder der Welt übertragen«, so die Friedrich-Ebert-Stiftung.[37]

Womit wir bei einer Herausforderung für Deutschland angekommen sind: unsere Weltsicht und Außenpolitik. Symptomatisch lässt sich dies am China-Besuch der deutschen Außenministerin im April 2023 mit einem Schlagabtausch auf offener Bühne erkennen. Von der Reise bleiben zwei Zitate: »Es war wirklich zum Teil mehr als schockierend«, so die deutsche Außenministerin Baerbock kurz darauf medienwirksam im Bundestag über China.[38] Und: »Was China am wenigsten braucht, ist ein Lehrmeister aus dem Westen«, so der damalige chinesische Außenminister Qin Gang über unseren Besuch.[39] Wie auch Frank Sieren konstatierte, ähnelt der konfrontative Kurs von Baerbock dabei am ehesten dem der US-Falken und dem von EU-Präsidentin von der Leyen[40] – und hat weniger mit der Partei der Grünen zu tun. Denn Jürgen Trittin, der außenpolitische Sprecher der Grünen, sagte vor der Baerbock-Reise nicht nur, dass Macron recht habe, sondern auch: »Die Beschreibung einer eigenständigen europäischen Rolle ist im Interesse Europas und nicht gleich anti-transatlantisch. (…) China sucht eine Konfliktminderung. Sie sind interessiert an der Zusammenarbeit mit den Europäern. Dafür sind sie auch bereit, etwas zu geben.«[41]

SPD-Fraktionschef Rolf Mützenich hält die Position Macrons ebenfalls für berechtigt: »Wir müssen aufpassen, dass wir nicht Partei in einem

Großkonflikt zwischen den USA und der Volksrepublik China werden. Europa muss versuchen, eine eigenständige Rolle zu formulieren und nicht als Anhängsel der USA dort in der Region zu erscheinen.«[42] Dazu muss man mit Peking nicht überall einer Meinung sein, doch man muss definitiv wissen, wie man mit China diskutieren und erfolgreich verhandeln kann.

Zielführende Außenpolitik – so gehen wir erfolgreicher mit China um

Verständlicherweise gibt es auch Stimmen, die sagen: »Endlich redet mal jemand Klartext mit China.« Ich verstehe das, und wenn ich das Land nicht kennen würde, wäre das vielleicht auch mein erster Impuls. Denn ein Ansprechen von empfundenen Missständen oder Problemen halte ich für wichtig und richtig. Nur kommt es eben gerade bei China entscheidend darauf an, mit wem man in welcher Umgebung wie Klartext redet. Denn am Ende des Tages zählt doch eine entscheidende Frage: Was sind unsere Ziele? Und wie können wir sie zum Wohle von Deutschland und der kommenden Generationen auf dieser Welt am besten erreichen? Und wie ich bereits erwähnte, würde ich hier politisch noch viel mehr mit China in das »Ringen« um gewisse Themen gehen – aber das Ganze in persönlichen Gesprächen, wo ich auch kritische Themen offen und sehr direkt ansprechen und beharrlich verhandeln würde. In mehr als zehn Jahren vor Ort im täglichen Kontakt mit Chinas Privat- und Staatswirtschaft und verheiratet mit einer erfolgreichen chinesischen Unternehmerin, habe ich das Land, die Menschen als auch die Verhandlungskultur und Mentalität tiefgehend kennengelernt – und sage heute klar: »Die chinesischen Eliten, sei es in der Wirtschaft oder Politik, sind meist sehr erfahren in Verhandlungsführung, weitsichtig, beharrlich und flexibel. Und dennoch kann und muss man mit Chinesen verhandeln, sogar noch viel mehr, als man das in Europa in Wirtschaft und Politik gewöhnt ist, denn das Ringen um Themen und das lange Verhandeln von Zugeständnissen ist tief in der Kultur Asiens und Chinas verwurzelt.« Wie Trittin erkannte, ist China an der Zusammenarbeit mit den Europäern interessiert und dafür auch bereit, etwas zu geben – diese Felder auszuloten und zu gestalten, sollte eine zentrale Aufgabe unserer Außenpolitik sein.

Der Wunsch der Europäer und eine historische Chance

Das US-amerikanische Medienunternehmen Bloomberg berichtete in seiner Online-Ausgabe im Juni 2023 von einer Umfrage des European Council on Foreign Relations in elf europäischen Ländern:[43] »Mehr Europäer betrachten China als wichtigen Wirtschaftspartner, obwohl sie die Grenzen der Beziehung sehen. (...) 46 Prozent der Befragten gaben an, dass sie China als ›Verbündeten oder notwendigen Partner‹ ansehen, während nur 35 Prozent Peking als ›Rivalen oder Gegner‹ betrachten.« Jedoch sagten 65 Prozent auch, dass sie nicht zufrieden mit dem chinesischen Eigentum an wichtigen Infrastrukturen sind. »Die Mehrheit der Befragten (62 Prozent) gab zudem an, dass sie sich aus einem Konflikt zwischen den USA und China über Taiwan heraushalten möchten.«

Gerade jetzt, in einer Zeit, in der China wirtschaftliche Schwierigkeiten hat und mitten in einem Handelskonflikt mit den USA steht, entsteht eine historische Chance für uns: Denn auch China braucht Partner und die aktuelle Lage eröffnet einen neuen Verhandlungsspielraum, in dem wir China bei geschickter Verhandlungsführung zu moderaten neuen Zugeständnissen bewegen können. Deshalb mein Appell an die Regierung: Trauen Sie sich ruhig, jetzt hart und beharrlich zu verhandeln – in einer passenden und weitsichtigen Art und Weise. Dazu muss man im ersten Schritt die eigene Ideologie und den eigenen »codierten Blick« erkennen, den jeder von uns hat, diese dann zumindest temporär zurückstellen und so auf die andere Seite zugehen – ansonsten ist gar keine wirkliche und vor allem erfolgreiche Diplomatie möglich.

Gegenseitiger Respekt – gerade, wenn wir anderer Meinung sind

Sigmar Gabriel, ehemaliger deutscher Vizekanzler und Außenminister, sagte zur Außenpolitik gegenüber China am 23. September 2023: »Wenn Sie wie Frau Baerbock von Montag bis Freitag den Chinesen vors Schienbein treten, werden Sie nicht weit kommen.« Im Gespräch mit *Table Media* übte er Kritik an Baerbock. Statt Außenpolitik mit dem Megafon zu machen, solle sie die Interessen Deutschlands vertreten.[44]

Selbst kann ich gewisse Sorgen und Aspekte der Meinung von Frau Baerbock nachvollziehen, wobei ich den generellen Kurs nicht zielführend finde und auch manche wirtschaftliche Entscheidung unserer Regierung nicht verstehen kann – dennoch möchte ich an diesem Beispiel eine Lanze dafür brechen, einander gegenseitig Respekt zu erweisen: nicht nur, wenn man der gleichen Meinung ist, denn das ist einfach, sondern auch und gerade dann, wenn man eine komplett andere Sichtweise hat. Genau dann ist es nämlich eine Kunst, respektvoll zu bleiben. Doch nur so können wir andere – ob dies nun andersdenkende Politiker in Deutschland sind oder auf der großen Weltbühne Akteure wie China – erreichen und die Türen zumindest offen halten für einen Austausch.

Und mit Austausch und gegenseitigem Verständnis meine ich nicht, ohne Fragen oder unterwürfig die Meinung des anderen zu übernehmen. Man darf, soll und muss sich manchmal in der Sache streiten, nur so können teils die besten Lösungen gefunden werden. Es kommt deshalb auf das »Wie« und einen respektvollen Umgang miteinander an.

Wenn wir uns im Großen von China oder anderen Ländern beleidigt abwenden und im »kleinen« Inneren in Deutschland andere Nationen, Parteien oder Meinungen diskreditieren, ohne wirklich einmal miteinander in ein offenes, konstruktives Gespräch zu gehen, haben wir entweder ein Ego-Problem oder manövrieren uns in eine so konfrontative Lage, dass eine Lösungsfindung nahezu unmöglich wird. – In beiden Fällen schadet es uns. Denn in unserer heutigen hochkomplexen und vernetzten Welt können wir Lösungen auf viele Fragen nur gemeinsam finden. Wir sollten deshalb unseren außenpolitischen Kurs neu justieren, denn sonst droht nicht nur die Gefahr, dass wir uns von unserem weltweit größten Handelspartner China entfremden, sondern auch, dass wir den Anschluss zu den weiteren BRICS-Ländern und dem globalen Süden verlieren – bzw. sie sich mehr anderen Ländern als Partner zuwenden. Und das wiederum betrifft uns alle, unabhängig von China. Denn auch in anderen Ländern werden wir auf Themen treffen, die wir nicht verstehen oder gut finden müssen – in der Demokratie Indiens gibt es zum Beispiel noch heute das Kastenwesen[45] und eine Unterdrückung der Frauen.[46] Mit Indien ist es politisch nur noch deshalb kein so großes Thema, weil das Land noch nicht so mächtig ist wie China.

Der Welt die Hand reichen

Bundeskanzler Scholz hat dies im September 2023 außenpolitisch mit einer würdigen und beeindruckenden Rede vor der UN-Vollversammlung erfolgreich gemacht: Er reichte dem globalen Süden die Hand.[47] Selten hat sich ein westlicher Staatschef so auf den globalen Süden zubewegt. Dies ist auch dringend notwendig, denn die Gestaltung der Zukunft ist in vielen Fragen nur mit dem globalen Süden möglich. In seiner Rede vor den UN hinterfragte Scholz die Wagenburg-Mentalität der westlichen Länder. Endlich beginnen wir in Anbetracht der sich verändernden Welt, eine eigenständigere deutsche Haltung einzunehmen.[48] So sagte Scholz: »Das Gebot der Stunde lautet nicht weniger Kooperation – heute vielleicht als ›De-Coupling‹ oder als ›Zusammenarbeit nur unter Gleichgesinnten verpackt‹, sondern mehr Kooperation. (…) Das alles gilt umso mehr in einer Welt, die, anders als vor 50 Jahren, nicht mehr nur zwei Machtzentren kennt.« Angesichts der »Gräben, die sich tiefer auftun denn je«, brauche man »den Mut, die Kreativität und den Willen, Gräben zu überwinden«. Weiter ging er beim Umweltschutz auf die Entwicklungsländer zu. So sollen die Industrieländer mehr beitragen, weil sie die Umwelt schon länger belasten. »Die souveräne Gleichheit der Staaten in unserer multipolaren Welt muss verteidigt werden«, betonte Scholz zudem und gab damit den Anspruch der Vorherrschaft der USA und des Westens allgemein indirekt auf.[49] Seit den deutsch-chinesischen Regierungskonsultationen im Juni 2023 ist China wieder im Kanzleramt angesiedelt, wo es traditionell auch unter Kohl, Schröder und Merkel war. »Wichtig ist es, dass nun auch wieder gesellschaftliche Kontakte stattfinden«, betonte Scholz. »Das gilt ebenso für Wissenschaft und Forschung und für den Austausch zwischen Thinktanks.« Aus meiner Sicht gilt nun besonders: Selig seid ihr, so ihr's tut – sprich, den guten Worten Taten folgen lassen.

Die Welt braucht Vermittler

Helmut Schmidt, deutscher Bundeskanzler von 1974 bis 1982, sagte einmal in einem Interview zu China:[50] »China war immer autoritär. Alle 4000 Jahre«, worauf die Gastgeberin Maischberger fragte: »Ja, und ist Ihnen das sympathisch?« »Nein, aber ich muss darauf aufmerksam machen: Deutschland war auch autoritär regiert bis 1919. Und dann wieder ab 1933.

Wir Deutschen sollen uns nicht einbilden, dass wir besonders legitimiert wären, über andere autoritäre Regime ein Urteil zu fällen.« Frau Maischberger: »Ist Demokratie nicht die beste Staatsform von allen?«

Helmut Schmidt: »Für uns in Europa ja, für Asien wahrscheinlich einstweilen noch lange nicht.« »Warum nicht?« »Weil sie in der dortigen Kultur nicht angelegt ist. Ich muss darauf aufmerksam machen, Demokratie in Deutschland hat es eigentlich erst nach 1949 gegeben. Es gab zehn Jahre lang den Versuch von 1919 bis 1930, den Versuch, eine Demokratie zu schaffen. Der ist schiefgegangen. Der war 1930 am Ende. Dann kam eine Regierung, die drei Jahre lang mit Notverordnung regiert hat. Wir Deutschen haben da keine große Erfahrung mit der Demokratie und sollten vorsichtig sein, uns heute als große Demokraten aufzuführen.« Auch sagte Schmidt: »Es ist eine Anmaßung, anderen Völkern beizubringen, wie sie zu leben haben. (...) Die Besserwisserei steht uns nicht gut. (...) Es gibt durchaus Werte, an denen wir festhalten wollen. Aber ich bin absolut nicht der Meinung, dass wir diese Werte anderen Leuten beizubringen haben.«[51]

Wozu wir aber als Deutschland das Potenzial haben und was dringend auf der Welt gebraucht wird, ist die Rolle als Vermittler – als gestaltende Partei, die neue Dialoge anstößt und führt zum Wohle der Beteiligten. Dann müssen wir uns auch nicht vor dem globalen Süden oder BRICS fürchten und annehmen, dass immer alles zu unserem Nachteil und »anti-westlich« ist. Die Länder des globalen Südens denken viel multipolarer. »Die BRICS sind kein Gegenpol zu den G7«, betonte auch Brasiliens Präsident Lula. Der »Globale Süden« wolle »gleichberechtigt mit der Europäischen Union und den Vereinigten Staaten am Verhandlungstisch« sitzen.[52]

Vom Nullsummen zum Mehrsummenspiel

Und dabei ist eines ganz entscheidend für eine friedvolle Zukunft: Wir müssen lernen, die Zeichen Chinas und anderer BRICS-plus-Länder besser zu lesen, und nicht bei allen Aktivitäten dieser Nationen annehmen, dass sie zu unserem Nachteil oder »gegen uns« sind. Denn dies wäre ein klassisches Nullsummenspiel.[53] Konfliktlösung setzt meistens voraus, dass die Beteiligten »aus dem Nullsummenspiel aussteigen«, sich also die Idee zu eigen machen, dass es Lösungen geben kann, bei denen alle Beteiligten gewinnen (Win-Win). Es soll gemeinsam eine dauerhafte Lösung gefunden werden, die von allen Beteiligten getragen und akzeptiert wird. Dazu ist gegenseitiger Respekt erforderlich und ein ernsthaftes Interesse an den Bedürfnissen, Ängsten und Beweggründen des jeweils anderen.

Dies zeigt sich auch im *Interview* mit Prof. Stefanie Weil, die sich auf internationale Beziehungen und westliche Lobbyarbeit in China spezialisiert hat. Sie fordert: »Ein starkes China ist für uns kein Nullsummenspiel. Wir sollten nicht immer denken, dass alles auf unsere Kosten geht (...). Wir müssen dahin kommen, Chinas Agenda nicht nur negativ zu bewerten, sondern auch das, was China eigentlich möchte, besser zu lesen.«

Was meint sie damit und wo zeigt sich dies in der Praxis? Ein Beispiel ist die historische Annäherung zwischen den (bislang) verfeindeten Ländern Iran und Saudi-Arabien im März 2023. China hat hier als heimlicher Vermittler eine diplomatische Meisterleistung geschafft, die weder Europa noch den USA gelungen ist – und zum Frieden auf der Welt beiträgt: ein Mehrsummenspiel also. Denn natürlich profitiert China davon, aber auch die betroffenen Länder und die ganze Welt durch eine zumindest in dieser Region verbesserte Sicherheitslage.

Dabei hat China seine Rolle als Mediator vorab nicht an die große Glocke gehängt und auf »Megafon-Diplomatie« bewusst verzichtet. Das *Wall Street Journal* sprach von »Chinas Modell einer neuen Diplomatie«[54], *CNN* vom »Start einer neuen Ära mit China an vorderster Front«[55] und *Al Jazeera* von »einer sich wandelnden Weltordnung«.[56]

So weit würde ich nicht gehen, aber dieses Beispiel unterstreicht zumindest, dass Win-win-Lösungen auch mit einem ideologischeren China in manchen Bereichen durchaus möglich sind.

Europäisches Eigeninteresse versus gefühlvolle Treueschwüre der transatlantischen Community

Gabor Steingart zählt zu den bekanntesten und kritischsten Journalisten des Landes. Er gibt den täglichen Newsletter *The Pioneer Briefing* heraus. Der gleichnamige Podcast ist Deutschlands führender Daily Podcast für Politik und Wirtschaft. Vor der Gründung von *Media Pioneer* war Steingart unter anderem Vorsitzender der Geschäftsführung der *Handelsblatt Media Group*. In seinem Gastbeitrag vom 31. Januar 2023 für das Magazin *Focus*[57] zitierte Steingart den ehemaligen SPD-Politiker Egon Bahr, der einst sagte: »In der internationalen Politik geht es nie um Demokratie, sondern um die Interessen von Staaten.«

Vor diesem Hintergrund hinterfragte Steingart: »Wenn wir mit dem Röntgenblick des Egon Bahr unsere heutigen außenpolitischen Beziehungen durchleuchten, müsste insbesondere das Verhältnis zu den Vereinigten Staaten von Amerika einer Neubewertung unterzogen werden. Ein europäisches Eigeninteresse würde sichtbar, das im Kontrast zu den gefühlvollen Treueschwüren der transatlantischen Community steht:

1. Die USA spielen bei Big Tech gegen Europa. Ohne Rücksicht auf Verluste werden die Daten europäischer Internetnutzer von Google, Facebook und Co. abgesaugt und einer kommerziellen Nutzung zugeführt. Die Gewinne fallen in den USA an, sodass auch der hiesige Fiskus nicht wirklich profitiert. (...)
2. Der *Inflation Reduction Act* hat mit der Inflationsbekämpfung wenig zu tun. IRA ist der Tarnname für das größte industrielle Abwerbeangebot, das je eine Nation einem anderen Wirtschaftsraum unterbreitet hat. Mit Anreizprämien in der Größenordnung von 370 Milliarden US-Dollar, das entspricht dem dreifachen Jahresgewinn aller (deutschen) DAX-40-Unternehmen, sollen europäische Industrieunternehmen der energieintensiven Sorte zur Produktionsverlagerung in die USA verführt werden. RWE und Siemens sind dem Charme der hohen Subventionen bereits erlegen.
3. Ein zu Wasser, in der Luft und zu Land geführter Krieg gegen Putin liegt im amerikanischen, aber nicht im europäischen Interesse. Für die Amerikaner ist der militärische Schlagabtausch in der Ukraine eine gute Gelegenheit, dem russischen Autokraten einen Stoß zu verpassen. (...) Putin verliert mit einem Federstrich seine komplette europäische Kundschaft, die nun ihr Öl und Gas bei Uncle Sam einkauft. Die bisherige ökonomische Kriegsbilanz lässt sich aus Sicht der Amerikaner wie folgt zusammenfassen: Wenn in Osteuropa die Kanonenkugeln donnern, klingelt in Amerika die Kasse. Sie klingelt sogar zweimal: einmal bei der Rüstungsindustrie und anschließend bei den Energiekonzernen.
4. Ein Wirtschaftskrieg gegen China – Stichwort De-Coupling – nutzt den Amerikanern und schadet den Europäern. Der Grund: Amerika besitzt den – gemessen in Dollar – weltgrößten Binnenmarkt und hat seine Rolle als größter Exporteur der Welt vor Jahrzehnten bereits verloren. Deutschland und China hingegen sind in diese Rolle hineingewachsen, was die amerikanische Wirtschaft nicht ruiniert,

aber schmerzt. Durch ein De-Coupling würden die europäisch-chinesischen Wirtschaftsbeziehungen entwertet. Klaus von Dohnanyi schrieb dazu in seinem Buch *Nationale Interessen* in Bezug auf die amerikanische Chinapolitik: ›Die Verschleierung ihrer Machtinteressen mit humanitären Argumenten hat für die USA Tradition und darf uns nicht täuschen.‹

5. Die Reputation der Amerikaner ist in weiten Teilen der Welt schwer beschädigt. (…) Der vom CIA durchgeführte Umsturz im Iran, als man eine demokratisch gewählte Regierung zugunsten des Schah von Persien eliminierte, endete 26 Jahre später mit dem Sieg der Ayatollahs. Der Vietnamkrieg, der Einmarsch im Irak und auch die 20 Jahre währende Besetzung Afghanistans haben der Begeisterung für den Westen geschadet. Mit vorgehaltener Maschinenpistole lässt sich nicht glaubhaft für Rechtsstaatlichkeit, Frauengleichberechtigung und Meinungsfreiheit werben.

Der indische Schriftsteller Pankaj Mishra schrieb gestern bei Bloomberg: ›Es gibt keine Anzeichen dafür, dass die Menschen und Regierungen des globalen Südens, die am meisten unter den wirtschaftlichen Folgen des Krieges leiden, sich entschieden gegen Putin wenden oder dass die Mehrheit der Weltbevölkerung Russlands Angriff auf die Ukraine als qualitativ anders als die US-Invasion im Irak ansieht. In Indien, das angeblich mit dem Westen verbündet ist, gaben in einer kürzlich durchgeführten Umfrage mehr Befragte der NATO oder den USA die Schuld am Krieg in der Ukraine als Russland.‹«[58]

Dieses Statement mit dem Kommentar aus Indien zeigt deutlich, dass der globale Süden, darunter die Demokratien Indien, Brasilien und Südafrika, Themen teils sehr unterschiedlich wahrnimmt als wir im Westen. In seinem Gastbeitrag zog Steingart zuletzt folgendes Fazit: »Diese unter Hochspannung stehende Welt könnte einen Mittler zwischen den Welten gut gebrauchen – einen Mittler, keinen Traumtänzer. Europa, wenn es sich nicht als Derivat der US-Interessen definiert, hätte der Welt einiges zu bieten.«[59] Wie Sie im bisherigen Verlauf des Buches erkennen konnten, ist meine Meinung: Wir als Deutschland haben das Potenzial dazu, sowohl in Europa als auch weltweit viel mehr Leadership zu zeigen, in einer führenden Rolle Vermittler zu sein und konstruktive Dialoge zu schaffen.

Aus meiner Sicht stehen wir dabei den Vereinigten Staaten von Amerika kulturell als auch vom wirtschaftlichen und politischen System her näher. Dennoch sollten wir nicht naiv sein – denn sowohl China als auch die USA verfolgen geopolitisch in erster Linie ihre ganz eigenen Interessen. Und auch wenn ich in den USA und China gelebt habe und durch Freundschaften mit beiden Ländern im Guten verbunden bin – auf politischer Ebene sind weder China noch die USA Unschuldsengel: China baut laut *Handelsblatt* zum Beispiel neue Hacker und Cyber-Spione auf[60] – die USA haben sie schon und, wie *Focus* am 31. Mai 2021 berichtete, spionierten Deutschland aus, indem die amerikanische NSA jahrelang und unter Mithilfe von Dänemark die Handys von Bundeskanzlerin Merkel sowie der Herren Steinbrück und Steinmeier abhörte.[61]

Ich plädiere deshalb dafür, unsere deutschen Interessen besser zu wahren – und mit den Großmächten eine gute partnerschaftliche Beziehung zu pflegen, aber auch den Mut zu haben, beide, wo nötig, kritisch zu hinterfragen und dies in einer respektvollen, zielführenden Art und Weise zu adressieren. Denn wie auch Jürgen Trittin sagte, ist eine eigenständige europäische und deutsche Rolle in unserem Interesse und nicht gleich anti-transatlantisch. Hier sollten wir darauf achten, uns nicht unbewusst argumentativ vor den Karren der Interessen anderer spannen zu lassen.

Interview: Stefanie Weil, Professorin und Prodekanin

ZUR PERSON

Internationale Beziehungen, China und Lobbying: Dies sind die Forschungsschwerpunkte von Prof. Dr. Stefanie Weil (geboren 1978). Früher als Geschäftsführerin einer Managementberatung tätig, ist sie heute Professorin zwischen Universität, Politik und Geschäftswelt. Sie promovierte in globalen Politikwissenschaften mit China-Bezug und untersuchte, wie westliche Firmen in China erfolgreich Lobbying betreiben können, um ihre Interessen zu stärken. Heute lehrt Stefanie Weil an der Antwerp Management School und an der Universität Antwerpen. Als Vice Dean und Academic Director des PhD-Programms für Führungskräfte verbindet sie ihre Managementerfahrung mit ihren akademischen Qualifikationen. Zudem berät sie als Expertin für Internationale Beziehungen und Sicherheitspolitik die Europäische Kommission sowie Regierungsgremien in Deutschland und Europa.

Was sind auf internationaler Bühne die größten Herausforderungen für Deutschland in den nächsten 10 bis 20 Jahren?

Deutschland steht vor der Herausforderung, international eine starke Rolle zu finden, die auf der einen Seite Leadership zeigt und auf der anderen Seite aber Integration in der Europäischen Union und auch im internationalen System. Deutschland hat Schwierigkeiten, innen- und außenpolitische Bedürfnisse aufeinander abzustimmen, besonders in Bezug auf China. Bislang hat Deutschland im Außenverhältnis keine überzeugende Rolle einnehmen können. Wenn ich das vergleiche mit Frankreich: Frankreich ist sehr selbstbewusst, hat eine deutliche Marschrichtung und mehr Mut, sich als selbstständiger und starker Akteur zu etablieren.

Was mich dabei ärgert: dass Deutschland jetzt anfängt, sich zu emanzipieren in Bezug auf Sicherheitspolitik, im Grunde in der Aufrüstung. Das ist ein falsches Signal. Deutschland sollte nicht aufrüsten, sondern auf diplomatische Friedenspolitik setzen. Konflikte werden nicht mit Aufrüstung gelöst, das sollte vor allem eine grüne Außenministerin wissen.

Deutschland hat keinen wirklich eigenen Kurs. Keine Chinapolitik, die auf Deutschland zutrifft. Deutsche Politik folgt den USA und sie folgt Europa. Dieser Kurs besagt, basiert auf den Ideen von der Leyens, dass China ein Rivale im System ist. Die EU pusht diese Politik sehr stark. Und Deutschland geht da mit, ist aber in dem Zwiespalt, dass es ja eigentlich gute Wirtschaftsbeziehungen mit China pflegt. Diese Balance findet Deutschland sehr, sehr schwierig.

Was ist in Bezug auf China?

Wie geht man mit nicht demokratischen Ländern um? Gerade für die Wirtschaft, die so abhängig ist vom Export, ist das natürlich eine Riesenherausforderung, auch innerhalb der EU. Worauf es am Ende des Tages ankommt: dass die Institutionen, in die investiert wird, mehr oder weniger verlässlich sind. Und ich würde sagen, China hat sich in den letzten Jahren als verlässlicher Investmentpartner gezeigt. Jedoch wird das Investitionsklima schwieriger. Xis Politik ist nicht immer planbar und das bringt Unsicherheit. Eine gute Balance zwischen Investitionssicherheit und Risiko zu finden, bleibt eine Herausforderung für deutsche Investoren.

Deutschland und China sind abhängig voneinander, sie haben Wirtschaftsbeziehungen. Investitionssicherheit schaffen wir, indem sich die beiden Länder annähern. Natürlich, wenn China morgen aufwacht und auf protektionistische Investitionspolitik setzt, dann hat die deutsche Wirtschaft ein Problem, aber das ist schwierig vorauszusagen. Wenn man innerhalb der EU investiert, hat man natürlich viel mehr Sicherheit.

Wir haben das leider nicht gut gemacht mit Russland. Falls jetzt was mit China passieren würde, würde ich sagen, okay, schaut mal, lessons not learned – auch für uns. Vielleicht ist es aber auch eine Chance, dass wir hinterfragen: Was ist mit Russland passiert? Wir müssen das Risiko diversifizieren. Vielleicht kann man das mit China ein bisschen besser machen. China besser in das internationale System integrieren. Denn wenn wir China mehr und mehr isolieren, haben wir ein größeres Risiko, wir haben weniger Kontrollmechanismen und China wird mehr und mehr auch die anderen nicht demokratischen Länder hinter sich reihen. Es kommt also auch auf uns an.

Wo sehen Sie in Bezug auf China (neue) Chancen für Deutschland?

Mit Eintritt in die WTO 2001 hat China mehr Investitionssicherheit kreiert. Chinas zweigleisige Rolle als starker Investitionspartner für den Westen und gleichzeitig als Sprachrohr des globalen Südens ist nach wie vor eine Chance für China, sich im internationalen Kontext zu etablieren. Wir sollten China diese Rolle als Vermittler zugestehen. Ein starkes China ist für uns kein Nullsummenspiel. Wir sollten nicht immer denken, dass alles auf unsere Kosten geht à la »China investiert jetzt in Brasilien oder hat einen neuen Partner in Afrika. Dann bedeutet das aber, dass China gegen den Westen ist.« Dieses Denken schadet uns.

Wir müssen dahin kommen, Chinas Agenda nicht nur negativ zu bewerten, sondern auch das, was China eigentlich möchte, besser zu lesen. Wirklich wieder Außenpolitik zu betreiben, die mehr auf Vertrauen beruht, auch gegenüber China. Und dazu brauchen wir wieder mehr Botschafter, nicht nur auf der höchsten Ebene. Nein, wir müssen das auch wieder weiter in die Zivilgesellschaft bringen.

Hier zählt vor allem: Wie führt man die Dialoge mit China? Auf diesem Gebiet fehlt uns die Expertise. Wenn ich auf unsere Außenpolitik schaue, verstehe ich vieles nicht. Ein politischer Dialog sollte nicht auf Abschreckung beruhen. Wir erreichen wenig mit Aufrüstung und dergleichen Szenarien.

Was ist Ihre Vision für die wirtschaftliche Zusammenarbeit im Mittelstand zwischen China und Deutschland?

Die deutsche Wirtschaft hat von ihren China-Investitionen profitiert und auch das Land China besser verstanden. Deshalb hoffe ich, dass, je mehr chinesische Investitionen nach Deutschland kommen, auch innerhalb der Zivilgesellschaft eine größere Akzeptanz für den Akteur China entsteht. Denn mit Investitionen kommen ja nicht nur Finanzen ins Land, sondern auch Menschen, Kultur, Werte, und das öffnet wieder die Tür zu einem weiteren Dialog. Wir finden dann eine größere chinesische Community in unseren Schulen. Im Elternbeirat, in der Gemeinschaft. Ich finde, das birgt Chancen der Annäherung.

Für deutsche Investitionen nach China ist es wichtig, dass das Institutional Environment stabil und transparent genug ist. Zurzeit ist es für viele kleinere und mittelgroße Firmen schwierig, ohne spezielle China-Expertise zu investieren. Das liegt auch daran, dass das System so anders ist. Der Wunsch ist hier, dass die chinesische Seite transparenter agiert. Wir sollten unsere Beziehungen und die Akteure, wie zum Beispiel die Handelskammern in China, stärken.

Was wünschen Sie sich von unserer Außen- und Wirtschaftspolitik gegenüber China und dem gesamten globalen Süden?

Eine stabile Außenpolitik, die nicht auf Ideologien, sondern auf einer versöhnenden Haltung basiert. Eine Politik, die die Institutionen, die wir haben, stärkt. Politik, die auf Vertrauen beruht und nicht auf dem Narrativ der Angst, morgen könnten Chinas Märkte nicht mehr zugänglich sein. Wenn wir so denken, wird die Welt sehr klein für uns. Natürlich bin ich gegen zu große Abhängigkeiten, aber wir müssen auch aufpassen: Maßnahmen, die die Verfestigung von Feindseligkeiten nach sich ziehen, sind kontraproduktiv. Dass wir da mehr differenzieren, das würde ich mir wünschen.

KAPITEL 10

Neue Erfolgsstrategien der deutschen Wirtschaft für China

»Erfolg ist kein Besitz – er ist nur gemietet, und die Miete ist jeden Tag fällig.«[1]

Wie Sie im Verlauf des Buches erkennen konnten, hat sich vieles in China gewandelt – und wird sich in den kommenden Jahren noch weiter verändern. China ist patriotischer geworden und wird aus westlicher Sicht immer komplexer. Dies bietet deutschen Unternehmen neue Chancen, stellt sie aber auch vor große neue Herausforderungen. Meine Erfahrungen aus einem Jahrzehnt als China-CEO vom Aufbau auf der grünen Wiese zu einem der Marktführer sowie aus meiner Beratung und Zusammenarbeit mit zahlreichen Mittelständlern und Weltmarktführern machen es mir jedoch möglich, gewisse Faktoren zu erkennen, die sich für viele Unternehmen als erfolgsentscheidend herauskristallisiert haben. Manche sind Ihnen bereits begegnet in Form von erlebten Geschichten und Fallbeispielen, manche sind neu an dieser Stelle. Der folgende Teil soll Ihnen deshalb als »Executive Summary« dieser Faktoren und Erfolgsstrategien dienen.

Die China-Formel: Mentalität, Kultur und Markt plus Vermittlung

Einer der in China am häufigsten begangenen Fehler, den ich am Anfang meiner Zeit als Pionier selbst machte, ist ein Ausgehen von unserem deutschen Denken und von den Vorgehensweisen, Produkten und Strategien, von denen wir gewohnt sind, dass sie »weltweit« funktionieren. Gleichzeitig zeigt die Praxis, dass es auch notwendig ist, gewisse deutsche Elemente mit einzubringen – denn als Teil einer internationalen Firmengruppe liegt einer der Schlüssel zum Erfolg in einer effektiven und effizienten Zusammenarbeit zwischen dem deutschen Headquarter und der chinesischen Tochtergesellschaft.

Dieser Kontrast zeigt das fundamentale Problem für deutsche Firmen in China, das sich in der Praxis sehr häufig beobachten lässt – meist jedoch, wenn es zu spät und das Kind in den Brunnen gefallen ist: Deutsche Expats werden nach China geschickt, die das deutsche Denken durchsetzen sollen – und damit entweder gegen Wände oder ins Leere laufen, oft sogar lange unbemerkt. Ich kenne zum Beispiel den Fall eines großen deutschen Automobilzulieferers in Familienhand, bei dem der Inhaber »unbedingt wollte, dass alle Schlüsselpositionen in China deutsch besetzt sind, der deutsche Standard weltweit durch alle Gesellschaften durchgezogen wird und natürlich auch im Vertrieb in China«.

Wie dies ausging, können Sie sich nach der Lektüre dieses Buches sicherlich ausmalen: Während dieses Modell in anderen Auslandsmärkten funktionierte, war es in China erfolglos. Die ersten Jahre kam das Unternehmen gar nicht in Tritt und gerade im Vertrieb krachte es immer wieder zwischen China und Deutschland. Ein typisches Beispiel? Das deutsche Headquarter bestand darauf, dass bei jeder Kundenanfrage alle Parameter bis ins letzte Detail erst mit dem Kunden abgeklärt werden und dies innerhalb von in Deutschland definierten Prozessschienen. Erst widersprach die chinesische Tochterfirma, gab es dann auf, schwieg und setzte die Vorgaben um – und als Ergebnis verlor das Unternehmen in den ersten Jahren immer wieder große Projekte, weil die Kunden sich beklagten, dass die Firma »viel zu langsam und unflexibel für den chinesischen Markt sei«. Erst als das Unternehmen im Rahmen einer neuen Gesamtstrategie andere Lösungen für solche China-Besonderheiten entwickelte, kam der Erfolg – heute hat sich die Firma äußerst erfolgreich auf dem chinesischen Markt etabliert und expandiert immer weiter.

Das andere Extrem sind komplett chinesische Führungsmannschaften in der Tochtergesellschaft, was auf den ersten Blick durchaus Vorteile mit sich bringt. Es mehren sich jedoch Berichte von deutschen Unternehmen, die damit in den letzten Jahren gar keine guten Erfahrungen gemacht haben – aufrüttelnde Beispiele aus der Praxis finden Sie in diesem Kapitel bei Strategie 5. Die bei diesem Extrem entstehenden Probleme können teils noch abgefedert werden, wenn im deutschen Headquarter erfahrene

China-Experten sitzen, die die Geschäfte sowohl strategisch als auch operativ nah begleiten. Doch oft fehlt das dafür spezialisierte Personal – denn in China spielt einfach eine andere, sehr spezielle Musik.

Und um diese richtig zu deuten, braucht es *eine* entscheidende Erfolgskombination und »China-Formel«, mit der alles steht und fällt: ein tiefgehendes Verständnis von Mentalität, Kultur und dem jeweiligen Markt (der Branche) plus Vermittlung. Die chinesische Sprache als Schlüssel kann hier vieles erleichtern, zwingend erforderlich ist jedoch die Fähigkeit, zwischen der deutschen und der chinesischen Welt vermitteln zu können. Alle mir bekannten westlichen und deutschen Mittelständler, DAX-Konzerne und Weltmarktführer, die in China erfolgreich sind, weisen diese Erfolgskombination auf – und ebenso ausnahmslos alle Fälle, bei denen es wiederholt zu Missverständnissen, Betrug oder Erfolglosigkeit kam, hatten einen signifikanten Mangel an einer oder mehreren der oben aufgeführten Fähigkeiten.

Diesen erfolgsentscheidenden Zugang zu den authentisch-chinesischen Denkbahnen muss man sich immer wieder neu erarbeiten, ihn vertiefen und weiterentwickeln, da sich China sehr schnell verändert und weiterentwickelt. Genau deshalb muss man in China permanent sehr nah dranbleiben und kontinuierlich »in und an der Firma« arbeiten. Denn Stillstand verwandelt sich in China noch schneller in Rückschritt als in anderen Märkten. Doch der deutsche Mittelstand und seine Hidden Champions lernen auch die spezielle Musik Chinas zu spielen – und dabei hilft ihnen die China-Formel, die wir jetzt genauer betrachten.

Die China-Formel unter der Lupe

Die *chinesische Mentalität und Kultur* haben Sie in Grundzügen bereits anhand mehrerer Beispiele und Praxisfälle kennengelernt: von der mehr als 4000 Jahre alten Geschichte Chinas, den anderen Denk- und Argumentationsweisen (induktiv und deduktiv), über die chinesische High-Context-Kommunikation, langfristigere Planung und flexible Verhandlungsweise, das große Zusammengehörigkeitsgefühl der Nation bis hin zum Selbstverständnis als zentrale, große Kultur- und Wirtschaftsnation der Welt. Es ist klar, dass in einem zunehmend patriotischen und immer komplexeren China ein Verständnis dieser Faktoren noch hilfreicher wird, als es bislang ohnehin schon war.

Mit einem *Verständnis des Marktes* meine ich das Verstehen und die schlüssige Einordnung der spezifischen Charakteristika der jeweiligen Industrie und Branche des Unternehmens in China. Denn der chinesische Markt hat viele Besonderheiten im Generellen und dazu nochmals jeweils ganz verschiedene Besonderheiten, wenn man in die entsprechenden Branchen eintaucht.

Um die besonderen Strukturen und Zusammenhänge des chinesischen Marktes und der jeweiligen Branchen leichter, schneller und vor allem tiefer zu verinnerlichen, kann *Mandarin* ein sehr hilfreicher Schlüssel sein. Ich warne aber vor der falschen Annahme, dass »Chinesisch sprechen« automatisch »den chinesischen Markt verstehen« impliziert.

Was bedeutet in diesem Zusammenhang und in meiner »China-Formel« *Vermittlung?* Hier geht es um die Kunst der Mediation, welche ich im Kontext der deutschen Wirtschaft in China so definiere: Wirtschaftsmediation ist eine Form der Konfliktbearbeitung, bei der eine Vermittlungsperson (Mediator/Mediatorin) die beteiligten Parteien in China und Deutschland bei der Entwicklung einer Lösung unterstützt und vermittelt. Zielsetzung ist dabei, einen sich anbahnenden oder bereits existierenden Konflikt dauerhaft zur Zufriedenheit aller Beteiligten zu lösen und zwischen ihnen eine noch bessere Kooperation zu ermöglichen.

Dies wird oftmals nicht bewusst erkannt – aber eine solche Form der Vermittlung ist für viele Unternehmen ein essenzieller Erfolgsfaktor. Denn dass es zu offenen oder unterschwelligen Konflikten oder Missverständnissen zwischen der Tochtergesellschaft, Partnern und Kunden in China und dem deutschen Headquarter kommt, kann angesichts der teils sehr unterschiedlichen Kulturen und Arbeitsweisen schnell passieren.

Mandarin als Schlüssel – mit diesem Plan spricht man fließend in zwei Jahren

»Das ist mal was ganz Neues«, antwortete mir Andreas, während er in die Ferne über die Dächer der chinesischen Hauptstadt blickte. »Schwierig, durchaus ungewöhnlich … aber eventuell machbar.« Es war im heißen Sommer 2012, als wir auf dem Balkon der von Andreas aufgebauten Sprachschule »LTL – Live the Language Mandarin School« im Pekinger Stadtteil Chaoyang bei einem Espresso zusammensaßen.

Nachdem ich bereits in Deutschland begonnen hatte, mit einer chinesischen Lehrerin die ersten Grundzüge von Mandarin zu lernen, war mir nach der Ankunft im Reich der Mitte schnell klar, dass ich neue Wege gehen musste. Denn zum einen hörte ich von einer von der Regierungsbehörde »State Administration of Foreign Experts Affairs« durchgeführten Umfrage, die zeigte, dass nur acht Prozent aller in China lebenden Expats Grundkenntnisse der chinesischen Sprache beherrschen – und noch weniger »Business Mandarin« in ihrem Beruf sprechen können.[2] Und zum anderen wurde mir in der Praxis schnell klar, warum dies so ist: In der Regel werden Expats nach China entsandt, um Aufbau- oder Ausbauarbeit zu leisten – sei es im Vertrieb, in der Produktion oder als China-CEO. Dies wiederum bedeutet sehr arbeitsreiche Tage und viele erzählten mir: »Ja, ich wollte es lernen und habe auch angefangen. Aber dann wurde es so viel in der Arbeit, dass es irgendwie nicht mehr ging.« Wie die obige Umfrage zeigt, geschieht das Sprachenlernen in China also selbst nach vielen Jahren im Land nicht »von allein« – sprich, durch das alltägliche Leben und Arbeiten. Als mir dies auf einer meiner ersten Chinareisen klar wurde, suchte ich den Österreicher Andreas Leimböck auf und fragte ihn im Sommer 2012 auf dem Balkon der LTL-Sprachschule in Peking: »Ich ziehe nächstes Jahr nach China, um ein Unternehmen aufzubauen und langfristig zu etablieren. Was können wir tun, damit ich mit dieser Aufgabe berufsbegleitend so effizient wie möglich Mandarin lerne?«

Andreas fragte ich nicht nur, weil er selbst sehr gut Mandarin spricht und eine erfolgreiche chinaweite Sprachschule aufgebaut hat[3], sondern auch, weil er jahrelang selbst eine Managementposition bei einem deutschen Konzern in China innehatte – und insofern meine Lage nachvollziehen konnte. Aus dem geplanten kurzen Austausch bei einem Espresso wurde ein längerer Nachmittag und als sich die Sonne langsam über den Dächern Pekings verabschiedete, hatten wir einen Masterplan geschmiedet, der bei Freunden und Geschäftspartnern als »Bootcamp beim Kloster in Nordchina« in die Erinnerung eingehen und mehreren westlichen Unternehmen in China, darunter bekannte deutsche Automobilkonzerne, fortan als Blaupause für »Mandarin in zwei Jahren« dienen sollte.

Mandarin Lernplan

Die Durchführung dieses Lernplanes garantiert, dass F. Hänle in spätestens zwei Jahren fließend Mandarin spricht. Der Plan beinhaltet folgende Bestandteile:

1. Urlaub und Feiertage = Sprachkurs

- Nutzung von 50 % der Urlaubstage für Intensivsprachkurs (30 h/Woche) in Chéngdé.
- Nutzung der chinesischen Feiertage für Intensivsprachkurs in Chéngdé.
- Chéngdé ist eine Stadt in Nordchina, in der Hochchinesisch gesprochen wird.
- Unterbringung bei einer Gastfamilie, kein Englisch (»Live the Language«).
- 15 Tage Urlaub F. Hänle + 15 Tage Zuschuss von Blickle = 6 Wochen pro Jahr.
- 10 Feiertage in China pro Jahr = 2 Wochen pro Jahr.
- Stunden pro Jahr: 240.

2. Wochenenden = Sprachkurs

- An 7 Wochenenden, an denen ich unter der Woche geschäftlich in Nordchina bin, das Wochenende in Peking bleiben und Sprachkurs absolvieren.
- Pro Wochenende 10 Stunden.
- Stunden pro Jahr: 70.

3. Lernen während der Woche

- 3 × pro Woche 2 Stunden Unterricht von 7.30 bis 9.30 Uhr.
- Jeden Samstag 4 Stunden Unterricht von 8 bis 12 Uhr.
- Pro Woche Ø 8 Stunden
- Stunden pro Jahr: 280.

Gesamt-Lernstunden pro Jahr: 590

- Zum Vergleich: Wenn man an der Bei Da in Peking Mandarin lernt, braucht man 2–3 Jahre, bis man fließend spricht, und hat 720 h Unterricht pro Jahr.
- Insofern reichen die 590 h pro Jahr nur bei Zusatzmaßnahmen:

4. Chinesisch ins Privatleben

Mandarin ins Privatleben integrieren, chinesische Freunde/Vereine suchen.

5. Transportzeit = Lernzeit

Im Zug, Bus, Flugzeug wird gelernt.

Fabian Hänle
9.9.2013, Peking

Der Mandarin-Lernplan

Unser Grundgedanke war, dass ich erst mal aus den Expat-Blasen raus muss – am besten in eine Gegend, wo es gar keine Ausländer und kein Englisch gibt. Geführt hat mich dieser Sprung ins kalte Wasser, der nicht immer vergnügungssteuerpflichtig war, dann in die Provinz Hebei nach Chéngdé (承德市).[4] Diese Stadt liegt etwa 180 km nordöstlich von Peking in einem Gebirge. In China ist Chéngdé vor allem als Sommerresidenz und Gebirgserholungsort der frühen Kaiser der Qing-Dynastie um Kāng Xī (康熙) und Qián Lóng (乾隆帝) bekannt. Außerhalb der kaiserlichen Residenz befinden sich die acht äußeren Tempel. Die eindrucksvollsten von ihnen sind der Pǔtuó Zōngchéng-Tempel, der in Anlehnung an den Potala-Palast in Lhasa (Tibet) gebaut wurde, und der Pule-Tempel, der dem Himmelstempel in Peking ähnlich ist. Wichtiger für mein Vorhaben war jedoch die Tatsache, dass dort ein sehr klares »Putonghua«, also Hochchinesisch ohne Akzent gesprochen wird. In Chéngdé wiederum fand das LTL-Chéngdé-Team eine chinesische Gastfamilie, die mich gerne aufnehmen wollte und mit der ich noch heute per WeChat im Kontakt bin: ein 78 Jahre altes, sehr freundliches Ehepaar, die ich Onkel und Tante nennen durfte.

In Chéngdé unterrichtete mich meine sehr gute LTL-Chinesisch-Lehrerin, die jeden Morgen zu mir »nach Hause« kam – wo wir über meist zwei Wochen Aufenthalt täglich sechs Stunden gemeinsam lernten, verbunden mit abendlichen Wiederholungseinheiten im Selbststudium. Leicht fiel mir dies nicht immer, denn obwohl ich dann Urlaub nahm, haben der Firmenaufbau und die Geschäfte ja nicht pausiert. Und ich wollte natürlich, dass alles gut weiterläuft, weshalb ich in den Abendstunden gearbeitet habe. Ich erinnere mich noch, als ich bei einem der erste Male in Chéngdé einen Abteilungsleiter in Deutschland gegen 18 Uhr deutscher Zeit anrief, um etwas Wichtiges zu besprechen, und er, verblüfft über meinen Anruf, entgegnete: »Herr Hänle, einen schönen Abend … aber Moment mal, ihr in China seid doch sechs Stunden voraus?« Ich war einfach froh und dankbar, diese Chance zu haben, sodass ich sie unbedingt nutzen wollte. Und es hat mir viel Freude gemacht, wenngleich – und nicht verwunderlich – auch hier Rückschläge und Enttäuschungen mit dazu gehörten. Zum Beispiel als ich die ersten Male, während ich in Chéngdé war, sieben Tage die Woche gelernt und alles gegeben habe – nur um dann beim Abendessen frustriert festzustellen, dass ich überhaupt nichts verstehe. Doch auch hier machte sich Dranbleiben bezahlt und nach dem dritten oder vierten Aufenthalt lief es immer besser. Was den vollen Durchbruch möglich machte: das tägliche

Mandarin-Sprechen im Büro und Alltag mit Beschäftigten, Kunden und Partnern. Dazu habe ich noch eine Liste mit den Top-100-Fachbegriffen meiner Industrie vorbereitet und gelernt – und so hat es dann wirklich geklappt, dass ich nach zwei Jahren fließend Mandarin sprach und nach drei Jahren auf Chinesisch alle Arten von Business-Meetings inklusive technischer Verkaufsgespräche führen konnte.

Was ich dabei aus eigener Erfahrung empfehlen kann, ist ein strukturiertes Vorgehen mit klaren Zielen und messbaren Meilensteinen. Mein Ziel war es zum Beispiel, jedes halbe Jahr ein Level »upzugraden«. In China gibt es nämlich ein Testsystem, das analog zum Europäischen Sprachreferenzrahmen aufgebaut ist, der in Europa von A1 über A2, B1 und B2 bis hin zu C1 und C2 als höchste Stufen, das Muttersprachler-Niveau, führt. In China heißen die Tests *Hànyǔ Shuǐpíng Kǎoshì*, kurz HSK. Sie sind eine zentrale, standardisierte Prüfung für Chinesisch als Fremdsprache, die den Leistungsstand von HSK 1 bis HSK 6 misst. Sie werden in China und weltweit an lizenzierten Testzentren, insbesondere an Konfuzius-Instituten, durchgeführt. Gemäß dem aufgestellten Masterplan hatte ich nach zwei Jahren das gesteckte Ziel HSK 5 erreicht, welches das Konfuzius-Institut so definiert: »Für weit fortgeschrittene Lerner mit sehr fließendem Chinesisch sind die Prüfungen HSK 5 und 6. Zur fünften Stufe sollte die zu prüfende Person chinesische Zeitungen und Zeitschriften lesen, sich chinesische Filme ansehen und eine Rede auf Chinesisch halten können. Vorausgesetzt wird ein Wortschatz von 2500 Wörtern (man muss die Bedeutung kennen und die 2500 verschiedenen Schriftzeichen lesen können).«[5]

Ab HSK 3 war es mir möglich, Chinesisch mehr und mehr im Alltag einzusetzen, was natürlich der Motivation guttat und die weiteren Schritte erleichterte. Meine Frau trat erst später, zu der Zeit, als ich auf Level 4 war, in mein Leben, was mir auf der letzten Strecke natürlich auch sehr geholfen hat. Durch diese Erfahrungen kann ich heute nur dazu ermutigen, Chinesisch zu lernen. Das Erlernen der Sprache ist faszinierend, weil jeder Lernfortschritt bisher unbekannte Welten eröffnet. Die Aussprache und die Schriftzeichen sind am Anfang neu – aber man gewöhnt sich daran. Und es gibt eine gute, überraschende Nachricht: Die Grammatik ist im Chinesischen viel einfacher als im Deutschen. Deshalb sage ich heute: Wenn man romanische Fremdsprachen wie Französisch oder Spanisch lernen kann, kann man auch Chinesisch lernen. Nur Mut!

Strategie 1: Wer den Weltmarkt führen will, muss in China führend sein

Dieses Statement mag nicht auf alle Unternehmen zutreffen, aber auf viele. Denn für viele deutsche Firmen ist China einer der wichtigsten Auslandsmärkte und in den letzten Jahren ein Grundstein des deutschen Wohlstandes. Deshalb geht China uns alle etwas an. Wenn deutsche Firmen auch in zehn, 20 und 30 Jahren Weltmarktführer sein wollen, müssen sie sich konstruktiv mit China auseinandersetzen. Sonst verlieren sie nicht nur den Zugang zu einem der größten Märkte der Welt, sondern verpassen auch wichtige Trends, Innovationen, globale Ausschreibungen sowie für die Weiterentwicklung oft notwendigen Wettbewerbsdruck – was nicht mehr aufholbar sein wird.

Beispielhaft ist die Feststellung von Philipp Schwarm, Geschäftsführer des Familienunternehmens Memmert. In dritter Generation fertigt Memmert mit rund 550 Mitarbeitern aus 30 Nationen Temperiergeräte für verschiedenste Anwendungen, die in mehr als 190 Ländern im Einsatz sind. Damit zählt Memmert weltweit zu den innovativsten und führenden Anbietern von hochpräzisen Klima- und Temperierschränken. Schwarm, der sich intensiv mit Asien und China auseinandergesetzt hat, resümiert: »Wir haben die Fünf-Jahres-Pläne der chinesischen Regierung sowie alle Länder in Asien analysiert und erkannt: Wir müssen mehr in China machen, sonst verabschieden wir uns vom Markt. Wenn wir nur importieren, würden wir durch Preisdruck und die Lokalisierungstendenzen Aufträge verlieren, die dann an die lokal investierten Player – ob national oder international – gehen würden. Nach gründlicher Sachstands-Analyse haben wir uns dazu entschieden, in China auf der grünen Wiese mit einer Fertigung auf 10 000 m^2 zu investieren, die wir im Oktober 2023 eröffnet haben. Denn wir glauben nach wie vor daran: China ist die Zukunft. Nicht nur für China, sondern auch als Standort für Asien. Wenn wir deutschen Hersteller die Weltmärkte anführen wollen, führt kein Weg daran vorbei, den Standort China mit seinem großen Markt, den hochentwickelten Lieferketten, dem Speed und den hoch ausgebildeten Menschen zu nutzen. Wie die Erfahrungen zeigen, ist das Thema jedoch alles andere als einfach – deshalb muss man es entweder gründlich angehen, oder es besser lassen.«[6]

Ich sage heute: Neben den Wachstumspotenzialen ist China für uns auch eine Lernaufgabe, weil es uns wieder an unsere ureigenen deutschen

Stärken (Innovation, Veränderung, Pionier- und Erfindergeist) erinnert und uns zeigt, wo wir uns weiterentwickeln können und müssen. Dies ist besonders relevant für weltweit tätige Unternehmen wie die deutschen Hidden Champions. So sagte Hermann Simon in seinem Vortrag »Erfolgsstrategien von deutschen Hidden Champions in China« bereits im Rahmen des Taicang-Tages am 29. Mai 2018 in Frankfurt:[7] »Es gilt, spezifische Wertschöpfung dort zu erbringen, wo weltweit die besten Bedingungen herrschen. Das heißt, sich von einem engen nationalen Denken zu verabschieden. Alle Teile der Wertschöpfungskette stehen zur Disposition (Produktion, Beschaffung, Forschung & Entwicklung). Die besten Bedingungen sind jeweils branchenspezifisch. Auch in dieser Hinsicht rangiert China in vielen Bereichen weit vorne.« Und er folgerte: »China wird als Standort für alle/viele Wertschöpfungsstufen immer wichtiger. Wenn man in Globalia mitspielen will, muss man in China sein.«[6]

Und wie Sie mit dem Erstarken Chinas in Schlüsseltechnologien von morgen in Kapitel 9 »Geostrategische und technologische Zusammenhänge« gesehen haben, wird dies in der Zukunft für viele Innovationsführer besonders auf lange Sicht sogar noch wichtiger werden.

Strategie 2: China, das Unternehmens-Fitnessstudio

Neben dem hohen Qualitätsstandard und der Innovationsstärke ist ein Hauptgrund für den Erfolg deutscher Firmen in China das Verständnis der chinesischen Kunden. Hier zeigt sich, dass es einerseits große Unterschiede in der Kultur und Mentalität gibt, aber auch verblüffende Gemeinsamkeiten. Denn der industriell-kulturelle Fit ist teils sehr hoch, nicht alle Bereiche der chinesischen Kultur sind uns fremd: Zum Beispiel werden Fleiß, Tradition und eine Ingenieurskultur auch in China hoch geschätzt, genauso wie China Deutschland allgemein schätzt und respektiert. Dies sieht man schon an der chinesischen Übersetzung von Deutschland – 德国 bedeutet Déguó – wobei das »guó« für Land und das »dé« für Tugend oder Moral steht. Aus chinesischer Sicht ist Deutschland also frei übersetzt das »Land der Tugend«. Was uns jedoch in der Industrie zu schaffen macht, ist eine oft sehr unterschiedliche Auffassung von Flexibilität und der Frage: »Was ist wirklich nötig, um ein Ziel zu erreichen?« Sinnbildlich für diese Frage steht das Zitat von Mirko Jan Fath, dessen *Interview* Sie am Ende dieses Kapitels finden: »Die (chinesischen Roboter-Bauer) fangen wahrscheinlich mit weniger Präzision an und das funktioniert vielleicht für 80 Prozent der Anwendungen. Wir bauen, egal für welche Anwendung, immer die 100 Prozent Präzision ein. Und Präzision kostet Geld.«

Diese Beobachtung hängt unter anderem damit zusammen, wie in der chinesischen Mentalität Probleme angegangen werden: Während wir in Deutschland lange, am besten Jahre, vorausplanen, wird in China kurz überlegt – um dann sofort mit der Umsetzung der besten Idee zu beginnen, wohlwissend, dass diese auf dem Weg noch weiter angepasst werden muss. Doch dadurch ist China günstig und schnell. Extrem schnell.

Zudem lernt China und holt auch in Sachen Qualität auf – dies führt zu einem Phänomen, mit dem viele deutsche Firmen in den kommenden Jahrzehnten auf den Weltmärkten kämpfen werden: der sogenannten *Commoditisierung*. Sie beschreibt in der Wirtschaft die Tendenz, dass Produkte sich im Laufe der Zeit angleichen, sodass sie früher oder später nur noch mit Preisrabatten abgesetzt werden können. Also den Trend, dass Produkte oder Dienstleistungen an Differenzierung verlieren und von Kunden als austauschbarer, wie Commodities, wahrgenommen werden. Wie Sie im gleich folgenden *Interview* mit Stephan Mayer sehen werden, steht dieser Herausforderung auch einer der größten deutschen Maschinenbauer, das bereits vorgestellte Familienunternehmen Trumpf, gegenüber.

Gleichzeitig ist es natürlich auch wichtig, ein gesundes Vertrauen in unsere Stärken zu haben: Denn Argumente für deutsche Hersteller mit Qualitätsprodukten gibt es viele. Kunden auf der ganzen Welt schätzen zum Beispiel die Effizienz sowie eine hohe Sicherheit und Möglichkeit zur Gesamtverkettung der deutschen Maschinen.

Aus meiner eigenen Verkaufserfahrung in mehreren äußerst preissensitiven Märkten wie Indien und China kann ich folgende Vertriebsstrategie empfehlen: anhand von »User Storys«, also tatsächlichen Fallbeispielen von Kunden, die Vergleichsrechnung der »Total Cost of Ownership« (alle Kosten inklusive Wartung und Entsorgung über die Produktlebenszeit) anzustellen und – nach Freigabe vom Kunden – in den Vertriebsprozess mit einzubauen. Sodass immer dann, wenn Kunden aufgrund des Preises absagen wollen, der Verkäufer der deutschen Firma, egal wo auf der Welt, zurückfragen kann: »Darf ich fragen, teurer im Vergleich zu was?« Automatisch führt dies das Preisgespräch auf den Vergleich der Produkte – und wenn man dann anhand von tatsächlichen »User Storys« und anhand der Total Cost of Ownership glaubhaft erklären kann, warum das deutsche

Produkt mittel- und langfristig sogar günstiger ist und welche Vorteile es obendrein noch bietet, hat man wieder Chancen!

Dennoch spielt dies gerade für Entwicklungsländer nicht überall eine Rolle – denn hier geht es oft erstmals um die Frage, ob man sich überhaupt eine Maschine leisten kann. Und dabei wird dann natürlich eher zu den günstigeren Maschinen aus China gegriffen. Eine strategische Lösung für diese große Herausforderung der Commoditisierung kann deshalb sein: eine Erweiterung der Produktpalette für das »Einstiegssegment« entweder durch günstigere und einfachere Produkte der Hauptmarke oder durch den systematischen Aufbau einer darauf spezialisierten Zweitmarke – welche Kunden in diesen Segmenten »abholt« und durch gezielte Mechanismen an die höher positionierte Hauptmarke heranführt. Und genau hier kann China eine enorme Chance für deutsche Unternehmen bieten:

Nämlich die Nutzung von China als Unternehmens-Fitnessstudio, in dem neue Denkweisen ausgebildet und unter hohem externen Druck trainiert werden – wie zum Beispiel eine Erhöhung der firmeninternen Geschwindigkeit, um den »China-Speed« mitgehen zu können, sowie die Kreation von günstigeren Produkten für die Einstiegssegmente. Ich kenne mehrere Beispiele von deutschen Mittelständlern, dies es geschafft haben, den großen Druck aus China positiv umzuwandeln, indem sie die Anforderungen im Detail untersuchten und Teile davon in Programmen zur Organisationsentwicklung einbrachten. Dadurch konnten diese Unternehmen ihre Effizienz und Performance noch weiter erhöhen – was ihnen dann nicht nur in China half, sondern auf allen anderen Auslandsmärkten!

Dennoch bin ich ein starker Verfechter davon, allzeit ein Argusauge auf dem aus meiner Sicht allerwichtigsten Punkt zu haben: nämlich der klaren Differenzierung vom Wettbewerb durch Innovation, Qualität und Kunden aufzeigbare Alleinstellungsmerkmale (USP). Denn bei aller Optimierung und Lokalisierung dürfen wir nicht wie die Chinesen werden – denn so günstig werden wir nie sein können, und je weniger Unterschiede es im Produkt gibt, umso schwerer wird es, eine Preisdifferenz erfolgreich zu argumentieren. Sie sehen – dies ist ein diffiziles Thema, um das viele deutsche Hersteller in Zukunft jedoch nicht herumkommen werden, wenn China und Asien, aber auch Afrika und Lateinamerika weiter aufholen. Spannende Zukunftsfragen – und im *Interview* werden Sie jetzt hören, wie Stephan Mayer darüber denkt und dies bei Trumpf umsetzt.

Interview: Stephan Mayer, Vorstandsmitglied Trumpf

ZUM UNTERNEHMEN

Im Mai 2023 feierte Trumpf das 100-jährige Firmenjubiläum – und blickt auf eine Erfolgsstory zurück: Als mechanische Werkstätte gegründet, hat sich Trumpf zu einem weltweit führenden Unternehmen für Werkzeugmaschinen, Laser sowie Elektronik für industrielle Anwendungen entwickelt. Im Geschäftsjahr 2022/23 erwirtschaftete das Familienunternehmen mit 18352 Beschäftigten einen Umsatz von 5,36 Milliarden Euro und einen EBIT-Gewinn von 615 Millionen Euro. Mit mehr als 70 eigenen Tochtergesellschaften ist die Gruppe in fast allen europäischen Ländern, in Nord- und Südamerika sowie in Asien vertreten. Trumpf ist weltweit als ein Aushängeschild des deutschen Mittelstands bekannt.

ZUR PERSON

Vom Maschinenbauer zum Consultant, zum Geschäftsführer, zum Vorstand: Dr.-Ing. Stephan Mayer (geboren 1980) bringt durch seine Erfahrungen verschiedene wertvolle Perspektiven bei Trumpf ein. Aus dem Inhouse-Consulting wurde er Leiter der Zentralbereiche Organisationsentwicklung, Produktion und QM (2012), anschließend schaffte er als Geschäftsführer einen Turnaround bei Trumpf Hüttinger (2015), bevor er 2017 Geschäftsführer Produktion und Einkauf von Trumpf Machine Tools wurde. Heute ist Dr. Mayer CEO der Machine-Tools-Sparte und Mitglied des siebenköpfigen Trumpf-Gesamtvorstands um Inhaberin Dr. Nicola Leibinger-Kammüller. Zudem ist er zuständig für Landesgesellschaften und Regionen und seit 2019 als Präsident China auch verantwortlich für sämtliche Aktivitäten der Trumpf-Gruppe in China inklusive der beiden Standorte in Taicang (Trumpf) und der Zweitmarke JFY in Yangzhou.

▶ **Trumpf ist seit 2000 in China. Sie waren selbst für mehrere Jahre in China vor Ort und sind auch heute für die Region verantwortlich. Was sind Ihre Erfahrungen?**

Ich bin seit circa 4,5 Jahren für Trumpf in China verantwortlich. Damals zog ich nach Shanghai und ich habe seitdem sehr viel gelernt. Die Punkte, die Sie im Buch nennen – Tempo, Innovation, Marktführerschaft, Unterschiede in der lokalen Führung, Chancen und Auswirkungen auf die globale Strategie –, kann ich bestätigen.

Meine Erfahrung ist, dass China vor fünf bis zehn Jahren noch ein Land war, in dem westliche Produkte geschätzt wurden. Damals war das für den Westen eine Goldgrube, aber China hat sich gewandelt. China ist aufgestanden und hat Selbstbewusstsein und eigene Kompetenz entwickelt. China ist heute auf Augenhöhe mit dem Westen und mein Fazit ist: Man muss China respektieren. Dann kann man auch in China erfolgreich sein.

Bevor wir zu unserem Sparring der Chinastrategien des Buches kommen: Die Welt hat sich stark weitergedreht, seit wir 2020 unseren Flammkuchen in Stuttgart gegessen haben. Wie geht es Ihnen, was ist zurzeit los?

Ja, die globalen Veränderungen sind in der letzten Zeit immens. In meiner jetzigen Rolle als Vorstand fühlt es sich an, als ob alle zwei Monate etwas völlig Neues aufkäme. Auf einmal stehen wir vor der Frage: »Wie reagieren wir auf die Inflation, die steigenden Kosten bei gleichzeitig anhaltenden Lieferengpässen, nachdem Russland die Invasion in die Ukraine gestartet hat?« Oder: »Wie geht man mit China und dem massiven Preisverfall um?« Aber natürlich macht es auch Spaß und Veränderungen bieten für unser Unternehmen und Europa gleichzeitig auch Chancen. Glücklicherweise haben wir in Europa ein weiterhin stabiles Umfeld und es geht mir und meiner Familie gut. Dieser Rückhalt ist wichtig, um sich auf die Herausforderungen konzentrieren zu können.

Eine meiner zentralen Botschaften lautet: »Wer im Weltmarkt führen will, muss in China führend sein.« Welche Rolle spielt China für Trumpf?

Ja, ich muss sagen, dass ich das ähnlich sehe, mit ein paar Ergänzungen.
Wir müssen weiterhin versuchen, mit China zusammenzuarbeiten. Zwar wird der lokale Markt in China zunehmend herausfordernd, unter anderem durch Subventionierung von lokalen Wettbewerbern, geringen Schutz des geistigen Eigentums und laxe Auslegung der Maschinensicherheit durch lokale Wettbewerber. Wir müssen dennoch in China präsent bleiben und das aus mehreren Gründen.

Grund Nummer eins ist: »Der Absatzmarkt ist da und wird auch bleiben.« Wir werden uns zwar schwerer tun, uns dort zu behaupten, aber es gibt Nischen und Möglichkeiten, auch heute dort Geld zu verdienen. Und das gilt auch für Trumpf: In manchen Sachen machen wir uns noch sehr gut, in manchen weniger. Manche Technologien wurden kommodisiert, aber auch nicht alle. Insofern ist China für uns weiterhin relevant.

Der zweite Grund ist Innovation. Die Politik in China treibt Innovationen mit massiven Fördergeldern voran und setzt zudem auf schiere Masse. Ich bin jedoch der Meinung, dass Kreativität und Innovation vor allem Gestaltungsfreiheit brauchen. Mit unserem westlichen Wertegerüst ist das unsere Chance. Deswegen müssen wir unsere freiheitlich und demokratisch geprägten Werte mit voller Kraft verteidigen. In diesem Kontext wäre es hilfreich, wenn die europäische und deutsche Politik weniger regulatorisch wäre und uns stattdessen in dieser Freiheit und Kreativität aktiv förderte. Leider entwickeln wir uns als Land in eine andere Richtung und man hat das Gefühl, dass nicht immer klar ist, wie der Wohlstand in Deutschland ursprünglich entstanden ist.

Und es gibt noch einen dritten Punkt, warum wir aus meiner Sicht in China bleiben sollten, und zwar, um das Land als eine Art »Trainingcenter« zu verstehen. Für uns ist China ein großes Fitnessstudio, weil wir durch die Aktivitäten in China lernen: Wie kann man das Preis-Leistungs-Verhältnis besser machen? Wir haben es geschafft – durch den Druck aus China –, Maschinen für das Einsteigersegment zu bauen, die nur die Hälfte kosten, aber gleichzeitig eine respektable Leistung bringen. Das wären wir in Europa nie so konsequent angegangen. Vielmehr hätten wir gesagt: Wir müssen technologisch noch besser werden. Doch jetzt waren wir gezwungen, Preis und Leistung neu zu denken. Diese Neuausrichtung und die Veränderung des Mindsets aus der noch einigermaßen komfortablen Situation heraus sind ein Fitnesstraining, das unbedingt nötig war, auch weil wir das, was wir dort lernen, nun überall auf der Welt anwenden, um auch Märkte in aufstrebenden Weltregionen adressieren zu können. Denn die perfekte Maschine, die wir deutschen Ingenieure bauen können, ist nun mal nicht für alle Märkte die passende Lösung. Beispielsweise hat der deutsche Maschinenbau Regionen wie Südamerika und Afrika nahezu komplett an chinesische Hersteller verloren, und ähnliche Entwicklungen gibt es in Südostasien und Indien.

Ich möchte aber sagen: Wir müssen uns als deutsche Unternehmen trotzdem auch einen USP erhalten, damit wir uns differenzieren können. Denn was schnell und günstig geht, werden die Chinesen selbst schaffen und uns dann in der Masse überholen. Deswegen ist es schon noch eine Tugend, sich die nötige Zeit zu nehmen, um weiterhin robuste, nachhaltige und durchdachte Maschinen und Produkte zu entwickeln. Wir merken, dass wir immer noch punkten, wenn die Qualität der Maschine ein Entscheidungsgrund für den Kunden darstellt.

Deshalb versuchen wir jetzt bei Werkzeugmaschinen zweigleisig zu fahren: Wir bauen einfachere Maschinen, um den chinesischen Wettbewerbern auch preislich etwas entgegensetzen zu können. Mit unserer Zweitmarke JFY haben wir eine interessante Alternative für die unteren Preissegmente aufgebaut.

Auf der anderen Seite behalten wir in etablierten Segmenten unseren High-End-Status mit hochproduktiven Fertigungslösungen bei.

Das ist ein spannender Punkt und eine wertvolle Ergänzung – die uns zur nächsten Botschaft bringt: China ist und wird in mehreren Feldern globaler Technologieführer. Um die Trends von morgen nicht zu verpassen, müssen wir deshalb schon heute den Finger am Puls des Marktes haben. Zum Beispiel mit Innovation-Scouts, die wie feine Antennen aus China an die deutsche Firmenzentrale berichten.

Das ist ein guter Punkt. Wir sind ein Multi-Nischen-Konzern. Wir haben eine sehr breite Produktpalette und pro Produkt eher kleine Umsätze. Daher ist es nicht leicht zu entscheiden, in welchem Produktspektrum wir zunächst starten sollen. Aktuell haben wir noch kein Innovation-Scouting in China etabliert. Aber wir sehen natürlich auch, dass in China viel in Bezug auf KI und Digitalisierung passiert sowie lokale Wettbewerber schnelle Fortschritte in der Lasertechnik machen. Insbesondere im Bereich Additive Manufacturing müssen wir die Situation genau beobachten.

Ich gebe mal ein Beispiel, wo auch wir uns mal was abgeschaut haben, und zwar beim Thema Digitale Services. In China wird per Ali-Pay und WeChat-Pay bezahlt, und wenn dort jemand von unserem Service vor Ort beim Kunden eine Maschine repariert, dann zahlt der Kunde direkt per Barcode beim Service-Techniker. Der automatisierte Rechnungsprozess ist schnell erledigt, der Kunde ist glücklich und für unser Working Capital ist es ebenfalls hilfreich. In Deutschland sind die Prozesse deutlich manueller: Der Service-Techniker fährt zum Kunden und dann dauert es Wochen, bis der Kunde die Rechnung hat, und dann dauert es wieder, bis er zahlt. China ist viel schneller als wir darin, digitale Tools aus dem Consumer-Bereich auf die Industrie zu übertragen.

Auf der anderen Seite erstaunt es mich, wie wenig die Digitalisierung in der Industrie in China angekommen ist. Wir haben beispielsweise immer noch Kunden, die kein Internet in der Werkhalle haben und das Wort »Lean« noch nie gehört haben. Im Consumer-Bereich ist uns China in der Digitalisierung schon weit voraus, aber in der industriellen Nutzung von Digitalisierung, mit ein paar Ausnahmen wie Automotive, Consumer Electronics oder Halbleitern durchaus noch hinter uns.

Ihr Impuls ist jedoch wichtig und berechtigt, weil wir häufig unterschätzen, wie schnell die Chinesen sind. Wir müssen deutlich weiter vorausschauen, um gewissen Szenarien vorbeugen und entscheidende Wettbewerbsvorteile beibehalten zu können.

Politik und Medien raten zuletzt häufig, Unternehmen sollten De-Risking betreiben und neben China weitere Standorte in Asien aufbauen. Wie geht es Ihnen damit in der Praxis?

Vor ein paar Tagen wurde mir die Frage gestellt: »Wo ist denn euer Werk in Asien außerhalb von China?« Unser Problem ist leider, wenn wir als Multi-Nischen-Konzern neben China noch ein weiteres großes Werk in Asien bauen, dann können wir pro Werk nur noch ein paar Hundert Stück pro Jahr herstellen. Es fehlt dann die kritische Menge und zusätzlich hätten wir mehrfache Infrastrukturkosten. Die Frage ist also, wie viel De-Risking man sich leisten kann in dem ohnehin schon harten Preiskampf? Dieser Trade-off ist nicht einfach.

Das andere ist: In der Praxis ist ein konsequentes De-Risiking schwer umzusetzen. Denn eine Werkzeugmaschine von Trumpf hat beispielsweise 5000 Teile und alleine der IPC hat noch mal rund 2000 verschiedene Materialnummern – und wenn nur eine davon aus China kommt, dann steht die Linie im Falle eines harten Shutdowns bei uns still. Wir haben diese Situation während Covid erlebt. Damals waren Häfen in China »nur« für wenige Wochen geschlossen. Deshalb: Wir können noch so viel De-Risking betreiben. Auf der Komponentenebene, spätestens beim Tier-2-Lieferanten, gibt es jedoch immer eine Komponente, die in China produziert wird. Eine hundertprozentige Absicherung kann sich keiner leisten, weshalb es eher als theoretischer Ansatz zu verstehen ist.

Meine weitere Botschaft lautet: Als Folge des Expat-Exodus seit Corona wurde das Management deutscher Firmen in China oft lokalisiert. Es mehren sich jedoch Berichte, dass die komplette Lokalisierung der Führung vor Ort zu Entfremdung, Missverständnissen und Unregelmäßigkeiten geführt hat. Deshalb ist es essenziell, unsere deutsche Kultur in China weiter einzubringen und China-Kompetenz auch auf der Führungsebene in Deutschland aufzubauen. Wie sehen Sie das?

Das ist ein weiterer guter Punkt. Der Exodus aus China wurde durch Corona stark beschleunigt, aber auch, weil sich die Expats dort nicht mehr so willkommen fühlten, nachdem die Regierung durch Maßnahmen die Attraktivität weiter reduzierte. Es gibt in China viele Steuervorteile für Expats, für Wohnung, Auto und für die Schulkosten der Kinder. Dann wollte China das stoppen und dies erzeugte viel Unsicherheit. Glücklicherweise hat sich China im letzten Moment dann doch noch umentschieden und die Expat-Erleichterungen um ein paar Jahre verlängert …

Ich bin der Meinung, wir brauchen unsere Expats in China, aber auch China-Erfahrung in den deutschen Zentralen. Auf dem chinesischen Arbeitsmarkt gibt es zudem mittlerweile sehr gute lokale Manager – die Kunst ist natürlich, sie zu finden. Man kann also ein »chinesischeres« Führungsteam aufstellen, und ich bin der Meinung, dass man auch mehr lokale Führung aufbauen sollte, weil China komplizierter, lokaler und patriotischer geworden ist. Ich stimme aber grundsätzlich zu, dass es ein oder zwei westliche Manager braucht, welche die chinesische Führung begleiten, um eine sukzessive Entfremdung zu vermeiden.

Denn wir haben unsere Expat-Quote in den letzten drei Jahren halbiert und wir spüren die Entfremdung bereits ein wenig. Denn leider ist die Compliance-Kultur deutlich schwächer ausgeprägt als in Europa. Bei uns gibt es Tabus, die in China gesellschaftlich deutlich mehr akzeptiert sind. Beispiel IP-Klau: In China ist es weniger »verrucht«, wenn man von einem anderen kopiert. Im Gegenteil: Es ist sogar eine Auszeichnung, wenn man gut kopiert, und es wird damit geworben. Einer unserer schärfsten Wettbewerber wirbt deshalb aktiv damit, »Trumpf nachzubauen«. Wenn man nicht immer »nah dran« ist, dann kommen vielleicht Teile einer von früher geprägten China-Business-Kultur wieder hoch, und das ist nicht immer vereinbar mit unseren eigenen Compliance-Regeln.

Strategie 3: Scouts in China – auf der Jagd nach Innovation

Wie wir erfahren haben, liegt im Jahr 2024 die Quelle vieler Entwicklungen und Innovationen der Tech-Welt in China und verbreitet sich von dort in alle Welt. In Forschung und Entwicklung (F&E) sowie der Wissenschaft können wir deshalb in China frühzeitig Trends von morgen erkennen und zu unserem Vorteil nutzen. So hat BMW an seinem Standort in Shenyang ganz bewusst die nach Deutschland weltweit größte Abteilung für F&E aufgebaut. Und VW kündigte im November 2023 an, die Entwicklung für neue Elektroautos ins chinesische Hefei zu verlagern. 3000 chinesische Entwickler sollen schaffen, was VW allein und mit der »alten Denkweise« nicht gelang – nämlich, wie es die FAZ am 24. November 2023 schrieb: »den Rückstand auf BYD, Tesla und Co. aufholen.«[8]

Die meisten hätten ein solches Szenario vor einem Jahrzehnt noch mit einem milden Lächeln und dem Kommentar abgetan: »Die sind nicht schlecht, aber wir sind in eigentlich allen Bereichen noch führend.« Das hat ja auch gestimmt – nur haben wir in dieser Industrie die chinesische Entwicklungsgeschwindigkeit unterschätzt. Das Argument, dass Chinas Autobauer deshalb so erfolgreich sind, weil sie stärker subventioniert sind als die deutschen Hersteller, stimmt zu einem Teil – greift für sich allein genommen aber zu kurz, denn der Rückstand der deutschen Autoindustrie liegt auch daran, dass wir neue Trends, Änderungen der Kundenbedürfnisse sowie die daraus entstehenden Konsequenzen für die Lieferketten und Business-Ökosysteme zu spät erkannt haben. Auch halte ich das Subventions-Argument, wenn es alleinstehend angeführt wird, deshalb nicht für zielführend, weil es uns in ein ohnmächtiges Denken bringt à la: »Da können wir halt nichts machen.«

Wir können aber etwas tun – und um dem Szenario vorzubeugen, dass es uns in Deutschland in weiteren Industrien genauso geht, habe ich dieses Kapitel in das Buch aufgenommen. Denn wenn unsere Autoindustrie genau dieses »Innovation-Scouting« früher in China betrieben und die Erkenntnisse ernst genommen hätte, würde es heute anders aussehen. *Innovation-Scouting in China* definiere ich nicht nur als Betrachtung des Wettbewerbs, es umfasst auch ein tiefgreifendes Verständnis der relevanten Business-Ökosysteme, der B2B- und B2C-Kunden und ihrer Bedürfnisse sowie der Markttrends und der daraus resultierenden Konsequenzen für die vor- und nachgelagerten Lieferketten. Der chinesische Premiumhersteller NIO punktet heute zum Beispiel nicht nur durch seine Produkte an sich – sondern unter anderem auch, weil man dort eine Ladestation entwickelt hat, in der die ganze Batterie innerhalb von fünf Minuten robotisiert gewechselt wird.[9]

Zunehmend wird dies auch im deutschen Mittelstand erkannt: Till Zupancic führt die Geschäfte von Flowsort, ein Unternehmen der Fath-Gruppe. Flowsort entwickelt, fertigt und vertreibt Intralogistik-Automatisierungstechnologie, die von Systemintegratoren weltweit eingesetzt wird. Nach einer gemeinsamen China-Reise folgerte er: »China spielt in unserer Global-Strategie eine zunehmend wichtige Rolle für Technologie- und Markttrend-Scouting. Dies ist gerade für unsere innovativen Systemlösungen wie Flowsort relevant, denn die Intralogistik-Automatisierung wächst nicht nur rapide, sondern verändert sich auf der globalen Bühne durch neue chinesische Player wie die Online-Handelsplattform-Riesen Alibaba oder JD.«[10] Oliver Hermes, Vorstandsvorsitzender und CEO des Hidden Champions und Pumpen-Spezialisten Wilo ist überzeugt, dass in Zukunft Asien im digitalen Marketing führend sein wird. Konsequenterweise hat Wilo sein Kompetenzzentrum für Digital-Marketing in China angesiedelt.[11]

Sie erinnern sich an die Studie »Global Innovation Tracker« des australischen ASPI-Instituts, deren Ergebnisse ich Ihnen im Kapitel »Das große Innovations-Rennen: China versus USA – und Deutschland?« präsentiert habe. Hier zeigte sich ein Fakt, der uns zu denken geben sollte, weshalb ich mich traue, vorherzusagen, dass das »Innovation-Scouting« in China zukünftig nicht nur hilfreich, sondern teilweise sogar überlebenswichtig für deutsche Firmen wird: Denn China mag zum Beispiel in der Sensortechnologie aktuell hinten und wir vorne liegen, da China dies jedoch genau weiß und es sich eingesteht, wird dort ganz anders und sehr langfristig gedacht.

China fragt sich nicht so sehr: Was können wir tun, um *in* der aktuellen Technologie aufzuholen? Sondern vielmehr: Was wird *die* Folgetechnologie sein und wie können wir genau hier einen Vorsprung aufbauen? Wie Sie an der ASPI-Studie gesehen haben, investiert China zum Beispiel viel in die Quanten-Sensorik. In diesem zentralen Forschungsbereich, der nächsten Stufe der Sensorik, spielt China in der Forschung schon heute ganz vorne. Wegen der in China gelebten Kompetenz, digitale Anwendungen aus dem Consumer-Bereich in die Industrie zu tragen, würde ich diesen Bereich genau im Auge behalten – wie gesagt, nicht auf ein paar wenige

Jahre in die Zukunft, sondern langfristig gesehen. Und man kann schon heute damit beginnen, sich diese »Beobachtungs- und Lernkompetenz« im Unternehmen aufzubauen. Ein globales Unternehmen muss deshalb dort präsent sein, wo die Musik seiner Branche spielt, und die Stärken der jeweiligen Länder und Business-Ökosysteme für sich nutzen. Das Innovation-Scouting kann genau dafür ein praktisches Tool sein, das sich im Mittelstand ohne viel Aufwand pragmatisch nutzen lässt.

Zum Beispiel kann ein systematisiertes, schlankes Reporting aufgebaut werden, in dem die Vertriebsleitung, die technische Leitung sowie die Geschäftsführung in China einmal pro Halbjahr ihre Top-3-Trends und Empfehlungen zusammenfassen und an die globale Geschäftsführung in Deutschland berichten. So können gleich drei wichtige, verschiedene Perspektiven erfasst werden: Vertrieb (Kundenbedürfnisse und Wettbewerb), Technik (Machbarkeit und Umsetzung) sowie Geschäftsführung (Überblick und Wirtschaftlichkeit). Gleichzeitig steuert man so das Führungsteam in China dahin, gezielt und aktiv an die wichtigen Stellen im Markt zu schauen. Das Ganze kann in Deutschland vom Produktmanagement oder einer Stabstelle der Geschäftsführung organisiert und final von der Unternehmensspitze bewertet werden, da es eine große strategische Komponente enthält.

Strategie 4: Reduzierung von Abhängigkeiten

Dass wir unseren Außenhandel auf zu große Abhängigkeiten überprüfen, ist richtig. Das hätten wir sogar schon früher machen sollen, als sich Tendenzen abgezeichnet haben. Insofern halte ich die Sorge unserer Bundesregierung in Teilen für nachvollziehbar und in der Tat empfehle ich grundsätzlich, sich so breit wie möglich aufzustellen. Und dass wir von deutscher Seite aus ein gewisses, bis zu einem gesunden Grad betriebenes De-Risking betreiben, halte ich auch angesichts des aus Peking vernommenen Unverständnisses für vertretbar. Peking betreibt seit Langem selbst ein De-Risking – denn generell wirkt die chinesische Wirtschaftsstrategie mittelfristig darauf hin, weniger zu importieren, und die Dual-Circulation-Strategie sowie »Made in China 2025« haben das explizite Ziel, China autarker zu machen.[12] Dies ist insofern auf globaler Bühne nichts Neues und gehört zu einem gesunden Risikomanagement für jedes Land und jedes Unternehmen dazu.

Wie ich in der Praxis erlebe, befassen sich deutsche Unternehmen auch mit Strategien, um Abhängigkeiten perspektivisch besser zu verteilen. Und zu China gilt klar: Jedes Unternehmen kann selbst entscheiden, ob es dort tätig sein kann und möchte. Ich halte es für unrealistisch, dass der europäische Mittelstand und Großkonzerne Chinas Politik wesentlich beeinflussen können. Eine komplette Umkehr aus China ist für die Wenigsten jedoch eine Option. Eine im November 2023 veröffentlichte Umfrage von *PricewaterhouseCoopers* unter deutschen Unternehmen aus verschiedenen Branchen ergab: »Deutsche Unternehmen stehen zum Standort China.«[13] Die Firmen seien realistisch, pragmatisch, risikobewusst. Die überwiegende Mehrheit der Befragten will ihr Engagement in China auch in Zukunft fortführen. Lediglich eine sehr kleine Minderheit (1 Prozent) plant einen Abzug oder Teilabzüge (6 Prozent). Auch zeigte sich eine Diskrepanz zwischen Politik und Wirtschaft. Denn obwohl die große Mehrheit am Standort festhält, nehmen zwei Drittel der Befragten (65 Prozent) die Regulierungen der Bundesregierung als Einschränkung ihres Engagements in China wahr. In der Praxis gibt es zudem weiterhin zahlreiche Neuansiedelungen: Wie mir Jürgen Duan von der Stadtregierung Taicang mitteilte, verzeichnete allein die dortige Wirtschaftsbehörde 2023 insgesamt 25 neue deutsche Investitionen – womit die Anzahl deutscher Firmen in meiner alten Wahlheimat Taicang per Januar 2024 auf gesamt 500 angewachsen ist – ein Großteil davon aus dem Mittelstand.[14]

Zur Reduzierung von Abhängigkeiten und zum De-Risking verfolgen deutsche Firmen zum Beispiel die Strategien »China plus eins« und »Made in China – for China«. »China plus eins« bedeutet, neben China als Hauptstandort noch einen weiteren, zusätzlichen Standort in Asien aufzubauen. Die zweite Strategie impliziert, vor Ort in China für den Markt China zu fertigen, um sich so zum Beispiel bei Unterbrechungen der Lieferketten von globalen Geschehnissen unabhängiger zu machen. Die Philosophie des »Seesterns und der Spinne«, die ich im Kapitel zum Macron-Besuch in Shanghai 2019 und dem Austausch mit dem Webasto-Vorstand Freddy Geeraerds erwähnt habe, zielt in eine ähnliche Richtung: Um sowohl nahe am Puls der Märkte zu sein und sich global sicher und unabhängiger aufzustellen, kann es für manche Firmen Sinn machen, Organisationen wie Seesterne – also mit mehreren relativ selbstständigen Einheiten – zu bilden. In der Praxis sieht dies gerade im größeren Mittelstand oft so aus, dass Regional Headquarters entstehen: eines in Shanghai für Asien-Pazifik, eines in den USA für Nord- und Südamerika sowie das globale Headquarter in Deutschland – idealerweise kombiniert mit einem Vorstand, bei dem neben der Zentrale in Deutschland jeweils ein Mitglied vor Ort in China und den USA sitzt, um nah an diesen Schlüsselmärkten zu sein und ihnen eine Stimme im Vorstand zu geben.

Auch wenn sich deutsche Unternehmen so robuster aufstellen können, muss man in der Praxis jedoch zwei Punkte beachten, die in den öffentlichen Diskussionen meist nicht erkannt werden:

Erstens wird oft übersehen, dass man als Unternehmen oder Land gar nicht »von niemandem abhängig« sein kann. Um zu wirtschaften, muss man mit Menschen, Partnern und auch Ländern interagieren und kooperieren. Worum es für die Souveränität eines Staates letztlich geht, ist darum, nicht erpressbar zu sein. Und wenn man sich die Zahlenverhältnisse nüchtern betrachtet, kommt man zu dem Schluss: China ist auch von uns abhängig.

Immerhin importierten wir in Deutschland im Jahr 2022 Waren im Wert von 191,8 Milliarden Euro aus der VR China (Import). Nach China verkauften wir »nur« 106,9 Milliarden Euro (Export).[15] Auch auf EU-Ebene zeigt sich ein ähnliches Bild: Im Jahr 2022 war China der drittgrößte Partner für EU-Exporte (9,0 Prozent). Vor China lagen die USA (19,8 Prozent) und selbst das Vereinigte Königreich (12,8 Prozent). Gleichzeitig aber war China der wichtigste Partner für EU-Importe (20,8 Prozent). Es folgten die Vereinigten Staaten (11,9 Prozent) und das Vereinigte Königreich (7,3 Prozent).[16]

Auch wenn man dabei natürlich nicht die großen Umsätze und Gewinne vergessen sollte, die deutsche Unternehmen in China mit in China gefertigten Produkten erzielen, sage ich bei Vorträgen deshalb oft: China ist auch von uns abhängig. Dies sieht auch Jörg Wuttke so. Der ehemalige Präsident der EU-Handelskammer in Peking, sagte zu Abhängigkeiten im Oktober 2022:

»Das ist meiner Meinung nach ein großes Missverständnis in Europa und gleichzeitig eine Fehleinschätzung Pekings. In Wahrheit ist China viel abhängiger von Europa als umgekehrt. (...). Wir sollten in Europa aufhören zu glauben, wir seien abhängig von China. Es gibt nur zwanzig Produktbereiche, in denen Europa theoretisch erpressbar ist, weil eine einseitige Abhängigkeit besteht: seltene Erden, Magnesium oder gewisse pharmazeutische Vorprodukte zum Beispiel. Aber das sind zwanzig von Tausenden von Produkten. Natürlich: Für Branchen wie Chemie, Maschinenbau oder Automobil ist China wichtig, das sollte man nicht kleinreden.«[17]

In einer Studie von Bertelsmann-Stiftung, IW Köln, MERICS und BDI wurde untersucht, ob und inwiefern Deutschland von Investitionen der deutschen Industrie in China profitiert. Der Studie zufolge »sind die Gewinne aus den Investitionen deutscher Unternehmen in China und damit verbundene Abhängigkeiten kleiner als angenommen. Für Investitionen bleibt die EU der mit Abstand wichtigste Anker. Die Studie belegt aber auch, wie gut die Gewinnsituation im chinesischen Markt ist: Die deutschen Investitionen in China wurden zwischen 2019 und 2022 in der Summe ausschließlich durch Gewinne vor Ort finanziert.«[18]

Diese – oft übersehene – gegenseitige Abhängigkeit stellt einen wichtigen Faktor dar, um das Risiko einer Erpressbarkeit zu vermeiden. Neben dieser Beobachtung gibt es noch einen zweiten Grund, weshalb eine De-Risking-Strategie nur bis zu einem gewissen Grad betrieben werden kann: Denn wie sich in der Praxis für deutsche Unternehmen, gerade aus dem Mittelstand, zeigt, ist es in vielen Fällen finanziell nicht realisierbar. Mal eben ein weiteres Werk in Asien zu bauen, das die Infrastrukturkosten verdoppelt und eventuell nicht ausgelastet ist, stellt sich in der Realität oft als problematisch dar.

Einen einzigen, besonderen Fall habe ich als Berater erlebt, wo wirklich ganz tief in das Thema Risikomanagement eingestiegen wurde: Ein DAX-Konzern suchte einen Experten für eine geopolitische Einschätzung. Eine interne Analyse lag vor – das Unternehmen wollte aber noch einen externen Blick. Das Hauptproblem dieses »De-Risking«-Projektes war, dass sich die inhaltliche Analyse von Risiken, potenziellen Sanktionen der USA und möglichen Reaktionen der chinesischen Regierung sowie die Erarbeitung von Handlungsempfehlungen für den Vorstand als in der Praxis extrem komplex herausstellten. Dies wurde schnell klar, als ich die Struktur der Vorgehensweise erarbeitete – und erkannte: Allein kann das niemand beurteilen. Als Folge definierte ich vernetzte Themenfelder zur Bearbeitung durch Fachleute und Mitarbeitende verschiedener Gebiete und Kontinente. Für mich war das eine spannende Erfahrung und eine Art Ritterschlag, als mir mein an den Vorstand berichtender Ansprechpartner sagte, dass er unsere Gespräche und meine Ideen nicht nur gut, sondern sehr gut fand – aber ich sage auch: Für den Mittelstand ist so ein enorm komplexes und ressourcenaufwendiges De-Risking-Projekt nur sehr schwierig zu stemmen. Insofern mag hier das helfen, was den Mittelstand schon immer stark gemacht hat: sich international möglichst breit aufzustellen und »nicht alle Eier in ein Nest zu legen«, aber auch den

Weitblick zu haben, sowohl die Risiken als auch die Chancen in China nüchtern zu erkennen und sich langfristig aufzustellen, ohne sich vom wandelnden medialen oder politischen Zeitgeist in die eine oder andere Richtung treiben zu lassen.

Interview: Mirko Jan Fath, Geschäftsführer der Fath-Gruppe

ZUR PERSON

Zwei Brüder, eine Maschine und große Pläne: 1989 starteten die Brüder Wido (geboren 1970) und Mirko Jan Fath (geboren 1971) mit einer Kunststoffspritzgussmaschine in einer Scheune ihr Unternehmen. Die Fähigkeit, Trends zu erkennen, Menschen zu erreichen, und der Mut, sich ergebende Chancen konsequent zu nutzen, zeichnet Mirko Jan und Wido Fath besonders aus und bildet die Grundlage für die starke Weiterentwicklung von Fath in den vergangenen Jahren. Als Geschäftsführer und kreativer Kopf im Fath-Ecosystem ist Mirko Jan Fath hautnah am Puls der globalen Märkte und Technologien.

ZUM UNTERNEHMEN

Fath ist durch Kreativität, Entschlossenheit und strategischen Weitblick – mit mittlerweile über 500 Beschäftigten an zwölf Standorten – zum globalen Player für Produkte und Lösungen für Industrie, Intralogistik-Automatisierung und kundenspezifische Maschinenbaukomponenten avanciert. Der Umsatz der Fath-Gruppe wird 2023 die 100-Millionen-Euro-Marke deutlich überschreiten. Das Ministerium für Wirtschaft, Landesentwicklung und Energie verlieh Fath am 8. August 2023 den Preis »Bayerns Best 50« und würdigte das Unternehmen als einer der wachstumsstärksten Firmen Bayerns.

Ihr Unternehmen Fath ist seit 2007 in China. Wie fassen Sie Ihre Praxiserfahrungen zusammen?

Insgesamt haben wir sehr positive Erfahrungen gemacht. Ein ganz wichtiger Punkt ist, dass man den Kollegen in China vertrauen kann. Was eigentlich China ausmacht – der Grund für das starke Wachstum und auch der Grund, warum wir heute viel dort einkaufen – ist, dass sich neue Produkte superschnell umsetzen lassen und es sehr günstig ist.

Aber es läuft nicht nur schnell und günstig, sondern die Produkte sind inzwischen auch von einer sehr hohen Qualität. Wenn wir etwas Vergleichbares in Deutschland machen wollen, müssen wir zehn Angebote einholen und bekommen vielleicht einen guten Preis. Der Start eines neuen Produkts ist in China sehr viel einfacher.

Wir haben im Laufe der Jahre auch schlechte Erfahrungen gemacht, aber die gehören eben dazu. Konkret hatten wir neben Fath China noch ein zweites Joint Venture. Dort hatten wir ein Management, dem nicht zu vertrauen war, und wir waren von Deutschland aus zu weit weg. Da haben wir Geld verloren und hatten plötzlich sogar die Mafia im Haus.

Was sind auf internationaler Bühne die größten Herausforderungen für den deutschen Mittelstand in den nächsten 10 bis 20 Jahren?

Wenn wir über die internationale Bühne sprechen, dann ist es definitiv die Challenge, die richtigen Kollegen für unsere Märkte zu finden. Hat man den richtigen Kollegen am richtigen Standort, dann läuft es. Hat man das nicht, dann läuft es nicht.

Die heutige Schnelllebigkeit ist eine der größten Herausforderungen. Siehe Covid, siehe Ukraine-Krieg, oder ein Schiff liegt quer im Suezkanal. Solche Dinge passieren und sie passieren schnell. Das heißt, dass man schnell reagieren und immer wach bleiben muss. Das sind die echten Herausforderungen: schnell zu reagieren auf absolut nicht kalkulierbare Dinge. Für das Anforderungsprofil an die Organisation bedeutet das: Agilität und Robustheit. Man braucht eine agile Organisation mit robusten Prozessen.

Was ist in Bezug auf China?

Die größte Herausforderung für den deutschen Mittelstand ist, dass wir kulturell sehr weit weg von China sind. Das Verständnis davon, wie der Markt tickt, wie ein Mensch tickt, ist dort völlig anders, als wir das hier in Deutschland oder Europa kennen. Es ist in den USA schon komplett anders und in China erst recht.

Das kann dazu führen, dass man die falschen Entscheidungen trifft. Zum Beispiel hatten wir einen guten Mann von uns in China gefragt, ob er den Vertrieb verantworten wolle. Da hatten wir Ziele berechnet wie »Wie groß ist das BIP?«, »Wenn wir davon nur x Prozent Umsatz machen, müssen wir mindestens 25 Millionen Euro erreichen.« Aber das war unrealistisch, da China der größte Produktions- und Einkaufsmarkt der Welt ist und die Wettbewerbssituation eine ganz andere und viel schwierigere als etwa in den USA ist.

Als Ergebnis hat der Mitarbeiter dann gesagt, dass er mit dem Vertrieb nichts zu tun haben will, weil er daran nicht glaubt. Er hätte auch sagen können »Leute, jetzt kommt mal runter, das ist unrealistisch, so und so sind die

Tatsachen.« Dadurch hätten wir die Situation besser verstanden und uns mit ihm auf ein realistisches Ziel geeinigt.

Wo sehen Sie in Bezug auf China (neue) Chancen für den deutschen Mittelstand?

Auf Einkaufsseite: Man kann in China sehr schnell Produkte hochziehen, was uns weltweit einen großen Vorteil bringt. Auf Verkaufsseite: China ist ein gigantischer Markt, der für uns gerade erst im Entstehen ist. Da ist noch richtig Potenzial nach oben. Denn aktuell kann in China jeder alles, aber das wird sich in den nächsten 20 Jahren ändern, es wird immer mehr Spezialisierung geben. Und dann haben wir als deutscher Hersteller, der in China produziert, genauso eine Berechtigung wie ein chinesischer Hersteller, weil wir das Wissen aus Deutschland mitbringen und oft noch ein bisschen mehr Erfahrung haben, was Qualität oder Funktionalität betrifft. Da ist sicher Potenzial drin, aber es ist natürlich gleichzeitig eine Mega-Herausforderung, die nicht einfach zu bewältigen ist.

Worin wir in Europa auf jeden Fall sehr gut sind, das ist der Geräte- und Maschinenbau. Wenn man davon ausgeht, dass sich der Markt in China noch weiter öffnet, weil die Qualität und das Preisniveau steigen und zudem auch in China irgendwann nicht mehr jeder alles machen kann, dann ist eine gewisse Fragmentierung vom Markt zu erwarten, die dazu führt, dass dort Spezialisten ihren Platz, ihre Nische finden können. Aber dafür müssen wir jetzt schon vor Ort sein.

Worin die Chinesen natürlich super sind, das ist zum Beispiel der Bereich Automatisierung. Dort werden sie uns bald überholen, denke ich. Ein markenloser Roboter in China kostet 7000 Euro, während in Europa ein guter Roboter 25 000 bis 30 000 Euro kostet. Und in China haben sie nicht den Anspruch, dass der Roboter 24/7 ohne Fehler funktionieren muss, sondern sie stellen jemanden ab, der das Ding im Zweifel repariert.

Die Chinesen sind da pragmatisch und bauen so einen Roboter, er funktioniert und sie fangen sofort an zu verkaufen. Wir haben sehr viel mehr Testzyklen und Abnahmezyklen. Wir bauen mit mehr Präzision. Die Chinesen fangen wahrscheinlich mit weniger Präzision an und das funktioniert vielleicht für 80 Prozent der Anwendungen. Wir bauen, egal für welche Anwendung, immer die 100 Prozent-Präzision ein. Und Präzision kostet Geld.

Was ist Ihre Vision für die wirtschaftliche Zusammenarbeit im Mittelstand zwischen China und Deutschland?

Ich bin gespannt, wie diese CO_2-Geschichte weitergeht. Ich bin dafür, dass man verantwortungsbewusst mit der Natur umgeht und wir mehr regenerative, neue Energien nutzen – was man unter anderem auch an den großen Solaranlagen auf unseren Firmendächern sehen kann. Auch engagieren wir uns generell sehr in der Solarbranche mit Forschung und Entwicklung für dafür wichtige Komponenten.

Wir sollten aber auch achtsam sein, dass CO_2 über den sinnvollen Umweltschutz hinaus nicht missbraucht wird für Kontrolle und eine Flut von Gesetzen, mit denen Bürgerinnen und Bürger sowie Unternehmen zu immer neuen Abgaben, Steuern und Überwachung gezwungen werden. Das Risiko besteht, dass dies auch als Hebel genutzt wird, unter anderem um Geld einzunehmen wie mit Strafzöllen – auch gegenüber China.

Für uns als Unternehmen wünsche ich mir, dass wir uns weltweit noch mehr vernetzen, dass jeder aus den einzelnen Unternehmen, aus den USA, Europa und China seinen Input, seine Ideen einbringt. Diese kulturelle Grenzen überschreitende Zusammenarbeit noch weiter zu intensivieren, das wäre großartig: ein respektvolles Miteinander, ein kulturelles Zusammenwachsen.

Wenn man als Beispiel größere Mittelständler nimmt, die eigentlich immer »im Land für das Land« produzieren und vertreiben: Da kann es hochinteressante Effekte geben, sodass die einen plötzlich viel weiter sind als die anderen, weil sie anders denken, anders voranpreschen und Vorbildfunktionen in anderen Ländern übernehmen. Ich kann mich erinnern: In einem Unternehmen haben sie mir erzählt, dass die Chinesen in gewissen Lean-Bereichen weiter fortgeschritten seien als die Kollegen in Europa. Das fand ich richtig spannend, dass es dort auch solch positive Entwicklungen gibt, dass wir voneinander lernen können.

Was wünschen Sie sich als deutscher Mittelstand von unserer Außen- und Wirtschaftspolitik gegenüber China und dem gesamten globalen Süden?

Also, wenn Regierungen sich mit Wirtschaft beschäftigen, dann ist es ja eher zum Vorteil der großen Konzerne und selten zum Vorteil der breiten Bevölkerung und des Mittelstands. Ich würde mir wünschen, dass die sich raushalten.

Und auch bezüglich China würde ich sagen: Da muss sich unsere Regierung mehr raushalten. Schlussendlich ist es doch so, dass jeder Mitarbeiter Familie und Kinder hat, die ernährt werden müssen. Und es ist gleich, ob das in China oder in Deutschland ist. Mit wem ich zusammenarbeite, das hat weniger mit Nationalitäten zu tun. Wir arbeiten mit Menschen zusammen und nicht mit Nationalitäten.

Wir wollen Mensch-zu-Mensch-Geschäfte machen. Nur weil es auf bestimmten Ebenen Konflikte gibt, müssen sich doch nicht alle daran anpassen. Ich meine, der russische »kleine Mann« kann auch nichts dafür, wenn irgendjemand zum Krieg aufruft. Am Ende ist immer das Volk leidtragend. Und es ist ja so: Erstens kennen wir die ganze Wahrheit sowieso nicht. Zweitens gilt für mich heutzutage: Kein Fernsehen und kein Radio anmachen. Wenn es dir gut gehen soll, dann musst du das ausmachen. Denn da kommt meist nur Negatives. Und das, was kommt, ist oft einseitig betrachtet – weshalb es hilfreich sein kann, sich breiter zu informieren und wenn möglich direkt mit den Menschen vor Ort zu sprechen.

Was brauchen Sie als Mittelständler (von der Politik / der Gesellschaft / an Rahmenbedingungen), um auch in Zukunft vom Wirtschaftsstandort Deutschland aus global erfolgreich sein zu können?

Was wir brauchen, ist ein sicheres, planbares Umfeld, wo Energiekosten, politische Sicherheit und Währungssicherheit in einem international wettbewerbsfähigen, gesunden Maßstab sind. Zudem ein Heraushalten des Staates: Wir brauchen keine Förderungen oder Subventionen – aber man soll uns bitte nicht verbieten oder vorschreiben, mit wem und wie wir zu arbeiten haben. Denn das ist meine Eigenverantwortung und mein Recht als Unternehmer. Entweder kann ich es oder ich kann es halt nicht, ein Business zu machen. Dem stellen wir uns.

Strategie 5: Begleitung der Führung in China – so kann man Harmonie und gegenseitiges Verständnis, Ehrlichkeit und Compliance fördern

Während der Coronakrise verließen zahlreiche westliche und auch deutsche Angestellte China. Insbesondere in den besonders betroffenen Gegenden wie Shanghai kam es zu einem regelrechten Expat-Exodus. Die Gesamtzahl der ausländischen Manager und Fachkräfte in der zweitgrößten Volkswirtschaft soll sich nach groben Schätzungen halbiert haben. Es waren einmal 850000, wie viele es heute noch gibt, ist nicht genau bekannt. Deutsche Firmen haben laut einer Umfrage der Handelskammer (AHK) ein Viertel ihrer ausländischen Beschäftigten verloren.[19] Teils lag dies aber auch innerhalb eines Trends: Denn deutsche Firmen besetzten Schlüsselpositionen in China zunehmend mit einheimischen Mitarbeiterinnen und Mitarbeitern – eine Lokalisierung der Personalstrategie, die auf den ersten Blick sinnvoll erscheint. Die Kunst ist natürlich, sie zu finden und zu entwickeln, aber es gibt sehr gute chinesische Manager. Sie kosten in der Regel etwas weniger als Expats und beherrschen natürlich die Sprache und Kultur, was in einem patriotischer gewordenen China wichtig ist.

Auf der anderen Seite mehren sich heute die Berichte deutscher Unternehmen, die mit komplett oder überwiegend chinesischen Führungsmannschaften überhaupt keine guten Erfahrungen gemacht haben. Meist werden zwei Hauptursachen für die entstandenen, teils schwerwiegenden Probleme ausgemacht: Erstens kommt es durch das Fehlen von deutschen Mitarbeiterinnen und Mitarbeitern in China zu einem Mangel an Austausch zwischen dem Gedankengut, der Arbeitsweise und der Kultur des deutschen Headquarters und den Besonderheiten, Problemen und Anforderungen des chinesischen Marktes. Dies führte sowohl inhaltlich als auch auf der wichtigen zwischenmenschlichen Ebene bei vielen Unternehmen zu einer schleichenden Entfremdung. Wie eingangs in diesem Kapitel beschrieben, liegt einer der Schlüssel zum Erfolg aber genau in einem guten Austausch zwischen der chinesischen Tochtergesellschaft und der deutschen Firmenzentrale. Sie erinnern sich, dass ich von Simone Pohl erzählte, der ehemaligen Chefin der deutschen AHK in China, die sagte: »Es ist interessant, wie oft es vorkommt, dass wir in Deutschland und unsere Partner in China unter den gleichen Begriffen oder Sätzen etwas anderes verstehen und es anders interpretieren.« Sprich, durch die Entfremdung erhöht sich die ohnehin schon bestehende Gefahr, dass man aneinander vorbeiredet und es gar nicht bemerkt, nochmals ungemein.

Erst vor Kurzem war ich selbst wieder überrascht, wie sehr sich genau dieses Problem in der Praxis bemerkbar macht. Ein deutscher Weltmarktführer, der in China sehr erfolgreich ist und jahrelang stets expandierte, nun jedoch in seiner Entwicklung stagnierte, lud mich ein, ihn beratend zu begleiten – und kurz darauf stand die jährliche Business Review in Deutschland an. Als ich das angereiste chinesische Team am Wochenende zuvor zu einer Wanderung einlud und wir uns auf Chinesisch näher unterhielten, stellte ich verblüfft fest: Eigentlich hatten sich die chinesische Tochtergesellschaft und das deutsche Headquarter die letzten zwei Jahre in entscheidenden Punkten missverstanden. Gewisse Themen wurden zwar diskutiert, aber bei nicht wenigen wesentlichen Aspekten konnte es entweder die chinesische Tochter nicht klar und für uns Deutsche direkt genug kommunizieren – und die deutsche Seite nahm gewisse Signale nicht ausreichend wahr, um sie ernst zu nehmen. (Sie erinnern sich an den Unterschied zwischen der chinesischen High-Context- und der deutschen Low-Context-Kommunikationskultur.) Das Management meines Kunden war dann erstaunt, als es diesen Zusammenhang erkannte – und da Bewusstsein der erste Schritt zu Veränderung ist, wurde es so leicht möglich, gemeinsam »umzuschalten« und sehr produktive Gespräche zu führen, die sofort in konkrete Maßnahmen umgemünzt wurden.

Unter diesem Aspekt sind also weder komplett deutsche noch komplett chinesische Führungsteams in China ideal, da die in vielen Fällen zu erwartende Entfremdung sowie fehlende Vermittlung zu folgenschweren Missverständnissen führen. Und zweitens ist eine große Distanz zu China auch im Hinblick auf die Unternehmenssicherheit ein riskantes Unterfangen, denn so werden Tür und Tor geöffnet für Unregelmäßigkeiten und Unehrlichkeiten. Mittlerweile könnte ich Abende füllen mit Geschichten aus China, die ich entweder selbst erlebt oder von Unternehmern gehört habe und die sich immer wieder an Skurrilität, Kreativität und vor allem krimineller Brutalität überbieten. Immer wieder werde ich deshalb von Kunden gefragt, wie man solche Probleme bei sich in der Firma erkennen und sich schützen kann – worauf wir dann in der Regel in einem Teilprojekt ein individualisiertes, ganzheitliches

Sicherheitskonzept ausarbeiten und in der Praxis umsetzen. Um den Rahmen hier nicht zu sprengen, soll an dieser Stelle ein exemplarischer Fall dienen, der gleich mehrere Charakteristiken vereint, die oft typisch sind:

Das mittelständische deutsche Familienunternehmen, ein führender Hersteller seiner Branche mit knapp 600 Beschäftigten weltweit, war zufrieden mit der Entwicklung in China. Die chinesische Tochtergesellschaft hatte es geschafft, die Umsätze in China trotz des großen Wettbewerbs zu steigern, lag nach längeren Anfangsproblemen mittlerweile sogar leicht in den schwarzen Zahlen, der chinesische Geschäftsführer zeigte sich sehr loyal und war sogar seit zehn Jahren an Bord. Das sei super, da man die Kommunikation so immer über ihn laufen lassen konnte, da es für die anderen Beschäftigten in China üblich sei, dass sie kein Englisch können. Kurzum, die Zukunft sah rosig aus. Jedoch nur so lange, bis den neuen Geschäftsführer in Deutschland bei einer Chinareise mit Besuch der Tochtergesellschaft ein, wie er mir später erzählen sollte, »ungutes Gefühl beschlich«. Zurück in Deutschland sprach er es intern an, doch die Meinungen waren: »Nein, nein, der Leiter in China macht das super und es wird vom Umsatz her besser. Zudem sind wir jetzt in den schwarzen Zahlen. Da dürfen wir nichts sagen oder genauer prüfen, sonst verliert er das Gesicht.« Oder: »Du siehst Gespenster, wo keine sind. Schmeiß dem guten Geld doch kein schlechtes hinterher.«

Doch er traute seiner Intuition und bohrte tiefer – und ein filmreifer Wirtschaftskrimi im deutschen Mittelstand in China nahm seinen Lauf: Im Rückblick gab es durchaus gleich mehrere, jedoch für Chinaunerfahrene sehr schwierig zu lesende, kleine und subtile Anzeichen, dass eben doch etwas »im Busch« war.

Zum einen lag das Unternehmen in China zwar deutlich unter dem EBIT-Schnitt anderer Tochtergesellschaften, doch hatte man es aus dem Verlust knapp über die Profitabilitätsgrenze geschafft, womit der Geschäftsführer in China sich jahrelang rechtfertigte nach dem Motto: »Lasst mich in Ruhe machen, wir sind doch jetzt profitabel.« Zum anderen arbeitete er zehn Jahre für das Unternehmen zu einem Gehaltsniveau, das deutlich unter dem Schnitt von vergleichbaren Geschäftsführerpositionen in China lag. Sprich, einerseits sagte er also, dass er sehr gute Arbeit für das Unternehmen leiste, andererseits aber nahm er es jahrelang hin, dass er für seine Rolle unterbezahlt wurde. Eine fragwürdige Kombination.

Als das deutsche Headquarter dann eine Chinesisch sprechende Assistenz einstellte und immer wieder nach China schickte, erfuhr der Geschäftsführer in Deutschland: Der Leiter in China bezeichnete sie als externe Praktikantin, machte sie klein und legte ihr zudem indirekt, und für das Headquarter zunächst nicht zu erkennen, Steine in den Weg. Später wurde der Grund klar: Er wollte sie loswerden und zu ihrer eigenen Kündigung treiben – denn als einzige Mitarbeiterin sprach sie nicht nur Chinesisch, sondern konnte eben auch auf Englisch mit dem deutschen Headquarter kommunizieren. Dies ist typisch, denn in auffällig vielen Fällen, wo es zu Unregelmäßigkeiten in China kommt, versuchen die Täter die Kommunikation zur deutschen Zentrale zu unterbinden, indem man sich englischsprachiger Mitarbeiter entledigt und wichtige Kundeninformationen abseits des CRM-Systems nur an die chinesischen Manager berichten lässt – und die deutsche Seite »so weit wie möglich weg« von allem wirklich Wichtigen in China hält.

Nun war dem Geschäftsführer in Deutschland die Sache jedoch klar und er legte richtig los: Wirtschaftsprüfer einer deutschen Gesellschaft wurden ins Unternehmen nach China geschickt, wo sie erst nichts fanden, außer, dass ein paar Papiere fehlten. Auf anderem Wege wurde die Detektivarbeit jedoch verdeckt fortgesetzt – und nach viel Aufwand gelang der Durchbruch im Fall:

Wie sich herausstellte, hatte der kriminelle Geschäftsführer über zwei Strohfirmen, die auf die Eltern seiner Gemahlin liefen, die unglaubliche Summe von mehr als vier Millionen Euro über die Jahre aus der Firma entwendet. Die Mutter seiner Gemahlin war als Legal Representative der Strohfirmen eingetragen. So deckte ihn der andere Familienname, und Prüfungen auf externe Firmenbeteiligung in seinem Namen über Wirtschaftsregister verliefen im Sande. Die Internationale Controlling-Abteilung in Deutschland hatte all dies nicht bemerkt und im Prinzip auch keine Chance dazu gehabt: Denn ohne spezielle Ausbildung und China-Expertise kann man gar nicht die Tools und das Verständnis haben, um wirklich gründlich in der Tiefe prüfen zu können. Im Rückblick sagt der Geschäftsführer heute, dass ihre Prüfungen damals reine Alibi-Aufgaben waren: »Wir haben ja geschaut, aber nichts festgestellt.«

Für meine Kunden ist es ganz wichtig zu hören, welche verschiedenen Methoden es geben kann, wie Gelder aus den Unternehmen entwendet werden: Im Einkauf können Entscheider oder Projektbeteiligte Schwarzgeld erhalten, wenn sie den Auftrag an einen bestimmten Lieferanten vergeben. Oder auf dem Papier das hochwertige Rohmaterial »X« einkaufen, mit dem Lieferanten aber die Lieferung von ähnlichem, aber deutlich günstigerem Material »Y« absprechen – und wohin die monetäre Differenz wandert, können Sie sich denken. Da kann man von Deutschland aus in SAP prüfen, was man will, man hat keine Chance und es wäre naiv anzunehmen, dass dies allein hilft.

Im Bereich Produktion kenne ich gleich mehrere Fälle deutscher Weltmarktführer aus der Region Shanghai – Suzhou – Taicang, die feststellten mussten, dass in der Fertigung Zinkbarren fehlten oder Mitarbeitende nur einen Teil der Metallabfälle in die Wiederverwertung gegeben hatten, für die das Unternehmen Geld zurückerhält – und den anderen Teil … auch hier ahnen Sie nun, wie das ausging. Auch im Vertrieb gibt es zahlreiche Fälle, in denen Vertriebler nebenher noch andere Marken »mitverkaufen« und der Gewinn in die eigene Tasche wandert oder sie Geschäfte mit tiefen Preisen über Händler abwickeln, die dann eine hohe Marge aufschlagen und sich diese mit dem Vertriebler teilen.

Besonders raffiniert, da eine doppelte Absicherung: versteckte Beteiligungen an Lieferanten. So erhalten die Täter für jede Lieferung Schwarzgeld, das persönlich miteinander abgesprochen und meist prozentual vereinbart wird. Zudem ist es in vielen Fällen eine heimliche Absicherung der Täter: Denn wenn das Unternehmen auf nur wenige Lieferanten setzt und von ihnen abhängig ist, stellt dies eine Hürde dar, die Täter einfach rauszuwerfen. Sie könnten dann sagen: »Das würde ich mir zweimal überlegen – denn was macht ihr, wenn euch morgen keiner mehr beliefert und euer ganzes Geschäft zusammenbricht?«

Dies sind einige der Risiken im Chinageschäft, auf die ich hier aufmerksam machen möchte – denn für viele ist dieser gefährliche Teil von Chinas Geschäftswelt noch unbekannt.

Der deutsche Geschäftsführer folgerte aus der obigen Geschichte: »Man muss in China permanent nah dranbleiben. Und man muss ein Faible dafür entwickeln, hinter die Fassade zu blicken. Unsere zweite Ebene in Deutschland ist dafür funktional fit genug, aber das Strategische und die China-Expertise fehlt. Aber dann muss man schauen, wie man sich diese holt – denn eines sage ich heute ganz klar: Entweder mache ich China gescheit, oder ich lasse es bleiben.«

Der Erfolg gibt ihm recht – heute ist das EBIT der Firma in China, also der Gewinn vor Steuern, um mehr als zehn Prozent gestiegen und mit dem Gewinn wird ein guter Teil der nächsten Expansionsstufe finanziert. Zudem profitiert das Unternehmen nun von deutlich besseren Einkaufspreisen aus China und konnte so seine globale Wettbewerbsfähigkeit steigern. Wenn Fälle eine solche gute Entwicklung nehmen, freut mich das richtig für die Unternehmen und die Inhaber.

Anmerken möchte ich aber noch, dass Korruption und Betrug leider überall auf der Welt vorkommen, auch hier in Deutschland (siehe die Fälle Wirecard[20] sowie Cum-Ex und Cum-Cum[21]). Auch sollte man hier nicht ins gegenteilige Extrem verfallen – denn wenn man aufgrund ein paar schwarzer Schafe nun allen in China misstraut, muss man sich nicht wundern, wenn das eigene Personal die Loyalität des Arbeitgebers ihm gegenüber vermisst und kündigt.

Wie bei anderen Themen auch sollten wir darauf achten, nicht alles und alle über einen Kamm zu scheren. Dennoch – und das macht es zu so einer äußerst diffizilen Aufgabe – muss man bei diesem Thema in China hochaufmerksam bleiben.

Strategie 6: Geglückter Firmenaufbau und Erfolg im Vertrieb

Ein exzellenter Vertrieb spielt für viele deutsche Mittelständler und Hidden Champions eine Schlüsselrolle für den weltweiten Unternehmenserfolg. Denn der Vertrieb hat die Aufgabe, Vorteile und Mehrwert der eigenen innovativen Lösungen – und den oft damit verbundenen Mehrpreis – am Markt durchzusetzen. Doch der Vertrieb ist für mich noch mehr: Er ist nicht nur ein Portal für die Kommunikation vom Unternehmen hinaus und vom Markt hinein, sondern zudem ein wichtiger Impulsgeber für die Entwicklung des gesamten Unternehmens, da er Chancen und Trends in den globalen Märkten frühzeitig erkennen und so auch strategisch enorm wertvoll sein kann. Selbst komme ich aus dem internationalen technischen Vertrieb, den ich von der Pike auf lernte – in Deutschland und vor Ort in den Auslandsmärkten in Kanada/USA, Frankreich, Indien und China. Heute bin ich bald über zwanzig Jahre in verschiedenen Strategie-, Vertriebs- und Führungspositionen für Internationalisierung, neue Markteintritte und Vertriebsexpansionen verantwortlich. Daher kenne ich die Schwierigkeiten, Risiken und die großen Herausforderungen, aber auch Lösungen, wie man die Chancen auf den internationalen Märkten in der Praxis konsequent nutzen kann.

Für den chinesischen Markt lässt sich hier folgende Entwicklung beobachten: Zu Beginn ihres Chinaengagements mussten sich viele deutsche Unternehmen auf die technische Seite konzentrieren, denn eine Produktion im Ausland will erst einmal aufgebaut werden. Der Vertrieb lief oft mehr nebenbei und konnte gerade in den boomenden 2000er-Jahren mit dem Markt mitwachsen. Diese Zeiten sind für viele vorbei. Denn der chinesische Wettbewerb ist jetzt voll da und wird in Zukunft noch stärker. Ein fitter, systematischer Vertrieb wird deshalb immer wichtiger, um sich auf dem chinesischen Markt gegen internationale und lokale Wettbewerber zu behaupten.

Wie ich in der Praxis beobachte, sind die Lösungsansätze sehr individuell, denn es kommt neben der Branche zum Beispiel auch auf Value Selling und die ideale Gestaltung der Vertriebsprozesse und -kanäle speziell für China an (Endkunden – OEM – Handel). Pauschal lassen sich deshalb nicht alle relevanten Fragen an dieser Stelle beantworten, dazu könnte ich ein eigenes Buch schreiben und muss in meinen Beratungen jede einzelne Situation ganz spezifisch bewerten. Ich erkenne jedoch ein grundlegendes Muster, das gerade im Zusammenhang mit einem geglückten Firmenaufbau in China für eine größere Zahl von Mittelständlern hilfreich sein dürfte:

Gerade am Anfang kann es sich lohnen, klein zu beginnen. Dies mag angesichts des riesigen Marktes verwundern. Doch ich sehe immer wieder, dass ein großes Setup zu Beginn, zum Beispiel mit der Einstellung von zu vielen Verkäufern über ganz China, problematisch wird. Denn so hat man sofort hohe Fixkosten, die aber nicht gleich viel Erfolg bedeuten. Im Gegenteil – oft erhöht dies den Druck immens, man braucht aber in China etwas Zeit, um zu verstehen, »wie der Hase läuft«. Sympathisch ist es deshalb vielen Firmen, im ersten Schritt kleiner zu beginnen, um zu lernen, wo man wie mit welchen Produkten überhaupt eine Chance hat.

In der Praxis hat sich zur Klärung aller erfolgsrelevanten Fragen ein Vertriebsleitfaden bewährt, den ich mit Weltmarktführern entwickelt habe. Damit lassen sich alle Fragen systematisch beantworten, was als Basis für die Formulierung und Umsetzung der Vertriebsstrategie dient. Und durch die gemeinsame Erarbeitung bleibt das aufgebaute Wissen nachhaltig im Unternehmen. Dabei gehen wir stets individuell vor und mit viel Gefühl auf die zwischenmenschliche Ebene und die Mitarbeitenden ein – denn sie sind es, die eine Firma zum Erfolg tragen. Und gerade im Vertrieb sind persönliche Beziehungen rund um den Globus oft entscheidend, nicht umsonst sagt man zum Beispiel in Amerika: »*People buy people*«, oder gilt *Guanxi* in China als essenzieller Teil der Business-Kultur.

Diese Grundlagenarbeit ist sehr zu empfehlen, denn von allein läuft es in China im Vertrieb nicht. Diese Erfahrung müssen selbst Hidden Champions machen. Ich erinnere mich noch gut, als im Jahr 2019 ein mittelständischer finnischer Weltmarktführer und Nachbar im Industriepark meiner Firma die Zelte in China abbrach und sich zurückziehen musste. Der Grund? Man war vorschnell bei der Entscheidung für Produkte und beim Aufbau der Fertigung gewesen, hatte dabei aber den Vertrieb vernachlässigt. Als Folge wurden strategische Fehler gemacht und die Entwicklung stagnierte bei zu hohen laufenden Kosten.

Wie ich jedoch auch immer wieder erlebe, hat man, wenn man den Prozess gründlich, mit dem richtigen Personal in der richtigen Reihenfolge Schritt für Schritt geht, in vielen Fällen gute Chancen, sich in China zu etablieren. Und wenn man dann ein besseres Gefühl für den Markt hat, kann man zielgerichtet skalieren und Umsätze und Erträge steigern. So ist es sogar möglich, wie es unserem Team in meiner Zeit als Geschäftsführer in China gelungen ist, auch als deutscher Mittelständler zu einem der Marktführer im fernen Reich der Mitte zu werden.

KAPITEL 11

Die elf Großbaustellen der Republik – Wege aus der Krise

Zuerst muss ich Ihnen an dieser Stelle ein Geständnis ablegen: Ich liebe meine Heimat Deutschland, die Menschen und unsere Kultur – ich würde sogar sagen, ich bin ein Patriot, der an ein enorm großes Potenzial Deutschlands glaubt und stolz ist auf sein Land. Nicht nur haben wir es geschafft, nach den Fehlern und Wirren des Zweiten Weltkrieges ein modernes, demokratisches Land neu aufzubauen, das mit einer vergleichsweise kleinen Bevölkerung (Platz 19 der bevölkerungsreichsten Länder der Welt) ökonomisch in der Top-Liga spielt (im Jahr 2023 Platz 3 der größten Volkswirtschaften der Welt). Wir sind auch eine offene, weltinteressierte Gesellschaft geworden, die sich in Umweltschutz und Nachhaltigkeit engagiert und in der in großer Mehrheit Menschen verschiedener Kulturen aus aller Welt willkommen sind und erfolgreich zusammenarbeiten und -leben.

Oft ist mir bei Reisen auf allen Kontinenten der Erde aufgefallen: Im Ausland hat man meist ein viel besseres Bild von Deutschland, als wir es von uns selbst haben. So ergab auch die dritte Deutschlandstudie der Gesellschaft für Internationale Zusammenarbeit (GIZ) zur Frage, was Ausländer über uns denken: »Die Deutschen werden als freundlich und großzügig beschrieben und international als Stimme der Vernunft. Man hält sie auch für vertrauenswürdig und hilfsbereit.«[1]

Nie werde ich die WM 2006 in Deutschland vergessen, das deutsche Sommermärchen für die Geschichtsbücher. In mehreren deutschen Großstädten erlebte ich eine solche positive Stimmung, Gastfreundschaft und Gemeinschaftlichkeit, dass ich oft Gänsehaut hatte und die aus der ganzen Welt angereisten Fans hellauf begeistert von Deutschland schwärmten. All dies ist unser Potenzial und liegt in uns, das sind wir!

Und auch die Natur ist ein großer Schatz unseres Landes – so sagte Franz Beckenbauer während des Sommermärchens in der BILD-Zeitung: »Seit WM-Beginn fliege ich jeden Tag mit dem Hubschrauber kreuz und quer über Deutschland. (...) Aus dieser Höhe ist jedes Detail genau zu erkennen. Und ich kann mich gar nicht satt sehen. Ich habe es schon vor einigen Tagen gesagt: Wir leben in einem Paradies!«[2] Genauso ging es mir, als ich immer wieder von China in die deutsche Heimat mit ihren Naturlandschaften zurückkommend den großen Kontrast wahrnahm oder als ich den Film »Die Seele des Waldes« des Naturfilmers Stefan Erdmann im Kino sah, der die romantischen, überwältigenden Waldlandschaften Deutschlands in bewegender Weise einfängt.[3] All dies ist nicht selbstverständlich – auf Reisen habe ich schon ganz andere Gegenden auf der Welt gesehen, geprägt von Armut, Kriminalität und Umweltzerstörung.

Ich werde deshalb nicht in den derzeit fast omnipräsenten Abgesang auf unser Land einstimmen. Aber gerade, weil ich mich mit meiner deutschen Heimat sehr verbunden fühle, komme ich nicht umhin, gewisse Entwicklungen kritisch zu hinterfragen. Nicht um mit dem Zeigefinger auf Schuldigensuche zu gehen, sondern um aufzuzeigen, dass ein Erwachen nicht nur in der Wirtschaft, sondern auch in vielen anderen Bereichen notwendig ist, um eine gute Zukunft für uns und unsere Kinder zu schaffen. Das Kapitel ist also eine Liebeserklärung an Deutschland mit kurzem Umriss unserer aktuell größten Baustellen – gefolgt von einem tieferen Eintauchen in zwei aus meiner Sicht besonders wichtige Themen: die Schlüsselbereiche »lebensdienliche Bildung für alle« sowie »Meinungsfreiheit – wir brauchen eine respektvollere Gesprächskultur«.

Von »Planwirtschaft tut uns nicht gut« bis »Bildungsrevolution«

Um auf globaler Bühne mit China, Indien oder den USA mithalten zu können, müssen wir einerseits wissen, wie wir mit diesen Ländern wirtschaftlich und politisch erfolgreich umgehen können – genauso wichtig ist es aber, dass die Rahmenbedingungen bei uns hier in Deutschland gesund und wettbewerbsfähig sind. Doch gut 20 Jahre nach den Reformen der Agenda 2010 gilt Deutschland erneut in mehreren Bereichen als Sanierungsfall – wie auch die im Prolog erwähnte internationale Zeitschrift *The Economist* im August 2023 mit ihrem Bild vom kranken Mann Europas folgerte, auf dem Cover dargestellt mit einem grünen Berliner Ampelmännchen am Tropf. Die folgenden Großbaustellen erfordern daher höchste Priorität für die »Gesundung« und Stärkung unserer Bundesrepublik:

Verschlankung der Bürokratie

Erstens nötig: ein Abbau und die Verschlankung der uferlosen Bürokratie. Wie unter anderem der *Spiegel* in der Ausgabe »Alle schaffen Wachstum – wir nicht« vom 2. September 2023 berichtete, zeigen etliche Umfragen, dass sich deutsche Unternehmen durch nichts so sehr ausgebremst fühlen wie durch ineffiziente Behörden, widersprüchliche Vorschriften, überlange Genehmigungsverfahren und komplizierte Auskunfts- und Meldepflichten. Typisch ist der Fall von Andreas Jäger, Chef eines großen Gummiherstellers in Hannover, ein Weltmarktführer mit 1300 Beschäftigten. Auf dem Dach der Firmenzentrale ließ er so viele Solarmodule installieren, dass mehr als 200 Beschäftigte in der auf der gegenüberliegenden Straßenseite liegenden Produktion zum großen Teil klimaneutral arbeiten könnten. Doch wollte er unter der Straße ein einfaches Stromkabel legen, müsste er sich neu als Energieversorger registrieren. Irre aufwendig und niemandem zu erklären, aber eine deutsche Vorschrift. An keinem der anderen Standorte im Ausland, sei es in den USA, Kanada, oder den Niederlanden, sei das ein Problem. In Deutschland gebe es inzwischen eine Überregulierung, die »erstickend« sei, so Jäger.[4] Dabei erscheint es mir unrealistisch, die Bürokratie »loszuwerden«. Sie ist wie ein Organismus oder System, das sich selbst am Leben halten will. Hier mag am ehesten eine Transformation helfen, in der zum Beispiel die Menschen, deren Jobs in Ämtern ja auch dahinterstecken, neue Aufgabenfelder bekommen.

Nachhaltige und wettbewerbsfähige Energiepolitik

Zweitens, eine realistische Überarbeitung unserer Energiepolitik, deren Probleme nicht nur am Ukraine-Krieg liegen, sondern viel weiter zurückreichen. Nachhaltige Energie ist wichtig und ich sehe auch gerade in Lösungen zum Umweltschutz und grünen Energien ein riesiges Potenzial für Deutschland in den Weltmärkten der Zukunft. Doch dafür müssen wir wettbewerbsfähig bleiben. Statt eines Wunschdenkens muss deshalb ein nüchterner Sinn für die Realität in unsere Energiepolitik einziehen: Unsere Strompreise liegen viel zu weit über dem Niveau konkurrierender Industriestaaten wie den USA, China oder Frankreich.[5] Als Folge der hohen Bürokratie, hoher Steuerabgaben und hoher Energiekosten vermeldete der Bundesverband der mittelständischen Wirtschaft im Juli 2023, dass jeder vierte Mittelständler ans Aufgeben denkt und jedes fünfte Unternehmen erwägt, zumindest Teile der Produktion ins Ausland zu verlagern.[6] »Die Deindustrialisierung hat begonnen«, so Matthias Zachert, Chef des deutschen Chemieriesen Lanxess, der in Krefeld zwei Betriebe schließt.[7] Der französische Reifenhersteller Michelin reagiert ebenfalls auf die höheren Produktionskosten und schließt bis Ende 2025 seine beiden Werke in Deutschland.[8]

Wo bekommen wir sieben Millionen Arbeitskräfte her?

Drittens brauchen wir tiefgreifende Reformen und neue Lösungen für unseren Arbeitsmarkt. Wenn wir alles so weiterlaufen lassen wie aktuell, wird der Fachkräftemangel Deutschland massiv ausbremsen: Schon heute leidet fast jedes zweite Unternehmen unter einem Mangel an Arbeitskräften. Und das ist erst der Anfang: In den nächsten zwölf Jahren werden wir mehr als sieben Millionen Erwerbspersonen verlieren, weil die geburtenstarken Jahrgänge ins Rentenalter rücken.[9] Verschärft wurde dieses Problem durch die Einführung der abschlagsfreien Rente mit 63. Wie sich schnell zeigte, wurde diese Frührente nicht so sehr in körperlich belastenden Berufsfeldern wie zum Beispiel bei Dachdeckern in Anspruch genommen, sondern vor allem von vergleichsweise gut abgesicherten und gesunden Industriearbeitern. Während die Unternehmen also verzweifelt nach Fachkräften suchen, verabschieden sie oft ihre besten und erfahrensten Leute in den Frühruhestand. In einem Idealszenario soll diese Wahl jedem gegönnt sein, nur müssen wir es uns auch leisten können – oder andersherum gedacht, es steuerseitig so interessant machen, dass sich Überstunden und ein »länger arbeiten« auch wirklich netto lohnen. Als einen Weg setzt die Regierung heute auf mehr Zuwanderung aus dem Ausland – doch gleichzeitig stellen die Behörden arbeitswilligen Einwanderern oft kein Visum aus, weil sie nicht gut genug Deutsch sprächen.[10]

Genug Wohnungen für die Bürger

Viertens haben wir viel zu wenige Wohnungen für die Bevölkerung. Das Ziel der Ampelkoalition, jährlich 400 000 neue Wohnungen zu schaffen, werden wir mit prognostizierten 177 000 neuen Einheiten 2024 deutlich verfehlen – brauchen würden wir circa 600 000, so schätzen Fachleute den Bedarf. Ein Grund für die Misere? Wer in Deutschland bauen will, müsse sich durch Vorschriften über Vorschriften quälen, so Jan Schulz, Inhaber eines freien Architektenbüros in Kiel. Er beobachte ein »System starrer Vorgaben und Normen«, die die Branche aus Angst vor Gerichtsverfahren auch strikt befolge. Ämter wiederum würden mit großer Akribie nach Fehlern suchen. »Das zermürbt viele Bauherren, zieht die Dinge unnötig in die Länge und lässt die Kosten explodieren«, sagt Schulz.[11] Die Rechnung trägt am Endes des Tages die deutsche Bevölkerung.

Eine pünktliche Deutsche Bahn

Fünftens, Deutschland als Land der Qualität, Innovation und Zuverlässigkeit braucht eine pünktliche Bahn. Aktuell verlieren wir nicht nur unser Gesicht, sondern stecken Tag für Tag große wirtschaftliche Schäden ein: Züge sind unpünktlich, Wagen fehlen oder sind umgekehrt gereiht, Gleise sind nicht befahrbar, Weichen und ganze Züge fallen aus – und als Folge erreichten im Jahr 2022 nur etwa 65 Prozent der Fernzüge ihr Ziel pünktlich.[12] Wie ich selbst immer wieder erlebe, ist jedoch schlimmer, dass man dadurch die Anschlüsse verpasst – in acht von zehn Fahrten von Balingen über Stuttgart, Frankfurt oder Köln weiter nach Brüssel kam ich nicht pünktlich an und aus der veranschlagten Fahrzeit von circa sechs Stunden wurde oft eine Odyssee von zwölf Stunden. Hier können wir von China oder der Schweiz lernen. In zehn Jahren in China bin ich Hunderte Streckenabschnitte per Schnellzug gefahren – und alle Züge, ja alle! waren pünktlich. Einen Grund dafür erkennt man in China schnell: Es sind nämlich mindestens zwei, oft sogar drei oder vier Gleise parallel verlegt. Auch die Schweiz kann uns ein Vorbild sein: Dort erreichen die Fernzüge eine Pünktlichkeit von mehr als 92 Prozent. Und noch viel wichtiger: 98,7 Prozent der Fahrgäste erreichen ihren Anschluss. Das liegt auch am berühmten Taktfahrplan, der schon vor vier Jahrzehnten eingeführt wurde. Die Züge treffen sich an Knotenbahnhöfen, kommen aus unterschiedlichen Richtungen, aber alle zur selben Zeit. Sie fahren auch zur selben Zeit weiter.[13] Es bleibt für alle genug Zeit, um bequem umzusteigen. Insofern gilt für uns: Neue Züge, mehr Gleise und Weichen, neue Fahrplan-Systeme – dies wird schon viel helfen. Gut ist, dass die Politik und die Bahn es erkennen und benennen. Nun muss es auch zügig und konsequent umgesetzt werden, sodass wir bis 2030 auch hier wieder fit werden. Und bis dahin können wir all den Mitarbeitenden der Deutschen Bahn nur dafür danken, dass sie sich trotz der teils katastrophalen Verspätungen und Ausfälle mit einer enormen Geduld und einer bemerkenswerten Freundlichkeit um die Fahrgäste kümmern – Hut ab!

Massive Investitionen in die Infrastruktur

Sechstens sind wir, was die generelle Infrastruktur anbelangt, zum Land der bröselnden Brücken, fehlenden Glasfaserleitungen und Digitalisierungs-Zuschauer geworden. Die technische und soziale Infrastruktur ist das Fundament einer freiheitlichen Industriegesellschaft und umfasst Einrichtungen, die wir alle brauchen, damit unser Leben funktioniert: etwa Schulen, Behörden, Bahnhöfe, Wasserleitungen, Stromnetze oder Glasfaserleitungen. Doch der wissenschaftliche Beirat des Wirtschaftsministeriums warnt in einer ernüchternden Analyse, dass in »Deutschland (…) schon seit vielen Jahrzehnten deutlich zu wenig in die öffentliche Infrastruktur investiert« werde.[14] Ob Schwimmbäder, Wasserstraßen, Stromtrassen oder öffentliche Verkehrsmittel – es dominiert der Verfall. »Wir leben von der Substanz«, warnt auch die Ökonomin Monika Schnitzer.[15] Ein Beispiel: Aktuell sind in Deutschland rund 4500 Brücken in »nicht ausreichendem« oder »ungenügendem« Zustand. Eine davon – die Rahmede-Talbrücke der A45 – verband die Wirtschaftsregionen Dortmund und Frankfurt am Main. So lange, bis im Dezember 2021 irreparable Verformungen am Tragwerk gefunden wurden, die marode Brücke am 7. Mai 2023 gesprengt werden musste und eine Hauptverkehrsschlagader des Straßenverkehrs im Westen der Republik zum Erliegen kam. Die Folge: eine völlig überlastete Umleitung, Stauchaos, stockender Lieferverkehr, Fachkräfteabwanderung, Umsatzeinbußen.[16] Und dies ist kein Einzelfall. Im Sommer 2022 befragte das Institut der deutschen Wirtschaft Unternehmen in Deutschland, inwieweit sich Mängel an der Infrastruktur auf ihre Geschäfte auswirken. Demnach sahen sich 2022 vier von fünf der befragten Unternehmen »regelmäßig durch Infrastrukturmängel in ihrer Geschäftstätigkeit« beeinträchtigt[17] – ein infrastruktureller Hilferuf.

Längere Regierungszyklen

Siebtens schlage ich vor, längere Regierungszyklen einzuführen. Unser aktuelles System ist zu kurzfristig angelegt, was teilweise aus einer alten Angst vor zu viel Macht herrührt, die uns heute aber mehr im Wege steht, als dass sie hilft. Denn die vierjährlichen Wahlen der Bundesregierung werden durch die zeitlich versetzten Wahlen der Landesregierungen unterbrochen, sodass wir relativ viele Wechsel und wenig Kontinuität haben. Um in der heutigen hochkomplexen Welt jedoch Probleme anzugehen, neue Lösungen auf den Weg bringen und umzusetzen, braucht es mehr Zeit. Teils bedeuten ein konsequentes Handeln und Reformieren auch, Entscheidungen zu treffen, die kurzfristig nicht angenehm sein mögen – langfristig aber das Beste sind. Wenn die unangenehmen Konsequenzen sofort, die guten Effekte aber meist erst später nach der eigenen Legislaturperiode sichtbar sind, kann dies dazu führen, dass Regierungen sich aus wahltaktischen Gründen nicht dazu durchringen, eigentlich erforderliche Entscheidungen zu treffen. Ein solches Reformtrauma ließ sich zum Beispiel in der Zeit der Agenda 2010 beobachten. Die mutigen, aber auch schmerzhaften Arbeitsmarktreformen brachten zwar die Wirtschaft neu in Schwung. Sie kosteten den damaligen Kanzler Schröder aber auch das Amt, spalteten die SPD und hielten Rot-Grün über Jahre von der Macht fern. Seitdem, so folgert der *Spiegel*, gelte in beiden Parteien: »Wer reformiert, verliert.«[18] Deshalb kann eine Verlängerung der Amtszeiten auf zum Beispiel sieben Jahre helfen – und dies ist angesichts der Langfristigkeit, wie sie zum Beispiel China an den Tag legt, immer noch ein kurzer Zyklus. Klar ist aber auch, dass dies einen erheblichen Nachteil mit sich bringt: Wenn wir den Falschen an der Spitze vertrauen, würden diese länger regieren. Dieses Risiko lässt sich jedoch mit dem nächsten Punkt in den Griff bekommen.

Minister mit Praxiserfahrung und persönlicher Haftung

Achtens kann die politische Entscheidungsqualität erhöht werden, indem wir unsere Bundesminister nicht durch das Kriterium »Parteikarriere« definieren, sondern vielmehr nach ihrer Fachkompetenz und Praxiserfahrung fragen: also danach, welche Erfahrungen und Erfolge sie in genau dem Gebiet nachweisen können, für dessen Amt sie sich bewerben. Eine solche größere Änderung ist logisch begründbar und sollte eigentlich »das Normale« sein: Denn welches Unternehmen würde für erfolgsentscheidende Führungspositionen Fachfremde einstellen, die eigentlich keine Zeit für eine Einarbeitung haben? Ich habe zwei Bekannte, die in der Politik und öfter in Berlin mitwirken und die mir sagen: »Nein, das kannst du nicht so sehen. Die Minister sind alle sehr intelligent, begreifen schnell und können sich deshalb gut in neue Materie einarbeiten.« Das glaube ich auch, dennoch bleibe ich bei meiner Meinung, denn: Wenn jemand aus dem Fach kommt und zudem intelligent und schnell ist, wird sie oder er in der Regel besser sein als jemand, der noch nie in dem Bereich tätig war. Das soll nicht heißen, dass unsere Bundesminister nicht gut sind, wir haben viele sehr gute Köpfe. Dennoch sage ich: Wenn zum Beispiel jemand wie Hermann Simon – der nicht nur selbst ein Unternehmen zum Weltmarktführer aufgebaut hat, sondern, zudem die Erfolgsfaktoren der deutschen Wirtschaft und des Mittelstands so gut kennt wie kaum ein anderer – für unser Land als Wirtschaftsminister tätig wäre, dann wäre die Wahrscheinlichkeit, dass wir in diesem Bereich gute Entscheidungen treffen, aus meiner Sicht einfach höher. Zusätzlich kann man diesen Vorschlag der Auswahl nach »Fachkompetenz und Praxiserfahrung« noch mit einer persönlichen Haftung der politisch Verantwortlichen verknüpfen. In der Wirtschaft unterliegen Geschäftsführer per Gesetz bestimmten Sorgfalts- und Treuepflichten. Verletzt der Geschäftsführer diese Pflichten, kann er für entstandene Schäden persönlich haftbar gemacht werden. Die persönliche Mithaftung ist in der Wirtschaft also ganz normal – warum sollte dies nicht auch für die Politik gelten?

Freie Marktwirtschaft – für Kreativität und Freiheit

Neuntens, auch eine gut gemeinte Planwirtschaft tut uns nicht gut – denn wir leben von Freiheit und Kreativität und sollten bei unseren Stärken bleiben. »Ich sehe seit Jahren mit großer Sorge eine starke Tendenz in der Politik, unser Land von der Marktwirtschaft in eine staatliche Planwirtschaft zu verwandeln. Das begann schon vor der Pandemie, hat sich da aber enorm beschleunigt«, so der weltweit tätige Unternehmensberater Roland Berger in einem Interview am 24. Februar 2023. Er ist davon überzeugt, dass Deutschland branchenübergreifend »komplett überreguliert« sei[19]. »In Berlin sind es vor allem die Grünen, die aus einer ideologischen Geisteshaltung heraus tief in Gesellschaft und Wirtschaft hineinregieren wollen«, meint Berger. Und weiter: »(...) Die Firmen werden nahezu erdrückt – was da vor sich geht, ist gigantisch. Und gefährlich.« Der Staat verhindere Innovation.

»Woher will der Staat denn wissen, dass das Fahren mit batteriebetriebenen Elektroautos in Zukunft der richtige Weg ist, dass sich andere Techniken nicht besser entwickeln?« Auch nimmt Berger die EU in die Pflicht, die sich aus seiner Sicht in zu viele Angelegenheiten hierzulande einmischt. Meine Meinung ist: Sowohl die freiere Marktwirtschaft als auch der von China betriebene Staatskapitalismus haben ihre Vor- und Nachteile. Zu uns passt die erste Variante besser – und selbst mit mehr Planwirtschaft könnten wir mit Ländern wie China in der Hinsicht nicht mithalten, denn dort wird alles, was beschlossen wird, viel schneller und konsequenter umgesetzt. Das heißt, wir würden durch einen solchen Weg des staatlichen Dirigismus an Kreativität und Erfinderreichtum der Unternehmen verlieren, gewinnen aber auf der anderen Seite nicht viel: So etwas ist weder Fisch noch Fleisch. Ich schlage deshalb vor: Ziele kann man in Politik und Wirtschaft miteinander setzen – wie die Unternehmen diese umsetzen, muss man aber ihnen überlassen. Nur so können wir in Wirtschaft und Umweltschutz von der Freiheit und der Kreativität profitieren, welche eine der Stärken unserer Demokratie und freieren Gesellschaft sind.

Fazit: Unser Wohlstand ist bedroht

All die obigen Punkte führen dazu, dass der deutsche Wohlstand bedroht ist. Der ehemalige Präsident des Kiel Instituts für Weltwirtschaft, Gabriel Felbermayr, zieht folgenden Vergleich: »Die Wahrheit ist: Die Situation in Deutschland ist jetzt ähnlich wie die in Italien, Spanien oder Griechenland vor 15 Jahren.« Nur wolle das niemand hören.[20] Der Fairness halber möchte ich aber anführen, dass die aktuelle Regierung aus meiner Sicht zwar nicht konsequent genug reformiert – dass aber auch nicht alle Probleme auf ihre Kappe gehen. Viele der Themen wurden auch im letzten Jahrzehnt verschlafen. Was letztlich aber auch egal ist, denn es geht darum, was wir jetzt tun können. Und hier braucht es eine mutige, umfassende Reform – so wie es Gerhard Schröder einst mit der Agenda 2010 vorgemacht hat, von der Deutschland lange sehr profitiert hat, brauchen wir nun eine Agenda 2030. Da die Vertiefung der obigen neun Großbaustellen den Rahmen hier sprengen würde, gehe ich im Folgenden punktuell auf die zwei besonders wichtigen Themen zehn und elf ein: lebensdienliche Bildung für alle sowie eine respektvollere Gesprächskultur. Denn hier liegen besonders große, verborgene Potenziale für uns, die bereits ganz am Anfang unseres Lebens beginnen: nämlich bei unserer Bildung.

Lebensdienliche Bildung für alle – Vision einer Pionier-Schule

Langfristig können wir global nur mithalten, wenn unser Bildungssystem wieder internationales Spitzenniveau erreicht. Besonders für uns in Deutschland gilt: Unser Erfolg von morgen hängt von der Bildung von heute ab. Denn wir werden nie das Land mit den meisten Bodenschätzen oder den günstigen Arbeitskräften sein – wir sind das Land der Dichter und Denker, der Erfinder, Ingenieure und Pioniere, der Mittelständler und Innovationsführer. Aus diesen geistigen Quellen speist sich ein großer Teil unseres Wohlstands – und genau deshalb ist die Bildung ein so essenzielles Zukunftsthema für uns. Hier sind wir in Deutschland jedoch in einer tiefen Krise angekommen:

Zum einen haben wir einen akuten Lehrkräftemangel, der sich noch weiter verschärfen wird – bis 2035 werden uns laut der Gewerkschaft GEW mehr als 500 000 Lehrkräfte in Deutschland fehlen.[21] Als Folge fallen viele Stunden einfach aus, die Unterrichtsqualität leidet, Stress und Krankheitstage bei Lehrenden und Lernenden steigen und wir fallen in jeder PISA-Studie immer weiter zurück – eine alarmierende Entwicklung und ein Weckruf. Es fällt schwer zu verstehen, warum man diese Entwicklung nicht kommen sah und nicht rechtzeitig gegensteuerte.

Zudem erkennt unser Bundesministerium für Bildung und Forschung in einem Post auf LinkedIn zu Zahlen einer Forsa-Umfrage: »85 Prozent der Deutschen sind der Meinung, dass die Schule nicht richtig auf das Leben vorbereitet.«[22] Wir lernen, wie lang der Fluss Ural ist oder welche Gliedmaßen ein Frosch hat – verstehen aber den eigenen Körper nicht, erfahren nicht, wie man wirtschaftet, oder wie man im Bereich der zwischenmenschlichen Beziehungen Empathie und die Fähigkeit zur Konfliktlösung entwickeln kann. Zudem spielen in Deutschland im Hinblick auf Zugang zu Bildung und deren Qualität Herkunft und sozialer Hintergrund eine im Vergleich zu den anderen 34 OECD-Ländern ungleich größere Rolle.[23] Immer mehr kommt es darauf an, in welche Familie man geboren wird – Chancengleichheit sieht anders aus. Meine Meinung ist: Unser Bildungssystem ist im Prinzip 50 Jahre alt und international nicht mehr konkurrenzfähig.

Wir brauchen also eine friedliche Bildungsrevolution und Transformation. Das Thema betrifft uns dabei alle – denn es geht um die Zukunft unserer Kinder und der kommenden Generationen. Wie geht es genau denen damit? In einer Jugendstudie zum Thema »Wirtschaftsverständnis, Finanzverhalten und Digitalisierung« bemängelt ein Großteil der Befragten die fehlende Behandlung von Wirtschaftsthemen in der Schule. 71 Prozent der Jugendlichen beklagen unter anderem, dass sie »nicht viel« oder »so gut wie gar nichts« über Finanzen in der Schule gelernt haben. Über 80 Prozent der befragten Jugendlichen wünschen sich eine bessere Bildung im Bereich Wirtschaft.[24]

Dies zeigt, dass die ökonomische Bildung in Deutschland noch immer sträflich vernachlässigt wird. Wenn Deutschland aber ein vitaler Wirtschaftsstandort bleiben will, müssen wir in die bestmögliche Bildung mit fairem Zugang für alle investieren und das Interesse für die Themen Wirtschaft, Finanzen und Unternehmergeist fördern. Positiv zu erwähnen ist, dass unsere Bundesministerin Bettina Stark-Watzinger dies erkannt hat und sich auch traut, die Probleme klar auf den Punkt zu bringen. Wir sind also nicht so sehr im ersten Schritt des »Erkenntnisproblems«, sondern haben große Schwierigkeiten mit dem zweiten Schritt der Problemlösung, der Umsetzung.

Oft wird als Argument, weshalb man nichts ändern könne, darauf verwiesen, dass für viele »neue Lernfelder« das dafür ausgebildete Lehrpersonal fehle. Dies ist richtig und neben einer allgemeinen, unbedingt notwendigen Aufwertung und Stärkung des Lehrerberufs und dem Aufbau von zusätzlichen Stellen wird es deshalb unerlässlich sein, neue, innovative Wege zu gehen.

Dass dies selbst in schwierigen, komplexen Themen möglich ist, zeigt zum Beispiel Philipp J. Müller, den ich im Herbst 2022 in Hamburg kennenlernte. Wie das *Handelsblatt* über ihn schreibt, ist er Finanzexperte, *Spiegel*-Bestseller-Autor und Gründer der europaweit größten Finanzakademie *PJM Investment Akademie*, dem einzigen staatlich anerkannten Bildungsinstitut dieser Branche.[25] Da mich immer schon interessiert hat, wie genau das Investieren an der Börse funktioniert, und vor allem, welche Strategien die langfristig erfolgreichen Top-Investoren aus den USA nutzen, und ich darüber hinaus sehr gespannt war, wie man all dies didaktisch und lernpädagogisch umsetzen kann, nahm ich später selbst an der Finanzausbildung der PJM-Akademie teil. Und war schnell begeistert, wie modern und attraktiv Philipp und sein Team die Lerninhalte aufbereitet haben, die ich in spannenden, perfekt aufeinander abgestimmten Online-Sessions immer dann flexibel machen konnte, wenn ich wollte. Nach nur knapp einem Jahr hatte ich alle Lerninhalte gemeistert und ein gewisses Grundniveau erreicht. Neben einem ausgereiften System ist Philipp auch die Persönlichkeitsentwicklung und mentale Einstellung wichtig. »Nur mit der richtigen inneren Haltung kann man nachhaltig erfolgreich mit Geld umgehen und am Finanzmarkt agieren«, so Philipp, »seine Ziele erreichen und sein eigener Finanzberater werden.«

Doch wie sollen junge Menschen dies lernen, wenn es ihnen niemand zeigt? Dabei ist Geld zunächst einmal völlig wertfrei betrachtet ein neutrales Tauschmittel. Doch weder in der Schule noch später lernen wir, Geld wirklich zu verstehen. Dies ist eine verblüffende Bildungslücke, denn man kann es gut finden oder nicht – aber Stand heute ist Geld die Basis unseres kapitalistischen Wirtschaftssystems und für jeden Einzelnen lebensnotwendig. Das Beispiel von Philipp J. Müller zeigt, dass man mit dem richtigen Expertenwissen auf Top-Niveau – und vor allem nicht aus der Theorie, sondern aus der gelebten Praxis mit nachweisbarem Erfolg –, gepaart mit neuen, innovativen Ansätzen Lernerfolge erzielen kann, die man davor nicht für möglich gehalten hat. Und genau diese Erkenntnis bringt uns weiter zu meinem großen Traum und der visionären Frage: »Wo und wie können wir weitere neue Lernfelder und Potenziale in lebensdienlicher Bildung für die nach uns kommenden Generationen erschließen?«

Welche neuen Fächer brauchen wir?

Dabei mag es sich zu Beginn lohnen, kurz zu reflektieren, was genau wir denn alles für eine gute Bildungszukunft brauchen. Denn wenn man von einem anderen Planten auf der Erde landen und sich sowohl unsere Situation mit all den Krisen und Konflikten als auch die Bildungssysteme anschauen würde, dann würde man verwundert feststellen:

Seltsam, die Menschen lehren ihre Kinder im Jahr 2024 noch Dinge, die doch alle im World Wide Web mit zwei Klicks abrufbar sind und die eine Künstliche Intelligenz (KI) zukünftig komplett übernehmen kann. Aber viele Fähigkeiten, welche ihre KI nicht beherrscht und die immer die Stärken der Menschen sein werden, lehren sie entweder gar nicht oder fördern sie nicht ausreichend: zum Beispiel Empathie, emotionale Intelligenz und Konfliktlösung, Ausbildung der eigenen Intuition, Körpergefühl und ein Gesundheitsverständnis, das sie ernährt und heilt, das Finden und Leben der eigenen Berufung – und gerade, wenn man an KI denkt, Kreativität und vernetztes Denken innerhalb von ethischen und sozialen Grundwerten, um ganz neue sozialverträgliche Lösungen für die Probleme der Zukunft zu finden. Deshalb ist es mein großer Traum, mit der Unterstützung von visionär denkenden Mitmenschen, Investoren und Fachleuten eine ganzheitliche Pionier-Schule aufzubauen, die mehr lebensdienliche Bildung ermöglicht und so aussehen kann: Neben den klassischen Fächern wie Mathematik, Deutsch oder Geschichte werden neue Wahlfächer angeboten, die ganzheitlich alle wichtigen Lebensbereiche abdecken, wie zum Beispiel: Gesundheit & Vitalität, Berufe & Berufung, Emotionen & Beziehungen, Wirtschaft & Geld, Gedanken & Mindset sowie Glück & Erfüllung.

Wenn Sie sich fragen, was zum Beispiel im Lehrfach »Glück & Erfüllung« gelehrt wird und ob das realistisch ist: Das gibt es bereits in Deutschland. Alexander, ein guter Freund und Gymnasiallehrer, erzählte mir dazu: »Es gibt schon viel Gutes, was aktuell an den Schulen anläuft, aber noch nicht so verbreitet ist, weil es einfach noch wenige wissen. Hier in Baden-Württemberg kann ich eine einjährige Weiterbildung im Schulfach Glück machen, die staatlich anerkannt ist.« In dieser Weiterbildung lernen Glückslehrer auf der Grundlage wissenschaftlicher Erkenntnisse, ihre Schüler auf dem Weg zu Lebenskompetenz und Zufriedenheit anzuleiten und zu unterstützen. Mit dem Abschluss erwirbt man die Lehrbefähigung für das Schulfach Glück, das sehr breit von der ersten bis zur 13. Klasse unterrichtet werden kann.[26] [27]

Wie können wir Bildung neu vermitteln?

Neben der Frage, *was* an der Pionier-Schule gelehrt werden soll, kommt es ganz entscheidend auch darauf an, *wie* unterrichtet wird. Zu Recht mag sich meinen aufmerksamen Leserinnen und Lesern die Frage stellen: Wie sollen all die neuen Fächer in die bereits vollen Stundenpläne integriert werden? Dies führt uns weiter zur Frage der Effizienz: Wie können wir die Effizienz so erhöhen, dass all dies leichtgängig und mit Freude möglich wird?

Und hier lässt sich feststellen: Unser aktuelles System enthält noch zu viel Verschwendung der kostbaren Ressourcen Zeit und Energie, was zum Beispiel das Prüfungswesen mit Bulimie-Lernen zeigt, bei dem auf Tests hin auswendig gelernt wird, um einen Großteil sofort danach wieder zu vergessen. Das heißt im japanischen *Muda* – das Nichtvorhandensein von Sinn oder Nutzen, also Verschwendung. Die Philosophie des Muda dient dazu, in einem Prozess all die nicht wertschöpfenden Tätigkeiten zu identifizieren und zu eliminieren.

Wenn wir unter dieser Brille die Lernprozesse und die Art und Weise der Wissensvermittlung durchleuchten, können wir Felder mit Verschwendung erkennen – um genau diese im nächsten Schritt mit den neuesten Erkenntnissen der Neurowissenschaften und der Lernpädagogik zu transformieren, wie zum Beispiel mit der Resonanzpädagogik. So können wir ein ungemein effizienteres Lernsystem kreieren, das in der gleichen Zeit mehr Lernerfolg möglich macht. Zudem sollten wir – neben der Ausbildung eines Grundniveaus wichtiger Kernfächer – noch viel mehr auf die Interessen und Neigungen der jungen Menschen eingehen, sodass wir ihre Stärken voll zur Geltung bringen. Warum sollten wir jemanden zwingen, sich lange mit (höherer) Mathematik zu befassen, wenn sie oder er ganz andere Stärken hat? So bleibt auch genug Raum für Freizeit, Hobbys und andere Interessen – denn dass komplett durchgetaktete, proppenvolle Tage nicht förderlich für Entwicklung, Kreativität und Lernerfolg sind, sagen uns nicht nur die Neurowissenschaften. Das sehe ich immer wieder in der Praxis am Beispiel von China, das mit der Lernphilosophie des »immer mehr und mehr« seinen Kindern nichts Gutes tut und Kreativität verhindert. Auch mache ich in meiner Rolle als Gastprofessor, in der ich von Bachelor über Master und MBA bis hin zu Executive-PhD-Kursen Menschen im Alter von Anfang 20 bis Ende 60 unterrichte, immer wieder die Erfahrung: Weniger ist oft mehr. Ein Fokus auf das Wesentliche prägt sich viel stärker ein. Das *Wie* spielt also auch hier wieder die entscheidende Rolle. Und deshalb bin ich überzeugt, dass wir mit dem beschriebenen neuen Ansatz in der gleichen Zeit nicht nur die klassischen Abschlüsse noch besser erreichen, sondern zudem viel für das Leben lernen und mitnehmen können.

Brockwood Park School – es gibt eine Schule …

Meine Vision einer solchen Pionier-Schule ist keine überzogene Fantasie – in England gibt es einen solchen Vorreiter mit ganz ähnlichem Modell schon seit Längerem: Die 1969 gegründete *Brockwood Park School* ist ein internationales Internat für 14- bis 19-Jährige, das im Herzen der Landschaft von Hampshire im Vereinigten Königreich liegt. Sie bietet eine ganzheitliche Ausbildung für aktuell rund 75 Schüler aus 25 Ländern und ist die einzige Schule ihrer Art in Europa. Ihre Vision: »Educating the whole human«.[28]

Ihre Vorstellung: »Es gibt eine Schule, in der Selbstreflexion so wichtig ist wie Mathematik, Wissenschaft und Englisch. Denn wenn wir uns nicht selbst kennen, wie können wir dann all den Herausforderungen des Lebens begegnen? Es gibt eine Schule, wo ein Schüler einen Unterschied machen kann, weil ein Schüler eine ernste Frage vor die ganze Schule bringen kann – und alle zuhören. Es gibt eine Schule, wo Schüler und Lehrer jeden Morgen für 30 Minuten zusammen putzen. Denn warum sollte jemand anderes dein Chaos aufräumen?« (Abrufbar unter YouTube: Brockwood Park School + There is a school.)[29] Das Ergebnis: »Die geistige, moralische, soziale und kulturelle Entwicklung der Schüler ist ausgezeichnet«, so Englands unabhängige Schulaufsichtsbehörde.[30] Und Sir Anthony Seldon, ein britischer Pädagoge und Zeithistoriker, der unter anderem die Regierung berät, konstatierte: »Brockwood war in vielerlei Hinsicht ein Pionier im britischen Bildungswesen, nicht zuletzt durch den Einsatz von Stille und Achtsamkeit, Jahre bevor diese in den pädagogischen Mainstream Einzug hielten. Die Konzentration auf forschendes und aktives Lernen ist ein weiterer Bereich, in dem die Schule eine Vorreiterrolle im pädagogischen Denken einnimmt.«[31]

Manchmal braucht es Schnellboote

Mein Traum ist es, eine solche Pionier-Schule in Deutschland aufzubauen und zu zeigen, dass dies auch hier geht und wie sehr unsere Kinder davon profitieren können. Dazu würde ich an Schulen wie der Brockwood Park School hospitieren, für jeden Fachbereich führende Experten konsultieren, die in der Praxis bewiesen haben, dass sie ihr Fach exzellent beherrschen, wie Hermann Simon in der Wirtschaft, Ulrike Scheuermann in Beziehungen und Emotionen, Philipp J. Müller in Finanzen oder Tony Robbins in Bereichen wie Mindset, Vitalität und Berufung. Zudem wird es essenziell für den Erfolg sein, Top-Experten aus Neurowissenschaft und Lernpädagogik in die Gestaltung mit einzubeziehen, um eine hohe Effizienz, Nachhaltigkeit und Freude am Lernen zu erreichen. So können wir mit »Leading by Example« zeigen, dass dies in der Praxis machbar ist.

Die Schülerinnen und Schüler würde ich nicht nach Herkunft, Finanzlage oder Grundschulempfehlungen selektieren, sondern zum Beispiel Losverfahren unter erhaltenen Bewerbungen für eine größere Fairness und Chancengleichheit sorgen lassen. Natürlich ist klar, dass eine solche einzelne Schule nur einen kleinen Teil an jungen Menschen aufnehmen kann – dennoch kann jedes einzelne Leben einen Unterschied machen. Und wenn man zum Beispiel 100 Schüler jedes Jahr auf 50 Jahre hochrechnet und berücksichtigt, dass die Schülerinnen und Schüler von heute die Familieneltern von morgen sind, kommt man schnell auf Hunderttausende Menschenleben, die so berührt werden.

Zudem kann eine solche Pionier-Schule auch dazu dienen, neue Methoden, Fächer und Wege zu gehen und zu optimieren, um so wichtige Beiträge für das gesamte deutsche Bildungswesen zu leisten. Denn manchmal braucht es einfach Schnellboote, um neue Gewässer zu erforschen – gerade wenn man berücksichtigt, dass unser Bildungssystem sehr groß, komplex und deshalb langsam ist. Wie der Zustand unserer Welt und Gesellschaft aber zeigt, braucht es *jetzt* eine Veränderung, um die Zukunft positiv zu gestalten. Daher an dieser Stelle meine Botschaft an finanzstarke Menschen, die visionär denken und einen positiven Beitrag für ein neues Bildungswesen für die nächsten Generationen leisten wollen: Wenn Sie sich beteiligen möchten oder jemanden kennen, der sich dafür interessieren könnte, geben Sie Bescheid. Zusammen kann man so ein Zukunftsprojekt – nach der Ausarbeitung eines klaren Business-Plans – in fünf Jahren aufbauen und es innerhalb von zehn Jahren zu einer guten Reife und den ersten Abschlüssen der Pionier-Jahrgänge schaffen. Und die Erkenntnisse, die man dabei gewinnt, können in unser breites Bildungswesen einfließen – wie zum Beispiel in individuelle Förderung, flexible Anpassung des Unterrichtes auf die Bedürfnisse der Klasse oder Vorkurse zur Sicherstellung der Landessprache. Übrigens sind genau das drei der wesentlichen Bereiche, in denen es Estland sehr anders und angesichts der PISA-Resultate offenbar deutlich besser macht als unser Schulsystem.[32]

Meinungsfreiheit – wir brauchen eine respektvollere Gesprächskultur

»Wahrheit gibt es nur zu zweien«, so schrieb einst Hannah Arendt, ein »Genie für die Freundschaft« (Hans Jonas).[33] Die 1906 geborene jüdische, später in die USA emigrierte politische Theoretikerin vertrat ein Konzept von Pluralität. Wichtig sei es, die Perspektive des anderen einzunehmen. Und genau dies ist heute ein größeres gesellschaftliches Thema und würde eigentlich ein eigenes Buch brauchen. Da es aber so wichtig ist, muss ich es hier, wenn es um unsere Zukunft geht, ansprechen: Gerade, weil ich in

Ländern wie China oder Indien gearbeitet und so andere Systeme kennengelernt habe, wurde mir ein riesengroßer Vorteil unserer Demokratie erst so richtig bewusst – die Meinungsfreiheit, wenn sie gelebt wird. Denn eine Demokratie lebt davon, dass verschiedene Meinungen und Sichtweisen geteilt werden (können), sich aneinander reiben, »Wahrheit zu zweien« gefunden wird und sich durch diesen Prozess Wege herauskristallisieren, die für möglichst viele in der Gesellschaft am besten sind. Ich sage bewusst »am besten« und nicht »die besten« – denn wie Winston Churchill konstatierte: »Demokratie ist die schlechteste Regierungsform – mit Ausnahme von all den anderen Formen, die von Zeit zu Zeit ausprobiert worden sind.« Und wie im Kapitel zum globalen Süden erwähnt, halte ich es ganz mit Helmut Schmidt und denke, dass wir maximal sagen können, dass Demokratie die beste Form für uns ist.

Vielleicht fällt es mir leichter auf, da ich viele Jahre im Ausland gearbeitet habe und so mit einem Blick von außen nach Deutschland zurückgekehrt bin: Auch wenn wir immer wieder sagen, dass wir eine Demokratie mit Meinungs- und Redefreiheit sind, leben wir dies in der Praxis und im Alltag nicht so sehr. Bei vielen Diskussionen auf öffentlicher Bühne, in sozialen Netzwerken oder auch auf lokaler Ebene in Städten, Unternehmen und Vereinen lässt sich heute beobachten: Es kommt sehr schnell zu einer »Hauptmeinung«, die häufig dem durch die Leitmedien transportierten Narrativ und Stimmungsbild ähnelt. Andersdenkende, egal wie sachlich sie argumentieren, werden schnell ausgegrenzt, abgekanzelt oder sogar öffentlich zerrissen. Ich halte dies für eine gefährliche Entwicklung, denn wie gesagt lebt eine Demokratie von sachlicher Diskussion – und dazu gehören nun mal verschiedene Meinungen. Eine Befragung des Mitteldeutschen Rundfunks (MDR), an der sich rund 27 000 Menschen aus Deutschland beteiligt haben, zeigt: Grundsätzlich hat fast jeder zweite Befragte angegeben, dass er ab und an Angst davor hat, seine Meinung öffentlich zu sagen. Nur 40 Prozent sind der Ansicht, dass es hierzulande gut um die freie Meinungsäußerung bestellt ist.[34]

Dies zeigt, dass das, was gesetzlich gilt und auf dem Papier steht, und das, was in der Gesellschaft gelebt wird, zwei Paar Stiefel sein können. Klar ist auch, dass Meinungsfreiheit kein Blankoschein sein darf, um Hass zu verbreiten – was leider gerade durch die absichtlich so programmierten Algorithmen vieler sozialer Netzwerke gefördert wird: Dem liegt der sogenannte »Negativity Bias« zugrunde; eine als Negativitätseffekt bekannte kognitive Verzerrung, bei der negative Dinge, selbst bei gleicher Intensität, einen größeren Einfluss auf den eigenen psychischen Zustand und Prozesse haben als neutrale oder positive Dinge[35] – sprich »Bad News sells«.

Auch hier mag Bewusstheit und Achtsamkeit hilfreich sein, denn ich glaube zwar, dass Hass in seine Schranken gewiesen werden muss, aber nie mit noch größerer Gewalt überwunden werden kann.

Diese Entwicklung hat nicht nur Auswirkungen auf den einzelnen Menschen, sondern führt auch dazu, dass sich selbst große Parteien oder Unternehmen nicht mehr trauen, ihre Meinung zu vertreten. Ein Beispiel aus Gesprächen mit Vorstandsmitgliedern zweier großer deutscher Unternehmen, die mehrere große Risiken für die deutsche Gesellschaft sehen: Als ich sie fragte, warum sie sich denn nicht öffentlich dazu äußern und darauf aufmerksam machen, antworteten sie: »Ja, das wäre wichtig und eigentlich der richtige Weg, denn wir Unternehmen sollten nicht nur im stillen Kämmerchen werken, sondern aufgrund unserer gesellschaftlichen Verantwortung hin und wieder auch öffentlich wirken. Aber das können wir hier nicht machen, da würden wir uns selbst bei einer sachlichen Äußerung medial angreifbar machen, als ›rechts‹ oder ›links‹ dargestellt werden, von digitalen Stürmen ganz abgesehen.« Also schwieg der eine, und das Interview mit der anderen in einer großen deutschen Zeitung wurde abgesagt, da das Unternehmen es drei Mal korrigierte und das Blatt am Schluss meinte: »Sorry, aber das ist jetzt so weichgespült und aussageschwach, dass wir es nicht mehr drucken wollen.« In beiden Fällen sehr schade und nicht hilfreich für eine Demokratie.

Deshalb ist mein Plädoyer an uns alle: Zusammen müssen wir unsere Demokratie von innen vor Spaltung und Radikalisierung schützen – auch mit einer Meinungsfreiheit, die durch gegenseitigen Respekt zum Leben gebracht wird, besonders dann, wenn man anderer Meinung ist. Durch eine respektvollere Gesprächskultur können wir eine der größten Stärken unserer Demokratie wieder mehr zur Geltung bringen: die gelebte Meinungsfreiheit, den Austausch verschiedener Perspektiven und eine gemeinsame Lösungsfindung. Wie schon Helmut Schmidt sagte – wir sind eine noch junge Demokratie, und in diesem Bereich können und sollten wir zusammen weiter lernen und reifen.

KAPITEL 12

Weltmarktführer der Zukunft – neue Potenziale für Deutschland

Die zentrale Fragestellung des zweiten Teils von *Wirtschaftserwachen* war: Wie können wir neues Wachstum für Deutschlands Zukunft schaffen und auch als kleines Land mit Fachkräftemangel global mithalten? Dies führt uns weiter zur Überlegung: Welche neuen Potenziale und innovativen Wege können uns dabei hilfreich sein? Zukunft ist ein spannendes und wichtiges Thema. Zu den wenigen wissenschaftlich fundierten Methoden, die uns erlauben, verlässliche Prognosen über die Zukunft zu gewinnen, gehört die Theorie der langen Wellen. In Kurzform besagt sie, dass die wirtschaftliche und gesellschaftliche Entwicklung maßgeblich vom Rhythmus langer Konjunkturzyklen bestimmt wird, die in der Regel eine Periode von 40 bis 60 Jahren aufweisen. Im Jahr 1926 beschrieb der Wirtschaftswissenschaftler Nikolai D. Kondratieff die in langen Wellen verlaufenden Schwankungen der Weltkonjunktur – zu seinen Ehren wurden diese fortan Kondratieff-Zyklen genannt.[1] Historische Wellen waren zum Beispiel von der Erfindung der Dampfmaschine und der industriellen Revolution (1. Kondratieff, 1780–1850), von Eisenbahn, Stahl- und Bergbau sowie Telegrafie (2. Kondratieff, 1843–1894), der Elektrifizierung, dem Verbrennermotor und Erfindungen im Bereich von Automobil und Chemie (3. Kondratieff, 1895–Ende der 1930er-Jahre) sowie Entwicklungen der Automobilindustrie, der Luft- und Raumfahrt sowie der Kunststoffindustrie (4. Kondratieff, 1935–1980) geprägt. Mit der Jahrhundertwende ist der letzte lange Zyklus, der 5. Kondratieff, der seine Antriebsenergie aus der Entwicklung und Anwendung der Informations- und Kommunikationstechnik bezog, zu Ende gegangen.[2] Die spannende Frage lautet: Was lässt sich heute über den nächsten Zyklus sagen? Durch welche bahnbrechenden Erfindungen und gesellschaftlichen Veränderungen wird er getragen?

Der 6. Kondratieff-Zyklus – Gesundheit und Nachhaltigkeit

Der Zukunftsforscher Leo A. Nefiodow ist einer der bekanntesten Vertreter der Theorie der langen Wellen. Eines seiner Verdienste liegt darin, dass er die Kondratieff-Zyklen nicht nur als rein wirtschaftliches Thema betrachtet, das mathematisch oder historisch definiert wird. In »Der sechste Kondratieff«[3], laut *manager magazin* »ein Buch mit Weitblick«[4], erweitert der Ökonom Nefiodow unseren Horizont und macht Lust auf Zukunft: Denn eine der besonderen Stärken der Theorie der langen Wellen besteht darin, dass sie einen ganzheitlichen Zugang zu den Problemen der jeweiligen Zeit ermöglicht. Mit ihr können die Wechselwirkungen zwischen technologischen, wirtschaftlichen, sozialen und geistigen Entwicklungen aufgedeckt werden.

Im Jahr 2006 beobachtete Nefiodow: Als Basisinnovationen des sechsten Kondratieffs kommen vier Kandidaten infrage: der Informationsmarkt einschließlich Digitalisierung, der Umweltschutz einschließlich regenerativer Energien, die Biotechnologie und der Gesundheitsmarkt. Diese Märkte seien natürlich nicht die einzigen Wachstumsfelder – so haben auch die Nanotechnologie, die Nutzung des Internets, optische Technologien oder der Markt für neue Materialien gute Perspektiven. Die obigen vier jedoch haben das Potenzial, einen ganzen Zyklus über 40 bis 60 Jahre zu tragen mit einem Volumen, das sie in die Lage versetzt, den Hauptstrom der gesamtwirtschaftlichen Entwicklung über mehrere Jahrzehnte hin zu formen.[5] Zwei dieser Wellen – Gesundheit und Nachhaltigkeit – traue ich für Deutschland besonders viel Potenzial zu.

Gesundheit – die neue Welle der Weltwirtschaft

Im Jahr 2020 hielt Nefiodow fest: »Ganzheitliche Gesundheit ist die Basisinnovation des neuen sechsten Kondratieff«.[6] Gesundheit im ganzheitlichen Sinne – körperlich, seelisch, geistig, ökologisch und sozial – werde im 21. Jahrhundert der Träger einer neuen langen Phase der Prosperität sein. Länder, Organisationen und Menschen, die sich früh auf diese neue lange Welle ausrichten, werden zu den Gewinnern gehören. Sein Auslöser und Träger ist das Gesundheitswesen; seine Basisinnovationen sind psychosoziale Gesundheit und Biotechnologie. Dabei beschreibt Nefiodow die Wertschöpfungskette im traditionellen und im neu aufkommenden Gesundheitssektor:[7] Traditionell seien zum Beispiel Medizintechnik, Pharmaindustrie oder Krankendienste wie Krankenhäuser, Ärzte, Heilpraktiker, Krankenkassen. Neu aufkommend seien etwa Biotechnologie, Naturwaren und Naturkost, komplementäre/alternative Medizin wie Traditionelle Chinesische Medizin (TCM), Osteopathie, Ayurveda, Reiki, Quantenheilung oder Bioresonanz, Umweltschutz, Gesundheits-Tourismus, Wellness/Fitness, betriebliches Gesundheitsmanagement (Gesundheit als Wettbewerbsfaktor, Gesundheitsvorsorge) sowie neue Gesundheitstechnologien (Nanotechnologie, optische Technologien, Robotik) und Naturheilverfahren. Jedem neuen Kondratieff-Zyklus stünden zunächst Barrieren entgegen und es brauche Zeit, bis diese überwunden würden und die Welle ihr volles Potenzial entfalten könne. Die größte Wachstumsbarriere des sechsten Kondratieffs sei die globale soziale Unordnung. Was meint Nefiodow damit? Addiere man die Kosten, Verluste und Schäden, die weltweit durch Betrug, Diebstahl, Lügen, Sabotage, Drogen, Gewalt, Hacking, Cybererpressung, Krieg, Klimawandel, Umweltzerstörung usw. entstehen, dann komme man für das Jahr 2019 auf einen Betrag von 20 Billionen US-Dollar – mehr als das Bruttoinlandsprodukt der USA.[8]

Die fünf Ebenen der Gesundheit

Um die soziale Unordnung wirkungsvoll zu reduzieren, genüge es nicht, neue Gesetze zu erlassen, mehr Polizisten einzustellen und noch mehr Gefängnisse zu bauen. Damit würden lediglich die Symptome behandelt. Wolle man die soziale Unordnung wirkungsvoll lösen, dann müsse man auch beim Innenleben des Menschen ansetzen.[9] Denn eine ganzheitliche Gesundheit reiche über den Körper hinaus, so Nefiodow, und umfasse die folgenden fünf Ebenen: 1. physische Gesundheit (materielle Ebene, Naturgesetze), 2. biologische/biosoziale Gesundheit (Wahrnehmung von Gefühlen, Intuitionen und Kollektivmustern), 3. geistige Gesundheit (kognitive Ebene, Verstand und Vernunft), 4. psychosoziale Gesundheit (seelische Ebene, Nächstenliebe und Wahrhaftigkeit) und 5. spirituelle Gesundheit (Gefühl der größeren Verbundenheit).[10] Nefiodow folgert deshalb: Wenn es uns gelingt, das Gesundheitswesen noch stärker auf diese fünf Ebenen auszurichten, dann kann es gelingen, die soziale Unordnung in den Griff zu bekommen, die Produktivität des Gesundheitswesens zu erhöhen und in eine lange Phase der Prosperität einzutreten. Sei es auf

Landesebene, in Firmen oder in den eigenen vier Wänden. Auch hier können wir in Deutschland eine Pionierrolle einnehmen und neue Potenziale für eine erfolgreiche Zukunft erschließen. Denn es ist klar: Wenn wir insgesamt gesünder sind, steigen nicht nur unser Wohlbefinden und unsere Zufriedenheit, sondern auch unsere Leistungsfähigkeit, Produktivität und Effizienz – was uns wiederum auf den Weltmärkten weiterhilft. Wie dies heute schon Unternehmen in Deutschland erfolgreich fördern und damit einen »Pionier-Bonus« einfahren, erfahren Sie gleich im letzten Kapitel dieses Buches.

Die deutschen Automobile von morgen – innovative Lösungen in Umweltschutz und Nachhaltigkeit

Neben der Gesundheit können innovative Lösungen in Nachhaltigkeit und Umweltschutz die deutschen Automobile von morgen werden – weltweit gefragte Exportschlager. Wie in Kapitel 8 zum Umweltschutz in China ausgeführt, sehe ich hier eine große Dynamik, denn die Märkte für nachhaltige Produkte, Lösungen oder Services sind erst im Entstehen und zudem kommen viele Innovationen hier nicht von Großkonzernen, sondern aus dem Mittelstand. Ein Beispiel ist der Hidden Champion Lenzing aus Österreich: Für ein Baumwollhemd werden normalerweise 2700 Liter Wasser und sechs Quadratmeter Anbaufläche benötigt. Ein Hemd aus Holzfasern von Lenzing braucht nur 180 Liter Wasser und 0,6 Quadratmeter Land.[11] [12] Man erkennt das gigantische Potenzial dieses Marktes in Europa, aber zum Beispiel auch an China oder später dann an Indien: Wenn solche Riesenländer ökonomisch aufsteigen, zählt oft erst mal Wachstum und das Erreichen eines gewissen Wohlstands – wenn das aber geschafft ist, dann möchten die Menschen eine gesunde Natur für sich und ihre Kinder. Hier ist zu erwarten, dass über die nächsten 50 Jahre ein riesiges Potenzial entsteht, wenn Länder und ganze Kontinente wie China, Indien, Lateinamerika oder Afrika aufsteigen und in eine solche Phase der zunehmend wichtigen Nachhaltigkeit eintreten. Auch hier können wir eine Pionier- und Vorreiterrolle einnehmen, im Heute die Produkte und Lösungen für morgen entwickeln – und so auch im Jahr 2050 in neuen wirtschaftlichen Schlüsselbereichen Weltmarktführer sein.

Führung, Erfüllung und Freude an der Arbeit – meine Vision

Im Hinblick auf das angebrochene neue »Arbeitnehmer-Zeitalter« mit noch weiter zunehmendem Fachkräftemangel werden Themen wie eine ganzheitliche Gesundheit, die einen guten Umgang miteinander fördert, eine empathische Führung sowie Freude an der Arbeit einige der wichtigsten Erfolgsfaktoren für Unternehmen, um gute Mitarbeitende und Führungskräfte für sich zu gewinnen und zu halten. Und dies wird sich weiter intensivieren. Denn für die neuen Führungskräfte-Generationen Y (Jahrgänge 1980–1995) und Z (Jahrgänge 1995–2010) spielen Status, Verantwortung oder monetäre Vergütung oftmals nicht die primäre Rolle. Hier zählen zunehmend Faktoren wie der Umgang miteinander, die empfundene Sinnhaftigkeit der Aufgabe, Flexibilität und Freiheit, Umweltschutz und Nachhaltigkeit sowie die gelebte (oder eben nicht gelebte) Empathie der Führungskräfte im Unternehmen. Der Erfolg der deutschen Wirtschaft wird zu einem nicht kleinen Grad davon abhängen, wie erfolgreich die älteren mit den jüngeren Generationen gemeinsam Lösungen finden.

Wir sind Wesen mit multiplen Intelligenzen

Gerade beim Umgang miteinander, bei den sogenannten »Soft Skills«, gibt es noch großes Potenzial für uns. Was, zum Beispiel, in Deutschland (noch) kaum bekannt ist und als Folge in der Führung von Beschäftigten als auch in unserem Umgang mit uns selbst oft übersehen wird, ist die Tatsache, dass circa 15 bis 20 Prozent aller Menschen und damit auch circa 15 bis 20 Prozent aller Beschäftigten besonders feinfühlig sind – unabhängig von Geschlecht, Ethnie und Kultur.[13] »Sie haben oft eine feine Wahrnehmungsgabe, ein reiches Innenleben, sind gewissenhaft, reflektiert und kreativ. Gleichzeitig sind sie zum Beispiel schneller von Sinnesreizen überflutet als andere Menschen und brauchen mehr Rückzugsmöglichkeiten.« Mit diesen Eigenschaften beschrieben die beiden US-Psychologen Dr. Elaine Aron und Arthur Aron 1997 im *Journal of Personality and Social Psychology* erstmals den Wesenszug der »Highly Sensitive Person (HSP)«.[14]

Der Balinger Holger Fischer arbeitet als Coach seit vielen Jahren mit Profisportlern, Privatpersonen und Unternehmen zusammen. Darunter unter anderem Fußballer der Nationalmannschaft, Olympiasieger, die deutsche Wimbledon-Gewinnerin von 2018 und lange Tennis-Weltranglistenerste Angelique Kerber, Thomas Müllerschön, ehemaliger Vorstandsvorsitzender der Uzin Utz AG und heutiger CEO bei Seifert, oder der ehemalige Kapitän unserer deutschen Handball-Nationalmannschaft, Martin Strobel. Wie Fischer in der Praxis beobachtete, tritt eine ausgeprägte Feinfühligkeit zusammen mit Hochbegabung auf. Hochbegabung bedeutet, vereinfacht gesagt, dass ein Mensch in einem Zeitabschnitt mehr Bilder und Gedanken bekommt und eher in Lösungen denkt. Dabei sind alle Hochsensiblen hochbegabt, aber nicht alle Hochbegabten sind hochsensibel.[15]

Stand heute sind mehr als 20 verschiedene Formen der Intelligenz bekannt.[16] Somit gibt es auch mindestens 20 verschiedene Formen der Hochbegabung, bei denen die Höchstbegabten unter uns mehrere Facetten vereinen. Traditionelle IQ-Tests erfassen aber nur einen Bruchteil, zumeist drei Facetten der zahlreichen Begabungsformen, nämlich die sprachliche, die logisch-mathematische und die räumliche Intelligenz. Howard Gardner, Professor für Psychologie an der Harvard University, ging daher schon 1983 von multiplen Intelligenzen aus, die das Profil von Menschen besser wiedergeben.[17] Darunter fällt zum Beispiel die zwischenmenschliche Intelligenz, womit Gardner die Fähigkeit beschreibt, mit Leichtigkeit und effektiv mit anderen Menschen zu interagieren. Dazu gehört eine Sensibilität für die Stimmungen, Gefühle, Temperamente und die Motivationen und Bedürfnisse anderer. Wer hier begabt ist, versteht Menschen intuitiv und kann sich gut auf sie einstellen. Als weitere Intelligenzform gehört dazu laut Gardner die intrapersonelle Intelligenz, bei der es um die Sensibilität für die eigenen Gefühle, Ziele und Ängste geht sowie um die Fähigkeit, im Einklang mit ihnen sein Leben zu planen und im Alltag zu handeln.

Manche Forschende sagen zwar, dass diese verschiedenen Formen der Intelligenz eher zu den Persönlichkeitsmerkmalen zählen und dass es bei Intelligenz mehr um die kognitiven Fähigkeiten zur Problemlösung gehe. Diese Definition halte ich aber für sehr einengend und zu kurz gegriffen – gerade auch, wenn wir uns bewusst machen, dass der Begriff Intelligenz vom lateinischen Wort »intellegere« abstammt und »einsehen, verstehen oder begreifen« bedeutet. Und dazu gehört natürlich auch, sich selbst und andere Menschen zu verstehen oder zu begreifen – womit wir wieder bei der inter- und intrapersonellen Intelligenz wären (es sei denn, man lebt als Forscher oder Forscherin allein am Süd- oder Nordpol ohne Kontakt mit anderen Menschen).

Bekannte Beispiele von besonders Feinfühligen in der Welt des Profisports sind das Tennis-Ass Rafael Nadal oder Gregor Kobel, der Fußballtorwart von Borussia Dortmund, über den Fischer in einem Interview mit Spox kürzlich sagte: »Gregor Kobel ist ein unglaublich intelligenter und hochsensibler Mensch. Sensibel ist auch so ein Wort, das gerade im Fußball sofort negativ bewertet wird, aber alle Weltklassesportler sind hochsensibel – sonst wären sie nicht Weltklasse.«[18]

Jedoch können Feinfühligkeit und Hochbegabung, unerkannt und ungeübt im Umgang mit sich und anderen, zu Schwierigkeiten für viele Beteiligte führen. Umgekehrt sind die Fähigkeiten von besonders feinfühligen Menschen für unsere Gesellschaft wichtig, ist der Betriebsökonom Patrice Wyrsch überzeugt. Er befasste sich im Rahmen seiner Dissertation an der Universität Bern mit der Neurosensitivität im Unternehmenskontext. »Hochsensitive Menschen stellen für Unternehmen eine Bereicherung dar, indem sie etwa Chancen und Gefahren schneller erkennen«, so Wyrsch.[19] Zudem sind sie nur schwer manipulierbar, da sie durch ihre feinen Antennen in der Regel sofort spüren, was Sache ist.

Bewusstsein für feinfühlige Kinder

Aber auch für die kommenden Generationen – unsere Kinder – wird das Thema hochrelevant sein. Wenn Kinder feinfühlig sind und zum Beispiel mehr Gefühle, Bilder und Eindrücke wahrnehmen als andere Kinder oder die Eltern, kann dies unerkannt und bei falschem Umgang damit zu teils schrecklichen Konsequenzen führen. Denn wenn das, was es alles wahrnimmt, als falsch, nicht existent oder verrückt abgetan wird, werden gleichzeitig der Selbstwert und das Vertrauen des Kindes massiv untergraben. Sobald einem Kind so aberzogen wird, seinen eigenen Sinnen zu trauen, wie soll das Kind sich selbst vertrauen lernen? Dies allein ist schon schlimm genug für die Entwicklung eines Kindes – doch manchmal bleibt es leider nicht dabei und die Hochsensibilität wird mit ADHS oder ADS verwechselt und das Kind teils sogar mit Medikamenten betäubt. Dies geschieht oft aus der Beobachtung anderer heraus (Lehrkräfte, Erzieherinnen, Ärzte), dass das Kind nicht angepasst und durch sehr lebhaftes Verhalten oder durch Träumereien auffalle. Pauschal und vor allem vorschnell kann man das aber gar nicht sagen – ich möchte deshalb darauf aufmerksam machen und vielmehr zur Achtsamkeit anregen, sich die Kinder genau anzuschauen, bevor geurteilt wird und sie möglicherweise ihre ganze Kindheit und ihr Leben lang unter einer falschen Diagnose leiden müssen. Dies geschieht nicht mit Absicht, sondern einfach, weil das Thema hierzulande noch nicht ausreichend bekannt ist. Allein das Bewusstsein, dass es Hochsensibilität gibt, hilft uns deshalb schon, dies als Wesenszug einordnen und so besser damit umgehen zu können.

Sensibilität in Leistungssport, Wirtschaft und Gesellschaft

Natürlich ist dies auch für die breite Gesellschaft, die Wirtschaft, Wissenschaft und Politik hochrelevant, wo Geschwindigkeit und Komplexität in Alltag und Beruf und dadurch die Anzahl an zu treffenden Entscheidungen immer weiter zunehmen und das Aufgabenprofil herausfordernder wird. Auch in jedem Unternehmen sind viele Menschen mit diesen Wesenszügen. Oft spüren diese Menschen, dass sie »anders« sind, können es aber nicht benennen und wissen vor allem meist nicht, wie sie damit umgehen können. Wenn dies in der Führung und auch von den Menschen selbst jedoch nicht erkannt und nicht gelernt wird, damit umzugehen, kann dies zu überreizten Nerven, Verletzungen, Team-Konflikten und zu noch größeren Dramen führen. Im Äußeren zeigt sich dies dann zum Beispiel darin, dass das sehr hohe Leistungsvermögen nicht konstant, sondern nur punktuell erbracht werden kann oder in Unternehmen Stress oder Stagnation herrschen. Denn klar scheint auch, dass feinfühlige Menschen in unserer schnellen, lauten Zeit nicht die einfachsten Lebens- und Arbeitsbedingungen vorfinden.

Und auch im Umgang miteinander wird hier (noch) vieles falsch gemacht: denn oft werden diese Wesenszüge nicht verstanden, der Mensch einfach als »anders« eingestuft – wie auch der 147-fache Nationalspieler Martin Strobel im Rückblick auf seine Karriere bei Sky Sport reflektierte. In der Sendung am 6. September 2023 mit dem Thema »Hochsensibilität im Leistungssport« erklärte er: »Es ist einfach etwas, von dem man glaubt, dass die Menschen anders sind, auf eine gewisse Art und Weise. Bei mir hat sich das so ausgedrückt: Als Spielmacher war ich sehr stark strategisch auf dem Feld unterwegs, also auch für die Taktik, und habe immer schon gedanklich viele Themen deutlich früher vorweggenommen.«[20]

Für mich war all dies hoch spannend zu erkennen, denn ich habe selbst mehrere Jahre gebraucht, um einen gewissen Grad an Sensibilität an mir zu sehen, zu verstehen und zum Beispiel in Form der strategischen

Intuition weiterzuentwickeln – aber auch Wege zu finden, mit den damit einhergehenden Herausforderungen umzugehen. Denn Menschen mit HSP-Wesenszügen sind oft Grenzgänger, gehen an eigene Grenzen oder darüber hinaus. Auch darüber kann ich ein Lied singen und habe lernen dürfen, damit gesund und nachhaltig umzugehen. Wenn man viel wahrnimmt, hat dies Vorteile, oft ist es aber auch nicht leicht: Denn die Eindrücke, Gedanken und Gefühle kommen permanent auf einen zu, man kann dies nicht einfach an- oder ausschalten. Und dies kann überfordern, anstrengend sein, und man wünscht sich manchmal »einfach Ruhe«.

Sich selbst und andere zu kennen, ist also auch hier essenziell – wie auch Martin Strobel betont: »Diese Einfühlsamkeit ist aber noch nicht so bekannt, nicht so verankert, auch bei Trainern. Man weiß nur ›Der ist besonders‹, ›Der tickt halt ein bisschen anders‹, das sind so die normalen Sprüche, die da vielleicht kommen. Aber warum ist das so? Also warum ticke ich, wie ich ticke? (…) Das ist so der Punkt, den man ganz stark auch mal den jüngeren Menschen mit auf den Weg geben kann.«[21]

Oft wird – sowohl im Leistungssport als auch in Wirtschaft und Gesellschaft – versucht, »anders Tickende« auf die eine oder andere Weise »einzunormen« oder »gleichzumachen«. Fehlschläge und Missverständnisse sind hier natürlich programmiert, was letztlich dazu führt, dass die volle Leistung gar nicht oder nur punktuell möglich ist oder dass manche dazu übergehen, sich ihr ganzes Leben selbst zurückzunehmen. Im Sky-Gespräch brachte dies der ehemalige Fußballnationaltorwart René Adler treffend auf den Punkt: »Da gibt es noch viel Potenzial (…) Zum Beispiel holt man Toptalente, um sie dann aber alle in ein gleiches Raster zu schicken. (…) Dann funktioniert es nicht und das Toptalent verlässt den Verein. (Es) wird aber gar nicht geschaut, warum sie dann nicht funktionieren. Da müssen sich eher Trainer und die Verantwortlichen an die Nase fassen und mal hinterfragen: Warum konnten sie die Potenziale da nicht heben? Wo hat man selbst nicht das Verständnis aufgebracht?«[22]

Dazu gehört auch die Bewusstheit, dass Menschen mit HSP-Wesenszügen von Natur aus weniger Kontrolle und größere Freiheitsgrade brauchen. So können dann ihre Stärken, also das Intuitive, das Kreative, zum Vorschein kommen. Gleichzeitig bedeutet es, sich zu trauen, die eigene Besonderheit zu leben und so natürlich auch zu einem gewissen Grad aufzufallen, was viele nicht gern tun. Aber auch, mit Ängsten und Zweifeln umzugehen, die jeder hat, aber selten jemand offen zugibt.

Wie auch die Schweizerische Ärztezeitung in einem Artikel betont (»Mit feinem Gespür«), handelt es sich also um ein wichtiges, aber im deutschsprachigen Raum noch wenig bekanntes Thema.[23] Als der Geschäftsführer eines Mittelständlers dies erkannte, sagte er mir dazu: »Die Konsequenz ist eigentlich, dass jede Führungskraft das Thema kennen muss. Denn wenn man damit nicht bewusst umgeht, schadet man den Mitarbeitern und dem ganzen Unternehmen.«

Am Ende des Tages geht es also um den Umgang mit unseren Gefühlen und damit um den Umgang mit uns selbst und anderen. Den Umgang mit zum Beispiel Zweifeln und Ängsten, aber auch das Erkennen und Leben unserer eigenen Potenziale und unserer Einzigartigkeit – um so zur Gesellschaft beizutragen.

Wie wollen wir unsere Zukunft gestalten?

Warum dieses Thema so essenziell wichtig ist für eine positive Zukunft, erkennt man auch sehr schnell, wenn man sich den Zustand unserer Welt anschaut. In einer Welt, in der wir von Krise zu Krise rasen, in der die globalen, zwischenmenschlichen Probleme immer größer und unüberwindbarer zu werden scheinen, rassistische Konflikte, Einteilungen in Klassengesellschaften oder kriegerische Auseinandersetzungen an der Tagesordnung sind, ist ein guter, bewusster Umgang mit sich und anderen nicht mehr nur wichtig, sondern in Zukunft (über)lebensentscheidend.

Ein unbewusster, harter Umgang mit uns und anderen spiegelt sich auch darin wider, wie wir mit unserer Erde umgehen: Obwohl klar ist, dass wir nur eine haben, betreiben wir Raubbau und sind eher Parasiten als im Einklang mit der Natur. Doch die Erde gab es schon Millionen Jahre vor dem Menschen, und die Erde wird es auch in der Zukunft geben. Die Frage ist nur: Mit oder ohne die Spezies Mensch?

Das sind bewusst deutliche Worte, um die enorme Relevanz der sogenannten »Soft Skills« zu verdeutlichen. Gleichzeitig sehe ich aber auch, dass wir viel in unserer eigenen Hand haben, und ich bin von einer positiven Zukunft überzeugt. Gerade weil es in diesem Bereich ein Erwachen in Deutschland und vielen Ländern der Welt gibt – und es an uns liegt, wie unsere Welt und unser Miteinander in Zukunft sein werden.

Mit dem Teilen meiner Erfahrungen möchte ich Mitmenschen eine Türe zu diesen Themen öffnen – weil ich davon überzeugt bin, dass dies die Wirtschaft der Zukunft ist: erfolgreich zu sein, mutig und aus der Stärke heraus zu agieren und mit einem positiven »Leading by Example« zu führen, mit einem guten, respektvollen und ehrlichen Umgang miteinander – mit uns selbst, mit anderen und mit unserer Erde und ihren Ressourcen.

Inspirierende Wirtschafts-Pioniere

Dies zeigt sich auch mehr und mehr im Außen. Zum einen werde ich von immer mehr Menschen, darunter sehr viele aus der Wirtschaft, genau zu diesen Themen gefragt. Ich glaube nicht, dass diese Themen vor zehn oder 20 Jahren großer Gesprächsstoff waren. Und zum anderen zeigen sich mehr und mehr inspirierende Pioniere und Vorbilder in der Wirtschaft:[24] Da ist zum Beispiel Brunello Cucinelli, der König des Kaschmirs, der sagt: »Wir brauchen einen humanistischen Kapitalismus.«[25] Cucinelli produziert im italienischen Örtchen Solomeo und investiert 20 Prozent seines Gewinns in den Erhalt der Gemeinde. Oder der 83-jährige Yvon Chouinard, Gründer der Outdoor-Firma Patagonia, der jeden Dollar Gewinn in die Rettung des Planeten steckt und von der Erde als Shareholder spricht.[26] Und schon der Titel seines Buches »Let My People Go Surfing« sagt viel darüber aus, wie er auf seine Beschäftigten schaut: Wann und wo, also *wie* sie ihre Arbeit machen, muss er nicht kontrollieren. Wichtig ist ihm, *dass* sie ihre Arbeit gut machen, und dann soll ihnen Zeit bleiben, auch zu leben.

Die Forderung der Generation Z – und McKinseys Antwort: »Take Time«

Dieser Fokus auf die Qualität der Arbeitsergebnisse bei einer Flexibilität in der Umsetzung für die Beschäftigten spricht viele Menschen an – auch weit über die Generation Z hinaus. Denn die Gesellschaft verändert sich. Selbst in der klassischen Beraterbranche, die bekannt ist für Überstunden und hohen Leistungsdruck, werden innovative Arbeitsmodelle eingeführt, um attraktiv für den Nachwuchs und Führungskräfte zu bleiben: So führte McKinsey, eines der weltweit größten Beratungsunternehmen, unter anderem die »Take Time« ein. Zusätzlich zum regulären Urlaub können die Berater zwischen ihren Projekten eine Auszeit von bis zu zwei Monaten im Jahr nehmen. Einer, der sie zum zweiten Mal nimmt, ist der 23-jährige Sebastian Buck, Consultant bei McKinsey. Er sei durchaus bereit, hart zu arbeiten, sagt aber auch: »Ich habe großen Respekt vor der Leistung der älteren Generationen. Sie haben zwei Weltkriege und den Mauerfall durchgestanden, nie würde ich sagen: Warum habt ihr so hart gearbeitet? Wir sind aber nicht mehr an dem Punkt, an dem das notwendig ist – natürlich ändern sich da unsere Ansprüche.«[27] Wie der *Spiegel* am 3. Dezember 2023 in einer Reportage zu dem Thema (»Warum die Generation Z anders arbeiten will – und damit jetzt alle ansteckt«) zeigt, sind es nicht nur die Jungen, die andere Arbeitsmodelle einfordern. Generell gelte: »Weniger Arbeit, mehr Leben.« Ein Wunsch, den in einem freien Land natürlich jeder äußern darf, in dem ein jeder sein Leben so gestalten soll, wie er möchte. Jedoch auch ein Wunsch, den wir angesichts des Fachkräftemangels vielleicht noch einmal gemeinsam in Ruhe und mit gegenseitigem Respekt überdenken können.

Heureka-Momente und die Wiederbelebung unseres Pioniergeistes

Denn um als Land erfolgreich zu bleiben und den guten Standard zu halten, den wir heute genießen, brauchen wir neben interessanten und oftmals sinnvollen flexiblen Arbeitsmodellen auch eine starke Arbeitsmoral – Menschen, die Drive haben, Dinge anpacken und einfach mit Freude bei der Arbeit sind. Wir müssen aufpassen, dass wir die nachvollziehbaren Forderungen nach mehr Flexibilität nicht verwechseln mit Jobs von 10 bis 16 Uhr, am besten nur vier oder gar drei Tage die Woche – und wenn möglich mit Laptop und Cocktail in der Hand auf Bali bei vollem Lohnausgleich. Solche Bilder sind ein gefährliches Missverständnis, bei dem Menschen, geblendet von Social Media & Co, einer Illusion unterliegen. Auch möchte ich zu bedenken geben: Was ist mit all den Berufstätigen, die zu bestimmten Zeiten einfach vor Ort sein müssen? Landwirte, Ärztinnen, Bäcker, Pflegepersonal, Erzieherinnen und Mitarbeitende in der Produktion – für einen Großteil der Bevölkerung sind solche Wünsche die Träume einer kleinen, privilegierten Laptop-Elite.

Deshalb denke ich, dass es mehr um das *Wie* der Arbeit gehen sollte und nicht so sehr um ein *Weniger*. »Von nichts kommt nichts« wird auch in Zukunft gelten, weshalb ich für mich vor zehn Jahren und mit Freude am Beruf die Sechs-Tage-Woche eingeführt habe (die in Deutschland übrigens bis 1965 Standard war). Mir ist bewusst, dass dies nicht der richtige Weg für alle ist, das ist lediglich meine persönliche Präferenz – und es ist genauso gut, wenn Menschen vier Tage arbeiten wollen. Auch glaube ich, dass nicht jede Stunde des Tages und nicht jeder Tag der Woche »produktiv« genutzt werden muss. Denn Kreativität entsteht nie aus Angespanntheit und Stress, sondern aus einem ruhigen inneren Raum heraus. Ein Nickerchen, Urlaub oder Ausflüge zu machen, sich die Sterne anschauen, Zeit mit der Familie genießen und manchmal auch nichts zu tun, sind absolut förderlich für ein glückliches, erfüllendes und erfolgreiches Leben – und was »erfolgreich« bedeutet, sieht für jeden Menschen anders aus. Aber genau dies zeigt, dass es individuelle Präferenzen gibt und auch in Zukunft geben sollte – was wiederum bedeutet, dass pauschale Forderungen nach einem Standard »Drei- oder Vier-Tage-Woche für alle« gar nicht für alle das Richtige sein können. Stattdessen sollten wir auch dazu kommen, unseren Pioniergeist wiederzubeleben, große neue Visionen zu erschaffen und ins Leben zu rufen, Träume zu realisieren, Heureka-Momente zu erleben, und es feiern, wenn Mitmenschen an neuen Ideen und unserem zukünftigen Wohlstand arbeiten – nicht, weil sie müssen, sondern weil sie es mit Hingabe gerne machen.

Auch können wir nur glaubhaft als Pioniere positive Beiträge leisten und inspirierende Maßstäbe setzen, wenn wir erfolgreich sind. Wenn die obig erwähnten Cucinelli oder Patagonia am Rande der Existenz wandeln würden, könnten sie nicht zur Gemeinde beitragen oder viel für den Umweltschutz tun. Dass wir alle zur Gesellschaft beitragen und leisten dürfen, ist also klar und wird auch in Zukunft so sein – worum es mir geht, ist das *Wie*. Wie wollen wir miteinander umgehen? Wie kann jeder die Berufung und »sein Ding« finden und darin aufgehen? Wie wollen wir miteinander arbeiten? Mein Ziel ist es deshalb, die Themen dieses Kapitels in Deutschland salonfähiger zu machen – denn es geht um unsere Zukunft.

Strategische Intuition und die Führungskräfte der Zukunft

Das immer komplexere, dynamische und oft turbulente Weltgeschehen bringt zweifelsohne neue große Herausforderungen für die Menschheit und die Wirtschaft mit sich, durch die wir navigieren müssen. Zudem stellen sich Menschen mehr denn je die Sinnfrage: »Wie kann ich die Arbeit finden, die mir wirklich Freude macht, die ich als sinnstiftend empfinde, in der ich aufgehe und meine Berufung leben kann?« Zur gleichen Zeit rast die Welt um uns, Stress, Hektik und eine nie dagewesene Informationsflut prasseln auf uns ein. Wie können wir mit all dem – also uns selbst in der Welt, wie sie ist – gut umgehen? Und wie können wir dabei den besten Ratgeber der Welt, die eigene Intuition, anhören? Fragen, die ich mir selbst auch gestellt habe – oder stellen musste, weil meine Lebensumstände immer wieder schwierig oder sehr herausfordernd für mich waren.

In die Ruhe kommen – und den besten Ratgeber der Welt finden

Erst nach viel Reflexion habe ich für mich festgestellt, dass am Ende des Tages der Weg vom Kopf ins Herz entscheidend ist: mir selbst Raum und Zeit geben. Mein System mal herunterzufahren, um so meine eigene Intuition zu hören. Denn noch geben wir in unserer Gesellschaft dem Verstand zu viel Aufmerksamkeit und die leise Stimme unseres Herzens und der Intuition wird schnell überhört. Die Intuition ist unser ureigener, angeborener Ratgeber – und gerade in diesen chaotischen Zeiten können eine starke mentale Kraft und eine gute Intuition immens helfen und unser innerer Leuchtturm und Führer sein. Dafür ist Ruhe essenziell, damit die Intuition eine Chance bekommt, wahrgenommen zu werden. Leben wir aus dem Herzen, wird es automatisch ruhig und friedlich um uns und unser Ego darf sich ausruhen. Auch entsteht Kreativität nie aus Hektik und Stress, sondern aus der Stille und Ruhe heraus. Natürlich brauchen wir auch den analytischen Geist, er hat seine Vorteile und seine Berechtigung, trennt unser Bewusstsein aber auch von unserem Unterbewusstsein. Es kommt also darauf an, den Geist und die Intuition in Einklang zu bringen und mehr und mehr auch ins Fühlen zu kommen. Dies hilft nicht nur uns selbst sowie unserer Empathie im Umgang mit anderen, sondern wird – wenn wir einmal langfristig denken – auch im Hinblick auf die Künstliche Intelligenz (KI) immer eine der größten menschlichen Stärken bleiben.

Gerade in der immer komplexer werdenden Wirtschaft kann dies äußerst hilfreich sein, und wenn man offen darüber spricht, ist es erstaunlich, wie viele Führungskräfte auf ihre Intuition vertrauen. Als Folge zieht dieses Thema auch zunehmend in die Managementforschung ein.[28] [29] Eine wissenschaftliche Studie aus dem Jahr 2021 mit dem Titel »Menschliche Intuition als kreatives Korrektiv für KI« ergab zum Beispiel: »Die intuitive Marktwitterung des Menschen, sein Erahnen des Möglichen, sein Fühlen und sein emotionales Erleben ist durch reine Technik und rationale Innovationen bislang nicht ersetzbar. Erst aus der rationalen und emotionalen Wahrnehmung, Beurteilung und Handlung ergibt sich ein holistisches Aktionsfeld.«[30]

In der Praxis kenne ich zahlreiche Entscheiderinnen und Entscheider, die auf ihre Intuition setzen. Zum Beispiel trifft ein mir bekannter Inhaber-CEO eines deutschen Weltmarktführers wichtige Entscheidungen stets mit seiner Intuition als strategischem Ratgeber. Wie er mir sagte, spürt er in die Situation hinein, hört darauf, welches Gefühl in ihm hochkommt (eher schwer und beengend, was oft für Nein steht, oder öffnend, leicht, was oft für Ja steht), schläft ein paar Nächte darüber, gleicht es mit den Fakten und dem Verstand ab, spürt nochmals hinein – und folgt dann in der Regel seinem »Bauchgefühl«. Wie er sagt, stimme dies nicht in jedem Fall, aber in sehr, sehr vielen – davon zeugt die Entwicklung seines Unternehmens zu einem globalen Marktführer in weniger als drei Jahrzehnten. Strategische Intuition kann also ein sehr wertvoller Ratgeber sein.

Wie man in die innere Ruhe kommt, sich selbst Raum und Zeit gibt, um das System herunterzufahren und die eigene Intuition zu spüren, ist so individuell, wie es Menschen sind. Ein Weg, der mir zum Beispiel seit Jahren hilft, ist die Meditation. Ich mache sie jeden Morgen für 15 Minuten, bevor der Tag beginnt, aber auch auf Geschäftsreisen hilft sie mir, an Flughäfen, in Flugzeugen, Zügen oder wo auch immer Ruhe zu finden, mich mit mir zu verbinden, Energie aufzutanken und Antworten auf wichtige Fragen zu erhalten. Wahrscheinlich gibt es hier so viele Wege, wie es Menschen gibt. Auch ein Spaziergang kann Wunder wirken, genauso wie ich mehrere Bekannte haben, die den Kreis ihrer Familie genießen, sich so verbinden und abschalten, und danach für sich in die Ruhe gehen.

Meditation als ein Weg zur Entwicklung der eigenen strategischen Intuition

Was während der Meditation passiert, ist einfach erklärt: Wir steigen aus unseren Gedankenkonstrukten aus und unsere Gehirnwellen gehen im ersten Schritt von den Beta- in die Alpha-Wellen über. Befinden wir uns in Beta, liegt unsere Aufmerksamkeit auf der Außenwelt. Im hochfrequenten Betabereich ist das Alarmsystem eingeschaltet und wir engen unseren Fokus auf alles in unserer materiellen Welt ein, denn in diesem Zustand achten wir auf Gefahren – oder scheinbare Bedrohungen – im Außen.

Wenn wir zu den Alpha-Gehirnwellen kommen, wird es ruhig: Denn sie sind im Grunde der Ruhezustand des Körpers, in dem wir träumen oder kreativere Vorstellungen in Form von Bildern haben können. Die Stimme im Kopf, die sonst immer auf uns einredet, wird leiser und wir denken weniger analytisch. So gehen wir über den denkenden Geist hinaus.[31]

Machen wir das durch Übung effektiv, fließt Energie in das Limbische System bzw. unser Mittelhirn, den Sitz des autonomen Nervensystems oder Unterbewusstseins. Das Unterbewusstsein ist sozusagen das Betriebssystem des Körpers: Es kontrolliert unseren Herzschlag, die Verdauung, den Blutzuckerspiegel, die Hormonausschüttung und viele weitere wichtige Bereiche. Gelingt es uns, bewusst auf das autonome Nervensystem zuzugreifen, können wir sogar selbst (positiven) Einfluss auf die physiologischen Funktionen unseres Körpers nehmen und Heilung geschieht.[32]

Wenn wir also anstreben, unsere körperliche Gesundheit zu verbessern und unser Nervensystem vom Stress wieder in Balance zu bringen, dann, so zeigen Forschungsarbeiten, können wir unsere Gehirnwellen vom Beta- in den Alphazustand bringen, indem wir genau das Gegenteil tun: Wir ziehen unsere Aufmerksamkeit von der materiellen Welt ab und richten sie auf die innere, immaterielle Welt der Energie.[33]

Wenn wir es durch regelmäßige Übung schaffen, die Meditation zu vertiefen, können wir sogar Theta- und Delta-Zustände erreichen. Theta-Gehirnwellen treten oft während des Schlafs und tiefer Meditation auf. Sie sind mit gesteigerter Kreativität, Intuition und Visualisierung verbunden – die wir dann als strategischen Ratgeber einsetzen können. Niedrigfrequente Delta-Wellen sind die langsamsten Gehirnwellen, die wir sonst nur in tiefem Schlaf haben. Sie sind mit körperlicher Heilung und Regeneration sowie reduzierten Stress- und Angstniveaus verbunden.[34]

Buddha wusste es, die Neurowissenschaft belegt es

Die positiven Effekte für uns Menschen sind mittlerweile vielfach wissenschaftlich belegt. Wichtige Grundlagen der Meditationsforschung legte dazu neben der US-Pionierin und Neurowissenschaftlerin Sara Lazar, die in Harvard lehrt, unter anderem auch das Team um den deutschen Psychologen Ulrich Ott vom renommierten *Bender Institute of Neuroimaging* (BION) der Justus-Liebig-Universität Gießen. Die Forschenden aus Gießen und Harvard untersuchten zum Beispiel die Auswirkungen eines bewährten achtsamkeitsbasierten Meditationsverfahrens namens MBSR (Mindfulness Based Stress Reduction) mittels Hirnscan. Nachzulesen sind die unglaublichen Resultate unter anderem in der *Harvard Gazette*:[35] Während die Teilnehmer nach nur acht Wochen MBSR-Praxis mit im Schnitt einer halben Stunde Meditation pro Tag berichteten, besser mit Stress umgehen zu können, geschah das absolut Unglaubliche: Es zeigten sich deutliche, neurowissenschaftlich nachweisbare Veränderungen in der Hirnstruktur. Die von den Teilnehmern angegebene Verringerung des Stresses korrelierte mit einer geringeren Dichte der grauen Substanz in der Amygdala, die eine wichtige Rolle bei Angst und Stress spielt. Dafür nahm die Dichte im Hippocampus und in Regionen zu, die für Selbstwahrnehmung und Mitgefühl zuständig sind. Auch fand Lazar heraus, dass erfahrene Meditierende mehr graue Substanz im frontalen Kortex hatten, der mit dem Arbeitsgedächtnis und der exekutiven Entscheidungsfindung zusammenhängt. »Es ist hinlänglich bekannt, dass unser Kortex schrumpft, wenn wir älter werden – es ist schwieriger, Dinge zu verstehen und sich an Dinge zu erinnern. Aber in dieser einen Region des präfrontalen Kortex hatten 50-jährige Meditierende die gleiche Menge an grauer Substanz wie 25-Jährige«, so Lazar in einem Interview, die anfangs selbst sichtlich überrascht war über diese Ergebnisse.[36] Auch die *American Heart Association* berichtet Positives: So zeigte ihre Studie, dass regelmäßige Meditation bei Vorerkrankten das Risiko für Schlaganfälle und Herzinfarkte um beachtliche 48 Prozent senken kann.[37] Und eine weitere, hochinteressante Studie an der Universität Yale hat ergeben, dass Achtsamkeitsmeditation die Aktivität im Default Mode Network (DMN) verringert, dem Gehirnnetzwerk, das für umherschweifende und selbstbezogene Gedanken verantwortlich ist – auch bekannt als »Monkey Mind«.[38]

Meditation und strategische Intuition: Neue Wettbewerbsvorteile in der Wirtschaft

Eine gesteigerte Performance, besseres Teamwork, höhere Kreativität und weniger Fehltage: Auch in der Wirtschaft hat sich regelmäßige Meditation als einfacher und effektiver Beitrag zur Mitarbeitergesundheit und -zufriedenheit erwiesen. Firmen wie Google, Ford und Adobe haben die Inspirationen aus Neurowissenschaft und Sportwelt aufgenommen und in innovativen Mitarbeiterprogrammen umgesetzt. In seinem Buch »Mindful Work« beschreibt der New-York-Times-Redakteur David Gelles, wie Meditation zu einer produktiveren und ausgeglicheneren Arbeitswelt führen kann.[39] Praxiserfahrungen scheinen ihm recht zu geben: Das Magazin *The Atlantic* berichtete über ein Achtsamkeitsprogramm der Firma Aetna, das dem Unternehmen seit dem Start nach eigenen Einschätzungen circa 2000 Dollar pro Beschäftigtem an Gesundheitskosten eingespart und gleichzeitig etwa 3000 Dollar Produktivitätssteigerung pro Kopf realisiert hat. Ein Experiment des Transportunternehmens Transport of London zeigt ähnlich prägnante Ergebnisse. Durch Achtsamkeitskurse für ihre Beschäftigten fielen die durch Stress, Ängste und Depressionen bedingte Abwesenheitstage um 71 Prozent.[40] Auch im deutschen Mittelstand gibt es hier Pioniere wie zum Beispiel das Unternehmen Föhl, ein führender Hersteller von Zinkdruckgussteilen. Seit 2015 liefert Föhl in China 90 Prozent seiner Teile an die Automobilindustrie, wo sie als lebensrettende Komponenten in der Sicherheitsgurttechnik eingesetzt werden. Das Unternehmen bietet allen Beschäftigten seiner chinesischen Tochtergesellschaft die Möglichkeit, während der Mittagspause professionell angeleitetes Yoga zu praktizieren. Der CEO und Mitinhaber Jochen Kirkorowicz erzählte mir von seinen Erfahrungen: »Unser Ruheraum wird kaum genutzt, aber unser Yoga-Angebot mit speziellen Rückenkursen erfreut sich großer Beliebtheit. Seit der Einführung habe ich beobachtet, dass die Beschäftigten aufmerksamer und kreativer geworden sind. Heute haben wir in China eine Fluktuationsrate von nur 0,9 Prozent. Ich denke, dies liegt an verschiedenen Aspekten im Umgang mit Mitarbeitern, wobei Yoga und seine meditativen Aspekte nur ein Teil davon sind.«[41]

Und auch hier in Deutschland bewegt sich was: So bietet der bodenständige DAX-Konzern SAP seinen Beschäftigten bereits seit mehreren Jahren die Möglichkeit zu Achtsamkeitskursen. Die Seminare zu »Global Mindfulness«, die auf Erkenntnissen der Neurowissenschaften und der buddhistischen Lehre basieren, aber frei sind von religiöser Konnotation, sollen eine Reihe von nützlichen Eigenschaften fördern: »Die Selbstwahrnehmung wird erhöht, die emotionale Intelligenz gefördert, die Konzentration gesteigert«, zählt ein Teilnehmer auf.[42] Weitere Teilnehmer berichten, sie seien zufriedener, gelassener und kreativer geworden. Bis 2023 haben weltweit mehr als 15 000 Mitarbeitende das Programm durchlaufen und SAP beschäftigt 140 »Mindfulness Teachers« an über 35 Standorten.[43] Am Standort Walldorf ist das Thema allgegenwärtig. An zentraler Stelle gibt es einen Raum der Stille, in dem täglich geführte Meditationen stattfinden, mal in Zen-Manier um 7.30 Uhr, mal Einsichtsmeditationen am Mittag, im Sitzen, im Liegen, im Gehen.[44] Der Director Global Mindfulness Practice, wie man ihn bei SAP nennt, konnte harte Fakten aus einer internen Vergleichsstudie mit 4800 Beschäftigten präsentieren, zum Beispiel, dass die Fehlzeiten im Vergleich zu einer Kontrollgruppe deutlich gesunken sind. »Monetär ausgedrückt nehmen wir mit dem Programm doppelt so viel ein, wie wir ausgeben. Das entspricht einem Return on Investment von 200 Prozent.«[45]

Praktische Übungen zum Selbsterleben

Wenn es Sie interessiert und Sie es mal ausprobieren möchten: Je einfacher Sie es halten, desto leichter wird es Ihnen gelingen. Konkret kann man zum Beispiel Folgendes tun: sich in Ruhe hinsetzen, Handy-Empfang aus, sodass man nicht gestört werden kann (wichtig für das Unterbewusstsein) – und dann einfach nur fünf Minuten die Augen schließen, tief ein- und ausatmen und sich bei jedem Atmen auf die inneren Nasenflügel konzentrieren. Je nach Gefühl kann man dabei noch die Hände auf die Brust und den Herz-Raum legen und sich so einfach mit sich selbst verbinden. Das reicht schon für den Start. Denn ein leichter Weg zur Meditation führt über die Atmung. Dabei ist es vollkommen normal, dass Gedanken und Gefühle die Konzentration immer wieder unterbrechen, auch nach jahrelanger Übung. Man kann dies zulassen, anschauen und weiterziehen lassen.

Eine weitere Möglichkeit bieten Meditationen, bei denen man durch eine Stimme angeleitet wird, was ebenfalls gerade zu Beginn hilfreich sein kann (»Geführte Meditation«). Zu einer kraftvollen Form – der *SoulSync Meditation* – kam ich über meinen amerikanischen Freund Jonathan Tripodi sowie Anthony Robbins.[46] Anthony Robbins ist laut Forbes eine der 20 einflussreichsten Persönlichkeiten der USA und einer der anerkanntesten Persönlichkeitstrainer weltweit.[47] Dabei versteht er auch etwas vom Geschäft. Robbins ist Vorsitzender einer Holdinggesellschaft, die mehr als 100 Unternehmen in Privatbesitz mit einem Gesamtumsatz von über 7 Milliarden US-Dollar pro Jahr umfasst. Durch seine Partnerschaft mit Feeding America hat Robbins in den letzten fünf Jahren über 525 Millionen Mahlzeiten an Bedürftige verteilt, sein Ziel sind eine Milliarde Mahlzeiten innerhalb der nächsten fünf Jahre.[48] Mehr als vier Millionen Menschen haben seine Live-Seminare zur beruflichen und persönlichen Entwicklung besucht. Das *Fortune Magazine* nannte ihn »den CEO-Flüsterer«, gecoacht hat er unter anderem vier US-Präsidenten, Serena Williams, Andre Agassi, die Basketballmannschaft der San Francisco Golden State Warriors oder

Salesforce-Gründer Marc Benioff, der über ihn sagt: »Tony Robbins und seine Strategien und Tools waren von Anfang an ein wichtiger Bestandteil unserer Kultur. Er war einer der entscheidenden Schlüssel für unsere Führungsposition und Wachstum.«[49]

SoulSync – Indiens alte Mystiker treffen moderne Neurowissenschaften

Anthony Robbins selbst wurde unter anderem von der Inderin Preethaji und ihrem Mann Krishnaji inspiriert. In der von ihnen entwickelten SoulSync-Meditation ließen sie das jahrtausendealte Wissen der indischen Weisen als auch die neuesten Erkenntnisse moderner Neurowissenschaften einfließen, genauer beschrieben in ihrem Buch »The Four Sacred Secrets«. Die geführte Meditation dauert 16 Minuten und sie wird durch die von Preethaji und Krishnaji aufgebaute *One World Academy* (Ekam) kostenfrei auf Englisch und auch Deutsch zur Verfügung gestellt (Link in den Anmerkungen).[50] Preethaji empfiehlt, SoulSync wenn möglich täglich und am besten morgens als Erstes zu machen, womit ich sehr gute Erfahrungen gemacht habe.

Unser Energiesystem lernt in den tiefgehenden Meditationszuständen, die Beobachterrolle einzunehmen und unser eigenes Energiesystem sowie all unsere Sinne zu aktivieren. Denn unser Energiesystem lernt ganz anders als unser Denker im Kopf. Dies führt uns weiter zur Frage, was es mit »Energie« auf sich hat. Aus der Sicht des Nobelpreisträgers für Physik des Jahres 1921 haben wir es nicht mit etwas Abgehobenem, Esoterischem zu tun, sondern mit handfester Realität. Denn, so Albert Einstein: »Alles im Leben ist Schwingung. Alles ist Energie. Gleiche dich der Frequenz der Realität an, die du möchtest, und du kreierst diese Realität. Das ist keine Philosophie. Das ist Physik.«[51]

Energie Medizin

In genau diesen Begriffen denkt auch Dr. Roland G. Heber, ein an der Universität Freiburg ausgebildeter deutscher Arzt, der sich durch lange Aufenthalte in China und Taiwan sehr intensiv mit den Jahrtausende Jahre alten Heilkünsten der Traditionellen Chinesischen Medizin (TCM) und des Daoismus befasste. Heute verbindet er modernste Gesundheitswissenschaften mit den alten Heilkünsten in der neuen Form einer präventionsorientierten Energie Medizin, wegen der Menschen aus der ganzen Welt extra zu ihm nach Lans bei Innsbruck kommen.

»Die Energie Medizin hat riesiges Potenzial, um die Gesundheit und Vitalität in unserer Gesellschaft dramatisch zu verbessern«, so Dr. Heber.[52] Krankheit ist demnach ein Zeichen von Energiemangel in unserem Organismus, eine Einschränkung der Schwingungsfreiheit. Energiemängel können viele Ursachen haben, die oft über das rein Physische hinausgehen und im seelisch-emotionalen Bereich zu finden sind.

Heute ist dieses Thema nicht nur in der Wissenschaft, sondern auch in der Breite der Gesellschaft angekommen, wie unter anderem ein Sonderartikel zu diesem Thema in der bekannten Fitness-Zeitschrift *Men's Health* zeigt. Die Autoren zitieren hier den US-Psychobiologen Professor Martin Picard von der Columbia State University in New York: »Es gibt ein großes Interesse daran herauszufinden, woher die Energie kommt, wie wir sie verbrauchen und wie man sie gewinnt.«[53] Energie ist laut Dr. Heber die Quelle von Gesundheit und Heilung, wie er mir bei einem unserer Gespräche anhand der ursprünglichen, originalen Bedeutung der chinesischen Schriftzeichen erklärt: »Schwingungsfreiheit ist die natürliche Kraft in jedem von uns. Wenn die Schwingungsdimensionen unseres Lebens ihre Freiheit genießen, dann nennen wir das ›Soundness‹ oder Gesundheit.«

Und weiter: »Mit der Energie Medizin nimmt ein Umdenken Form an, das die Sichtweise der modernen wissenschaftlichen Medizin auf Gesundheit und Krankheit neu definiert. Energie Medizin deutet auf den Beginn einer aufregenden neuen Ära hin, die unser Herz und unseren Verstand für ein neues Paradigma öffnet, wo geheimnisvolle alte Heiltraditionen mit fortschrittlichster medizinischer Forschung und Gesundheitswissenschaft verschmelzen, um – wie es der Nobelpreisträger Albert Szent-Györgyi (1960) formulierte – wieder aufs Neue ›Heilung zu erzielen, indem man die Energie in Bewegung bringt‹.«[54]

Wie können wir unsere Leistungsfähigkeit erhöhen?

Für das Wohlbefinden der Menschen wie auch für die Leistungsfähigkeit der deutschen Volkswirtschaft ist es wünschenswert, dass wir uns in diesem so wichtigen Bereich weiter öffnen und die oben vorgestellten Chancen nutzen. Laut dem Statistischen Bundesamt waren Arbeitnehmerinnen und Arbeitnehmer in Deutschland im Jahr 2022 durchschnittlich 15,0 Arbeitstage krankgemeldet. Dies war ein Anstieg um plus 3,8 Krankheitstage gegenüber 2021 und kostete die deutsche Wirtschaft zwischen 27 und 42 Milliarden Euro, so eine Studie des *Kieler Instituts für Weltwirtschaft* (IfW). »Seit der Wiedervereinigung ist dies der mit Abstand stärkste Anstieg des Krankenstands binnen eines Jahres und auch das höchste Krankheitsniveau«, hieß es in der Studie.[55]

Der *Spiegel* titelte im Oktober 2023 »So krank sind Deutschlands Führungskräfte« und referierte in einer exklusiven Studie Daten der Techniker Krankenkasse, die mehr psychische Erkrankungen, gehäufte Verhaltensstörungen und auch einen Zusammenhang zwischen Führungsrolle und Krebs zeigen. Auch bei Krankheiten des Kreislaufsystems, zu denen Herzerkrankungen und Bluthochdruck zählen, sind Führungskräfte besonders betroffen, wie die Untersuchung zeigt. »All diese Daten zeigen uns, dass Stress entscheidend wirkt«, sagt eine der Autorinnen.[56]

Gerade der Umgang mit neuen Situationen wie Krisen habe bei Führungskräften zu enormem, auch subtilem Stress geführt, der »wahnsinnigen Einfluss« auf die Gesundheit habe, so die Studie.[57]

Wenn man die Anforderungen an die Arbeitswelt aus einer Vogelperspektive betrachtet, stellt man zudem fest: Auch wenn jede Zeit ihre ganz eigenen Herausforderungen hat, prasselten noch nie in der Geschichte der Menschheit so schnell so viele Informationen auf uns ein wie heute. Niemand entkommt dieser Welt, ohne dass man zuweilen extremen Stress erlebt. Der Umgang mit Stress stellt also einen der Schlüsselfaktoren für die Gesundheit und somit auch die nachhaltige Leistungsfähigkeit dar.

Tony Robbins bringt es wie folgt auf den Punkt: »Je höher dein Energie-Level ist, desto effizienter ist dein Körper. Je effizienter dein Körper ist, desto besser fühlst du dich und desto mehr wirst du dein Talent verwenden, um herausragende Ergebnisse zu produzieren.«[58]

Ich selbst bin in Deutschland aufgewachsen, habe das Schul- und Bildungssystem durchlaufen und bin deshalb natürlich wissenschaftlich-westlich geprägt. Vor diesem Hintergrund war es für mich ein spannender Prozess zu erkennen, dass es neben dem rein wissenschaftlich Messbaren noch Bereiche gibt, die darüber hinausgehen – wie zum Beispiel die Quantenphysik und Energie Medizin.

Aktuell können wir noch vieles aus der Quantenphysik und der Energie Medizin nicht genau messen oder mit dem Verstand begreifen. Wenn wir in die Geschichtsbücher schauen, war dies aber schon oft so: Zum Beispiel verkündete 1905 Albert Einstein, dass bewegte Uhren langsamer gehen. Dies sei eine Konsequenz aus seiner zu der Zeit formulierten

Speziellen Relativitätstheorie. Und wie so oft in der Geschichte, wenn Pioniere zuerst als Spinner abgetan wurden, erntete er viele fragende Blicke – denn es war (bisher) klar: Die Zeit vergeht immer gleich schnell. 1905 hatten wir noch nicht die technischen Möglichkeiten, um die Theorie von Einstein genau zu prüfen. Erst später sollten zahlreiche Experimente Einstein bestätigen: Atomuhren, die sich in einem Flugzeug oder Raumschiff um die Erde bewegen, gehen langsamer als die gleichen Atomuhren, die stationär auf der Erde sind. Die Zeit vergeht also nicht immer und überall gleich schnell.[59] [60]

Und so, wie wir das mit der Zeit damals noch nicht messen konnten, so können wir uns heute vielleicht noch nicht in der Breite vorstellen, wie ein neues Gesundheitswesen aussehen kann. Und dies betrifft viele Menschen – das deutsche Magazin *Welt* berichtete dazu: »Rückenschmerzen, Depression, Kopfschmerzen, Krebs – kaum jemand wird in seiner Bekanntschaft und Verwandtschaft noch jemanden finden, der keine gesundheitlichen Probleme hat. Dieses Phänomen haben Forscher nun in einem Artikel in der Fachzeitschrift *The Lancet* wissenschaftlich untermauert, und das nicht nur für Deutschland oder Europa, sondern mit Fakten für die ganze Welt. Demnach ist die Menschheit alles andere als kerngesund: Im Jahr 2013 hatte nur einer von 20 Erdenbürgern kein gesundheitliches Problem.«[61] Wie Nefiodow und Dr. Heber prognostizierten, wird es in Zukunft mehr und mehr zu einer Verbindung der beiden großen Bereiche kommen: einer Synthese der alten Heil-Traditionen, Bewusstseinsarbeit und Energie Medizin mit der fortschrittlichsten medizinischen Forschung und Gesundheitswissenschaft. Denn die verschiedenen Bereiche können sich wunderbar ergänzen. Und wie die obigen Praxisbeispiele zeigen, gibt es hier noch viel Potenzial für Unternehmen und die Menschheit, sowohl das Wohlbefinden, das Schonen von Ressourcen als auch die Leistungsfähigkeit durch neue, innovative Wege zu fördern. Es geht also gar nicht um ein Entweder-oder, sondern in Zukunft um ein Sowohl-als-auch.

Die Führungskräfte der Zukunft

Final dient all dies einem einfachen, aber wichtigen Zweck: dem guten Umgang mit sich selbst und mit anderen – und damit der Steigerung unseres Wohlbefindens, von Leistungsfähigkeit und Erfolg.

Zurückkommend auf die Eingangsfrage dieses Kapitels können wir so neue Potenziale nutzen, um auch in Zukunft als kleines Land mit einer aufgeweckten, fitten Bevölkerung global mithalten zu können – denn in diesen Bereichen können wir China und anderen großen Playern voraus sein. Hier haben wir Chancen auf einen leistungsfördernden Vorsprung und können einen eigenen, positiven Beitrag leisten. Auch dienen diese Wege dazu, unsere angeborenen menschlichen Fähigkeiten auf allen fünf Ebenen – physische, geistige, emotionale, soziale und intuitive – wiederzuerwecken und zu integrieren, die während des Strebens nach »unendlichem« Wirtschaftswachstum manchmal vergessen wurden. Deshalb lässt sich als neues Paradigma für Führung folgern: Um all den großen Herausforderungen, Krisen und Gefahren des 21. Jahrhunderts erfolgreich begegnen zu können, müssen Führungskräfte über starke Fähigkeiten in den Bereichen Logik, Vernunft, Urteilsvermögen und strategische Prognosen verfügen. Zudem müssen sie aber auch empathisch, geerdet und intuitiv sein. Sie müssen in Achtsamkeit und »Deep Listening« geübt sein, präsent und empfänglich für ein höheres Maß an Einsicht und Innovation sein, fähig, authentisches Engagement und Zusammenarbeit anzuregen, und ein klares und aufrichtiges Gefühl für ihren Dienst an der Menschheit haben – und Zusammenhalt wiederherstellen, wo Fragmentierung herrscht, Einheit, wo es Spaltung gibt.[62] All dies hat uns schon immer geholfen, doch angesichts der rapide zunehmenden Komplexität der Welt und all ihrer Krisen wird dieses Skillset von einem »Nice to have« zunehmend zu einem »Must have to survive – and thrive«, unserem Überleben und Aufblühen.

EPILOG

Auf einem Planeten

»Die Zukunft ist kein Ort, an den wir gehen, sondern eine Vorstellung, die wir uns jetzt machen. Sie ist etwas, das wir erschaffen und das wiederum uns erschafft.«

STEPHEN GROSZ, THE EXAMINED LIFE

Wie unsere Zukunft in Deutschland und in all den Ländern und Teilen der Welt wie China, Amerika oder Afrika genau aussehen wird, wissen wir alle nicht. Was wir wissen, ist, dass wir in einem Universum mit etwa zwei Billionen Galaxien und 700 Trillionen Sternen leben[1] – und das Glück genießen, mit der Erde einen menschenfreundlichen Planeten zu haben, auf dem wir alle zusammen leben können. Für eine gute Zukunft ist es also entscheidend, miteinander Lösungen zu finden – auch wenn man nicht immer einer Meinung sein muss. Deutschland kann mit seinem enorm großen Potenzial einen Unterschied machen und einen positiven Beitrag für die Welt leisten. Doch wie wir gesehen haben, beginnt dies erst einmal bei uns selbst.

Besonders am Herzen liegt mir ein abschließendes Plädoyer für die Freude an der Arbeit: Denn wir alle verbringen einen Großteil unserer kostbaren Lebenszeit mit unserem Beruf. Deshalb finde ich den Begriff »Work-Life-Balance« nicht ganz glücklich, denn die Arbeit ist ja ein Teil unseres Lebens. Hilfreicher mag es erscheinen, unseren Fokus nicht darauf zu richten, wie wir die Arbeit reduzieren, sondern darauf, wie wir sie erfüllend gestalten können.

Hier spielt ein guter, respektvoller Umgang miteinander eine große Rolle, aber, wie wir gesehen haben, auch ein »Sich-selbst-Erkennen« und »sein Ding« leben. Der Glücksforscher Mihaly Csikszentmihalyi hat hierzu eine erstaunliche Entdeckung gemacht.[2] Er ließ Menschen in ihrer Freizeit und Arbeit mit einem Protokollbogen zu festgelegten Zeiten eintragen, was sie gerade tun und wie sie sich fühlen. Die Überraschung? Im Schnitt war die Stimmung während der Arbeitsaktivitäten positiver als während der Freizeittätigkeiten. Die Erklärung des Forschers: Entgegen dem Image von Arbeit (nahe bei Mühsal) und obwohl das Anfangen nicht selten einen inneren Ruck erfordert, fühlen sich Menschen während der Arbeitstätigkeiten häufiger in passender Weise gefordert und sind häufiger mit allen Sinnen auf ihr Tun konzentriert als in der Freizeit. Genau dies ist eine Basis für das sogenannte Flow-Erlebnis – das angenehme völlige »Aufgehen« in einer Tätigkeit. Natürlich ist der Befund ein statistischer Trend, der nicht für jede Arbeitstätigkeit und für jeden Menschen gilt. Und natürlich können auch gut gewählte Freizeitaktivitäten die Stimmung heben.[3] Aber es zeigt, dass wir mit Freizeit allein vielleicht doch nicht so glücklich sind, wie man manchmal denken mag, und auch, dass Arbeit mit Hingabe sehr erfüllend sein kann.

Letztlich geht es aus meiner Sicht darum, dass so viele Menschen wie möglich an den für sie richtigen Platz in der für sie richtigen Rolle kommen. Denn dann schaut man nicht mittags schon auf die Uhr und dann sind auch fünf oder sechs Arbeitstage kein Problem, sondern fühlen sich in großen Teilen gut an. Ich bin fest überzeugt: Je mehr Menschen ihre ureigenen Talente entfalten, ihrem Herzen folgen und sich so mit ihrer vollen Kraft einbringen, desto mehr ergänzen und fügen sich die einzelnen Teile unserer Gesellschaft zu einem guten Miteinander zusammen und tragen zum Gesamterfolg des Landes bei. Und so können wir als Unternehmen und Gesellschaft eine bessere Zusammenarbeit schaffen und einen positiven Beitrag für unser soziales Umfeld leisten – zum Wohle der Menschen, der Wirtschaft und unserer Welt. Denn dies schließt sich nicht gegenseitig aus, sondern lebt voneinander.

So können wir auch die großen Fragen der Zukunft angehen, wie zum Beispiel: »Kann es langfristig gut gehen, dass wir mit einem Wirtschafts- und Finanzsystem arbeiten, das auf unendliches Wachstum angelegt ist, wir aber auf einem Planeten mit endlichen Ressourcen leben? Wie gefährlich ist es, wenn riesige Vermögensverwalter indirekt mehr Macht haben als demokratisch gewählte Regierungen? Wo ziehen wir im Hinblick auf Umweltschutz, CO_2 und Digitalwährungen respektvoll die Grenze zwischen staatlichen Rahmenbedingungen und dem Risiko übergriffiger Kontrolle?«

Auch erleben wir gerade eine historische Umwälzung: Lange war der Turbo-Kapitalismus ein starker Trend, der uns aber auch seine inhärenten

Grenzen und Probleme aufgezeigt hat. Der entstehende Gegentrend mit der »Letzten Generation« & Co erscheint genauso extrem in die andere Richtung. Wie sich aus einer höheren Perspektive bei starken Trends und Gegentrends häufig beobachten lässt, kommt es zu einer Synthese, die uns zu folgender Reihenfolge führen kann: Mensch, Planet, Profit. Und all dies ist wichtig, auch der Gewinn, denn nur wenn eine Firma Gewinne macht, kann sie in der aktuellen Wirtschaftsform in neue, nachhaltige Lösungen investieren. Dieses Bewusstsein wird eine längere Reise und Entwicklung sein, aber wie viele positive Beispiele im Buch zeigen, sind wir schon auf dem Weg.

Auf globaler Bühne mag in einer Welt voller Krisen umso mehr gelten: Gerade, wenn Differenzen, Ängste und gegenseitiges Unverständnis am größten sind, braucht es ein Aufeinander-Zugehen, ein Ablegen der eigenen Brille und respektvolle Dialoge auf allen Ebenen. Nur so haben wir eine Chance, Nullsummenspiele in Mehrsummenspiele zu verwandeln.

Dies ist auch Antrieb für mein zweites, internationales Buch für Europa und den Westen, das auf Englisch hier bei GABAL erscheinen wird, und wohl auch Grund der Anfragen für ein drittes Buch auf Mandarin für China – denn auch China versteht uns in vielem noch nicht.

Die Welt wird ein besserer Ort, wenn wir alle Verbindung und gegenseitiges Verständnis fördern, über Landesgrenzen, Hautfarben, Religionen, Geschichte und Politik hinweg, von Mensch zu Mensch.

Denn Verständnis kann zu Zusammenarbeit führen, Zusammenarbeit zu Freundschaft und Freundschaft zu Frieden.

Persönliche Einladung – Ihr Webinar zum Buch

Hiermit lade ich Sie, liebe Leserinnen und Leser, herzlich zur kostenfreien Teilnahme an meinem Herbst-Webinar ein.

Wirtschafserwachen Next Level: Das Webinar

- Neue Fallbeispiele und weiterführende Erfolgsstrategien
- Q&A: Was Sie schon immer über China und Chinas Wirtschaft wissen wollten
- Exklusive Einblicke in das englische Folgebuch für die westliche Wirtschaft »Secrets of China's Success«

Mit Dr. Fabian Hänle und einem Überraschungsgast aus China.

Folgen Sie dem QR-Code und registrieren Sie sich:
https://gabal-ecampus.de/gabal-akademie/course/wirtschaftserwachen

Danksagung

Ich danke meinen Eltern, meiner Familie und meinen Ahnen für all die Möglichkeiten, ihre Liebe und Unterstützung, die sie mir von Herzen gaben und geben. Im Besonderen meiner Frau Jia Guo. Von allem Großartigen, was mir in China zuteilwurde, ist sie das für mich größte Geschenk.

Auf die letzten 20 Jahre mit all den wertvollen Erfahrungen in Europa, den USA und China zurückblickend, ist mir sehr bewusst, wie viel ich von anderen Menschen lernen durfte und ihnen verdanke. Wir können viel von dem lernen, was weise Seelen vor uns erfahren haben – und darauf aufbauend dann unseren eigenen Beitrag leisten. Und der darf und soll so individuell sein, wie auch wir Menschen alle unterschiedlich und mit den verschiedensten Talenten, Interessen und Neigungen gesegnet sind.

Meine Vision ist es, beizutragen, dass Mitmenschen auf einen für sie stimmigen Weg und eine gute Entwicklung kommen – ganz gleich, ob in Unternehmen oder als Privatpersonen. Denn ich bin fest davon überzeugt: Je mehr Menschen ihre ureigenen Talente entfalten, ihrem Herzen folgen und sich so mit ihrer vollen Kraft einbringen, desto mehr ergänzen und fügen sich die einzelnen Teile unserer Gesellschaft zu einem guten Miteinander zusammen.

Mein tiefster Respekt, meine Wertschätzung und mein großer Dank gebühren, aufgeführt in der Reihenfolge ihres zeitlichen Erscheinens:

Angelika Kamp, frühere Teambetreuerin und Physiotherapeutin der Handball-Bundesligamannschaft HBW Balingen-Weilstetten, die mich in jungen Jahren und in wichtigen Phasen entscheidend unterstützt hat.

Der Unternehmerfamilie Blickle und ganz im Besonderen Herrn Reinhold Blickle, einem meiner ersten und sehr wichtigen Mentoren, für die Förderung, das Vertrauen und die sehr fruchtbare Zusammenarbeit.

Prof. Dr. Ulrich Kotthaus, Rektor der Dualen Hochschule Baden-Württemberg in Villingen-Schwenningen, für die aktive Unterstützung meines USA-Studiums 2008, das mir die Augen für die Welt geöffnet hat.

Holger Fischer, als Coach von Profisportlern und Privatpersonen mitverantwortlich für zahlreiche Olympiatitel, Medaillen und Auszeichnungen, für die jahrelange vertrauensvolle und hoch erfolgreiche Zusammenarbeit.

Barbora Grüter und Ruth Fischer, für die wertvolle Begleitung, die mich immer weiter im feinen zwischenmenschlichen Bereich schult und mir Türen zu neuen Dimensionen und Möglichkeiten öffnet.

Prof. Dr. Dr. h.c. mult. Hermann Simon, für die vielfältige Inspiration und großzügige Unterstützung, all die befruchtenden Austausche über die Jahre und die Ermutigung, meine Botschaften in die Welt zu tragen.

Prof. Dr. Stefanie Weil, Prodekanin an der Antwerp Management School, für die sehr gute Zusammenarbeit, die von viel Kreativität, Freude, Leichtigkeit und Erfolg geprägt ist.

Dr. Roland G. Heber, der bereits 1982 in China den Ursprüngen des Daoismus auf den Grund ging und diesen mit modernster Medizin verband, für das großzügige Teilen seiner wertvollen Erfahrungen und Kenntnisse.

Julia Weitzenegger und Ilona Gabel, für die wertvolle Begleitung, die mir in der Ausbildung meiner Intuitionskraft sehr weiterhilft, wodurch sich mir wieder ganz neue Türen und Möglichkeiten öffnen.

Ulrike Scheuermann, ausgezeichnete Diplom-Psychologin und mehrfache Bestseller-Autorin, für die wundervolle Unterstützung und Coaching-Begleitung während der Konzeption und meines Schreibprozesses.

Mein großer Dank geht auch an all meine Klientinnen und Klienten. Unsere vertrauensvolle, wertschätzende und fruchtbare Zusammenarbeit erfüllt mich und ich freue mich auf alles Gute, was noch kommt.

Meinen über die Erde verteilten Freunden (in alphabetischer Reihenfolge): *Alexander, Elvis, Hendrik, Julian, Michael und Thomas.* Euch seit vielen Jahren als Weggefährten zu haben, ist eine große Ehre und Freude.

Ein besonderer Dank gebührt meinen inspirierenden Interviewpartnern sowie den zahlreichen wundervollen Menschen, denen ich in Europa, Amerika und Asien begegnen durfte und noch werde.

Den Profis von GABAL um *André Jünger, Bettina Schmidt, Dr. Nadine Feßler, Karen Lehwald* und dem ganzen Verlagsteam für die vertrauensvolle Zusammenarbeit und erstklassige Umsetzung des Buches.

Susanne von Ahn für das hervorragende Sparring im Lektorat sowie *Murielle Rousseau und Patrick Schliffer* von BUCH CONTACT für die spannende und ereignisreiche Presse- und Öffentlichkeitsarbeit.

Anmerkungen

Prolog: Mit 7 Koffern in Shanghai

1 »ASPI's Critical Technology Tracker – The global race for future power«, 22.09.2023, https://www.aspi.org.au/report/critical-technology-tracker
2 »Is Germany once again the sick man of Europe?«, The Economist, Ausgabe 19.–25.10.2023.
3 World Intellectual Property Indicators 2023, World Intellectual Property Organization, Geneva, https://www.wipo.int/publications/en/details.jsp?id=4678, 2023.
4 Ray Dalio, Principles for Dealing with the Changing World Order: Why Nations Succeed or Fail, Simon + Schuster UK, 2021.
5 »Deutsche Unternehmen investieren so viel in China wie nie zuvor«, Süddeutsche Zeitung, https://www.sueddeutsche.de/wirtschaft/china-iw-direktinvestitionen-deutsche-wirtschaft-1.6359196, 14.02.2024.
6 Persönliche Kommunikation mit Jürgen Duan von der Stadtregierung Taicang vom 22.02.2024.
7 Hermann Simon, Videobotschaft anlässlich der öffentlichen PhD-Verteidigung Fabian Hänle, Antwerp Management School und Universität Antwerpen, 5.11.2021.

Kapitel 1: Chinas Erfolgsgeheimnis auf der Spur – ein erstes Portrait

1 »Größte Investition in China: BMW eröffnet drittes Werk in Shenyang«, Handelsblatt online, 23.06.2022, https://www.handelsblatt.com/unternehmen/industrie/autobauer-groesste-investition-in-china-bmw-eroeffnet-drittes-werk-in-shenyang/28448308.html
2 https://moutaichina.co.uk
3 »Maotai, der Schnaps der Revolution«, Welt online, 13.11.2011, https://www.welt.de/print/wams/politik/article13714286/Maotai-der-Schnaps-der-Revolution.html
4 Financial Times, Market Data: Fuyao Glass Group, https://markets.ft.com/data/equities/tearsheet/profile?s=600660:SHH, Zugriff 09.12.2023.
5 »Was hat dieser Mann mit Daimler vor?«, Stern online, 27.02.2018, https://www.stern.de/wirtschaft/news/daimlers-neuer-grossaktionaer--was-hat-der-geely-chef-vor--7878852.html
6 Chin, T., Liu, R. and Yang, X., »›Reverse internationalization‹ in Chinese firms: a study of how global startup OEMs seek to compete domestically«, Asia Pacific Business Review, Vol. 22 Nr. 2, S. 201–219, 2015.
7 Herman Simon, Hidden Champions – Die neuen Spielregeln im chinesischen Jahrhundert, Frankfurt am Main: Campus, 2021.
8 Hermann Simon, The Road to Hidden Champions – Lessons from German Enterprises and the Future of Chinese SMEs, Vortrag an der Xiamen Torch Academy, China, am 13. Mai 2022.

9 State Council of China, Report of year 2018, www.gov.cn/guowuyuan/2018-08/20/ content_5315204.htm, Zugriff 09.09.2022.

10 Guo, L. and Ma, X., People's Republic of China Small and Medium-sized Enterprises Promotion Law: Guidebook, China Democracy and Legal System Publishing House, Peking, 2017.

11 »The Role of SMEs in China's Circular Economy Transition«, Europäische Union, Circular Innovation Lab, https://circulareconomy.europa.eu/platform/sites/default/files/2023-08/The%20Role%20of%20SMEs%20in%20China%27s%20Circular%20Economy%20Transition.pdf, 13.02.2023.

12 »Financing SMEs and Entrepreneurs 2022: An OECD Scoreboard«, OECD, Key facts on SME financing, https://www.oecd-ilibrary.org/sites/a3891ad8-en/index.html? itemId = /content/component/a3891ad8en#: ~ :text = In%20China%2C%20there%20were%20ov er,reached%2022%20000%20per%20day

13 Deng, P. and Zhang, S., »Institutional quality and internationalization of emerging market firms: Focusing on Chinese SMEs«, Journal of Business Research, Vol 92, pp. 279–289, 2018.

14 https://de.statista.com/statistik/daten/studie/37013/umfrage/ranking-der-top-20-exportlaender-weltweit/

15 National Bureau of Statistics, »China Economic Census Statistical Yearbook 2018«, China Statistics Press, Peking.

16 »Financing SMEs and Entrepreneurs 2022: An OECD Scoreboard«, OECD, Key facts on SME financing, https://www.oecd-ilibrary.org/sites/a3891ad8-en/index.html? itemId = /content/component/a3891ad8en#: ~ :text = In%20China%2C%20there%20were%20ov er,reached%2022%20000%20per%20day

17 https://www.ifm-bonn.org/definitionen/mittelstandsdefinition-des-ifm-bonn

18 Europäische Kommission, »What is an SME?«, http://ec.europa.eu/growth/smes/ business-friendly-environment/sme-definition_en

19 Small Business Administration (SBA), »Small business profile«, https://www.sba. gov/sites/default/files/advocacy/United_States.pdf

20 National Bureau of Statistics (NBSC) (2014), 2014 China Statistical Yearbook, National Bureau of Statistics of China, China Statistics Press, Beijing.

21 https://www.faz.net/aktuell/feuilleton/wirtschaft/fleissig-erfolgreich-skandalfrei-11071481.html

22 https://www.handelsblatt.com/unternehmen/industrie/maschinenbau-trumpf-profitiert-von-chip-und-elektro-boom-und-knackt-die-naechste-milliardenmarke/28538266.html

23 Trumpf, Jahresbericht Geschäftsjahr 2022/23, https://www.trumpf.com/de_DE/newsroom/geschaeftsjahreszahlen-2022-23/

24 https://www.ifm-bonn.org/definitionen/mittelstandsdefinition-des-ifm-bonn

25 https://www.stuttgarter-nachrichten.de/inhalt.verantwortung-trigema-chef-will-persoenlich-haften.c78973fa-b0d0-4912-847a-aae1313bee53.html

26 Herman Simon, Hidden Champions – Die neuen Spielregeln im chinesischen Jahrhundert, Frankfurt am Main: Campus, S. 15, 2021.

27 Ebd., S. 42.

28 Hermann Simon, Weltmarktführer – Deutsche und chinesische Hidden Champions, Artikel im unternehmer magazin, Ausgabe 1/2, 2023.

29 China will Hidden Champions nach deutschem Vorbild züchten, China Market Insider, 16. Februar 2021 und Comparative study of speciality and new small giants, manufacturing individual champions and hidden champions (englische Übersetzung), Xinhua, 18.08.2020.

https://www.imsilkroad.com/news/p/423266.html und Ministry of Finance and Information Technology: Notice on Supporting the High-quality Development of »Specialized, New SMEs«, Peking, 23. Januar 2021.
30 Herman Simon, Hidden Champions – Die neuen Spielregeln im chinesischen Jahrhundert, Frankfurt am Main: Campus, S. 15, 2021.
31 »China approves the world's first flying taxi«, The Economist, 25.10.2023, https://www.economist.com/science-and-technology/2023/10/25/china-approves-the-worlds-first-flying-taxi
32 »Die 450 heimlichen Weltmarktführer«, Blickle Räder + Rollen GmbH u. Co. KG, WirtschaftsWoche, Sonderheft Nr. 1 vom 6. November 2023.
33 »Bayerns Best 50 – Spalter Firma Fath hat es schon bis ins All geschafft«, Donaukurier, 05.12.2023, https://www.donaukurier.de/lokales/landkreis-roth/spalter-firma-fath-hat-es-schon-bis-ins-all-geschafft-14956356.
34 https://www.welt.de/wirtschaft/article118171834/Warum-der-German-Mittelstand-nicht-kopierbar-ist.html
35 https://www.nytimes.com/2012/08/14/business/global/german-small-businesses-reflect-countrys-strength.html
36 https://www.welt.de/wirtschaft/article118171834/Warum-der-German-Mittelstand-nicht-kopierbar-ist.html
37 Persönliche Kommunikation vom 4. Dezember 2023.

Kapitel 2: Vom Tellerwäscher zum Milliardär – die Mentalität

1 »Interview with Mr. Cao Dewang, the president of Fuyao Glass Industry Group«, https://www.glassonweb.com/news/interview-with-mr-cao-dewang-president-fuyao-glass-industry-group
2 https://www.marketscreener.com/quote/stock/FUYAO-GLASS-INDUSTRY-GROU-6496850/financials/
3 https://www.forbes.com/sites/russellflannery/2021/05/02/american-factory-owner-fuyao-glass-to-raise-550-mln-eyes-solar-market/?sh=336e4b8d422b
4 https://www.finanznachrichten.de/nachrichten-2009-06/14055218-cao-dewang-von-der-fuyao-glass-industry-group-zum-ernst-young-world-entrepreneur-of-the-year-2009-ernannt-004.htm
5 http://www.china.org.cn/arts/2014-12/18/content_34353578.htm
6 https://www.businessinsider.com/cao-dewang-biggest-philanthropist-in-china-2012-5
7 https://www.bpb.de/themen/asien/china/44248/das-alte-china/
8 Klaus Mühlhahn, Geschichte des modernen China: Von der Qing-Dynastie bis zur Gegenwart, C.H. Beck, Einleitung und Erster Teil: Aufstieg und Fall des Reichs der Großen Qing, 2021.
9 Peter Hays Gries, China's new nationalism: pride, politics, and diplomacy, Berkeley: University of California Press, 2004.
10 https://www.zeit.de/zeit-geschichte/2012/01/China-Essay/seite-2
11 Klaus Mühlhahn, Geschichte des modernen China: Von der Qing-Dynastie bis zur Gegenwart, C.H. Beck, Erster Teil: Aufstieg und Fall des Reichs der Großen Qing, 2021 und https://www.zeit.de/zeit-geschichte/2012/01/China-Essay/seite-2
12 https://www.welt.de/geschichte/article215500680/Boxeraufstand-Chinas-Hass-auf-die-haarigen-Barbaren.html

13 Klaus Mühlhahn, Geschichte des modernen China: Von der Qing-Dynastie bis zur Gegenwart, C.H. Beck, Erster Teil: Aufstieg und Fall des Reichs der Großen Qing, 2021.

14 Simon Winchester, Der Mann, der China liebte: Wie ein exzentrischer Engländer unser Bild vom Reich der Mitte neu bestimmte, btb Verlag, 2011.

15 https://www.handelsblatt.com/politik/international/interview-kishore-mahbubani-ueber-das-falsche-verstaendnis-des-westens-von-china/28733086.html

16 https://www.zeit.de/zeit-geschichte/2012/01/China-Essay/seite-2

17 Klaus Mühlhahn, Geschichte des modernen China: Von der Qing-Dynastie bis zur Gegenwart, C.H. Beck, Zweiter Teil: Chinesische Revolutionen, 2021.

18 https://www.wissen.de/lexikon/kommunistische-partei-chinas

19 Klaus Mühlhahn, Geschichte des modernen China: Von der Qing-Dynastie bis zur Gegenwart, C.H. Beck, Zweiter Teil: Chinesische Revolutionen, 2021.

20 Ebd.

21 https://www.bpb.de/shop/zeitschriften/apuz/326892/das-andere-china/

22 SWR2 Wissen, Weltmacht China – vom Kaiserreich zum Global Player, von Dagmar Lorenz, Sendung vom 18. Oktober 2018, SWR.

23 Rebecca Cairns, Jennifer Llewellyn, Der große Sprung nach vorne, 25.09.2019, https://alphahistory.com/chineserevolution/great-leap-forward/

24 https://www.bpb.de/themen/asien/china/44253/1949-bis-heute/

25 Ebd.

26 https://www.sueddeutsche.de/wirtschaft/chinesische-wirtschaft-chinas-reise-in-die-moderne-1.1261594

27 Brandt, L., Rawski, T.G. und Sutton, J., China's industrial development, Brandt, L. und Rawski, T.G. (Herausgeber), China's Great Economic Transformation, Cambridge University Press, Kapitel 15, S. 569-632, 2008.

28 https://www.sueddeutsche.de/wirtschaft/chinesische-wirtschaft-chinas-reise-in-die-moderne-1.1261594

29 https://www.nzz.ch/pro-global/asien/in-china-jaehrt-sich-dengs-suedtour-doch-xis-medien-schweigen-ld.1671064?reduced=true

30 Chen, J., Development of Chinese small and medium-sized enterprises, Journal of Small Business and Enterprise Development, Vol. 13 No. 2, S. 140–147, 2006.

31 https://www.sueddeutsche.de/wirtschaft/chinesische-wirtschaft-chinas-reise-in-die-moderne-1.1261594

32 Chen, J., Development of Chinese small and medium-sized enterprises, Journal of Small Business and Enterprise Development, Vol. 13 No. 2, S. 140–147, 2006.

33 https://www.sueddeutsche.de/wirtschaft/chinesische-wirtschaft-chinas-reise-in-die-moderne-1.1261594

34 Zhang, T. und Stough, R.R., Entrepreneurship and economic growth in China, World Scientific Publishing, Singapur, 2013.

35 Zhu, Y. M. und Sanderson, J. W., The key obstacles and countermeasure against development of innovative SMEs in China, China Soft Science, Vol. 9, S. 23–31, 2009.

36 Deng, P. und Zhang, S., »Institutional quality and internationalization of emerging market firms: Focusing on Chinese SMEs«, Journal of Business Research, Vol 92, S. 279–289, 2018.

Kapitel 3: Im Herzen von Chinas Kultur – ein gelungener Einstieg

1 https://www.faz.net/aktuell/wirtschaft/agenda/die-groesste-voelkerwanderung-der-welt-beginnt-15428885.html
2 Geert Hofstede, Cultures and Organizations: Software of the Mind – Intercultural Cooperation and its Importance for Survival, 3. Ausgabe, McGraw-Hill Professional, 2010.
3 Christian Bischoff, Bewusstheit, 6. Auflage, München, Ariston, 2020.
4 Shi Heng Yi, Shaolin Spirit, München, O.W. Barth, 2023.
5 Ebd.
6 https://www.shaolintemple.eu
7 Lin Yutang, Mein Land und mein Volk, herausgegeben von Prof. Dr. Thomas Heberer, 3. Auflage, Esslingen, Drachenhaus Verlag, 2018.
8 Harvard Study of Adult Development, https://www.adultdevelopmentstudy.org.
9 Ulrike Scheuermann, Freunde machen gesund – Die Nummer 1 für ein langes Leben: Deine Sozialkontakte, Knaur Balance, 2021.
10 https://www.antwerpmanagementschool.be/en/program/executive-phd-program

Kapitel 4: Die Internationalisierung von Chinas Mittelstand – ein Überblick

1 Hänle, F., Cambré, B. und Weil, S., A systematic review on the internationalization of Chinese SMEs: thematic expansion, new impulses and potential avenues for future research, Journal of Entrepreneurship in Emerging Economies, Vol. 14 No. 6, S. 1188–1228, 2022.
2 Deng, P., Zhang, S., Institutional quality and the internationalization of emerging market firms: Focusing on Chinese SMEs, Journal of Business Research, Vol. 92, S. 279–289, 2018.
3 Zhang, X., Ma, X., Wang, Y., Li, X., Huo, D., What drives the internationalization of Chinese SMEs? The joint effects of international entrepreneurship characteristics, network ties, and firm ownership, International Business Review, Vol. 25 No. 2, S. 522–534., 2016.
4 Cardoza, G., Fornes, G., Li, P., Xu, N., Xu, S., China goes global: public policies' influence on small- and medium-sized enterprises' international expansion, Asia Pacific Business Review, Vol. 21 No. 2, S. 188–210, 2014.
5 Fornes, G., Cardoza, G., Internationalization of Chinese SMEs: the perception of disadvantage of foreignness, Emerging Markets Finance and Trade, Vol. 55 No. 9, S. 2086–210, 2018.
6 Poutziouris, P., Wang, Y., Chan, S., Chinese entrepreneurship: the development of small family firms in China, Journal of Small Business and Enterprise Development, Vol. 9 No. 4, S. 694–706, 2002.
7 Tsang, E.W.K., Learning from overseas venturing experience: the case of Chinese family business, Journal of Business Venturing, Vol. 17 No. 1, pp. 21–40, 2002.
8 Ahlstrom, D., Chan, E., Bruton, G., Facing constraints to growth? Overseas Chinese entrepreneurs and traditional business practices in East Asia, Asia Pacific Journal of Management, Vol. 21 No. 3, S. 263–285, 2004.
9 Lew, Y.K., Khan, Z., Nicholson, R.R., He, S., Internationalisation process of Chinese SMEs: the role of business and ethnic-group-based social networks, International Journal of Multinational Corporation Strategy, Vol. 1 No. 3/4, S. 247–268, 2016.

10 Rieckmann, J.M., Gao, P., Meng, F., The role of social capital during SMEs' internationalization – build, maintain, and use of networks, ICEBA 2018, February 23–25, Danang, Vietnam, Association of Computing Machinery, 2018.
11 Hänle, F., Weil, S. and Cambré, B., Chinese SMEs in Germany: an exploratory study on OFDI motives and the role of China's institutional environment, Multinational Business Review, Vol. 30 No. 1, S. 103–126, 2022.
12 Wu, B., Deng, P., Internationalization of SMEs from emerging markets: an institutional escape perspective, Journal of Business Research, Vol. 108, S. 337–350, 2020.
13 Deng, P., Zhang, S., Institutional quality and the internationalization of emerging market firms: Focusing on Chinese SMEs, Journal of Business Research, Vol. 92, S. 279–289, 2018.
14 Dunning, J.H., The eclectic (OLI) paradigm of international production: past, present and future, International Journal of the Economics of Business, Vol. 8 Nr. 2, S. 173–190, 2001.
15 Buckley, P., Foreign direct investments by small- and medium-sized enterprises: the theoretical background«, Small Business Economics, Vol. 1 Nr. 2, S. 89–100, 1989.
16 Hermann Simon, Hidden Champions of the Twenty-First Century: Success Strategies of Unknown World Market Leaders, Springer, New York, NY, 2009.
17 Chen, J., Development of Chinese small and medium-sized enterprises, Journal of Small Business and Enterprise Development, Vol. 13 Nr. 2, S. 140–147, 2006.
18 Deutsche Unternehmen in China, Deutsche Industrie- und Handelskammer, Präsentation China-Strategie der Bundesregierung, IHK Reutlingen, 16.10.2023, S. 4.
19 Persönliche Kommunikation mit Jens Hildebrandt, Geschäftsführer der Deutschen Auslandshandelskammer in China, vom 14. Dezember 2023 (Anmerkung von Herrn Hildebrandt: Von deutscher Seite aus gebe es hierzu keine offiziellen Zahlen, 8500 sei eine chinesische Zahl, die so nicht stimme. Von deutscher Seite aus werde von 5200 deutschen Unternehmen in China gesprochen).
20 Hermann Simon, Weltmarktführer – Deutsche und chinesische Hidden Champions, Artikel im unternehmer magazin, S. 26–31, Ausgabe 1/2, 2023 (Anmerkung des Autors: mit Verweis auf die von Simon genannte Zahl von 8500 deutschen Firmen und obige Anmerkung 19 erscheint eine Zahl überhalb von 5200 deutschen Unternehmen in China als durchaus vorstellbar, denn bereits im Jahr 2017 wurde von 5200 deutschen Firmen in China berichtet, und seitdem ist davon auszugehen, dass weitere Unternehmen aus Deutschland in China investiert haben).
21 Ebd.
22 Ebd.
23 Deutsche Unternehmen in China, Deutsche Industrie- und Handelskammer, Präsentation China-Strategie der Bundesregierung, IHK Reutlingen, 16.10.2023, S. 4.
24 Hermann Simon, Weltmarktführer – Deutsche und chinesische Hidden Champions, Artikel im unternehmer magazin, S. 26–31, Ausgabe 1/2, 2023.
25 https://de.statista.com/statistik/daten/studie/1224414/umfrage/unternehmenszukaeufe-oder-beteiligungen-chinesischer-unternehmen-in-deutschland/
26 Die Deutsche Handelskammer in China, Stand 21.12.2023, https://china.ahk.de/de/ueber-uns

27 Die Chinesische Handelskammer in Deutschland, Stand 21.12.2023, https://chk-de.org/de/ueber-uns/
28 Wir werden einen Auto-Tsunami aus China erleben, the market NZZ, Interview Jörg Wuttke, 07.11.2023.
29 Ebd.
30 Ebd.
31 Total population of Guangdong province, https://www.statista.com/statistics/1033846/china-population-of-guangdong/
32 GDP Guangdong Provinz, https://www.statista.com/statistics/1093044/china-gross-domestic-product-of-guangdong-province/ und GDP Spanien, https://www.statista.com/statistics/469491/gross-domestic-product-gdp-in-spain/
33 GDP Shenzhen City, https://www.statista.com/statistics/1025207/china-gdp-of-shenzhen/ und GDP Südafrika https://www.statista.com/statistics/370513/gross-domestic-product-gdp-in-south-africa/
34 Wir werden einen Auto-Tsunami aus China erleben, the market NZZ, Interview Jörg Wuttke, 07.11.2023.
35 Ebd.
36 https://www.merkur.de/wirtschaft/byd-china-hersteller-frachtschiffe-elektro-auto-transport-export-weltmaerkte-zr-92675016.html
37 »Wir werden einen Auto-Tsunami aus China erleben«, the market NZZ, Interview Jörg Wuttke, 07.11.2023.
38 Ebd.
39 https://www.bundesregierung.de/breg-de/suche/rede-von-bundeskanzler-scholz-anlaesslich-der-eroeffnung-der-tesla-gigafactory-am-22-maerz-2022-in-gruenheide-mark--2018766
40 https://www.manager-magazin.de/ueber-uns/tesla-ey-douglas-infineon-siemens-das-war-dienstag-22-3-2022-a-d56916d0-ba26-409a-82b7-cf2bcc4e51d7
41 https://www.sinomach.com.cn/en/AboutUs/CompanyProfile/
42 Persönliche Kommunikation mit Simone Pohl, April 2019 und 20. Dezember 2023.

Kapitel 5: Der Staat spielt mit – Chinas geheime Supraplanung

1 https://www.maschinenmarkt.vogel.de/china-dominiert-markt-fuer-tunnel-bohrmaschinen-a-1024528/
2 http://en.crectbm.com/detail/8950.html
3 https://thechinaproject.com/company-profiles/china-railway-group-crec/
4 https://www.herrenknecht.com/de/unternehmen/
5 https://www.handelsblatt.com/unternehmen/management/martin-herren-knecht-der-koenig-der-tunnelbauer/3823634.html
6 https://www.bw24.de/baden-wuerttemberg/herrenknecht-china-angebot-ver-kauf-2-milliarden-uebernahme-einkauf-absage-91109608.html
7 China State Enterprises Advance, Private Sector Retreats, Forbes, 31.08.2010, https://www.forbes.com/sites/china/2010/08/31/guo-jin-min-tui/?sh=272f9767524f
8 Harro von Senger, Moulüe – Supraplanung: Unbekannte Denkhorizonte aus dem Reich der Mitte, 2. Auflage, Hanser, 2018, S. 7 und 3. aktualisierte Auflage, Hanser, 2023.
9 Ebd.

10 Ebd.
11 Ebd.
12 Ebd., S. 35.
13 Ebd., S. 36.
14 Moulüe Zhidao, Zhongguo Guoxue Wenhua Yishu Zhongxin zubian (Organisiert und zusammengestellt vom Chinesischen Zentrum für Kultur und Kunst im Geiste chinesischer Gelehrsamkeit), Zhongguo Renmin Daxue Chubanshe, Peking, 2015.
15 Ebd.
16 Harro von Senger, Moulüe – Supraplanung: Unbekannte Denkhorizonte aus dem Reich der Mitte, 2. Auflage, Hanser, 2018, S. 17 und 3. aktualisierte Auflage, Hanser, 2023.
17 »From military history to culture: Books on China President Xi Jinping's bookshelves«, China Daily, Peking, 06.01.2018, https://www.chinadaily.com.cn/a/201801/05/WS5a4eb6c6a31008cf16da5296_4.html und 05.01.2018, https://www.straitstimes.com/asia/east-asia/from-military-history-to-culture-books-on-china-president-xi-jinpings-bookshelves
18 Harro von Senger, Moulüe – Supraplanung: Unbekannte Denkhorizonte aus dem Reich der Mitte, 2. Auflage, Hanser, 2018, S. 22–23.

Kapitel 6: Chinas Mittelstand als Weltmarke – Ziele und Visionen

1 Hänle, F., Weil, S. und Cambré, B., Chinese SMEs in Germany: an exploratory study on OFDI motives and the role of China's institutional environment, Multinational Business Review, Vol. 30 Nr. 1, S. 103–126, 2022.
2 Ebd.
3 Ebd.
4 Ebd.
5 Bundeszentrale für politische Bildung, Von der Werkbank der Welt zur Innovationswirtschaft, Ausgabe 337, S. 71, 2018.
6 Ebd., S. 66.
7 Zhou, Shaojie und Hu, Angang, China: Surpassing the »Middle Income Trap«, Institute for Contemporary China Studies, Tsinghua University, Beijing, palgrave macmillan, 2021.
8 Made in China 2025: The making of a high-tech superpower and consequences for industrial countries, Merics, https://merics.org/de/studie/made-china-2025-0, 12.08.2016 und Jin, B., 中国制造 2025 (»Made in China 2025«), Beijing: China CITTIC Press, S. 74–76, 2015 und Wang, X. W., »互联网+工业«, 重塑制造业 »微笑曲线« (»Internet + Industrien«, »Kurve des Lächelns neu gestalten«), in: Wu, X. B. & Zhu, K. L. (Herausgeber) 读懂中国制造 2025 (»Made in China 2025« verstehen), Beijing: China CITTIC Press, S. 213–219, 2015.
9 https://www.s-ge.com/de/article/expertise/2022-e-china-c5-industrial-policy?ct
10 https://www.bpb.de/themen/asien/china/
11 https://www.gtai.de/de/trade/china/branchen/maschinenbauer-in-china-bewerten-lage-positiver--692198
12 https://vdma.org/viewer/-/v2article/render/84971650 und https://www.welt.de/wirtschaft/article248337812/Umfrage-des-VDMA-Viele-Maschinenbauer-ueberdenken-China-Strategie.html
13 Ebd.

14 https://www.bpb.de/shop/zeitschriften/izpb/china-337/275570/von-der-werkbank-der-welt-zur-innovationswirtschaft/

15 Brødsgaard, Kjeld Erik, Chinese Politics as Fragmented Authoritarianism: Earthquakes, Energy and Environment, Routledge & CRC Press, https://www.routledge.com/Chinese-Politics-as-Fragmented-Authoritarianism-Earthquakes-Energy-and/Brodsgaard/p/book/9781138588110, 2017.

16 Wu, B., Deng, P., Internationalization of SMEs from emerging markets: an institutional escape perspective, Journal of Business Research, Vol. 108, S. 337–350, 2020 und Deng, P., Zhang, S., Institutional quality and the internationalization of emerging market firms: Focusing on Chinese SMEs, Journal of Business Research, Vol. 92, S. 279–289, 2018.

17 Mudambi, R., Location, Control and Innovation in Knowledge-Intensive Industries, Journal of Economic Geography, Vol. 8 Nr. 5, S. 699–725, 2008.

18 Meng, B. und Ye, M., Smile Curves in Global Value Chains: Multinationals vs. Domestic Firms, the U.S. vs. China, IDE Discussion Paper Nr 802, Dezember 2020.

19 Ahlstrom, D., Yang, X., Wang, L. und Wu, C., A global perspective of entrepreneurship and innovation in China, Multinational Business Review, Vol. 26 No. 4, S. 302–318, 2018.

20 https://www.statista.com/statistics/1204099/number-fortune-500-companies-worldwide-country/

21 Persönliche Kommunikation mit Prof. Dr. Deng Di vom 15. Dezember 2023.

22 中国：Little Giant and Great Vitality, Tsinghua University, http://www.g20e.tsinghua.edu.cn/contents/1253/1617.html, 27.04.2022.

23 财税、金融等政策组合发力支持科技型中小企业 创新 »小巨人« 减负加力向前奔 (The combination of fiscal, tax, financial and other policies to support science and technology-based small and medium-sized enterprises Innovation »small giants« to reduce the burden and increase the power to run forward), People's Daily, 07.07.2022.

24 SIP launches program to cultivate SRDI enterprises and »little giants«, 苏州工业园区融媒体中心 (Suzhou Industrial Park), http://www.sipac.gov.cn/szgyyqenglish/News/202306/69c6f5eec28c4742b61f657c4ebbc474.shtml, 28.06.2023.

25 中国：Little Giant and Great Vitality, Tsinghua University, http://www.g20e.tsinghua.edu.cn/contents/1253/1617.html, 27.04.2022.

26 The State Council of the People's Republic of China, 3000 ›little giants‹ to make industrial sector more resilient, innovative, China Daily, https://english.www.gov.cn/statecouncil/ministries/202202/18/content_WS620ed74ac6d09c94e48a52ed.html, 18.02.2022

27 Ministry of Industry and Information Technology of China (MIIT), SME promotion law, http://www.miit.gov.cn/n1146285/n1146352/n3054355/n3057254/n3057259/c5780661/content.html, 2017.

28 https://www.nzz.ch/pro-global/asien/xi-eroeffnet-neue-pekinger-boerse-ld.1644229?reduced=true

29 Hänle, F., Weil, S. und Cambré, B., Chinese SMEs in Germany: an exploratory study on OFDI motives and the role of China's institutional environment, Multinational Business Review, Vol. 30 Nr. 1, S. 103–126, 2022.

30 China International Investment Promotion Agengy (Germany), https://www.ciipa.de

Kapitel 7: Vom Weltmeister zum Verlierer? – Ein Weckruf

1 Sinfonietta von Leoš Janáček, https://www.rondomagazin.de/kritiken.php?kritiken_id = 5699
2 »The Bund«, in Wikipedia – Die freie Enzyklopädie. Bearbeitungsstand: 16. November 2023, https://de.wikipedia.org/w/index.php?title = The_Bund&oldid = 239189452
3 https://famoushotels.org/hotels/peace
4 »Lujiazui«, in Wikipedia – Die freie Enzyklopädie, Bearbeitungsstand: 11 Nov. 2023, https://en.wikipedia.org/wiki/Lujiazui und https://de.wikipedia.org/wiki/Liste_der_höchsten_Gebäude_in_Shanghai
5 »So muss Europa China begegnen«, Spiegel online, 05.11.2019, https://www.spiegel.de/politik/ausland/emmanuel-macron-in-china-nicht-ohne-die-deutschen-a-1294944.html
6 https://www.webasto-group.com/de/presse/pressemitteilungen/pressemitteilung/webasto-se-erweitert-vorstand/
7 Brafman, O. und Beckström, R.A., Der Seestern und die Spinne: die beständige Stärke einer kopflosen Organisation, Wiley, 2007.
8 »So muss Europa China begegnen«, Spiegel online, 05.11.2019, https://www.spiegel.de/politik/ausland/emmanuel-macron-in-china-nicht-ohne-die-deutschen-a-1294944.html
9 »Hier spricht Europa«, Neue Zürcher Zeitung, 04.11.2019, https://www.nzz.ch/international/in-china-spricht-macron-als-stimme-europas-ld.1519804
10 https://www.lvmh.com
11 https://www.finanzen.ch/nachrichten/aktien/lvmh-imperium-wie-lvmh-chef-bernard arnault-zu-einem-der-reichsten-menschen-der-welt-wurde-1032114892
12 https://www.spiegel.de/ausland/china-politik-scharfe-kritik-an-emmanuel-macron-nach-distanzierung-von-usa-a-61571aa0-5a38-443e-a371-cf0dc3813323
13 Europa 2020: Strategie für intelligentes, nachhaltiges und integratives Wachstum, Europäische Kommission, Brüssel, 03.03.2023.
14 Daniel Stelter, Ein Traum von einem Land: Deutschland 2040, Frankfurt, Campus, 2021.
15 Ebd.
16 Ebd., S. 264.
17 https://commission.europa.eu/strategy-and-policy/eu-budget/long-term-eu-budget/2021–2027_de
18 Daniel Stelter, Ein Traum von einem Land: Deutschland 2040, Frankfurt, Campus, 2021.
19 https://www.br.de/nachrichten/deutschland-welt/absoluter-tiefpunkt-scharfe-kritik-am-eu-lieferkettengesetz,TfuvmXg
20 Ebd.
21 Ebd.
22 Persönliches Gespräch vom 28.08.2023 in Taicang, China.
23 https://www.focus.de/finanzen/roland-berger-schlaegt-alarm-die-politik-der-gruenen-gefaehrdet-den-standort-deutschland_id_186718046.html
22 Auto Shanghai 2023, LinkedIn Post Frank Sieren, April 2023.
23 https://www.handelsblatt.com/mobilitaet/elektromobilitaet/chinesische-automesse-das-sind-die-highlights-der-auto-shanghai-2023/29104950.html
24 https://www.hiphi.com/

25 https://www.zdf.de/nachrichten/wirtschaft/automesse-shanghai-china-deutsche-autobauer-100.html
26 https://www.autobild.de/artikel/nio-el7-elektro-suv-china-leistung-22559309.html
27 https://www.zdf.de/nachrichten/wirtschaft/automesse-shanghai-china-deutsche-autobauer-100.html
28 »Top 5 der weltweit größten EV-Autokonzerne nach Verkäufen«, https://insideevs.de/news/680756/ev-konzerne-umsatz-byd-tesla/, 08.08.2023 und https://cleantechnica.com/2023/08/02/38-plugin-vehicle-market-share-in-china-china-ev-sales-report/
29 https://www.merkur.de/wirtschaft/verkaufszahlen-rendite-entwicklung-vw-e-autos-wolfsburg-absatz-probleme-brandrede-92404262.html

Kapitel 8: Auch in China ist nicht alles Gold, was glänzt

1 https://www.welt.de/newsticker/dpa_nt/infoline_nt/brennpunkte_nt/article122658924/So-schlimm-war-es-noch-nie.html
2 https://www.zeit.de/wissen/umwelt/2013-12/smogwerte-shanghai-china
3 https://edition.cnn.com/2013/12/12/world/asia/china-smog-aviaition/index.html
4 https://www.welt.de/newsticker/dpa_nt/infoline_nt/brennpunkte_nt/article122658924/So-schlimm-war-es-noch-nie.html
5 https://www.sueddeutsche.de/wissen/umweltverschmutzung-china-gibt-smog-alarm-es-ist-wie-im-katastrophenfilm-dpa.urn-newsml-dpa-com-20090101-131208-99-01813
6 Ebd.
7 https://www.wiwo.de/technologie/umwelt/umweltverschmutzung-die-luftverschmutzung-ist-gefaehrlich/7632464-2.html
8 https://www.nytimes.com/2016/04/12/world/asia/china-underground-water-pollution.html
9 https://www.konfuziusinstitut-leipzig.de/fileadmin/user_upload/KI-Magazin/KI-Magazin_2022_05_GenZ.pdf
10 Welterbe in China, in Wikipedia – Die freie Enzyklopädie. Bearbeitungsstand: 8. Dezember 2023, https://de.wikipedia.org/w/index.php?title = Welterbe_in_China&oldid = 239988614
11 https://www.nytimes.com/2007/07/16/travel/16iht-trchina.1.6678688.html
12 https://www.nytimes.com/2007/07/15/travel/15wuling.html
13 https://www.watson.ch/leben/flair%20&%20fair/904146600-die-landschaft-aus-dem-film-avatar-gibt-es-wirklich-und-zwar-in-china
14 https://www.nasa.gov/centers-and-facilities/ames/human-activity-in-china-and-india-dominates-the-greening-of-earth-nasa-study-shows/
15 Ebd.
16 Ebd.
17 Ebd.
18 https://www.globaltimes.cn/page/202306/1292260.shtml
19 Ebd.
20 https://www.wirtschaft.nrw/daten-und-fakten-zur-wirtschaft-nrw
21 https://www.gtai.de/de/trade/china/specials/china-der-weltgroesste-co_2-emittent-will-das-klima-schuetzen-829280
22 Ebd.
23 Ebd.

24 https://www.focus.de/earth/energie/erst-solar-jetzt-auch-wasserstoff-china-uebernimmt-fuehrung-bei-schluesseltechnik_id_214380678.html
25 https://www.pv-magazine.de/2024/02/05/chinas-verzeichnet-rekordzubau-von-21688-gigawatt-photovoltaik-im-jahr-2023/
26 https://www.pv-magazine.com/2024/01/10/india-adds-10-gw-of-new-solar-in-2023/ und https://www.solarpowerworldonline.com/2023/12/us-on-track-to-add-record-breaking-solar-in-2023/
27 https://www.energate-messenger.ch/news/240213/china-haengt-europa-bei-wasserstoff-ab
28 https://www.wiwo.de/politik/deutschland/ahk-chef-hildebrandt-in-china-braut-sich-etwas-zusammen/29335690.html
29 https://www.tagesschau.de/wirtschaft/konjunktur/china-wirtschaft-wachstum-drittes-quartal-100.html
30 https://www.tagesschau.de/wirtschaft/finanzen/china-immobilienkrise-ansteckungsgefahr-finanzbranche-100.html
31 https://www.capital.de/wirtschaft-politik/die-usa-eskalieren-den-chip-krieg-mit-china-33150178.html
32 Ebd.
33 https://www.capital.de/karriere/absolventen-ohne-job--china-hat-ein-problem-mit-der-jugendarbeitslosigkeit-33660892.html
34 https://www.spiegel.de/ausland/china-geburtenrate-faellt-laut-staatsmedien-2022-auf-rekordtief-a-9064c2f4-0b18-4b47-adf5-40107f2a9e79
35 Ebd.
36 »Rentnerrepublik«, Der Spiegel, Nr. 36, 2.9.2023 S. 12.
37 https://www.wiwo.de/politik/deutschland/ahk-chef-hildebrandt-in-china-braut-sich-etwas-zusammen/29335690.html
38 https://www.zeit.de/news/2023-10/18/chinas-wirtschaftswachstum-uebertrifft-erwartungen#: ~ :text = «Das%20chinesische%20Wirtschaftsmodel%20befin-det%20sich,mit%20nationalen%20strategischen%20Zielen%20stünden
39 Ebd.
40 Felix Beilharz, Manual Generation Z, Offenbach, GABAL, 2023.
41 Ebd.
42 https://de.finance.yahoo.com/nachrichten/sozialen-medien-zeigt-generation-z-063727921.html
43 https://www.konfuziusinstitut-leipzig.de/fileadmin/user_upload/KI-Magazin/KI-Magazin_2022_05_GenZ.pdf
44 Ebd.
45 https://www.heise.de/hintergrund/Warum-Chinas-Generation-Z-mit-dem-Aussteigertum-liebaeugelt-6072209.html
46 Ebd.
47 Ebd.
48 Ebd.
49 Ebd.
50 https://www.konfuziusinstitut-leipzig.de/fileadmin/user_upload/KI-Magazin/KI-Magazin_2022_05_GenZ.pdf
51 Felix Beilharz, Manual Generation Z, Offenbach, GABAL, 2023.
52 https://www.konfuziusinstitut-leipzig.de/fileadmin/user_upload/KI-Magazin/KI-Magazin_2022_05_GenZ.pdf

Kapitel 9: Geostrategische und technologische Zusammenhänge

1 »China approves the world's first flying taxi«, The Economist, 25.10.2023, https://www.economist.com/science-and-technology/2023/10/25/china-approves-the-worlds-first-flying-taxi
2 https://www.cnbc.com/2023/10/13/china-lets-ehang-operate-fully-autonomous-passenger-carrying-air-taxis.html und Frank Sieren, Stadtflug ohne Pilot, LinkedIn Post, Oktober 2023.
3 https://www.ehang.com/ehangaav/ und Frank Sieren, Stadtflug ohne Pilot, LinkedIn Post, Oktober 2023.
4 https://www.wipo.int/wipo_magazine/en/ip-at-work/2021/ehang.html
5 https://www.scmp.com/economy/china-economy/article/3237594/china-outlines-vision-green-aviation-nev-industry-c919-models
6 Frank Sieren, Stadtflug ohne Pilot, LinkedIn Post, Oktober 2013 und https://www.swr.de/swraktuell/baden-wuerttemberg/karlsruhe/volocopter-flugtaxis-paris-olympia-kritik-100.htm
7 Herman Simon, Hidden Champions – Die neuen Spielregeln im chinesischen Jahrhundert, Frankfurt am Main: Campus, 2021.
8 Ebd., S. 163.
9 »ASPI's Critical Technology Tracker – The global race for future power«, 22.09.2023, https://www.aspi.org.au/report/critical-technology-tracker
10 Ebd.
11 Ebd. und Frank Sieren, Globaler Innovations-Wettlauf, LinkedIn Post, Februar 2023.
12 https://www.automobilwoche.de/agenturmeldungen/volkswagen-sparte-cariad-grundet-joint-venture-mit-horizon-robotics-china
13 https://www.manager-magazin.de/unternehmen/catl-produziert-leistungsstarke-e-auto-batterie-400-kilometer-reichweite-in-zehn-minuten-a-207868b1-74b9-4e8d-a132-c9abbe003213
14 Persönliche Kommunikation vom 18. Mai 2023 in Peking.
15 »ASPI's Critical Technology Tracker – The global race for future power«, 22.09.2023, https://www.aspi.org.au/report/critical-technology-tracker und Frank Sieren, Globaler Innovations-Wettlauf, LinkedIn Post, Februar 2023 und https://www.uni-stuttgart.de/universitaet/aktuelles/meldungen/quantensensoren/
16 Li Tang, Philip Shapira, Jan Youtie, »Is there a clubbing effect underlying Chinese research citation increases?« Journal of the Association for Information Science and Technology, Vol. 66 Nr. 9, S. 1923–1932, 2015.
17 https://www.spiegel.de/wissenschaft/china-tiangong-astronauten-unternehmen-ersten-weltraumspaziergang-a-c0045855-8625-43e2-9a8d-b7f31fd973c2
18 https://www.focus.de/politik/technologiediebstahl-und-zerstoerung-von-satelliten-nasa-chef-warnt-vor-weltraumprogramm-china-will-den-mond-besetzen_id_108610369.html#: ~ :text = In%20den%202030er%2DJahren%2C%20so,Russland%20aufgebaut%20und%20betrieben%20werden und Frank Sieren, Wem gehört der Mond, LinkedIn Post, März 2023 und National Geographic, Ausgabe September 2022, S. 53.
19 »ASPI's Critical Technology Tracker – The global race for future power«, 22.09.2023, https://www.aspi.org.au/report/critical-technology-tracker

20 Hermann Simon, The Road to Hidden Champions – Lessons from German Enterprises and the Future of Chinese SMEs, Online-Vortrag an der Xiamen Torch Academy, China, 13. Mai 2022.
21 IP Facts and Figures, World Intellectual Property Organization (WIPO) Statistics Database November 2023, basierend auf dem internationalen Patentsystem PCT International Applications by Country, https://www.wipo.int/en/ipfactsandfigures/patents
22 https://www.tagesspiegel.de/internationales/alternative-zum-westen-wie-der-globale-suden-eine-neue-weltordnung-vorantreibt-10463935.html
23 https://www.fes.de/wissen/globaler-sueden
24 https://de.euronews.com/business/2023/09/13/globaler-suden-vereinheitlichendes-schlagwort-oder-eine-neue-kraft
25 https://www.handelsblatt.com/politik/international/brics-gruppe-beschliesst-erweiterung-um-sechs-laender/29351372.html
26 BIG BRICS: Die 6 neuen BRICS-Mitglieder – eine große Herausforderung für den Westen, Frank Sieren, LinkedIn Post, August 2023.
27 Ebd.
28 https://www.destatis.de/DE/Themen/Laender-Regionen/Internationales/Thema/allgemeines-regionales/BRICS/_inhalt.html
29 https://www.tagesschau.de/ausland/afrika/guterres-brics-gipfel-100.html
30 Ebd.
31 https://www.ipg-journal.de/regionen/global/artikel/tueroeffner-6989/
32 Historischer Gipfel: Das G20 Treffen in Neu Delhi hat die globale Machtbalance dramatisch verschoben, Frank Sieren, LinkedIn Post, September 2023.
33 Ebd. und https://www.derstandard.de/story/3000000184773/brics-staaten-wollen-eigene-waehrung-als-konkurrenz-zum-dollar--wie-realistisch-ist-der-plan
34 https://www.tagesspiegel.de/internationales/alternative-zum-westen-wie-der-globale-suden-eine-neue-weltordnung-vorantreibt-10463935.html
35 Ebd.
36 Ebd.
37 https://www.fes.de/wissen/globaler-sueden und https://www.bpb.de/shop/zeitschriften/apuz/200363/eurozentrismus-in-der-entwicklungszusammenarbeit/
38 https://www.welt.de/politik/ausland/article244888770/Aussenministerin-Baerbock-nennt-China-Reise-zum-Teil-mehr-als-schockierend.html
39 https://www.zeit.de/politik/ausland/2023-04/taiwan-annalena-baerbock-china-eskalation#: ~ :text = Nach%20Gesprächen%20mit%20seiner%20 deutschen,der%20Menschenrechtslage%20in%20China%20zurück.
40 Wie Feuer und Wasser: China und die deutsche Außenministerin, Frank Sieren, LinkedIn Post, April 2023.
41 https://www.n-tv.de/politik/Macron-hat-recht-findet-Trittin-article 24049117.html
42 https://www.sueddeutsche.de/politik/diplomatie-muetzenich-zu-taiwan-aeusserung-macron-hat-recht-dpa.urn-newsml-dpa-com-20090101-230412-99-284536
43 https://www.bloomberg.com/news/articles/2023-06-08/europeans-reluctant-to-de-risk-from-partner-china-survey-says
44 https://table.media/china/analyse/wenn-sie-wie-frau-baerbock-von-montag-bis-freitag-den-chinesen-vors-schienbein-treten-werden-sie-nicht-weit-kommen/
45 https://www.bpb.de/themen/asien/indien/44414/kaste-und-kastensystem-in-indien/

46 https://www.bpb.de/themen/asien/indien/182059/emanzipation-in-indien/
47 https://www.focus.de/politik/deutschland/gastbeitrag-von-gabor-steingart-auf-die-un-worte-von-scholz-hat-die-deutsche-industrie-lange-gewartet_id_209249112.html
48 Scholz, nun weltoffen: Der Bundeskanzler reicht überraschend dem globalen Süden die Hand, Frank Sieren, LinkedIn Post vom Oktober 2023.
49 Ebd. und https://www.focus.de/politik/deutschland/gastbeitrag-von-gabor-steingart-auf-die-un-worte-von-scholz-hat-die-deutsche-industrie-lange-gewartet_id_209249112.html und https://www.bundesregierung.de/breg-de/aktuelles/rede-von-bundeskanzler-scholz-zur-78-generaldebatte-der-generalversammlung-der-vereinten-nationen-am-19-september-2023-2224500 und https://www.bundesregierung.de/breg-de/aktuelles/deutsch-chinesische-konsultationen-2197484.
50 YouTube: Helmut Schmidt über autoritäre Regime in China und Deutschland«, aufgerufen am 10. Dezember 2023, unter: https://www.youtube.com/watch?v=iJ9TuOFuyGo und Best of »Helmut Schmidt bei Sandra Maischberger«, tagesschau, aufgerufen am 8. Januar 2024 unter https://www.youtube.com/watch?v=DN27KEVGHpk
51 Ebd.
52 https://www.tagesschau.de/ausland/afrika/brics-gipfel-treffen-100.html#:~:text=%22Die%20BRICS%20sind%20kein%20Gegenpol,den%20Vereinigten%20Staaten%20am%20Verhandlungstisch.%22
53 Axel, Prof. Dr. Ockenfels, Gabler Wirtschaftslexikon, https://wirtschaftslexikon.gabler.de/definition/nullsummenspiel-39668/version-263070
54 https://www.wsj.com/articles/iran-saudi-deal-scores-a-win-for-chinas-model-of-a-new-diplomacy-bacba072
55 https://edition.cnn.com/2023/03/11/middleeast/iran-saudi-arabia-normalization-china-analysis-intl/index.html
56 https://www.aljazeera.com/news/2023/3/11/changing-global-order-china-restores-ties-with-iran-and-saudi
57 https://www.focus.de/politik/experten/gastbeitrag-von-gabor-steingart-wenn-in-osteuropa-die-kanonenkugeln-donnern-klingelt-in-amerika-die-kasse_id_184530171.html
58 Ebd.
59 Ebd.
60 https://www.handelsblatt.com/politik/deutschland/china-wie-chinesische-hacker-angriffe-auf-europa-vorbereiten/29511428.html
61 https://www.focus.de/politik/neue-hintergruende-zum-nsa-skandal-vertrauensbruch-unter-verbuendeten-usa-spaehten-angela-merkels-handy-mit-hilfe-von-daenemark-aus_id_13346306.html

Kapitel 10: Neue Erfolgsstrategien der deutschen Wirtschaft für China

1 »Success is never owned, it is only rented, and the rent is due every day«, Original des Sinnspruchs in Englisch, https://quotefancy.com/quote/1778826/Rory-Vaden-Success-is-never-owned-it-is-rented-and-the-rent-is-due-every-day, unter anderem visualisiert in der Kabine des FC Bayern München in der Triple-Saison 2020 unter Trainer Hansi Flick, https://www.zeit.de/news/2020-08/24/hansi-flick-zum-triple-es-war-harte-arbeit
2 http://www.chinadaily.com.cn/life/2014-11/03/content_18836479.htm

3 https://ltl-chinesisch.de

4 Chengde, in Wikipedia – Die freie Enzyklopädie. Bearbeitungsstand: 28. Juli 2023, https://de.wikipedia.org/w/index.php?title = Chengde&oldid = 235898712

5 https://www.konfuzius-institut-bremen.de/prfungen/hskniveaustufen#: ~ :text = HSK-,Stufe % 205,ein % 20Wortschatz % 20von % 202500 % 20Wörtern.

6 Persönliche Kommunikation vom 26. November 2023.

7 Hermann Simon, Erfolgsstrategien von deutschen Hidden Champions in China, Vortrag Taicang Tag 2018, Frankfurt a. M., 29.05.2018.

8 https://www.faz.net/aktuell/wirtschaft/unternehmen/vw-china-wird-bei-elektroautos-gestaerkt-und-wolfsburg-entmachtet-19336897.html

9 https://www.nio.com/de_DE/nio-power

10 Persönliche Kommunikation vom 14. April 2023 in Tianjin/Shanghai.

11 Herman Simon, Hidden Champions – Die neuen Spielregeln im chinesischen Jahrhundert, Frankfurt am Main: Campus, Kapitel 15: Zielmarkt China, Wo China Spitze ist, S. 109, 2021.

12 https://merics.org/de/studie/kurskorrektur-chinas-neuer-ansatz-fuer-die-globalisierung-der-wirtschaft

13 https://www.pwc.de/de/pressemitteilungen/2023/pwc-umfrage-das-neue-china-geschaeft-deutscher-unternehmen-realistisch-pragmatisch-und-risikobewusst.html

14 Persönliche Kommunikation vom 03. Dezember 2023.

15 https://de.statista.com/statistik/daten/studie/73860/umfrage/deutschland-import-exporthandel-mit-china-seit-2006/

16 https://ec.europa.eu/eurostat/statistics-explained/index.php?title = China-EU_-_international_trade_in_goods_statistics

17 https://themarket.ch/interview/joerg-wuttke-china-ist-viel-abhaengiger-von-europa-als-umgekehrt-ld.8574

18 Matthes, Jürgen, Beer, Sonja, et al., Gewinne deutscher Investoren in China – eine erste empirische Bestandsaufnahme, Gutachten im Auftrag von Bertelsmann Stiftung, Mercator Institute for China Studies (MERICS), Bundesverband der Deutschen Industrie (BDI), Köln, 2023.

19 https://www.sueddeutsche.de/wirtschaft/arbeitsmarkt-exodus-von-auslaendern-wegen-null-covid-in-china dpa.urn-newsml-dpa-com-20090101-221005-99-10628

20 https://www.nzz.ch/wirtschaft/wirecard-prozess-die-neuesten-entwicklungen-nzz-ld.1564559?reduced = true

21 https://www.finanzwende.de/themen/cumex und https://www.tagesschau.de/investigativ/br-recherche/cum-cum-107.html

Kapitel 11: Die elf Großbaustellen der Republik

1 Deutschland in den Augen der Welt, Ergebnisse der GIZ-Erhebung 2017/2018, 3. Studie, Deutsche Gesellschaft für Internationale Zusammenarbeit, 2018, https://www.giz.de/de/downloads/Deutschland-in-den-Augen-der-Welt-GIZ-Erhebung-2017-2018.pdf und https://www.giz.de/de/mediathek/64130.html.

2 https://www.bild.de/tipps-trends/reise/beckenbauer-paradies-578972.bild.html

3 https://www.erdmannfilm.de/shop/die-seele-des-waldes/

4 Der Spiegel, Artikel »Absteiger«, Ausgabe Nr. 36 vom 2.9.2023, S. 8–15.

5 Nicole Hoffmeister-Kraut und Nicola Leibinger-Kammüller, Neun Punkte für einen Kurswechsel in der Wirtschaftspolitik,

https://www.faz.net/aktuell/wirtschaft/wirtschaftspolitik-kurswechsel-was-deutschland-jetzt-braucht-19285768.html. 03.11.2023.

6 https://www.bvmw.de/de/nordbaden-rhein-neckar/arbeit-und-soziales/news/jeder-vierte-mittelständler-denkt-ans-aufgeben-des-eigenen-geschäftes---tagesschau-berichtet-über-ergebnis-einer-umfrage-des-bvmw

7 https://www.faz.net/aktuell/wirtschaft/unternehmen/lanxess-schliesst-moeglicherweise-zwei-betriebe-de-industrialisierung-beginnt-19081123.html

8 https://www.handelsblatt.com/unternehmen/industrie/reifenhersteller-michelin-baut-ueber-1500-stellen-in-deutschland-ab-und-schliesst-standorte/29529514.html

9 Der Spiegel, Artikel »Absteiger«, Ausgabe Nr. 36 vom 2.9.2023, S. 8–15.

10 Ebd.

11 Ebd.

12 https://www.tagesschau.de/inland/gesellschaft/deutsche-bahn-puenktlichkeit-101.html

13 Ebd.

14 Öffentliche Infrastruktur in Deutschland: Probleme und Reformbedarf. Gutachten des wissenschaftlichen Beirats für Wirtschaft und Energie, Juni 2020, https://www.bundesregierung.de/breg-de/service/publikationen/oeffentliche-infrastruktur-in-deutschland-probleme-und-reformbedarf-1771206

15 https://twitter.com/MonikaSchnitzer/status/1663829293191839746

16 »150 Kilogramm Sprengstoff sollen marode Rahmede-Talbrücke zum Einsturz bringen«, Der Spiegel, 14.4.2023, https://www.spiegel.de/wissenschaft/technik/rahmede-talbruecke-so-soll-die-bruecke-gesprengt-werden-a-5b1c-be30-e072-492f-b19d-b7d921ebc5ef

17 https://www.iwkoeln.de/studien/thomas-puls-edgar-schmitz-wie-stark-beeintraechtigen-infrastrukturprobleme-die-unternehmen-in-deutschland-ergebnisse-von-iw-befragungen.html

18 Der Spiegel, Artikel »Absteiger«, Ausgabe Nr. 36 vom 2.9.2023, S. 8–15.

19 https://www.focus.de/finanzen/roland-berger-schlaegt-alarm-die-politik-der-gruenen-gefaehrdet-den-standort-deutschland_id_186718046.html

20 Der Spiegel, Artikel »Absteiger«, Ausgabe Nr. 36 vom 2.9.2023, S. 8–15.

21 https://www.zeit.de/politik/deutschland/2023-09/lehrermangel-gew-zuwanderung-bildung

22 Bundesministerium für Bildung und Forschung, Bundesbildungsministerin Bettina Stark Watzinger: ›Das deutsche Bildungssystem steckt in einer tiefen Krise‹, LinkedIn Post, März 2023.

23 https://www.deutschlandfunk.de/oecd-bildungsbericht-schulabschluss-bildungsgerechtigkeit-100.html

24 https://www.focus.de/finanzen/news/jugendstudie-des-bundesverbandes-deutsche-banken-juengere-leute-wissen-wenig-ueber-wirtschaft-sie-wuerden-gern-mehr-lernen-wenn-bildungspolitiker-sie-liessen_id_9311726.html

25 https://how-to-business.handelsblatt.com/person/philipp-j-mueller/

26 https://www.fritz-schubert-institut.de/basisausbildung

27 https://www.cornelsen.de/magazin/beitraege/schulfach-glueck

28 https://brockwood.org.uk

29 There is a school, Brockwood Park School, auf Youtube, aufgerufen am 10. Dezember 2023, unter: https://www.youtube.com/watch?v=bkS44II1R_I

30 https://brockwood.org.uk

31 https://brockwood.org.uk/testimonials
32 Jetzt sind gute Ideen gefragt, Zollernalbkurier, Ausgabe Samstag, 16. Dezember 2023, S. 3.
33 Hannah Arendt, Wahrheit gibt es nur zu zweien: Briefe an die Freunde, Piper Verlag, 2015.
34 https://www.mdr.de/nachrichten/deutschland/politik/umfrage-meinungsfreiheit-100.html
35 https://psychologie-des-gluecks.de/lexikon/negativity-bias/

Kapitel 12: Weltmarktführer der Zukunft – neue Potenziale für Deutschland

1 https://www.bpb.de/kurz-knapp/lexika/lexikon-der-wirtschaft/19806/kondratieff-zyklen/
2 Nefiodow, Leo A., Der sechste Kondratieff, 6. Auflage, Sankt Augustin, Rhein-Sieg-Verlag, 2006.
3 Ebd.
4 https://www.manager-magazin.de/magazin/artikel/a-1249.html
5 Nefiodow, Leo A., Der sechste Kondratieff, 6. Auflage, Sankt Augustin, Rhein-Sieg-Verlag, 2006.
6 https://www.kondratieff.net/the-sixth-kondratieff
7 Ebd.
8 Nefiodow, Leo A., Der sechste Kondratieff, 6. Auflage, Sankt Augustin, Rhein-Sieg-Verlag, 2006.
9 Ebd.
10 https://www.kondratieff.net/the-sixth-kondratieff
11 Hermann Simon, Hidden Champions in the Chinese Century: Ascent and Transformation, International Business & Economics Studies, ISSN 2640-9852 (Print), ISSN 2640-9860 (Online), Vol. 4, Nr. 1, 2022.
12 https://www.odem.eu/holzfasern-fuer-kleidung/
13 Elain Aaron, The Highly Sensitive Person: How to Thrive When the World Overwhelmes You, Harmony/Rodale, 1997 und Feine Antennen, https://www.sueddeutsche.de/karriere/hochsensibilitaet-beruf-karriere-1.4699524?reduced = true, 09. Dezember 2019.
14 Elaine Aaron und Arthur Aron, Sensory-Processing Sensitivity and its Relation to Introversion and Emotionality, Journal of Personality and Social Psychology, Vol. 73, Nr. 2, S. 345 -368, 1997.
15 Holger Fischer und Wolfgang Unsoeld, Hochsensible Personen und die Balance unserer Gehirnhälften, The Wolfgang Unsoeld Podcast, 27. März 2023.
16 https://hochix.com/20-intelligenzformen-hochbegabung-vielbegabung-und-hochsensibilitaet/
17 https://www.businessinsider.de/karriere/8-arten-der-intelligenz-laut-harvard-forscher-welche-jobs-dazu-passen-a/
18 https://www.spox.com/de/sport/fussball/bundesliga/2205/Artikel/holger-fischer-coach-persoenlichkeitsentwicklung-karrierekiller-interview-gregor-kobel-hansi-flick-itw.html
19 Schweizerische Ärztezeitung, Mit feinem Gespür, in: Band 98, Nr. 5152, ISSN 0036-7486, S. 1750–1752, doi:10.4414/saez.2017.06299, 20. Dezember 2017.
20 »Zwischen Genialität und Zusammenbruch – Hochsensibilität im Leistungssport«, Sky Sport, https://sport.sky.de/fussball/artikel/zwischen-genialitaet-und-zusammenbruch-hsp-im-leistungssport/12956306/34828, 06.09.2023.

21 Ebd.

22 Ebd.

23 Schweizerische Ärztezeitung, Mit feinem Gespür, in: Band 98, Nr. 5152, ISSN 0036-7486, S. 1750–1752, doi:10.4414/saez.2017.06299, 20. Dezember 2017.

24 Oona Horx Strathern, Kindness Economy: Das neue Wirtschaftswunder, Offenbach, GABAL, 2023.

25 https://www.hausvoneden.de/lifestyle/brunello-cucinelli-kashmir-ikone/

26 https://t3n.de/news/patagonia-planet-shareholder-stiftung-1498984/

27 Der Spiegel, Warum die Generation Z anders arbeiten will – und damit jetzt alle ansteckt, https://www.spiegel.de/start/work-life-balance-warum-die-generation-z-anders-arbeiten-will-und-damit-jetzt-alle-ansteckt-a-2b4d84c1-f53f-4fca-ab51-6f4c1c8bbd39, 03.12.2023.

28 Kurt Matzler, Franz Bailom, und Katja Hutter, Die Rolle von Intuition in strategischen Entscheidungen, Change Leadership, S. 211-228, Springer, https://link.springer.com/chapter/10.1007/978-3-8349-8681-8_9

29 Jochem Müller, Menschliche Intuition als kreatives Korrektiv für KI, Controlling Management Review, Vol. 65 Nr. 1, S. 62–65, 2021.

30 Ebd.

31 https://drjoedispenza.info/s/Drjoedispenza/blog_2020_10_die_wellen_rolle_der_gehirnwellen_der_meditation_teil_I

32 Ebd.

33 Ebd.

34 Ebd.

35 https://news.harvard.edu/gazette/story/2011/01/eight-weeks-to-a-better-brain/

36 https://www.washingtonpost.com/news/inspired-life/wp/2015/05/26/harvard-neuroscientist-meditation-not-only-reduces-stress-it-literally-changes-your-brain/

37 American Heart Association. »Meditation may reduce death, heart attack and stroke in heart patients.« ScienceDaily. ScienceDaily, 13 November 2012. < www.sciencedaily.com/releases/2012/11/121113161504.htm > .

38 https://www.forbes.com/sites/alicegwalton/2015/02/09/7-ways-meditation-can-actually-change-the-brain/?sh = 2e4ff7d01465
https://www.rocketeer.de/warum-diese-erfolgreichen-menschen-auf-meditation-setzen/

39 https://www.rocketeer.de/warum-diese-erfolgreichen-menschen-auf-meditation-setzen/

40 Ebd.

41 Persönliche Kommunikation vom 27. Oktober 2023.

42 https://www.stuttgarter-nachrichten.de/inhalt.sap-verdient-mit-achtsamkeits-kursen-yogasitz-auf-dem-buerostuhl.c29780fc-3fae-4ef0-aaea-a5a505cfa4f5.html

44 https://www.sap.com/about/customer-involvement/global-mindfulness-practice.htmln3

44 https://www.stuttgarter-nachrichten.de/inhalt.sap-verdient-mit-achtsamkeits-kursen-yogasitz-auf-dem-buerostuhl.c29780fc-3fae-4ef0-aaea-a5a505cfa4f5.html

45 Ebd.

46 https://www.tonyrobbins.com

47 https://www.anthonyrobbins.de/

48 https://www.thetonyrobbinsfoundation.org/

49 https://www.tonyrobbins.com/improve-life/
50 SoulSync Meditation, von Preethaji, deutsche Version: https://ekam-deutsch.org/soul-sync/, Original-Version auf Englisch: https://www.ekam.org/india/soul-sync-meditation/
51 https://www.nxus.at/die-universellen-gesetze
52 Roland G. Heber, Energie – Quelle von Gesundheit und Heilung. Alte Heil-Traditionen treffen auf moderne Gesundheitswissenschaften, https://med-i-xin.com/ressourcen-energie-medizin/, 2003 und www.med-i-xin.com
53 Men's Health, Ständig unter Strom – Stress down, Energy up, Ausgabe Oktober 2023, S. 31–36.
54 Roland G. Heber, Energie – Quelle von Gesundheit und Heilung. Alte Heil-Traditionen treffen auf moderne Gesundheitswissenschaften, https://med-i-xin.com/ressourcen-energie-medizin/, 2003.
55 https://www.zeit.de/politik/2023-03/krankenstand-wirtschaft-kosten-corona-studie
56 https://www.spiegel.de/karriere/kranke-fuehrungskraefte-so-krank-sind-deutschlands-chefs-a-8d57ccfa-ed34-4dc3-bfcc-13fecaecf588
57 Ebd.
58 https://psychologie-einfach.de/beste-zitate-tony-robbins/
59 https://scilogs.spektrum.de/quantenwelt/nicht-die-beschleunigung-macht-die-zeit/#: ~ :text = Die%20bewegten%20Uhren%20im%20Flugzeug,proportional%20zum%20Potenzial%20der%20Gravitation.
60 https://www.faz.net/aktuell/wissen/physik-mehr/relativitaetstheorie-im-test-albert-einstein-hat-recht-17823356.html
61 https://www.welt.de/gesundhcit/article142167267/Nur-jeder-zwanzigste-Mensch-ist-wirklich-gesund.html
62 Nicholas Janni, Leader as Healer: A new paradigm for 21st-century leadership, Lid Publishing, 2022.

Epilog: Auf einem Planeten

1 https://www.faz.net/aktuell/wissen/weltraum/unendliches-all-das-universum-hat-zehnmal-so-viele-galaxien-14480158.html und https://www.tr.de/wissen/viele-sterne-gibt-es-im-universum-wie-zr-92355728.html
2 In: Hans-Peter Nolting: Abschied von der Küchenpsychologie, Das Wichtigste für Ihre psychologische Allgemeinbildung, rororo, Csikszentmihalyi, Mihaly: Flow – das Geheimnis des Glücks, Stuttgart: Klett-Cotta, 1992.
3 Ebd.

Der Autor

Dr. Fabian Hänle hat als CEO in China die Tochtergesellschaft eines deutschen Hidden Champions über zehn Jahre von der grünen Wiese an aufgebaut und zu einem der Marktführer entwickelt. Er promovierte berufsbegleitend zur Internationalisierung und Innovationskraft des Mittelstandes im deutsch-chinesischen Kontext. Durch seine Praxiserfahrungen in China, seine wissenschaftliche Vor-Ort-Forschung und sein fließend gesprochenes Mandarin hat Fabian Hänle einen einzigartigen Zugang zur Mentalität, Kultur und den authentisch-chinesischen Denkbahnen.

Seine Laufbahn entspringt dem internationalen Vertrieb, den er von der Pike auf in Auslandsmärkten wie in Kanada, USA, Frankreich, Indien und China erlernte. Heute ist Fabian Hänle bald über zwanzig Jahre in Strategie-, Vertriebs- und Führungspositionen für Internationalisierung und Unternehmensleitung verantwortlich. Daher kennt er die Risiken und großen Herausforderungen, aber auch Lösungen, wie man die Chancen auf den internationalen Märkten konsequent nutzen kann.

Die Berufung von Fabian Hänle ist es, Mitmenschen und Organisationen zu positiven und für sie stimmigen Entwicklungen zu inspirieren. Menschen in ihrer Potenzialentfaltung zu unterstützen, neue, innovative Wege zu gehen, gesunde, wachstumsförderliche Umfelder und Team-Flows zu erschaffen, Kulturen über Landesgrenzen hinweg zusammenzubringen und mit Intuition und Gefühl das Wichtigste in den Mittelpunkt zu stellen: die Menschen – denn sie sind es, die ein Unternehmen zum Erfolg tragen.

Heute lebt Fabian Hänle in Süddeutschland, ist Gastprofessor an der Antwerp Management School und berät mit seinem Expertenteam von der *Dr. Hänle & Partners Consulting GmbH* EntscheidungsträgerInnen in DAX-Konzernen sowie in zahlreichen Mittelständlern und Weltmarktführern.

www.drhaenle-partners.com